KB088147

혼자
공부하는
네트워크

혼자 공부하는 네트워크

1:1 과외하듯 배우는 네트워크 자습서

초판 1쇄 발행 2024년 4월 12일
초판 3쇄 발행 2025년 1월 10일

지은이 강민철 / **펴낸이** 전태호
펴낸곳 한빛미디어(주) / **주소** 서울시 서대문구 연희로2길 62 한빛미디어(주) IT출판1부
전화 02-325-5544 / **팩스** 02-336-7124
등록 1999년 6월 24일 제25100-2017-000058호
ISBN 979-11-6921-214-4 94000 / 979-11-6224-194-3(세트)

총괄 배윤미 / **책임편집** 박민아 / **기획** 김선우 / **편집** 최승헌 / **진행** 권소정
디자인 박정화, 박정우 / **일러스트** 이진숙 / **전산편집** 강민철 / **용어 노트** 강민철, 최승헌
영업 김형진, 장경환, 조유미 / **마케팅** 박상용, 한종진, 이행은, 김선아, 고광일, 성화정, 김한솔 / **제작** 박성우, 김정우

이 책에 대한 의견이나 오탈자 및 잘못된 내용은 출판사 홈페이지나 아래 이메일로 알려주십시오.
파본은 구매처에서 교환하실 수 있습니다. 책값은 뒤표지에 표시되어 있습니다.
한빛미디어 홈페이지 www.hanbit.co.kr / 이메일 ask@hanbit.co.kr
학습 사이트 hongong.hanbit.co.kr / 학습 자료실 github.com/kangtegong/self-learning-cs2

Published by HANBIT Media, Inc. Printed in Korea
Copyright © 2024 강민철 & HANBIT Media, Inc.
이 책의 저작권은 강민철과 한빛미디어(주)에 있습니다.
저작권법에 의해 보호를 받는 저작물이므로 무단 복제 및 무단 전재를 금합니다.

지금 하지 않으면 할 수 없는 일이 있습니다.
책으로 펴내고 싶은 아이디어나 원고를 메일(**writer@hanbit.co.kr**)로 보내주세요.
한빛미디어(주)는 여러분의 소중한 경험과 지식을 기다리고 있습니다.

혼자 공부하는 네트워크

강민철 지음

혼자 공부하는 시리즈 소개

누구나 혼자 할 수 있습니다! 야심 찬 시작이 작심삼일이 되지 않도록 돕기 위해서 〈혼자 공부하는〉 시리즈를 만들었습니다. 낯선 용어와 친해져서 책장을 술술 넘기며 이해하는 것, 그래서 완독의 기쁨을 경험하고 다음 단계를 스스로 선택할 수 있게 되는 것이 목표입니다.

지금 시작하세요. 〈혼자 공부하는〉 사람들이 '때론 혼자, 때론 같이' 하며 힘이 되겠습니다.

HB 한빛미디어
Hanbit Media, Inc.

첫 독자가 전하는 말

'어떻게 하면 컴퓨터 네트워크를 배우기 시작한 학습자가 더 쉽고 빠르게 익힐 수 있을까'라는 고민에서 시작한 이 책은 독자 30명의 실제 학습 결과를 기반으로 만들어졌습니다. 독자의 의견을 적극적으로 반영하여 한 단계 더 업그레이드한 컴퓨터 네트워크 입문서를 지금 만나 보세요.

이렇게 **쉬운 네트워크 책**은 처음이에요. '기초'라면서 프로토콜이나 장비 스펙을 줄줄 늘어놓은 책에 질렸거나 'OSI 7계층'쯤부터 좌절해서 포기해 본 비전공자, 네트워크가 뭔지 궁금한 일반인이라면 이 책부터 읽기를 강력하게 추천합니다.

_베타리더 서정아 님

네트워크를 지탱하는 기술들을 **밑바닥부터 차례대로 올라가면서 설명하는 방식** 덕분에 네트워크의 구조와 원리를 쉽게 파악할 수 있었습니다. 직접 실습해 보는 과정까지 있어서 아리송했던 네트워크를 이해하는 데 큰 도움이 되었습니다.

_베타리더 윤진수 님

첫째, 〈학습 목표〉와 〈핵심 키워드〉로 무엇을 배우는지 방향을 정확하게 잡을 수 있습니다. 둘째, **이미지**를 통해 이해를 돕고 캐릭터를 통해 더욱 쉽고 재미있게 학습할 수 있습니다. 셋째, 〈확인 문제〉로 이해한 것을 복습하고 부족한 부분을 파악할 수 있습니다.

_베타리더 이지연 님

네트워크가 복잡하고 어렵다고만 생각했던 사람들에게 한 줄기 빛과 같은 책입니다. 네트워크의 각 요소가 서로 어떻게 연결되고 상호 작용하는지 **'유기적인 흐름'을 명확하게 이해할 수 있습니다.** 여기저기 흩어져 있던 개념들이 이어지고, **전체적인 그림을 그릴 수 있습니다.** 이제는 어디 가서 네트워크를 제대로 배웠다고 자신 있게 이야기할 수 있을 것 같습니다!

_베타리더 김가은 님

이 책은 어려운 전공 수업 수준이 아니라 흥미롭고 접근하기 쉬운 방식으로 네트워크를 설명합니다. **기술 이해의 문턱을 최대한 낮추기 위한 저자의 노력**이 보입니다. 『혼자 공부하는 네트워크』와 함께라면 네트워크는 더 이상 어려운 영역이 아닙니다.

_베타리더 이학인 님

네트워크 이론을 처음 접하는 분들이나 전공 수업을 시작하기 전에 가볍게 **개념을 익히고 싶은 학생분들에게 추천**하는 책입니다. 개념과 용어에 대한 설명이 쉽고 자세하며, 읽기 쉽게 구성되어 네트워크 이론을 빠르게 습득하기에 좋습니다.

_베타리더 권지원 님

『혼자 공부하는 네트워크』 책이 만들어지기까지
강대건, 고래밥, 권지원, 김가은, 김선진, 김성훈, 김수정, 김정훈, 김지원, 박종수, 서정아, 손혜진,
안단희, 엄지희, 오유진, 유형진, 윤지태, 윤진수, 이동기, 이민우, 이용빈, 이종원, 이지연, 이지향,
이학인, 전현준, 조창희, 최연재, 허민, 홍성인
30명의 독자가 함께 수고해 주셨습니다.
감사합니다.

"방대한 네트워크 지식을 한 권으로 끝내고 싶다면"

Q 『혼자 공부하는 네트워크』는 어떤 책인가요?

A 『혼자 공부하는 네트워크』는 전공 지식의 문턱을 넘기 위한 전공 요약서이자 자습서입니다. 시중에 출간된 네트워크 전공 서적을 최대한 분석하고, 개발자 혹은 개발자 지망생에게 꼭 필요한 내용들을 선별한 뒤 고연차 개발자분들의 조언과 검수를 받은 내용을 담아 집필했습니다.

Q 어떤 독자를 생각하며 이 책을 집필하셨나요?

A 이 책은 네트워크 전공 지식의 중요성을 알면서도 혼자만의 힘으로 학습하기 어려운 독자를 위해 만들어졌습니다. 컴퓨터 네트워크는 백엔드, 프런트엔드, 앱 개발 등 현재 국내 대다수 개발 분야와 직간접적으로 연관되어 있기에, 이미 많은 개발자(지망생)가 네트워크 지식의 필요성을 절감하고 있다고 생각합니다. 다만 시중의 관련 도서는 지나치게 기초적인 부분만 다루는 책이나 지나치게 지엽적인 부분만 다루는 책이 많아 어떤 콘텐츠로 학습해야 할지, 무엇이 중요한 내용인지 파악하기 어려운 경우가 많습니다. 『혼자 공부하는 네트워크』는 핵심만 선별하여 컴퓨터 네트워크로의 입문을 돕는 적정 난이도로 구성했기에 이러한 어려움을 겪는 학습자 모두에게 추천하고 싶습니다.

Q 그동안 학습자로부터 가장 많이 받은 질문이 무엇인가요?

A 하루 권장 학습량에 관한 질문이 많았습니다. 물론 각자의 상황에 맞춰 유연하게 학습 분량을 정하는 것이 이상적이지만, 필자가 이 책을 집필할 때는 하루 평균 한두 절 정도의 분량을 학습하는 것을 염두에 두고 집필했으니 참고하기를 바랍니다. 조금씩 꾸준히 읽다 보면 네트워크의 핵심 내용을 이해할 수 있을 것입니다.

"〈혼자 공부하는〉 시리즈로 충분합니다."

Q 학습자에게 최적의 학습 방법을 소개해 주세요.

A 이 책은 별도의 사전 지식 없이도 어렵지 않게 이해할 수 있는 수준으로 집필했지만, 동시에 방대한 내용을 압축한 책이기도 합니다. 따라서 처음 읽을 때 마치 시험 공부하듯 암기하면서 읽으려고 하면 금방 지치고 흥미를 잃을 수 있습니다. 처음에는 용어 암기에 치중하기보다 재미있는 이야기를 읽듯 편하게 읽어 주세요. 그리고 책의 내용을 이해하는 데 어려움을 느끼는 독자라면 저자의 동영상 강의와 함께 학습하는 것을 추천합니다. 강의와 함께 책을 읽는다면 책의 내용을 더 깊이 학습하고 오래 기억할 수 있으리라 믿습니다. 〈note〉, 〈여기서 잠깐〉, 〈좀 더 알아보기〉 등의 구성 요소에도 제가 꼭 하고 싶은 말들과 꼭 필요한 내용들을 담았으니, 모든 구성 요소를 빠짐없이 읽어 주시면 감사하겠습니다.

Q 마지막으로 하고 싶은 말이 있다면?

A 집필할 때 한 줄, 한 줄 신중을 기하는 제 성격 탓에 집필하는 책마다 인생의 한 시절이 묻어 있는 듯합니다. 네트워크는 가장 중요한 전공 지식 중 하나이기에 이 책에는 특히 더 많은 고민을 쏟았고, 고민을 해결하는 데 나침반이 되어 주신 편집자분들의 노고와 공이 어느 때보다 컸습니다. 이에, 이 책을 빛내 주신 한빛미디어 최승헌 편집자님, 김선우 편집자님, 배윤미 부장님, 이미향 팀장님께 진심을 담은 존경과 감사를 전해 드립니다. 그간의 진심이 독자들에게 유익함으로 전해졌으면 합니다. 더불어 사랑하는 아내, 가장 지혜로운 아버지, 가장 따뜻하신 어머니, 가장 믿음직스러운 형에게도 감사의 말씀을 전합니다.

『혼자 공부하는 네트워크』 7단계 길잡이

시작하기 전에

해당 절에서 배울 주제 및
주요 개념을 짚어 줍니다.

도해

본문 내용을 시각적으로 전달하기 위해
단계적으로 표현한 그림을 통해 개념
이해는 물론, 학습에 재미를 더합니다.

Start 　**1**　　**2**　　**3**　　**4**

핵심 키워드

해당 절에서 중점적으로
볼 내용을 확인합니다.

말풍선

지나치기 쉬운 내용 혹은
꼭 기억해 두어야 할 내용
을 짚어 줍니다.

시작하기 전에

이번 절에서는 네트워크의 큰 구조를 살펴
를 주고받을 수 있는 통신망이라고 했죠?
다음 그림처럼 노드^{node}와 노드를 연결하는
조^{data structure}란 정보를 표현하고 다루는 방

요? 패킷 교환 네트워크에서 주고
터인 페이로드와 부가 정보인 헤더 및 트레

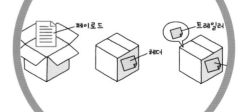

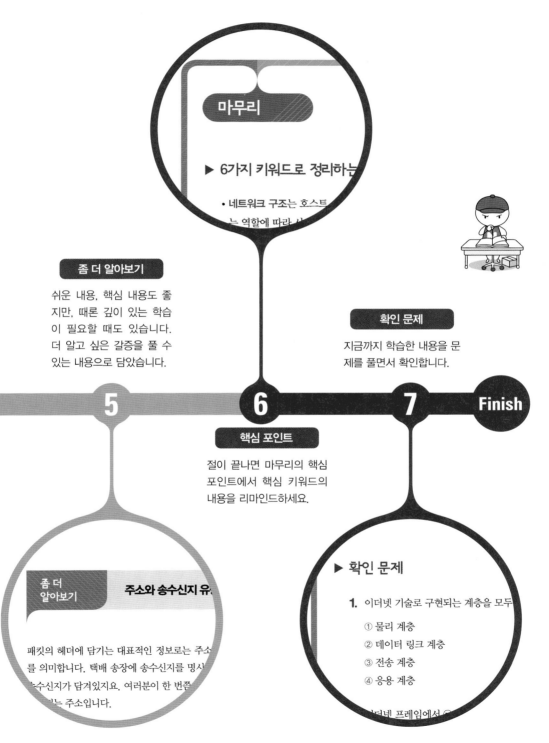

마무리

▶ 6가지 키워드로 정리하는

• 네트워크 구조는 호스트
는 역할에 따라

좀 더 알아보기

쉬운 내용, 핵심 내용도 좋
지만, 때론 깊이 있는 학습
이 필요할 때도 있습니다.
더 알고 싶은 갈증을 풀 수
있는 내용으로 담았습니다.

확인 문제

지금까지 학습한 내용을 문
제를 풀면서 확인합니다.

핵심 포인트

절이 끝나면 마무리의 핵심
포인트에서 핵심 키워드의
내용을 리마인드하세요.

5   6   7   Finish

좀 더 알아보기   **주소와 송수신지 유**

패킷의 헤더에 담기는 대표적인 정보로는 주소
를 의미합니다. 택배 송장에 송수신지를 명시
수신지가 담겨있지요. 여러분이 한 번쯤
는 주소입니다.

▶ **확인 문제**

1. 이더넷 기술로 구현되는 계층을 모두

① 물리 계층
② 데이터 링크 계층
③ 전송 계층
④ 응용 계층

프레임에서

『혼자 공부하는 네트워크』 100% 활용하기

때론 혼자, 때론 같이 공부하기!
학습을 시작하기 전부터 책 한 권을 완독할 때까지, 곁에서 든든한 러닝 메이트 Learning Mate 가 되어
드리겠습니다.

본격적으로 학습을 시작하기 전에

추가 학습 자료

책에서 다루지는 못했지만, 실무에서 유용한 내용을 모아 깃허브에서 제공합니다.

https://github.com/kangtegong/self-learning-cs2

학습 사이트 100% 활용하기

 동영상 강의 보기,
저자에게 질문하기를 한번에!

사이트 바로가기

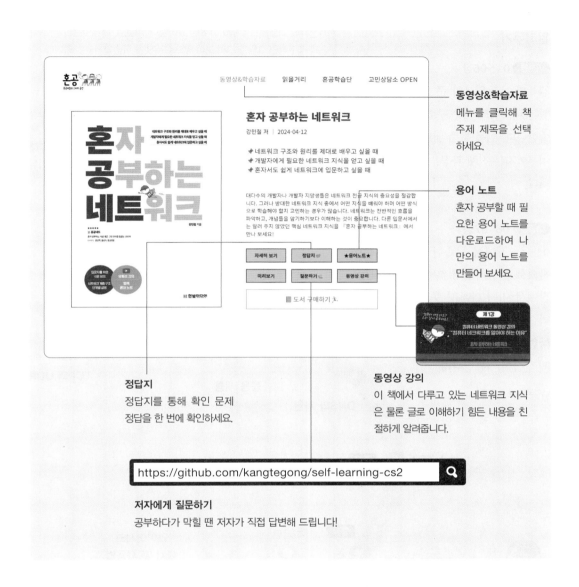

동영상&학습자료
메뉴를 클릭해 책
주제 제목을 선택
하세요.

용어 노트
혼자 공부할 때 필
요한 용어 노트를
다운로드하여 나
만의 용어 노트를
만들어 보세요.

정답지
정답지를 통해 확인 문제
정답을 한 번에 확인하세요.

동영상 강의
이 책에서 다루고 있는 네트워크 지식
은 물론 글로 이해하기 힘든 내용을 친
절하게 알려줍니다.

https://github.com/kangtegong/self-learning-cs2

저자에게 질문하기
공부하다가 막힐 땐 저자가 직접 답변해 드립니다!

때론 혼자, 때론 같이! '혼공 학습단'과 함께하세요.

한빛미디어에서는 '혼공 학습단'을 모집합니다.
혼공 학습자들과 함께 학습 일정표에 따라 공부하며 완주의 기쁨을 느껴 보세요.

✉ 한빛미디어 홈페이지에서 '메일 수신'에 동의하면 학습단 모집 일정을 안내받으실 수 있습니다.

일러두기

기본편 01~05장

컴퓨터 네트워크의 큰 그림이라 할 수 있는 네트워크 계층 구조를 단계별로 학습합니다. 이를 통해 네트워크의 통신이 이루어지는 전체 과정을 이해할 수 있습니다.

고급편 06~07장

01~05장에서 학습한 내용을 와이어샤크로 실습하면서 복습하고, 01~05장에서 미처 다루지 못한 심화 주제를 학습합니다. 이를 통해 이론적 지식에 국한되지 않는 학습, 실무에 가까운 주제 학습이 가능합니다.

난이도 ●●●●●

01장

컴퓨터 네트워크를 알아야 하는 이유를 살펴보고, 네트워크의 큰 그림과 세부적인 그림을 그려 보며 앞으로 무엇을 학습할지 이해합니다.

기본편

Start

01

컴퓨터 네트워크
시작하기
●○○○○

컴퓨터 네트워크를
알아야 하는 이유

TCP의
오류·흐름·혼잡 제어 중요

05

TCP와 UDP

응용 계층
●●●○○

DNS와 자원

HTTP 중요

중요

HTTP 헤더와
HTTP 기반 기술

고급편

와이어샤크
설치 및 사용법

06

실습으로 복습하는
네트워크
●●○○○

와이어샤크를 통한
프로토콜 분석

02~05장

01장에서 그려 본 네트워크의 큰 그림을 토대로, 통신이 이루어지는 과정을 학습합니다.

중요

네트워크
살펴보기

02

물리 계층과
데이터 링크 계층
● ● ○ ○ ○ ○

이더넷

중요

NIC와 케이블

허브

스위치

03 네트워크 계층
● ● ○ ○ ○ ○

IP의
한계와 포트

04

전송 계층
● ● ○ ○ ○ ○

라우팅

IP 주소

중요

LAN을 넘어서는 네트워크 계층

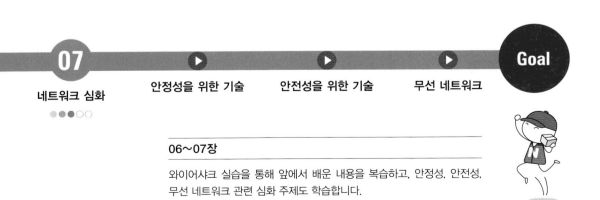

07

네트워크 심화
● ● ● ○ ○ ○

안정성을 위한 기술

안전성을 위한 기술

무선 네트워크

Goal

06~07장

와이어샤크 실습을 통해 앞에서 배운 내용을 복습하고, 안정성, 안전성, 무선 네트워크 관련 심화 주제도 학습합니다.

Chapter **02** 물리 계층과 데이터 링크 계층

Chapter 05 응용 계층

Chapter 06 실습으로 복습하는 네트워크

01

컴퓨터 네트워크 학습을 시작하기에 앞서 컴퓨터 네트워크란 무엇인지, 개발자가 컴퓨터 네트워크를 이해하는 것이 왜 중요한지, 앞으로 학습해 나갈 컴퓨터 네트워크 지식에는 어떤 것들이 있는지 살펴보며 네트워크의 큰 그림을 그려 보겠습니다.

컴퓨터 네트워크 시작하기

학습목표

- 컴퓨터 네트워크 지식의 필요성을 이해합니다.
- 컴퓨터 네트워크의 큰 그림을 그려 봅니다.
- 컴퓨터가 네트워크를 통해 대화하는 과정을 이해합니다.

01-1 컴퓨터 네트워크를 알아야 하는 이유

핵심 키워드

컴퓨터 네트워크　**인터넷**

이번 절에서는 이 책을 통해 학습할 컴퓨터 네트워크, 나아가 인터넷이란 무엇인지 알아보고, 개발자가 컴퓨터 네트워크를 알아야 하는 이유에 대해서도 살펴보겠습니다.

시작하기 전에

이 책을 읽고 있는 여러분 중 대다수는 스마트폰이나 데스크톱을 활용해 인터넷을 이용해 봤거나, 주변의 다른 장치와 정보를 주고받아 본 적이 있을 것입니다. 이 모든 것이 컴퓨터 네트워크가 있기에 가능한 일입니다. 이처럼 컴퓨터 네트워크는 우리 일상을 지탱하는 주요 기반 기술입니다.

그렇다면 컴퓨터 네트워크란 무엇일까요? 여러분이 일상적으로 사용하는 데스크톱, 노트북, 스마트폰은 대부분 주변 장치와 유무선으로 연결되어 정보를 주고받을 수 있습니다. 그렇게 연결된 장치 또한 또 다른 주변 장치와 연결되어 정보를 주고받을 수 있지요. 이렇게 여러 개의 장치가 마치 그물처럼 서로 연결되어 정보를 주고받을 수 있는 통신망을 **컴퓨터 네트워크**computer network(이하 **네트워크**)라고 합니다.

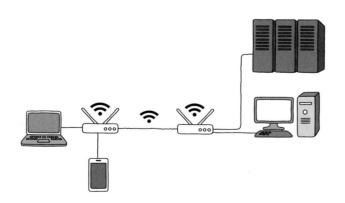

> 컴퓨터 네트워크란 여러 장치가 연결되어 서로 정보를 주고받을 수 있는 통신망을 의미합니다.

네트워크의 네트워크, 인터넷

여러 장치들이 네트워크를 통해 서로 연결되면 주변의 장치하고만 정보를 주고받는 것이 아니라, 네트워크와 연결된 지구 반대편에 있는 장치와도 정보를 주고받을 수 있습니다. 이를 가능하게 하는 기술이 바로 인터넷입니다. 이처럼 **인터넷**internet이란 여러 네트워크를 연결한 '네트워크의 네트워크'를 의미합니다.

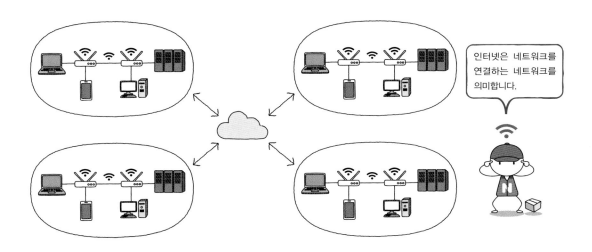

여러분의 데스크톱이나 노트북에서 실행 가능한 프로그램 중 인터넷 연결 없이도 온전히 이용 가능한 프로그램이 얼마나 되는지 생각해 본 적 있나요? 계산기, 시계, 메모장 등 인터넷 연결 없이 사용할 수 있는 프로그램도 있지만, 웹 브라우저, 메일, 온라인 게임 등 인터넷 연결 없이는 사용하기 어려운 프로그램들이 더 많습니다.

스마트폰도 마찬가지입니다. 지금 여러분의 스마트폰에 설치된 앱app; application 중에서 인터넷 연결이 필요한 앱과 그렇지 않은 앱을 세어 보세요. 일반적으로 전자가 후자에 비해 더 많을 것입니다. 이렇듯 여러분이 일상적으로 실행하는 많은 프로그램들은 하나의 장치 안에서 실행되기보다는 네트워크를 통해 다른 장치와 상호 작용하며 실행되는 경우가 많습니다.

그럼 이제 프로그램을 개발하는 개발자 입장에서 생각해 보겠습니다. 프로그램이 네트워크를 통해 다른 장치와 상호 작용하며 실행되는 경우가 많다는 것은 그만큼 개발자가 네트워크를 이용하는 프로그램, 즉 다른 장치와 상호 작용하며 실행되는 프로그램을 개발하는 경우가 많다는 것을 의미합니다. 개발 직군이 네트워크를 제대로 이해해야 하는 것도 바로 이러한 이유 때문입니다.

개발자가 컴퓨터 네트워크를 알아야 하는 이유

개발자와 네트워크에 대한 이야기를 조금 더 해 보겠습니다. 개발자가 네트워크를 이해하면 구체적으로 어떤 점에서 유리할까요?

필자는 개발자의 업무는 크게 두 종류로 나뉜다고 봅니다. 하나는 프로그램을 만드는 업무, 다른 하나는 만들어진 프로그램을 유지 보수하는 업무입니다. 네트워크 지식은 두 가지 업무에 모두 도움을 줄 수 있습니다.

프로그램을 만드는 업무에서 네트워크 지식을 활용하는 경우

먼저 프로그램을 만드는 업무에서는 어떤 경우에 네트워크 지식이 활용될까요? 프로그래밍 언어나 웹 프레임워크 혹은 라이브러리를 사용할 때 네트워크에 대한 배경지식이 있어야만 활용할 수 있는 기능들이 있습니다.

예를 들어서 TCP/UDP와 같은 네트워크에 대한 지식이 없다면 다음과 같은 스프링 프레임워크의 기능을 제대로 이해하고 활용하기 어렵습니다.

스프링(Spring) 프레임워크 문서 예시

Prev   **Part V. Integration Endpoints**

31. TCP and UDP Support

Spring Integration provides Channel Adapters for receiving and sending messages over internet protocols. Both UDP (User Datagram Protocol) and TCP (Transmission Control Protocol) adapters are provided. Each adapter provides for one-way communication over the underlying protocol. In addition, simple inbound and outbound tcp gateways are provided. These are used when two-way communication is needed.

31.1 Introduction

Two flavors each of UDP inbound and outbound channel adapters are provided `UnicastSendingMessageHandler` sends a datagram packet to a single destination. `UnicastReceivingChannelAdapter` receives incoming datagram packets. `MulticastSendingMessageHandler` sends (broadcasts) datagram packets to a multicast address. `MulticastReceivingChannelAdapter` receives incoming datagram packets by joining to a multicast address.

HTTP와 쿠키에 대한 이해가 없어도 다음과 같은 기능을 활용하기 어렵습니다.

파이썬(Python) 문서 예시

http.cookies — HTTP state management

Source code: Lib/http/cookies.py

The `http.cookies` module defines classes for abstracting the concept of cookies, an HTTP state management mechanism. It supports both simple string-only cookies, and provides an abstraction for having any serializable data-type as cookie value.

The module formerly strictly applied the parsing rules described in the RFC 2109 and RFC 2068 specifications. It has since been discovered that MSIE 3.0x doesn't follow the character rules outlined in those specs and also many current day browsers and servers have relaxed parsing rules when comes to Cookie handling. As a result, the parsing rules used are a bit less strict.

열심히 개발한 웹사이트를 사용자에게 선보이기 위해 배포할 때도 DNS, HTTP/HTTPS, 포트 번호 등 다양한 네트워크 배경지식들이 필요합니다. 또 프로그램의 안전성과 안정성을 높이고 싶을 때도 네트워크 지식은 유용하게 활용됩니다.

프로그램을 유지 보수하는 업무에서 네트워크 지식을 활용하는 경우

프로그램을 유지 보수하는 업무에서도 마찬가지입니다. 사소하게는 갑자기 인터넷 연결이 안 되는 문제부터, 크게는 아래의 화면처럼 잘 동작하던 웹 서버가 동작하지 않는 문제까지, 네트워크 지식은 문제 발생 시 해결의 큰 실마리가 됩니다.

웹 서버 관련 404 에러

HTTP Status 404 – Not Found

Type Status Report
Message /
Description The origin server did not find a current representation for the target resource or is not willing to disclose that one exists.

Apache Tomcat/9.0.31 (Ubuntu)

프로그램을 유지 보수할 때 자주 사용하는 도구나 명령어 중에는 네트워크 지식이 있어야만 이해할 수 있는 것들이 많습니다. 다음은 그 예시입니다. 네트워크에 대한 지식 없이는 이를 온전히 이해할 수도, 더 나아가 유지 보수를 하기도 어렵겠지요?

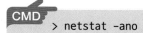

```
> netstat -ano
```

프로토콜	로컬 주소	외부 주소	상태	PID
TCP	0.0.0.0:135	0.0.0.0:0	LISTENING	1120
TCP	0.0.0.0:445	0.0.0.0:0	LISTENING	4
TCP	0.0.0.0:3306	0.0.0.0:0	LISTENING	5720
TCP	127.0.0.1:2020	0.0.0.0:0	LISTENING	7452
TCP	127.0.0.1:2020	127.0.0.1:49816	ESTABLISHED	7452
TCP	127.0.0.1:2021	0.0.0.0:0	LISTENING	4448
TCP	127.0.0.1:2021	127.0.0.1:49688	ESTABLISHED	4448
TCP	1.2.3.4:139	0.0.0.0:0	LISTENING	4
TCP	1.2.3.4:60128	4.3.2.1:443	ESTABLISHED	20320
TCP	1.2.3.4:60135	2.3.4.5:443	ESTABLISHED	15272
TCP	1.2.3.4:60145	2.3.4.5:443	ESTABLISHED	7452
TCP	1.2.3.4:60148	10.9.8.7:5228	ESTABLISHED	15272
TCP	1.2.3.4:60372	10.9.8.7:443	ESTABLISHED	15500
TCP	1.2.3.4:60543	10.9.8.7:443	ESTABLISHED	12144
TCP	1.2.3.4:60812	4.3.2.1:443	ESTABLISHED	20320
UDP	0.0.0.0:3389	*:*		1340
UDP	0.0.0.0:3702	*:*		5032
UDP	0.0.0.0:3702	*:*		5032
UDP	0.0.0.0:5050	*:*		8484
UDP	0.0.0.0:5353	*:*		14824

… 후략 …

공유기 설정 화면 예시

홈	상태정보	네트워크 설정	공유기 설정

NAT 설정 네트워크 설정 > NAT 설정

외부에서 내부 네트워크로의 접속이 가능하도록 설정할 수 있습니다.

포트포워딩	DMZ 서버 (포트포워딩)	NAT-T

	No.	ON/OFF	서비스 포트	프로토콜	IP 주소	내부 포트
☐	1	◉ ON ○ OFF	1234	TCP/IP	192.168.100.100	1025
☐	2	◉ ON ○ OFF	4321	TCP/IP	192.168.100.101	1026

많은 기업이 채용 공고에서 네트워크 지식을 요구하거나 각종 기술 면접을 통해 네트워크에 대한 지식을 검증하는 것도 이러한 이유 때문입니다.

AWS 채용 공고

BASIC QUALIFICATIONS
- Advanced knowledge in Linux system administration
- Experience of systems automation using BASH, Python, Perl, etc
- Practical understanding of network fundamentals (DNS, DHCP, TCP/IP, routing, switching, HTTP)
- Good troubleshooting skills at all levels, from application to network to host

　　　　　　　　　　　　└─ 네트워크의 기본 지식을 요구합니다!

PREFERRED QUALIFICATIONS
- Bachelor's Degree in Systems Engineering, Computer Science or related field, or relevant work experience
- Exposure to cloud computing concepts and design considerations
- Advanced knowledge of configuration management systems, such as: Puppet, Chef, Ansible, or related systems
- Experience with performance testing and tuning
- Experience in a 24x7 production environment
- Significant experience of monitoring frameworks (such as CloudWatch, Datadog, Grafana, Elastic or similar)
- Significant experience of systems automation using BASH, Python, Perl, etc
- Significant experience of network fundamentals (DNS, DHCP, TCP/IP, routing, switching, HTTP)

카카오 채용 공고

◆ **지원자격**
- 경력 1년 이상인 분
- 네트워크 관련 기초 지식을 보유하신 분
- 네트워크(wired/wireless/보안장비) 관련 운영/구축 경험이 있으신분
- 상호 협업을 위한 커뮤니케이션 스킬과 주도성을 가지고 적극적으로 업무를 해 나가실 분
- 다양한 분야의 업무를 적극적으로 즐겁게 하실수 있는분
- 해외여행 결격사유 없으신 분

◆ **우대사항**
- Linux에 대한 기초지식이 있는 분
- python, java 등의 개발 언어를 하나 이상 사용하실수 있는 분

다음은 실제 출제되었던 네트워크 관련 기술 면접 문항의 예시입니다. 이 책을 다 읽고 나면 이런 질문에 스스로 답할 수 있습니다.

❶ DNS의 정의와 동작 과정에 관해 설명하세요.

❷ TCP와 UDP의 차이는 무엇인가요?

❸ HTTP와 HTTPS의 차이는 무엇인가요?

네트워크에 대한 이해는 프로그램을 만들고 유지 보수하는 과정에 도움을 줍니다.

컴퓨터 네트워크란 무엇이며, 왜 중요한지 이해했나요? 다음 절에서는 앞으로의 학습에서 꼭 알아야 할 네트워크 배경지식을 거시적인 관점에서 살펴보도록 하겠습니다.

▶ 2가지 키워드로 정리하는 핵심 포인트

• **컴퓨터 네트워크**란 여러 장치가 연결되어 정보를 주고받을 수 있는 통신망을 의미합니다. 많은 프로그램이 네트워크를 통해 다른 장치와 상호 작용하며 실행됩니다.

• **인터넷**은 여러 네트워크를 연결한 '네트워크의 네트워크'를 의미합니다.

▶ 확인 문제

1. 다음 문장에서 괄호 안에 들어갈 말을 적어 보세요.

> 여러 장치가 연결되어 정보를 주고받을 수 있는 통신망을 (   )(이)라고 합니다.

2. 네트워크에 대한 설명으로 옳지 않은 것을 골라 보세요.

① 네트워크에 대한 이해는 프로그램을 만드는 과정에 도움을 주지 않습니다.

② 네트워크에 대한 이해는 프로그램을 유지 보수하는 과정에 도움을 줄 수 있습니다.

③ 많은 프로그램이 네트워크를 통해 다른 장비와 상호 작용하며 실행됩니다.

④ 채용 시 네트워크에 대한 지식을 강조하거나 검증하는 기업이 존재합니다.

01-2 네트워크 거시적으로 살펴보기

핵심 키워드

네트워크 구조　LAN　WAN　회선 교환　패킷 교환　주소

네트워크를 본격적으로 학습하기 전에 알아야 할 배경지식은 크게 거시적인 관점과 미시적인 관점으로 나눌 수 있습니다. 이번 절에서는 거시적인 관점에서 네트워크의 큰 그림을 그려 보며 필수 배경지식들을 알아보겠습니다.

시작하기 전에

이번 절에서는 네트워크의 큰 구조를 살펴보겠습니다. 네트워크란 여러 장치가 서로 연결되어 정보를 주고받을 수 있는 통신망이라고 했지요? 이 모양은 그래프의 형태를 띠고 있습니다. **그래프**graph란 다음 그림처럼 **노드**node와 노드를 연결하는 **간선**edge으로 이루어진 자료 구조입니다. 여기서 **자료 구조**data structure란 정보를 표현하고 다루는 방법을 의미합니다.

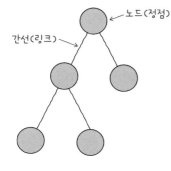
노드(정점)
간선(링크)

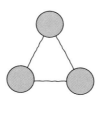

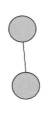

노드는 정점(vertex), 간선은 링크(link)라고도 부릅니다.

네트워크의 기본 구조

모든 네트워크는 '노드', 노드를 연결하는 '간선', 노드 간 주고받는 '메시지'로 구성됩니다. 노드는 정보를 주고받을 수 있는 장치, 간선은 정보를 주고받을 수 있는 유무선의 통신 매체라고 이해하면 쉽습니다. 각 개념들을 좀 더 세부적으로 살펴보겠습니다.

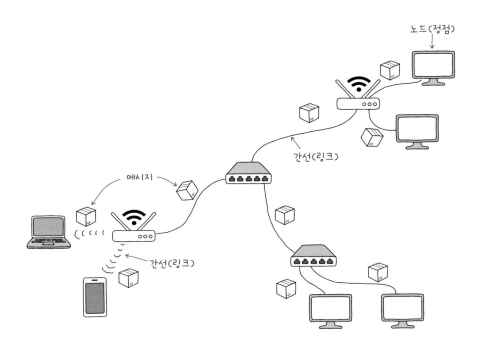

호스트

네트워크의 가장자리에 위치한 노드는 네트워크를 통해 흐르는 정보를 최초로 생성 및 송신하고, 최종적으로 수신합니다. 이는 서버 컴퓨터가 될 수도 있고, 개인 데스크톱, 노트북, 스마트폰이 될 수도 있습니다. 요즘은 종류가 더 다양해져 시계, 자동차, 냉장고, TV 등이 될 수도 있습니다. 우리가 일상에서 사용하는 네트워크 기기 대부분이 여기에 속한다고 봐도 무방합니다. 이러한 가장자리 노드를 네트워크에서는 **호스트**host라고 부릅니다.

note 호스트는 네트워크의 가장자리에 자리 잡고 있다는 점에서 종단 시스템(end system)이라고도 합니다.

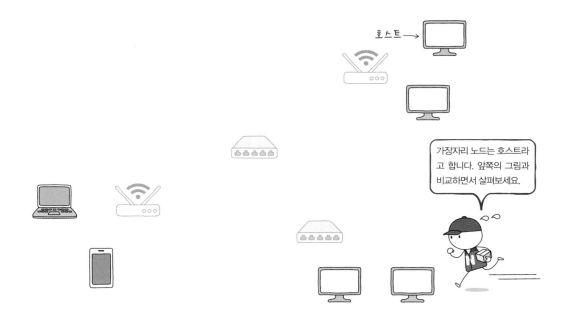

때로는 호스트가 네트워크상에서 특정한 역할을 수행하기도 하는데, 대표적인 역할로는 서버와 클라이언트가 있습니다.

서버^{server}는 '어떠한 서비스'를 제공하는 호스트입니다. 여기서 '어떠한 서비스'는 파일이 될 수도(파일 서버), 웹 페이지가 될 수도(웹 서버), 메일이 될 수도(메일 서버) 있습니다. 서버라는 용어는 서브(serve; 제공하다)에서 비롯되었습니다. 식당에서는 종업원이 손님에게 음식을 서빙(serve + ing)하지요? 이러한 종업원 역할을 하는 호스트가 바로 서버입니다.

반면 **클라이언트**^{client}란 서버에게 어떠한 서비스를 요청하고 서버의 응답을 제공받는 호스트입니다. 식당에서 종업원에게 서빙을 받으려면 손님이 먼저 요청해야 하죠. 손님이 종업원에게 음식을 요청하면 종업원은 그 음식을 서빙합니다. 이처럼 클라이언트는 서버에게 요청^{request}을 보내고 그에 대한 응답^{response}을 제공받습니다.

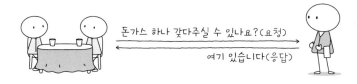

예를 들어서 여러분이 노트북에서 웹 브라우저를 열고 구글 웹 페이지에 접속을 시도했다고 해 봅시다. 그럼 구글의 서버는 해당 요청을 받고, 그 요청에 맞는 웹 페이지를 여러분의 웹 브라우저에 전달합니다. 여기서 여러분의 노트북은 클라이언트로서 구글 서버에 웹 페이지를 요청하고, 그에 대한 응답을 제공받은 셈입니다.

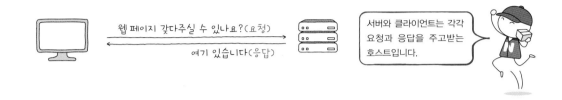

웹 페이지 갖다주실 수 있나요?(요청)
여기 있습니다(응답)

서버와 클라이언트는 각각 요청과 응답을 주고받는 호스트입니다.

네트워크 장비

네트워크 노드가 호스트만 있는 것은 아닙니다. 네트워크 가장자리에 위치하지 않은 노드, 즉 호스트 간 주고받을 정보가 중간에 거치는 노드도 있습니다. 이를 중간 노드라고 하는데요, 대표적으로 앞으로 학습할 이더넷 허브, 스위치, 라우터, 공유기 등이 있습니다. 이 책에서는 이러한 중간 노드들을 **네트워크 장비**라 통칭하겠습니다. 네트워크 장비는 호스트 간 주고받는 정보가 원하는 수신지까지 안정적이고 안전하게 전송될 수 있도록 합니다.

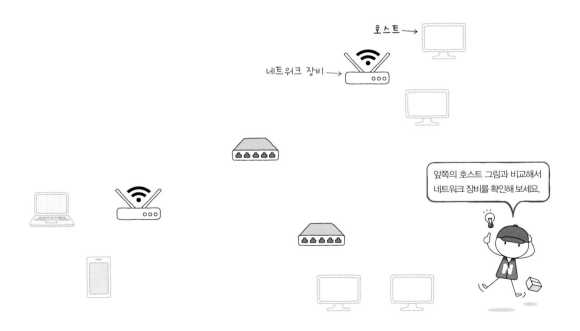

호스트 →

네트워크 장비 →

앞쪽의 호스트 그림과 비교해서 네트워크 장비를 확인해 보세요.

➕ 여기서 잠깐 　호스트, 네트워크 장비, 서버, 클라이언트는 완전히 배타적인 개념일까요?

앞서 네트워크 노드의 종류로 호스트(서버와 클라이언트)와 네트워크 장비에 관해 설명했는데요, 유의할 점은 이와 같은 개념들은 그저 노드의 역할에 따라 구분한 기준에 불과하다는 것입니다. 오늘날 네트워크에서는 이와 같은 개념들이 칼로 자르듯 명확하게 구분되지 않습니다.

호스트 또는 네트워크 장비로서의 역할만을 수행할 수 있는 노드가 있는 반면, 그 모든 역할을 수행할 수 있는 노드도 존재합니다. 일반적으로 호스트로 간주되는 여러분의 컴퓨터도 네트워크 장비 역할을 수행할 수 있습니다.

서버와 클라이언트의 개념도 마찬가지입니다. 단적인 예시로 여러분의 컴퓨터는 웹 브라우저를 통해 클라이언트로서 네트워크에 참여할 수 있지만, 동시에 간단한 프로그램 설치와 설정을 통해 얼마든지 웹 서버로 사용할 수도 있습니다.

요컨대, 다음과 같이 생각하지 않기를 바랍니다.

• 호스트와 네트워크 장비는 완전히 배타적인 개념이다.
• 서버와 클라이언트는 완전히 배타적인 개념이다.

어디까지나 일반적인 관점으로 다음과 같이 기억해 주세요.

• 호스트 역할을 수행할 수 있는 노드, 네트워크 장비 역할을 수행할 수 있는 노드가 있다.
• 서버 역할을 수행할 수 있는 노드, 클라이언트 역할을 수행할 수 있는 노드가 있다.

통신 매체

그래프는 노드와 이를 연결 짓는 간선(링크)으로 이루어지기에, 호스트와 네트워크 장비 또한 유무선 매체를 통해 연결되어 있어야 합니다. 이렇게 각 노드를 연결하는 간선이 바로 **통신 매체**입니다. 이 통신 매체에는 노드들을 유선으로 연결하는 **유선 매체**, 무선으로 연결하는 **무선 매체**가 있습니다.

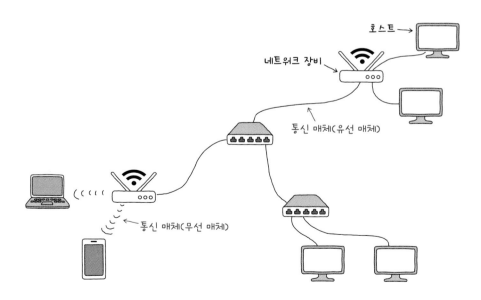

note 　유선 매체는 2장에서, 무선 매체는 7장에서 알아보겠습니다.

메시지

통신 매체로 연결된 노드가 주고받는 정보를 **메시지**message라고 합니다. 메시지는 웹 페이지가 될 수도, 파일이 될 수도, 메일이 될 수도 있습니다. 요컨대, 네트워크는 가장자리 노드인 호스트, 중간 노드인 네트워크 장비, 노드들을 연결하는 간선인 통신 매체, 노드들이 주고받는 정보인 메시지로 구성됩니다.

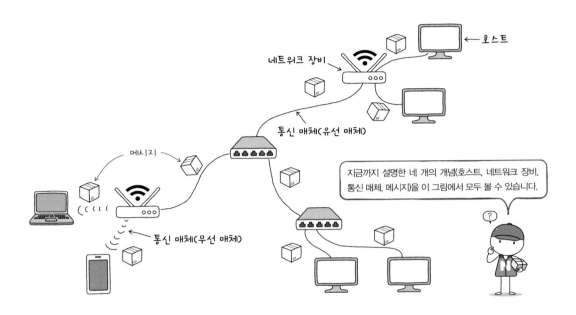

범위에 따른 네트워크 분류

지금까지 네트워크를 구성하는 요소들을 학습해 보았습니다. 이제 이 요소들이 모이고 모여 네트워크를 형성했다고 가정해 보겠습니다. 그렇게 형성된 네트워크의 범위는 어느 정도일까요? 호스트가 메시지를 주고받는 범위는 일반 가정이 될 수도 있고, 기업이 될 수도 있으며, 때로는 도시나 국가가 될 수도 있습니다. 즉, 네트워크 구성 범위는 다양합니다.

네트워크의 구성 범위가 다양한 만큼, 네트워크를 범위에 따라 분류하는 기준도 존재합니다. 네트워크는 범위에 따라 크게 LAN과 WAN으로 구분합니다. LAN부터 하나씩 살펴보겠습니다.

LAN

LAN은 Local Area Network의 약자로 이름 그대로 가까운 지역을 연결한 근거리 통신망을 의미합니다. 예를 들어서 가정, 기업, 학교처럼 한정된 공간에서의 네트워크를 LAN이라고 부릅니다. 다음 그림을 통해서 이해해 보세요.

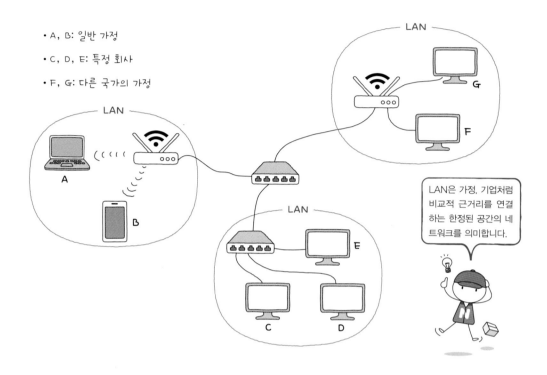

- A, B: 일반 가정
- C, D, E: 특정 회사
- F, G: 다른 국가의 가정

LAN은 가정, 기업처럼 비교적 근거리를 연결하는 한정된 공간의 네트워크를 의미합니다.

이때 A와 B 그리고 F와 G는 각각 가정이라는 한정된 공간에 구성된 네트워크이며, C, D, E 또한 회사라는 한정된 공간에 구성된 네트워크이므로 세 집합 모두 LAN이라고 볼 수 있습니다.

WAN

WAN은 Wide Area Network의 약자로 이름 그대로 먼 지역을 연결하는 광역 통신망을 의미합니다. 멀리 떨어진 LAN을 연결할 수 있는 네트워크가 바로 WAN입니다. 앞서 인터넷은 '네트워크의 네트워크'라고 설명했지요? 인터넷이 WAN으로 분류됩니다. 같은 LAN에 속한 호스트끼리 메시지를 주고받아야 할 때는 인터넷 연결과 같은 WAN이 필요 없지만, 다른 LAN에 속한 호스트와 메시지를 주고받아야 할 때는 WAN이 필요합니다.

여러분이 인터넷을 사용하기 위해 접속하는 WAN은 **ISP**^{Internet Service Provider}라는 인터넷 서비스 업체가 구축하고 관리합니다. ISP는 사용자에게 인터넷과 같은 WAN에 연결 가능한 회선을 임대하는 등 WAN과 관련한 다양한 서비스를 제공합니다. 인터넷을 사용하기 위해 ISP와 계약하여 인터넷 사용 요금을 내는 것은 이러한 이유 때문입니다.

note 국내의 대표적인 ISP에는 KT, LG유플러스, SK브로드밴드가 있습니다.

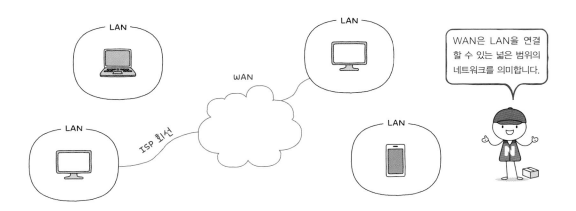

참고로 인터넷이 WAN의 전부는 아닙니다. 멀리 떨어진 LAN을 연결하기 위해 특정 조직에서 불특정 다수에게 공개되지 않은 WAN을 얼마든지 구축할 수도 있습니다.

➕ 여기서 잠깐   CAN과 MAN

앞서 네트워크를 범위에 따라 LAN과 WAN 두 종류로 나누어 설명했지만, 더 세밀하게 나누는 경우도 있습니다. LAN보다는 넓고 WAN보다는 좁은 범위의 대표적인 네트워크로 CAN과 MAN이 있습니다.

CAN(Campus Area Network)은 학교 또는 회사의 여러 건물 단위로 연결되는 규모의 네트워크를 의미하고, MAN(Metropolitan Area Network)은 도시나 대도시 단위로 연결되는 규모의 네트워크를 의미합니다. 네트워크의 범위를 기준으로 분류하면 WAN, MAN, CAN, LAN순으로 작아진다고 볼 수 있습니다.

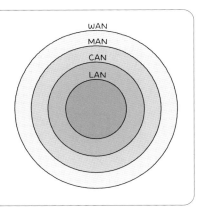

메시지 교환 방식에 따른 네트워크 분류

호스트들은 네트워크를 통해 어떤 방식으로 메시지를 주고받을까요? 네트워크로 메시지를 주고받는 방식은 대표적으로 회선 교환 방식과 패킷 교환 방식으로 나눌 수 있습니다. 각 방식을 사용하는 네트워크를 각각 회선 교환 네트워크, 패킷 교환 네트워크라고 합니다.

회선 교환 방식

회선 교환circuit switching 방식은 먼저 메시지 전송로인 **회선**circuit을 설정하고 이를 통해 메시지를 주고받는 방식입니다. '회선을 설정한다'라는 말은 '두 호스트가 연결되었다', '전송로를 확보하였다'라는 말과도 같습니다. 회선 교환 네트워크에서는 호스트들이 메시지를 주고받기 전에 두 호스트를 연결한후, 연결된 경로로 메시지를 주고받습니다.

예를 들어서 다음 그림과 같은 회선 교환 네트워크에서 A와 B가 통신하려고 한다면, 메시지를 주고받기 전에 A와 B 사이를 연결하는 회선(붉은 선)을 설정해야 이 경로를 통해 메시지를 주고받을 수있습니다.

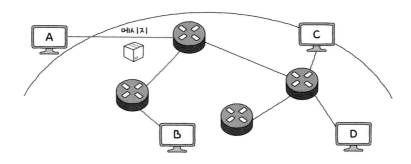

A와 D가 통신하려고 한다면 어떨까요? 마찬가지로 메시지를 주고받기 전에 A와 D 사이의 회선(붉은 선)을 설정해야만 해당 경로로 메시지를 주고받을 수 있습니다.

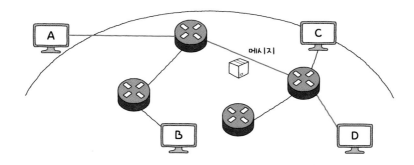

회선 교환 방식은 우선 두 호스트 사이에 연결을 확보한 후에 메시지를 주고받는 특성 덕분에 주어진시간 동안 전송되는 정보의 양이 비교적 일정하다는 장점이 있습니다.

회선 교환 네트워크가 올바르게 동작하기 위해서는 호스트 간의 회선을 적절하게 설정해야 합니다.이 역할을 수행하는 회선 교환 네트워크 장비로는 **회선 스위치**가 있습니다. 즉, 회선 스위치는 호스트 사이에 일대일 전송로를 확보하는 네트워크 장비입니다.

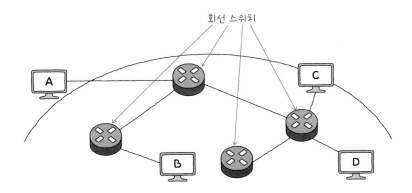

회선 스위치

회선 교환 방식의 대표적인 사례가 바로 전통적인 전화망입니다. 누군가에게 전화를 걸면 수신자가 전화를 받기 전에 송신자와 수신자 사이에 연결이 설정되어야 하고, 한 번 연결이 설정되면 연결된 전송로를 통해서만 통화가 가능합니다.

다만 회선 교환 방식에는 한 가지 문제가 있습니다. 회선의 이용 효율이 낮아질 수 있다는 것이지요. 가능한 모든 회선에 끊임없이 메시지가 흐르고 있어야만 회선의 이용 효율이 높아집니다. 이를 반대로 이야기하면 메시지를 주고받지 않으면서 회선을 점유하는 것은 낭비라 볼 수 있습니다.

> 회선 교환 네트워크에서는 호스트 간에 메시지를 주고받기 전에 메시지 전송로인 회선을 설정한 뒤, 해당 전송로를 통해서만 메시지를 주고받을 수 있습니다.

예를 들어서 다음 그림처럼 회선 교환 네트워크상에 호스트 A, B, C, D가 각각 회선 스위치와 연결되어 있고, 호스트 A, B의 회선이 설정되었다고 가정해 보겠습니다. 호스트 A, B는 회선이 설정되어 있으니 당장이라도 메시지를 주고받을 수 있습니다. 그러나 호스트 A, B가 회선을 점유하여 연결만 된 채로 메시지를 주고받지 않는다면 회선(붉은 선)에는 어떠한 메시지도 흐르지 않습니다. 호스트 C가 A에게, 호스트 D가 B에게 메시지를 보내고 싶어도 보낼 수 없는 상황이 발생할 수도 있지요.

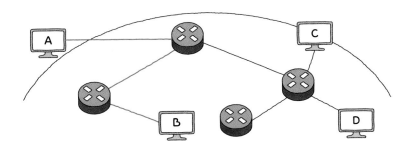

패킷 교환 방식

패킷 교환packet switching 방식은 회선 교환 방식의 문제점을 해결한 방식으로, 메시지를 패킷이라는 작은 단위로 쪼개어 전송합니다. 여기서 **패킷**packet은 패킷 교환 네트워크상에서 송수신되는 메시지의 단위입니다. 현대 인터넷은 대부분 패킷 교환 방식을 이용합니다.

> **note** 이 책에서도 회선 교환 네트워크보다는 패킷 교환 네트워크에 중점을 두고 설명합니다.

예를 들어서 여러분이 패킷 교환 방식으로 2GB 크기의 영화 파일을 다운로드한다면, 2GB 크기의 영화 파일이 한 번에 여러분의 컴퓨터로 전송될까요? 아닙니다. 패킷의 크기만큼 분할되어 전송됩니다. 그리고 이렇게 쪼개진 패킷들은 수신지인 여러분의 컴퓨터에 도달한 뒤 재조립됩니다.

패킷 교환 네트워크는 회선 교환 네트워크와는 달리 메시지를 송수신하는 두 호스트가 하나의 전송 경로를 점유하지 않기에 네트워크 이용 효율이 상대적으로 높습니다. 다음 그림을 보세요. 회선 교환 방식에 비해 전송로에 메시지가 쉴 새 없이 흐르고 있지요?

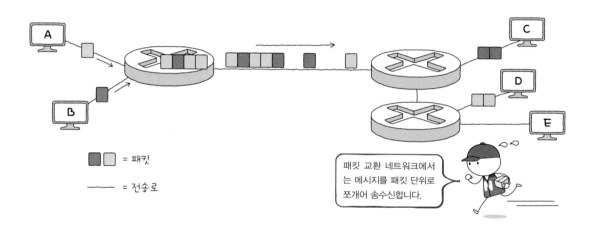

패킷 교환 네트워크에서는 메시지를 패킷 단위로 쪼개어 송수신합니다.

만약 패킷이 패킷 교환 네트워크를 통해 지구 반대편에 있는 먼 곳까지 이동한다면 어떨까요? 사전에 설정된 경로만으로 통신하는 회선 교환 방식과는 달리, 패킷 교환 방식은 정해진 경로만으로 메시지를 송수신하지 않습니다. 이 과정에서 메시지는 다양한 중간 노드를 거칠 수 있는데, 이때 중간 노드인 **패킷 스위치**는 패킷이 수신지까지 올바르게 도달할 수 있도록 최적의 경로를 결정하거나 패킷의 송수신지를 식별합니다. 대표적인 패킷 스위치 네트워크 장비로는 **라우터**router와 **스위치**switch가 있습니다.

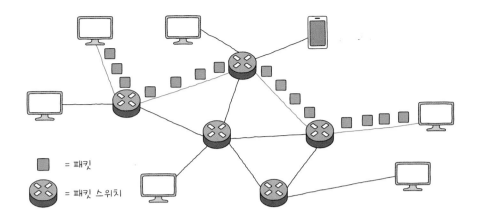

note 패킷 스위치 장치와 최적의 경로를 결정하는 방법에 대해서는 03-3에서 살펴보겠습니다.

패킷 교환 방식에서 주고받는 패킷은 본래 소포, 꾸러미라는 뜻입니다. 택배와 비슷한 개념입니다. 택배를 보내려면 먼저 상자 안에 보내고자 하는 물품을 담아야 합니다. 그리고 상자 겉에 붙이는 송장(쪽지)에는 보내는 주소(송신지 주소)와 받을 주소(수신지 주소), 보내는 사람(송신자)과 받는 사람(수신자) 등 부가 정보를 적습니다. 이런 과정이 선행되어야 올바르게 배송되지요.

네트워크의 패킷도 마찬가지입니다. 패킷을 통해 전송하고자 하는 데이터를 **페이로드**payload라고 합니다. 택배 상자에 넣을 물품이라고 생각해도 좋습니다. 또한 택배를 보낼 때 상자에 물품만 담아 보내지 않는 것처럼, 패킷 또한 페이로드로만 구성되지 않습니다. 페이로드와 더불어 **헤더**header라는 정보도 패킷 앞에 포함됩니다. 때로는 패킷 뒤에 **트레일러**trailer라는 정보가 포함되기도 합니다.

헤더와 트레일러는 패킷에 붙는 일종의 부가 정보, 내지는 제어 정보입니다. 즉, 페이로드가 택배 안에 담을 물품이라면, 헤더나 트레일러는 택배 상자에 붙이는 송장과 같습니다.

정리해 볼까요? 패킷 교환 네트워크에서 주고받는 메시지의 단위는 패킷이며, 패킷은 전송하고자 하는 데이터인 페이로드와 부가 정보인 헤더 및 트레일러로 구성됩니다.

패킷의 헤더에 담기는 대표적인 정보로는 주소가 있습니다. **주소**address는 송수신지를 특정하는 정보를 의미합니다. 택배 송장에 송수신지를 명시하는 것처럼, 네트워크에 흐르는 수많은 패킷에는 모두 송수신지가 담겨있지요. 여러분이 한 번쯤 들어 보았을 IP 주소, 혹은 MAC 주소 모두 네트워크에서 사용되는 주소입니다.

> **note** IP 주소와 MAC 주소는 각각 3장과 2장에서 학습할 예정입니다. 지금은 몰라도 괜찮습니다.

이렇게 송수신지를 특정할 수 있는 주소가 있다면 송수신지 유형에 따라 다양한 방식으로 메시지를 보낼 수 있게 됩니다. 가령 수신지를 특정 호스트 하나로 지정할 수도 있고, 네트워크 내 모든 호스트로 지정할 수도 있습니다. 또 수신지를 자신과 동일한 그룹에 속한 호스트로 지정할 수도 있습니다. 송수신지 유형별 전송 방식은 다양한 종류가 있지만, 네트워크의 기본 동작을 파악하기 위해 알아야 할 가장 중요한 전송 방식은 유니캐스트와 브로드캐스트입니다.

먼저 **유니캐스트**unicast는 가장 일반적인 형태의 송수신 방식으로, 하나의 수신지에 메시지를 전송하는 방식입니다. 송신지와 수신지가 일대일로 메시지를 주고받는 경우입니다.

브로드캐스트broadcast는 자신을 제외한 네트워크상의 모든 호스트에게 전송하는 방식입니다. 브로드캐스트가 전송되는 범위를 **브로드캐스트 도메인**broadcast domain이라고 합니다. 즉, 브로드캐스트의 수신지는 브로드캐스트 도메인이며 이는 자신을 제외한 네트워크상의 모든 호스트입니다.

이 외에도 네트워크 내의 동일 그룹에 속한 호스트에게만 전송하는 방식인 멀티캐스트multicast, 네트워크 내의 동일 그룹에 속한 호스트 중 가장 가까운 호스트에게 전송하는 방식인 애니캐스트anycast 등 다양한 방식이 있습니다. 다만, 이 책에서 가장 자주 언급할 전송 방식은 유니캐스트와 브로드캐스트이니 꼭 기억해 주세요.

주소는 송수신지를 특정할 수 있는 정보로, 이를 토대로 유니캐스트, 브로드캐스트 방식 등의 전송이 가능합니다.

마무리

▶ 6가지 키워드로 정리하는 핵심 포인트

- **네트워크 구조**는 호스트, 네트워크 장비, 통신 매체, 메시지로 이루어집니다. 이 중에서 호스트는 역할에 따라 서버와 클라이언트로 구분되며, 각각 요청과 응답을 주고받을 수 있습니다.

- **LAN**은 가정, 기업처럼 비교적 근거리를 연결하는 한정된 공간에서의 네트워크를 의미합니다.

- **WAN**은 LAN을 연결할 수 있는 넓은 범위의 네트워크를 의미합니다.

- **회선 교환** 네트워크에서는 호스트 간에 메시지를 주고받기 전, 두 호스트 사이에 메시지 전송로인 회선을 설정한 뒤 해당 전송로를 통해 메시지를 주고받습니다.

- **패킷 교환** 네트워크에서는 메시지를 패킷 단위로 쪼개어 송수신합니다. 패킷은 페이로드와 헤더로 구성되고, 때로는 트레일러까지 포함합니다.

- **주소**는 송수신지를 특정할 수 있는 정보로, 이를 토대로 유니캐스트 또는 브로드캐스트 방식 등으로 전송할 수 있습니다.

▶ 확인 문제

1. 네트워크의 구성 요소로 옳지 않은 것을 골라 보세요.

① 프로그래밍 언어
② 호스트
③ 통신 매체
④ 메시지

2. LAN과 WAN에 대한 설명으로 옳은 것을 골라 보세요.

> (LAN / WAN)은 가정, 기업처럼 비교적 근거리를 연결하는 한정된 공간에서의 네트워크를 의미하고, (LAN / WAN)은 이보다 넓은 범위의 네트워크를 의미합니다.

01-3 네트워크 미시적으로 살펴보기

핵심 키워드

프로토콜　네트워크 참조 모델　OSI 모델　TCP/IP 모델　캡슐화　역캡슐화

PDU

이번 절에서는 미시적인 관점에서 네트워크 배경지식을 학습해 보겠습니다. 네트워크에 연결된 두 대의 컴퓨터가 네트워크를 통해 어떻게 메시지를 교환하는지 알아보겠습니다.

시작하기 전에

이번 절에서는 네트워크를 좀 더 세부적으로 살펴보고, 관련 개념을 학습합니다. 여러분이 학습할 개념은 크게 세 가지입니다. 바로 통신 과정에서 정보를 올바르게 주고받기 위해 합의된 규칙이나 방법을 의미하는 **프로토콜**, 통신이 일어나는 구조를 계층화한 **네트워크 참조 모델**, 통신 과정에서 이루어지는 **캡슐화(역캡슐화)**입니다. 새롭게 등장하는 용어가 낯설게 느껴질 수 있지만, 앞으로 반복하여 자주 등장할 용어이니 비유를 살펴보며 편한 마음으로 큰 흐름만 이해해 보세요.

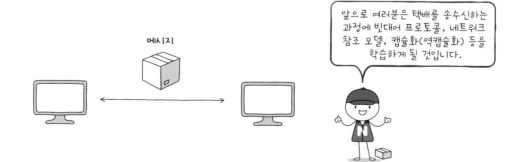

메시지

> 앞으로 여러분은 택배를 송수신하는 과정에 빗대어 프로토콜, 네트워크 참조 모델, 캡슐화(역캡슐화) 등을 학습하게 될 것입니다.

프로토콜

현대 인터넷은 호스트 간 패킷을 교환하는 방식으로 대부분 **패킷 교환** 방식을 사용합니다. 패킷은 택배와 유사한 개념으로, 여러분의 컴퓨터가 서로 연결되어 정보를 주고받는 방식은 택배를 주고받는 과정과 비슷합니다.

여러분과 멀리 떨어져 있는 '영수(수신지 호스트)'라는 친구가 있다고 가정해 보겠습니다. 영수에게 택배로 책을 선물하고자 합니다. 영수가 책을 올바르게 수령한 뒤, 이를 읽고 이해하는 것까지가 목표입니다. 영수에게 선물할 책을 택배로 보내는 과정을 순서대로 생각해 보면 다음과 같습니다.

❶ 우선 선물할 책(페이로드)을 택배 상자에 담습니다.
❷ 배송 주소 등 택배 기사가 읽을 메시지(헤더)를 작성하고 첨부합니다.
❸ 택배 기사(네트워크 장비)를 통해 발송합니다.

네트워크로 정보를 주고받는 방식은 택배를 주고받는 방식과 유사합니다.

영수가 책을 제대로 받아서 읽으려면 기본적으로 언어가 통해야겠지요? 즉, 선물하려는 책의 언어를 영수도 이해할 수 있어야 합니다. 영수가 이해할 수 없는 언어로 작성된 책이라면 영수가 책을 올바르게 수령해도 이를 읽고 이해할 수 없기 때문입니다.

그리고 택배가 영수에게 제대로 배송되려면 택배 기사 또한 택배 송장에 적힌 메시지를 이해할 수 있어야 합니다. 수신지, 수신자, 발송자(송신자) 등의 정보가 택배 기사가 이해할 수 없는 언어로 적혀 있다면 제대로 배송할 수 없습니다.

조금 더 나아가 택배 배송 과정에 여러 명의 택배 기사가 필요하다면 택배 기사끼리 주고받는 언어도 서로 통해야 합니다. 이러한 점에서 '언어'는 올바르게 정보를 주고받기 위해 합의된 의사소통 방식이라고 볼 수 있습니다.

네트워크에도 언어와 유사한 개념이 있습니다. 바로 프로토콜입니다. 언어가 정보를 주고받기 위해 사회적으로 합의된 의사소통 방식이라면, **프로토콜**protocol은 노드 간에 정보를 올바르게 주고받기 위해 합의된 규칙이나 방법을 의미합니다.

즉, 서로 다른 통신 장치들이 정보를 주고받으려면 프로토콜이 통해야 합니다. 여러분이 인터넷을 이용할 수 있는 것도, 이메일을 주고받을 수 있는 것도, 파일을 주고받을 수 있는 것도 모두 상대 호스트와 동일한 프로토콜을 사용하기 때문입니다.

note 다만 일상 속 언어와는 달리 통신 과정에서는 하나의 프로토콜만 사용하지 않습니다. 일반적으로는 여러 프로토콜을 함께 사용합니다.

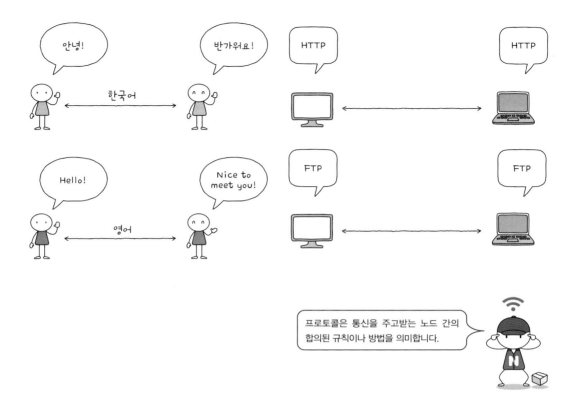

프로토콜의 정의가 다소 모호하게 느껴진다면 예를 통해 알아볼까요? 다음과 같은 문장이 있다고 가정해 보겠습니다.

note 지금 나오는 프로토콜 예시들은 추후 자세히 다룰 예정입니다. 아직은 암기하지 않아도 되며 무슨 뜻인지 정확히 몰라도 괜찮습니다.

> IP는 패킷을 수신지까지 전달하기 위해 사용되는 프로토콜이다.

위 문장에서 **IP**는 프로토콜입니다. IP라는 규칙으로 정보를 주고받음으로써 패킷을 수신지까지 올바르게 전달할 수 있음을 의미합니다.

> ARP는 192.168.1.1과 같은 형태의 'IP 주소'를 A1:B2:C3:D4:E5:F6과 같은 형태의
> 'MAC 주소'로 대응하기 위해 사용되는 프로토콜이다.

위 문장에서 **ARP**는 프로토콜입니다. IP 주소를 MAC 주소로 대응하기 위해서는 ARP라는 규칙으로 정보를 주고받아야 함을 의미합니다.

HTTPS는 HTTP에 비해 보안상 더 안전한 프로토콜이다.

위 문장에서 **HTTPS**와 **HTTP**는 모두 프로토콜입니다. HTTP라는 규칙으로 정보를 주고받는 것보다 HTTPS라는 규칙으로 정보를 주고받는 것이 보안상 더 안전함을 의미합니다.

TCP는 UDP에 비해 일반적으로 느리지만 신뢰성이 높은 프로토콜이다.

위 문장에서 **TCP**와 **UDP**는 모두 프로토콜입니다. TCP라는 규칙으로 정보를 주고받는 것은 UDP라는 규칙으로 정보를 주고받는 것에 비해 데이터를 더 확실하게 전송할 수 있다고 짐작할 수 있습니다.

예시를 통해서 알 수 있는 중요한 점은 모든 프로토콜에는 저마다의 **목적**과 **특징**이 있다는 점입니다. 프로토콜의 임무는 정해져 있기에 저마다 목적과 특징이 다양합니다. 01-2에서 패킷에는 페이로드 뿐 아니라 헤더라는 부가 정보도 포함되어 있다고 했지요? 프로토콜마다 목적과 특징이 다르기에 이에 부합하는 정보도 달라질 수 있으며, 따라서 특정 프로토콜로 주고받는 패킷의 부가 정보도 달라질 수 있습니다. 즉, 프로토콜마다 패킷의 헤더 내용이 달라질 수 있습니다.

note 헤더가 없는 프로토콜도 있습니다.

다음은 여러분이 앞으로 학습할 TCP와 UDP 프로토콜의 헤더입니다. TCP와 UDP라는 규칙으로 패킷을 주고받을 때는 그림과 같은 정보가 페이로드에 추가됩니다. TCP는 UDP에 비해 더 확실히 데이터를 전송할 수 있다고 했지요? 그렇기에 TCP는 신뢰성 높은 전송을 수행하기 위한 정보로 구성되어 있고, 헤더에도 더 많은 정보가 포함되어 있습니다.

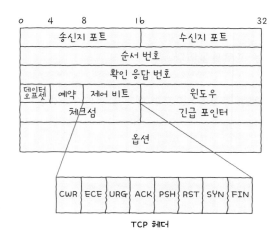

프로토콜의 종류는 매우 다양합니다. 앞으로 이 책 전체에 걸쳐 많은 프로토콜을 접할 예정이니 지금부터 '프로토콜'이라는 용어에 익숙해지기를 바랍니다. 또한 IP, TCP, UDP, HTTP처럼 중요한 프로토콜은 헤더의 주요 내용까지 분석해 보겠습니다.

네트워크 참조 모델

네트워크로 메시지를 송수신하는 것은 택배를 주고받는 것과 유사하다고 했습니다. 앞서 들었던 택배 예시를 다시 살펴봅시다. 영수에게 선물할 책을 택배로 보내는 과정을 조금 더 세밀하게 순서를 나누어 보면 다음과 같습니다.

❶ 선물할 책을 준비합니다.
❷ 책이 상하지 않도록 책을 포장용지로 감쌉니다.
❸ 포장된 책을 택배 상자에 담습니다.
❹ 택배 상자를 밀봉합니다.
❺ 택배 기사가 확인할 메시지를 택배 상자에 붙입니다.
❻ 택배 상자를 택배 기사에게 전달합니다.

이번에는 영수 입장에서 살펴봅시다. 영수가 택배를 전달받는 과정은 위 과정과 정확하게 반대입니다.

❶ 택배 상자를 택배 기사로부터 전달받습니다.
❷ 택배 기사가 확인한 메시지를 제거합니다.
❸ 택배 상자를 개봉합니다.
❹ 택배 상자에서 포장된 책을 꺼냅니다.
❺ 포장용지를 제거합니다.
❻ 선물 받은 책을 확인합니다.

이 과정을 관찰해 보면 택배를 주고받는 과정에는 정형화된 순서가 있습니다. 이는 다음 쪽의 그림처럼 계층으로 표현할 수 있습니다.

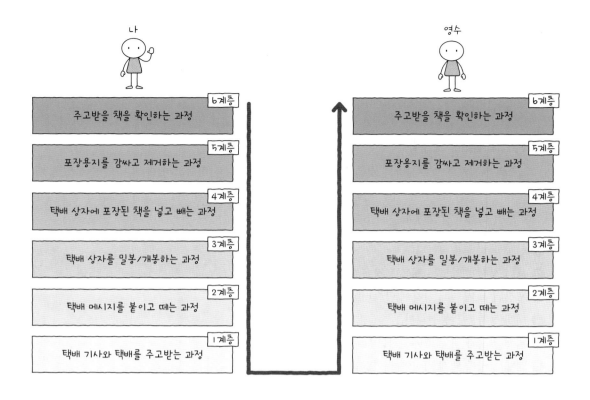

네트워크도 마찬가지입니다. 네트워크를 통해 정보를 주고받을 때는 정형화된 여러 단계를 거칩니다. 이 과정은 계층으로 표현할 수 있습니다. 이렇게 통신이 일어나는 각 과정을 계층으로 나눈 구조를 **네트워크 참조 모델**network reference model이라고 합니다. 계층으로 표현한다는 점에서 **네트워크 계층 모델**이라 부르기도 합니다.

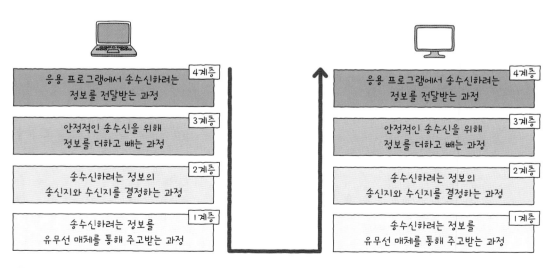

note 위 그림은 간략화된 예시로, 암기할 필요는 없습니다.

이와 같이 통신 과정을 계층으로 나눈 이유는 크게 두 가지입니다.

네트워크 참조 모델은 네트워크의 전송 단계를 계층으로 표현한 것입니다.

첫째, 네트워크 구성과 설계가 용이합니다.

각 계층이 수행해야 할 역할이 정해져 있으므로 계층의 목적에 맞게 프로토콜과 네트워크 장비를 계층별로 구성할 수 있습니다. 예를 들어 2계층에서는 2계층의 목적에 부합하는 프로토콜과 네트워크 장비를, 3계층에서는 3계층의 목적에 부합하는 프로토콜과 네트워크 장비를 사용할 수 있습니다.

물론 모든 프로토콜이나 네트워크 장비가 참조 모델과 완벽히 들어맞는 것은 아닙니다. 때로는 칼로 자르듯 명확하게 구분되지 않을 수도 있습니다. 특히 네트워크 장비는 상위 계층의 장비가 하위 계층의 장비 역할을 포괄해서 수행하는 경우도 많지요. 그래도 네트워크 참조 모델은 네트워크 구성 및 설계에 있어 훌륭한 가이드라인 역할을 수행합니다.

둘째, 네트워크 문제 진단과 해결이 용이합니다.

통신 과정에서 문제가 발생하더라도 문제의 원인을 계층별로 진단하기 수월합니다. 가령 잘되던 인터넷이 갑자기 안 되면 가장 먼저 최하위에 있는 1계층에서 발생한 문제인지 판단하기 위해 케이블 등 유무선 매체의 접속 상태를 확인해 볼 수 있습니다. 이상이 없다면 다음 2계층에서 발생한 문제인지 판단하기 위해 정보가 수신지까지 제대로 전달되었는지 진단해 봅니다. 여기서도 이상이 없다면 3계층에서 이상이 없는지 순서대로 진단해 보면 됩니다.

이렇듯 네트워크를 계층별로 진단하면 문제 발생 지점을 추측할 수 있어, 문제 진단과 해결이 수월하다는 장점이 있습니다.

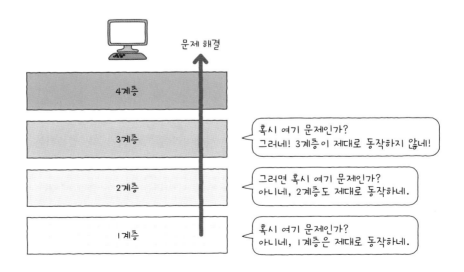

요컨대, 네트워크 참조 모델은 네트워크 구성과 설계, 문제 진단과 해결을 용이하게 합니다. 그럼, 이제 대표적인 네트워크 참조 모델인 OSI 모델과 TCP/IP 모델을 알아보겠습니다.

OSI 모델

OSI 모델은 국제 표준화 기구 ISO: International Organization for Standardization에서 만든 네트워크 참조 모델입니다. 통신 단계를 7개의 계층으로 나누는데, 최하위 계층에서 최상위 계층순으로 각각 물리 계층, 데이터 링크 계층, 네트워크 계층, 전송 계층, 세션 계층, 표현 계층, 응용 계층입니다. 각 계층이 수행하는 역할을 알아볼까요? 모르는 용어가 나오더라도 추후 자세히 다룰 예정이니 지금은 편한 마음으로 용어에 눈도장만 찍어 주세요.

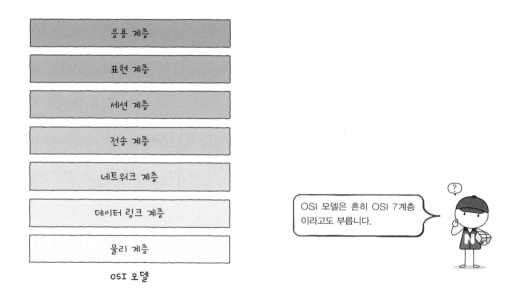

OSI 모델

OSI 모델은 흔히 OSI 7계층이라고도 부릅니다.

❶ 물리 계층

물리 계층 physical layer은 OSI 모델의 최하단에 있는 계층으로, 1과 0으로 표현되는 비트 신호를 주고받는 계층입니다. 가장 근원적인 통신이 이루어지는 계층이라 할 수 있습니다. 컴퓨터는 기본적으로 1(on)과 0(off)만 이해합니다. 여러분이 네트워크를 통해 전달받는 이메일, 사진, 동영상도 사실은 1과 0으로 이루어져 있지요. 이렇게 1과 0으로 표현된 비트 데이터는 다양한 통신 매체를 통해 다양한 신호로 운반될 수 있습니다. 가령 같은 비트 데이터라도 통신 매체에 따라 전기, 빛, 전파 등의 신호로 운반될 수 있습니다.

통신 매체에 맞는 신호로 운반되도록 비트 데이터의 변환이 이루어지고 통신 매체를 통한 송수신이 이루어지는 계층이 바로 물리 계층입니다. 그렇기에 물리 계층을 학습할 때는 주로 네트워크 장비, 통신 매체에 관한 이야기를 많이 하게 될 것입니다.

❷ 데이터 링크 계층

데이터 링크 계층^{data link layer}은 네트워크 내 주변 장치 간의 정보를 올바르게 주고받기 위한 계층입니다. 다음 장에서 학습할 이더넷을 비롯한 많은 LAN 기술이 데이터 링크 계층에 녹아 있습니다. 여기서는 물리 계층을 통해 주고받는 정보에 오류가 없는지 확인하고, MAC 주소라는 주소 체계를 통해 네트워크 내 송수신지를 특정할 수 있습니다. 때로는 전송 과정에서 발생할 수 있는 충돌 문제를 해결하는 계층이기도 합니다.

> **note** 데이터 링크 계층은 물리 계층과 서로 밀접하게 연관된 계층입니다. 2장에서 함께 살펴보겠습니다.

❸ 네트워크 계층

네트워크 계층^{network layer}은 메시지를 (다른 네트워크에 속한) 수신지까지 전달하는 계층입니다. 데이터 링크 계층에서 네트워크 내의 주변 장치 간의 통신이 이루어진다면, 네트워크 계층에서는 네트워크 간의 통신이 이루어집니다. 예컨대 네트워크 계층은 인터넷을 가능하게 하는 계층이라고 할 수 있습니다. 네트워크 계층에서는 IP 주소라는 주소 체계를 통해 통신하고자 하는 수신지 호스트와 네트워크를 식별하고, 원하는 수신지에 도달하기 위한 최적의 경로를 결정합니다.

❹ 전송 계층

전송 계층^{transport layer}은 신뢰성 있고 안정성 있는 전송을 해야 할 때 필요한 계층입니다. 패킷이 정상적으로 보내졌는지, 중간에 유실된 정보는 없는지, 여러 개의 패킷을 보낼 때 순서가 뒤바뀐 것은 없는지 등을 확인해야 할 때가 있습니다. 이때 전송 계층에서는 패킷의 흐름을 제어하거나 전송 오류를 점검해 신뢰성 있고 안정적인 전송이 이루어지도록 합니다. 이 외에도 포트라는 정보를 통해 실행 중인 응용 프로그램의 식별이 이루어지기도 합니다.

> **note** 응용 프로그램(application software)은 사용자가 특정 목적을 위해 사용하는 일반적인 프로그램을 의미합니다. 여러분이 일상적으로 사용하는 워드 프로세서, 인터넷 브라우저, 메모장, 게임 등과 같은 프로그램 대부분이 응용 프로그램입니다.

❺ 세션 계층

세션 계층^{session layer}은 이름 그대로 '세션'을 관리하기 위해 존재하는 계층입니다. **세션**^{session}이라는 용어는 다양한 상황에서 폭넓게 사용되지만, 일반적으로 통신을 주고받는 호스트의 응용 프로그램 간 연결 상태를 의미합니다. 세션 계층에서는 이러한 연결 상태를 생성하거나 유지하고, 종료되었을 때는 끊어 주는 역할을 담당합니다.

❻ 표현 계층

표현 계층^{presentation layer}은 마치 번역가와 같은 역할을 하는 계층입니다. 사람이 이해할 수 있는 언어인 문자를 컴퓨터가 이해할 수 있는 코드로 변환하거나, 압축, 암호화와 같은 작업이 표현 계층에서 이루어집니다.

❼ 응용 계층

응용 계층^{application layer}은 OSI 참조 모델 최상단에 있는 계층으로 사용자 및 사용자가 이용하는 응용 프로그램과 가장 밀접히 맞닿아 있는 계층입니다. 응용 계층은 사용자가 이용할 응용 프로그램에 다양한 네트워크 서비스를 제공합니다. 예를 들어서 웹 브라우저 프로그램에 웹 페이지를 제공하거나 이메일 클라이언트 프로그램에 송수신된 이메일을 제공하는 등 실질적인 네트워크 서비스가 제공되는 계층이 바로 응용 계층입니다. 응용 프로그램에 다양한 서비스가 제공될 수 있는 만큼 타 계층에 비해 응용 계층에 속한 프로토콜이 많습니다.

TCP/IP 모델

OSI 모델은 주로 네트워크를 이론적으로 기술하고 이해할 때 사용하는 반면에 **TCP/IP 모델**은 이론보다는 구현에 중점을 둔 네트워크 참조 모델입니다. OSI 모델의 목적이 '이상적 설계'에 가깝다면, TCP/IP 모델은 '실용적 구현'에 가깝습니다.

TCP/IP 모델은 TCP/IP 4계층, 인터넷 프로토콜 스위트^{internet protocol suite}, TCP/IP 프로토콜 스택^{protocol stack}이라고도 부릅니다. 여기서 사용된 TCP와 IP라는 용어는 앞으로 여러분이 학습할 프로토콜의 이름이며, IP는 **인터넷 프로토콜**^{Internet Protocol}의 약자입니다.

그렇다면 네트워크 참조 모델에 왜 TCP/IP라는 프로토콜 이름이 붙은 것일까요? 이유는 단순합니다. 이 두 프로토콜이 오늘날 네트워크 구현의 핵심으로 간주되기 때문입니다.

> **➕ 여기서 잠깐** **프로토콜 스위트, 프로토콜 스택이란 무엇인가요?**
>
> 다양한 계층의 프로토콜 집합을 **프로토콜 스위트**(protocol suite), **프로토콜 스택**(protocol stack)이라고 합니다. 마치 묶음으로 판매되는 세트 의류처럼 주로 함께 활용되는 프로토콜들이라고 보아도 좋습니다.
>
> TCP/IP 모델에서도 TCP, IP를 포함해 UDP, ARP, HTTP 등 다양한 프로토콜들이 주로 묶여 함께 사용됩니다. TCP, IP를 중심으로 한 이러한 프로토콜들의 집합을 통칭하기 위해 인터넷 프로토콜 스위트, TCP/IP 프로토콜 스택이라는 이름이 붙은 것입니다.

TCP/IP 모델은 최하위 계층에서 최상위 계층순으로 각각 네트워크 액세스 계층, 인터넷 계층, 전송 계층, 응용 계층으로 이루어집니다. 각 계층을 살펴보겠습니다.

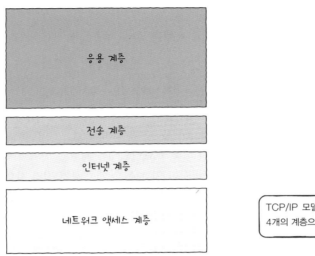

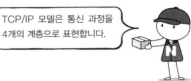
TCP/IP 모델은 통신 과정을
4개의 계층으로 표현합니다.

TCP/IP 모델

❶ 네트워크 액세스 계층

네트워크 액세스 계층network access layer은 **링크 계층**link layer 또는 **네트워크 인터페이스 계층**network interface layer이라고도 부릅니다. 이 계층은 OSI 모델의 데이터 링크 계층과 유사합니다.

전통적인 TCP/IP 모델에서의 최하위 계층은 OSI 모델에서의 물리 계층보다는 데이터 링크 계층 역할을 수행하는 쪽에 가까웠습니다. TCP/IP 모델에는 OSI 모델에서의 물리 계층에 해당하는 개념이 없다고 보는 견해도 있지요.

그래서 많은 공식 문서와 전공 서적에서는 OSI 모델과 TCP/IP 모델을 대응하여 설명하기 위해 TCP/IP 모델에 물리 계층을 추가해 TCP/IP 모델을 5계층으로 확장하여 기술하기도 합니다. 다음 쪽의 그림을 확인해 보세요. 이 책에서는 다음 쪽에 있는 그림에서 붉은색으로 표기된 모델을 차용하여 서술할 예정입니다. 유선 LAN과 관련한 물리 계층과 데이터 링크 계층에 대해서는 2장에서 자세히 알아보겠습니다.

❷ 인터넷 계층

인터넷 계층internet layer은 OSI 모델에서의 네트워크 계층과 유사합니다. 인터넷 계층에서의 주요 프로토콜과 네트워크 장비의 역할과 동작은 3장에서 학습해 보겠습니다.

❸ 전송 계층

전송 계층transport layer은 OSI 모델에서의 전송 계층과 유사합니다. 관련하여 4장에서 학습해 보겠습니다.

❹ 응용 계층

응용 계층application layer은 OSI 모델의 세션 계층, 표현 계층, 응용 계층을 합친 것과 유사합니다. 5장에서 학습할 예정입니다.

> **note** OSI 모델과 TCP/IP 모델의 비교에 있어 '유사하다'라는 표현을 사용한 이유가 있습니다. 관련하여 69쪽의 〈좀 더 알아보기 ①: OSI 7계층, TCP/IP 4계층은 사실 아무것도 해 주지 않는다〉를 참고해 주세요.

짐작할 수 있다시피, 이 책을 통해 여러분은 '전기 신호를 받아들이는 가장 근원적인 물리 계층'에서부터 '사용자 및 사용자 프로그램과 가장 가까이 맞닿아 있는 응용 계층'까지 점점 상위 계층으로 올라가는 형태로 학습해 나갈 예정입니다.

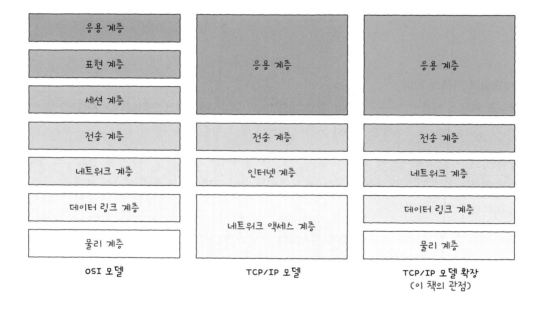

캡슐화와 역캡슐화

이번에는 지금까지 학습한 프로토콜, 네트워크 참조 모델을 토대로 실제로 패킷이 어떻게 송수신되는지 알아보겠습니다.

패킷은 송신 과정에서 **캡슐화**가 이루어지고, 수신 과정에서 **역캡슐화**가 이루어집니다. 캡슐화와 역캡슐화라는 용어가 아직은 아리송하지요? 캡슐화와 역캡슐화의 개념을 이해하려면 네트워크로 메시지를 주고받는 과정을 잘 이해해야 합니다.

네트워크 참조 모델에서 살펴본 택배 예시를 다시 확인해 볼까요? 택배는 송신자 입장에서는 가장 높은 계층에서 가장 낮은 계층으로 이동하고, 수신자 입장에서는 가장 낮은 계층에서 가장 높은 계층으로 이동합니다.

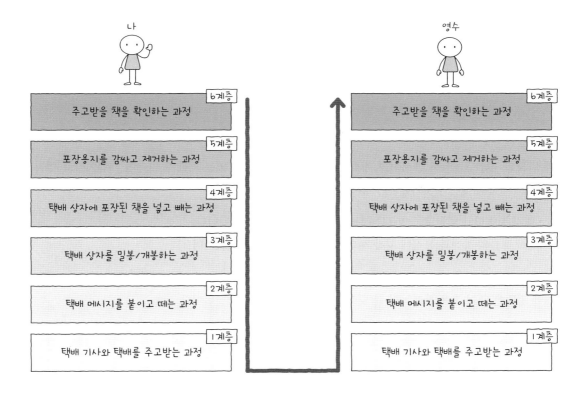

네트워크 참조 모델도 마찬가지입니다. 송수신하는 메시지는 송신지 입장에서는 가장 높은 계층에서부터 가장 낮은 계층으로 이동하고, 수신지 입장에서는 가장 낮은 계층에서부터 가장 높은 계층으로 이동합니다.

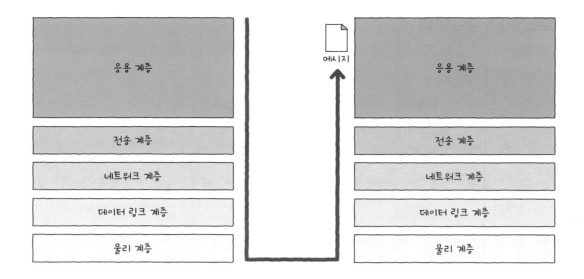

이러한 메시지 송수신 양상을 잘 기억한 후에, 이제 캡슐화와 역캡슐화가 각각 무엇인지 살펴보겠습니다.

캡슐화

패킷 교환 네트워크에서 메시지는 패킷 단위로 송수신됩니다. 이는 택배와 비슷한 개념이라고 했지요. 이쯤에서 패킷이 무엇이었는지 상기해 봅시다.

- 패킷은 헤더와 페이로드, 때로는 트레일러를 포함하여 구성됩니다.
- 프로토콜의 목적과 특징에 따라 헤더의 내용은 달라질 수 있습니다.

어떤 정보를 송신할 때 각 계층에서는 상위 계층으로부터 내려받은 패킷을 페이로드로 삼아, 프로토콜에 걸맞은 헤더(혹은 트레일러)를 덧붙인 후 하위 계층으로 전달합니다.

다음 쪽의 그림을 보세요. 각 계층을 지날 때마다 보내고자 하는 정보에 헤더가 추가되지요? 데이터 링크 계층을 지날 때는 오류 감지를 위한 트레일러도 함께 붙습니다. 상위 계층의 패킷은 하위 계층에서의 페이로드로 간주됩니다. 페이로드를 택배 안에 담을 물품에 빗댄다면, 이는 마치 상위 계층의 택배 상자를 하위 계층의 택배 상자에 담는 것과 같습니다.

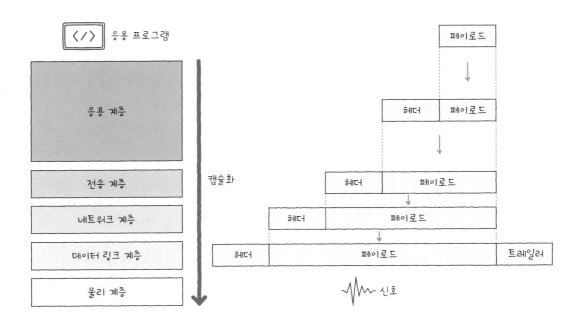

즉, 한 단계 아래 계층은 바로 위의 계층으로부터 받은 패킷에 헤더 및 트레일러를 추가해 나갑니다. 이렇게 송신 과정에서 헤더 및 트레일러를 추가해 나가는 과정을 **캡슐화**^{encapsulation}라고 부릅니다. 혹은 영문 그대로 **인캡슐레이션**이라고도 부릅니다.

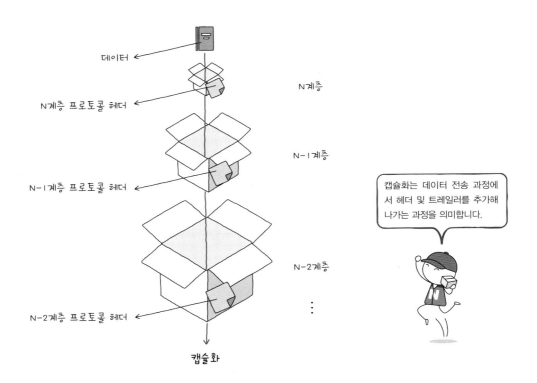

역캡슐화

역캡슐화는 받는 입장에서 생각해 보면 됩니다. 택배를 수신하는 과정은 택배를 송신하는 과정의 반대입니다. 네트워크에서도 마찬가지로 어떤 메시지를 수신할 때는 캡슐화 과정에서 붙였던 헤더(및 트레일러)를 각 계층에서 확인한 뒤 제거합니다. 이를 **역캡슐화**decapsulation라고 합니다. 영문 그대로 **디캡슐레이션**이라고도 부르지요. 마치 택배 상자에 붙인 송장을 떼어내고 상자 속의 상자들을 꺼내는 과정과 같습니다.

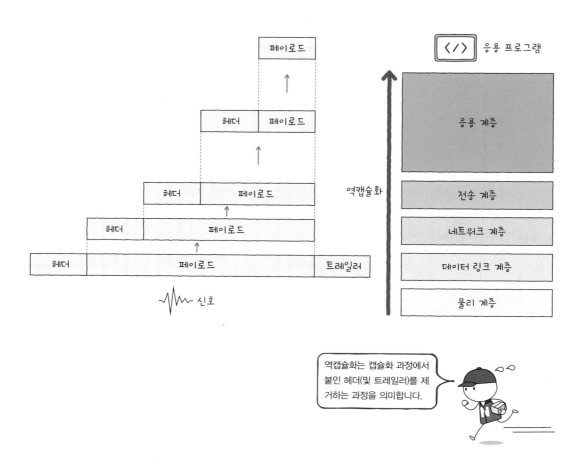

> 역캡슐화는 캡슐화 과정에서 붙인 헤더(및 트레일러)를 제거하는 과정을 의미합니다.

지금까지 프로토콜, 네트워크 참조 모델이 무엇인지 학습하고 캡슐화와 역캡슐화 개념을 통해 통신의 흐름을 알아보았습니다.

PDU

각 계층에서 송수신되는 메시지의 단위를 **PDU**^{Protocol Data Unit}라고 합니다. 즉, 상위 계층에서 전달받은 데이터에 현재 계층의 프로토콜 헤더(및 트레일러)를 추가하면 현재 계층의 PDU가 됩니다. OSI 모델의 각 계층에서의 PDU를 정리해 보면 다음과 같습니다.

OSI 계층	PDU
응용 계층	데이터(data)
표현 계층	
세션 계층	
전송 계층	세그먼트(segment), 데이터그램(datagram)
네트워크 계층	패킷(packet)
데이터 링크 계층	프레임(frame)
물리 계층	비트(bit)

note 응용 계층의 PDU는 메시지(message), 네트워크 계층의 PDU는 IP 데이터그램(IP datagram), 물리 계층의 PDU는 심볼(symbol)이라 지칭하기도 합니다.

PDU는 주로 전송 계층 이하의 메시지를 구분하기 위해 사용합니다. 전송 계층보다 높은 계층에서는 일반적으로 데이터 혹은 메시지로만 지칭하는 경우가 많습니다.

전송 계층의 PDU는 TCP 프로토콜이 사용되었을 경우에는 세그먼트, UDP 프로토콜이 사용되었을 경우에는 데이터그램이 됩니다.

참고로, '패킷'이라는 용어는 패킷 교환 네트워크에서 쪼개어져 전송되는 단위를 통칭하기 위한 일반적인 용어로 사용되기도 하지만, 네트워크 계층에서의 송수신 단위를 지칭하기 위해 사용되기도 합니다. 네트워크 계층의 PDU인 '패킷'은 후자이고, 패킷 교환 네트워크에서 사용된 '패킷'은 전자인 셈이죠. 이 책에서는 혼동을 방지하기 위해 네트워크 계층의 PDU는 **IP 패킷**이라고 지칭하겠습니다.

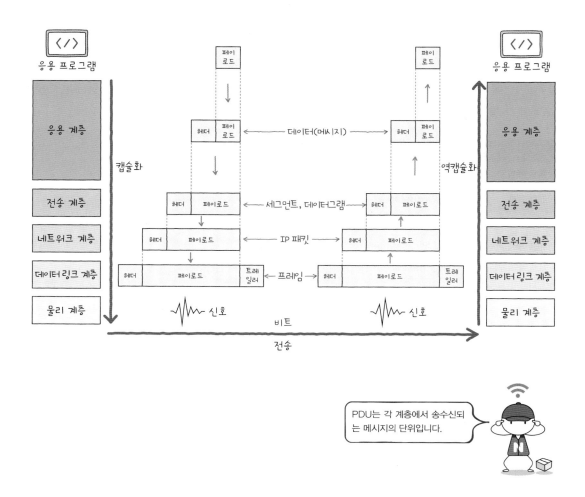

PDU는 각 계층에서 송수신되는 메시지의 단위입니다.

여기까지가 여러분이 앞으로 학습해 나갈 네트워크의 주요 배경지식입니다. 이제부터 최하위 계층에서부터 최상위 계층순으로 각 계층의 역할, 주요 프로토콜 및 장비에 대해 하나씩 학습해 보겠습니다. 그 전에 이어지는 〈좀 더 알아보기 ①: OSI 7계층, TCP/IP 4계층은 사실 아무것도 해 주지 않는다〉와 〈좀 더 알아보기 ②: 트래픽과 네트워크 성능 지표〉도 꼭 읽어 주세요.

네트워크 참조 모델을 처음 학습하면 네트워크 참조 모델은 반드시 지켜져야 하는 규칙이며, 모든 프로토콜이나 네트워크 장비는 네트워크 참조 모델에 근거해 반드시 특정 계층에 완벽히 대응될 것이라 오해할 수 있지만, 그렇지 않습니다.

네트워크 참조 모델은 모든 프로토콜과 네트워크 장비가 반드시 지켜야 하는 엄격한 규칙이나 법규가 아닙니다. 앞서도 말한 것처럼 마치 가이드라인과 같지요. 네트워크 참조 모델은 분명 중요한 개념이지만, 네트워크 '참조' 모델이라는 이름처럼 네트워크 구조에 대한 개념 참조를 위해 사용하는 것이 바람직합니다.

지금도 새로운 프로토콜과 네트워크 장비는 만들어지고 있고, 모든 프로토콜이 모든 모델의 특정 계층에 완벽히 대응되지는 않습니다. 그래서 특정 계층으로 명확히 분류되는 프로토콜이나 네트워크 장비도 물론 다수 있지만, 특정 계층으로 분류하기 어렵거나 여러 계층을 포괄하는 프로토콜이나 네트워크 장비도 얼마든지 있을 수 있습니다.

네트워크 참조 모델이나 특정 계층은 네트워크를 작동시키는 주체가 아닙니다. 프로토콜 혹은 네트워크 장비 같은 참조 모델에 속한 대상이 바로 네트워크를 작동시키는 주체이자 '무언가를 해 주는' 대상입니다. 즉, 네트워크 참조 모델과 계층은 통신이 일어나는 단계를 역할별로 구획한 큰 그림, 이른바 '모델'일 뿐이지 반드시 지켜야 할 '규칙'도, 네트워크의 작동 주체도 아닙니다.

단적인 예로 같은 TCP/IP 모델을 서술함에 있어서도 공식 문서, 전공 서적마다 계층별 명칭과 구성, 계층 수를 다음 그림과 같이 비교적 자유롭게 서술하곤 합니다. 네트워크 참조 모델을 엄격한 규칙이나 법규로 간주한다면 다음과 같은 서술을 접하거나 특정 계층으로 분류하기 어려운 프로토콜/네트워크 장비를 만날 때 혼란스러울 수 있습니다.

응용 계층	응용 계층	응용 계층	응용 계층	응용 계층
전송 계층	전송 계층	전송 계층	전송 계층	전송 계층
인터넷 계층	인터넷 계층	인터넷 계층	인터넷 계층	네트워크 계층
링크 계층	네트워크 인터페이스 계층	네트워크 접근 계층	데이터 링크 계층	데이터 링크 계층
			물리 계층	물리 계층

OSI 모델과 TCP/IP 모델 간의 비교도 마찬가지입니다. 앞서 TCP/IP 모델의 서술에서 '유사하다'라는 다소 애매한 표현을 사용한 이유가 있습니다. '유사하다'라는 표현이 가장 정확한 표현이기 때문입니다. OSI 모델의 목적은 이론적 설계를 위한 참조에 가깝고, TCP/IP 모델의 목적은 실용적 구현을 위한 참조에 가깝습니다. 즉, 두 모델은 별개의 목적을 가진 별개의 모델입니다.

그래서 사실 두 모델 계층 간의 직접적인 비교는 기술적으로 엄밀하지 않습니다. 이는 마치 한 자동차 회사의 이상적인 자동차 설계도와 다른 자동차 회사의 실제 출시된 자동차를 비교하는 것과 같지요. 요컨대 OSI 모델과 TCP/IP 모델은 분명 네트워크를 이해하는 데 매우 유용하고 중요한 개념이지만, 모든 네트워크 프로토콜과 장비들이 이 모델 계층에 예외 없이 부합하리라 속단하는 것은 오해입니다.

네트워크에서 자주 언급되는 용어 중 네트워크 트래픽이라는 용어가 있습니다. **트래픽**^{traffic}이란 네트워크 내의 정보량을 의미합니다. 통신 매체를 도로, 통신 매체에 흐르는 정보를 자동차라고 생각해 보세요. 자동차 수가 트래픽의 양인 셈입니다. 이에 대한 용례로 '라우터(네트워크 장비)에 트래픽이 몰린다', '서버(호스트)의 트래픽을 분산한다'라는 표현이 있습니다.

특정 노드에 트래픽이 몰린다는 것은 해당 노드가 특정 시간 동안 처리해야 할 정보가 많음을 의미합니다. 이 경우 해당 노드에 **과부하**^{overhead}가 생길 수 있습니다. 컴퓨터에서 여러 프로그램을 동시에 실행하면 CPU가 뜨거워지며 성능이 저하되는 것처럼, 트래픽이 몰려 특정 노드에 과부하가 생기면 성능의 저하로 이어질 수 있습니다.

그런데 네트워크의 성능은 어떻게 평가할 수 있을까요? 네트워크 성능을 평가할 수 있는 세 가지 대중적인 지표가 있습니다. 처리율, 대역폭, 패킷 손실입니다. 하나씩 살펴보겠습니다.

처리율

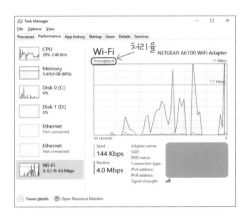

처리율^{throughput}(영문 그대로 쓰루풋이라 표현하는 경우도 많습니다)은 단위 시간당 네트워크를 통해 실제로 전송되는 정보량을 의미합니다. 일반적으로 bps(bit/s)^{bits per second}, Mbps(Mbit/s)^{megabits per second}, Gbps(Gbit/s)^{gigabits per second} 단위로 표현합니다. 때로는 초당 패킷 수를 표현하기 위해 pps(p/s)^{packets per second} 단위를 사용하기도 합니다.

처리율은 비교적 실시간성이 강조된 지표로, 특정 노드가 얼마만큼의 트래픽을 처리하는 중인지 판단하기 위해 사용되는 경우가 많습니다. 그래서 앞쪽의 그림처럼 처리율은 매 순간 변하는 모습으로 표현되거나, 처리율의 평균값이 주로 활용됩니다.

대역폭

대역폭bandwidth이라는 용어는 신호 처리 영역에서의 정의와 네트워크 성능 측정 영역에서의 정의가 다소 다릅니다. 전자는 주파수의 범위를 의미하지만, 후자는 단위 시간 동안 통신 매체를 통해 송수신할 수 있는 최대 정보량을 의미합니다. 처리율과 같이 bps, Mbps, Gbps를 단위로 사용합니다. 예를 들어 통신 매체가 높은 대역폭을 가지고 있다면 이는 많은 정보를 송수신할 능력이 있음을 의미합니다. 마치 도로의 너비가 넓어 오갈 수 있는 자동차가 많은 상황과 같지요.

패킷 손실

패킷 손실packet loss은 말 그대로 송수신되는 패킷이 손실된 상황을 의미합니다. 높은 트래픽으로 인해 노드가 순간적으로 처리해야 할 패킷이 너무 많아지거나 네트워크상에 예기치 못한 장애가 발생해서 패킷을 처리하지 못하면 패킷 손실이 발생할 수 있습니다. 패킷 손실은 전체 패킷 중 유실된 패킷을 백분위로 표현한 값을 사용하는 경우가 많습니다.

패킷 손실은 명령 프롬프트(CMD) 혹은 터미널에서 ping 명령어로 확인할 수 있습니다. ping 명령어는 수신지로 다수의 패킷을 전송해 수신지까지 도달 가능한지 여부를 알려 줍니다. 몇 개의 패킷을 보내고, 받았는지, 몇 %의 패킷이 손실되었는지를 알 수 있지요.

다음의 방식처럼 ping 명령어를 입력한 뒤, Ctrl + C를 눌러 실행을 멈추고 결과를 확인해 보면, 명령의 결과에서 패킷 손실을 확인할 수 있을 것입니다.

```
$ ping 8.8.8.8 ←——ping <수신지 주소> 형식으로 사용합니다.
PING 8.8.8.8 (8.8.8.8): 56 data bytes
64 bytes from 8.8.8.8: icmp_seq=0 ttl=113 time=34.105 ms
64 bytes from 8.8.8.8: icmp_seq=1 ttl=113 time=38.382 ms
…
--- 8.8.8.8 ping statistics ---                     패킷 손실을 알 수 있습니다.
7 packets transmitted, 7 packets received, 0.0% packet loss↙
round-trip min/avg/max/stddev = 31.339/33.502/38.382/2.133 ms
```

마무리

▶ 7가지 키워드로 정리하는 핵심 포인트

- **프로토콜**은 노드 간의 합의된 규칙이나 방법을 의미합니다. 프로토콜마다 목적과 특징이 다르기에 헤더에 포함되는 정보도 달라질 수 있습니다.

- **네트워크 참조 모델**은 네트워크의 전송 단계를 계층적으로 표현한 것입니다.

- **OSI 모델**은 통신 과정을 7개의 계층으로 표현합니다.

- **TCP/IP 모델**은 통신 과정을 4개의 계층으로 표현합니다.

- **캡슐화**는 데이터 전송 과정에서 헤더(및 트레일러)를 추가해 나가는 과정을 의미합니다.

- **역캡슐화**는 캡슐화 과정에서 붙인 헤더(및 트레일러)를 제거하는 과정을 의미합니다.

- **PDU**는 각 계층에서 송수신되는 메시지의 단위입니다.

▶ 확인 문제

1. 프로토콜에 대한 설명으로 옳지 않은 것을 골라 보세요.

① 프로토콜은 정보를 주고받는 통신 장치 간의 합의된 규칙이나 방법을 의미합니다.
② 네트워크 참조 모델에서 계층별로 프로토콜을 달리 구성할 수 있습니다.
③ 프로토콜에는 목적과 특징이 있습니다.
④ 통신 장치 간에 프로토콜이 통하지 않아도 정보를 주고받을 수 있습니다.

2. 네트워크 참조 모델에 대한 설명으로 옳지 않은 것을 골라 보세요.

① OSI 모델은 7개의 계층으로 통신 과정을 구분합니다.
② TCP/IP 모델은 3개의 계층으로 통신 과정을 구분합니다.
③ 네트워크 참조 모델은 네트워크 구성과 설계를 용이하게 합니다.
④ 네트워크 참조 모델은 네트워크 문제 진단과 해결을 용이하게 합니다.

이번 장에서는 물리 계층과 데이터 링크 계층에 대해 학습해 보겠습니다. 물리 계층과 데이터 링크 계층은 통신이 이루어지는 가장 근원적인 지점입니다. 하드웨어가 네트워크를 통해 메시지를 주고받고 이해하는 방식은 대부분 물리 계층과 데이터 링크 계층에 구현되어 있습니다. 먼저 물리 계층과 데이터 링크 계층을 아우르는 기술인 이더넷을 학습한 뒤, 각 계층의 주요 장치를 학습해 보겠습니다.

물리 계층과
데이터 링크 계층

- 이더넷과 이더넷 프레임을 학습합니다.
- 케이블과 NIC를 학습합니다.
- 물리 계층의 허브와 데이터 링크 계층의 스위치를 학습합니다.

02-1 이더넷

이더넷   IEEE 802.3   이더넷 프레임   MAC 주소

이번 장에서는 주로 LAN, 그중에서도 유선 LAN 구축을 위한 물리 계층과 데이터 링크 계층 관련 개념들을 학습합니다. 특히 이번 절에서는 물리 계층과 데이터 링크 계층을 구성하는 대중적인 기술인 이더넷에 대해 알아보겠습니다.

시작하기 전에

물리 계층과 **데이터 링크 계층**은 서로 밀접하게 연관되어 있습니다. 오늘날의 두 계층은 이더넷이라는 공통된 기술이 사용되기 때문입니다.

이더넷^{Ethernet}은 현대 LAN, 특히 유선 LAN 환경에서 가장 대중적으로 사용되는 기술입니다. 예를 들어서 두 대의 컴퓨터가 있다고 가정해 보겠습니다. 이 컴퓨터끼리 정보를 주고받으려면 가장 먼저 **케이블**과 같은 통신 매체가 필요합니다. 그리고 그 통신 매체를 통해 정보를 송수신하는 방법이 정해져 있어야겠죠. 이더넷은 다양한 통신 매체의 규격들과 송수신되는 프레임의 형태, 프레임을 주고받는 방법 등이 정의된 네트워크 기술입니다.

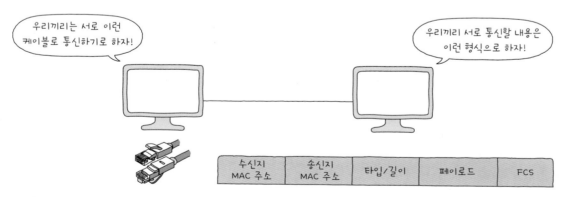

note 무선 매체는 7장에서 살펴봅니다.

이더넷 표준

오늘날의 유선 LAN 환경은 대부분 이더넷을 기반으로 구성됩니다. 그래서 만약 여러분이 유선 LAN 환경을 구축했다면 십중팔구 물리 계층에서는 이더넷 규격 케이블을 사용했을 것이고, 데이터 링크 계층에서 주고받는 프레임은 이더넷 프레임의 형식을 따를 것입니다.

현재 이더넷은 국제적으로 표준화가 이루어졌습니다. 이더넷이 처음 세상에 등장한 이후 전기전자공학자협회IEEE; Institute of Electrical and Electronics Engineers라는 국제 조직은 이더넷 관련 기술을 **IEEE 802.3**이라는 이름으로 표준화했습니다. IEEE 802.3이란 이더넷 관련 다양한 표준들의 모음을 의미한다고 생각해도 좋습니다. 서로 다른 컴퓨터가 각기 다른 제조사의 네트워크 장비를 사용하더라도 동일한 형식의 프레임을 주고받고 약속한 듯 통일된 형태로 작동하는 것은 통신 매체를 비롯한 네트워크 장비들이 이더넷 표준을 준수하기 때문입니다.

이번 장을 통틀어 여러분은 허브, 스위치, NIC, 케이블 등 물리 계층과 데이터 링크 계층의 다양한 장비를 접하게 될 것입니다. 오늘날 이 모든 네트워크 장비들은 특정 이더넷 표준을 이해하고, 따른다고 봐도 무방합니다.

실제로 이번 장에서 다룰 네트워크 장비들을 검색해 보면, '특정 이더넷 표준을 지원한다', '특정 이더넷 표준과 호환된다'라는 문구를 어렵지 않게 찾아볼 수 있습니다.

IEEE 802.3은 다양한 이더넷 표준들의 모음을 뜻하기도 하지만, 이더넷 표준화 작업을 위한 IEEE의 전문가 단체, 이른바 이더넷 작업 그룹Ethernet working group의 이름이기도 합니다. 관련 홈페이지에 방문해 보면 오늘날에도 새로운 표준이 개발되고 있는 것을 볼 수 있습니다.

이더넷 작업 그룹 홈페이지

URL https://www.ieee802.org/3

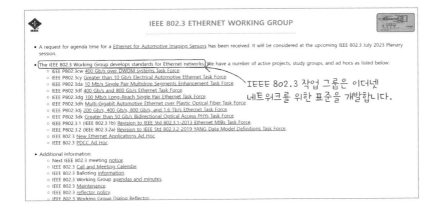

이더넷이 지속해서 발전하는 만큼, 새로운 이더넷 표준들도 계속 만들어지고 있습니다. IEEE 802.3의 다양한 표준들은 802.3u 혹은 802.3ab처럼 숫자 802.3 뒤에 버전을 나타내는 알파벳으로 표현합니다. 많은 표준들이 있지만, 처음부터 모두 암기할 필요는 없습니다. 핵심은 이더넷 표준에 따라 지원되는 네트워크 장비, 통신 매체의 종류와 전송 속도 등이 달라질 수 있다는 점입니다.

> IEEE 802.3은 이더넷 관련 표준 규격들의 집합으로, 이더넷 표준에 따라 지원되는 네트워크 장비, 통신 매체의 종류와 전송 속도 등이 달라질 수 있습니다.

통신 매체 표기 형태

이더넷 표준에 따라 통신 매체의 종류와 전송 속도가 달라질 수 있다면 특정 이더넷 표준 규격에 따라 구현된 통신 매체를 지칭할 때 'IEEE 802.3i 케이블', 'IEEE 802.3u 케이블'처럼 표기할까요?

그런 경우도 있지만, 일반적으로 그렇지는 않습니다. 보통 이더넷 표준 규격에 따라 구현된 통신 매체를 지칭할 때는 통신 매체의 속도와 특성을 한눈에 파악하기 쉽도록 다음과 같은 형태로 표기합니다. 하나씩 살펴보겠습니다.

1000BASE-SX   5GBASE-T   1000BASE-LX

전송 속도BASE-추가 특성

10BASE-T   25GBASE-LR   100GBASE-LR4

1000BASE-CX   2.5GBASE-T

❶ 전송 속도

먼저 **전송 속도**^{data rate}부터 살펴보겠습니다. 숫자만 표기되어 있으면 Mbps 속도, 숫자 뒤에 G가 붙는 경우 Gbps 속도를 의미합니다. 예를 들어서 100Base-T 케이블은 100Mbps 속도를 지원하는 케이블, 10GBASE-T는 10Gbps 속도를 지원하는 케이블입니다.

전송 속도 표기	의미
10	10Mbps
100	100Mbps
1000	1000Mbps(1Gbps)

2.5G	2.5Gbps
5G	5Gbps
10G	10Gbps
40G	40Gbps
100G	100Gbps

❷ BASE

BASE는 **베이스밴드**BASEband의 약자로, **변조 타입**modulation type을 의미합니다. 여기서 변조 타입이란 비트 신호로 변환된 데이터를 통신 매체로 전송하는 방법을 의미합니다. 말이 조금 어렵게 느껴질 수 있겠으나, 개발과는 다소 거리가 있는 내용이니 너무 깊이 고민할 필요는 없습니다. 일반적인 LAN 환경에서는 특별한 경우가 아니라면 대부분 디지털 신호를 송수신하는 베이스밴드 방식을 사용하므로 대부분의 이더넷 통신 매체는 BASE를 사용한다고 기억해도 좋습니다.

note BASE 외에 BROAD로 표기하는 브로드밴드(BROADband), PASS로 표기하는 패스밴드(PASSband)도 있습니다.

❸ 추가 특성

추가 특성additional distinction에는 통신 매체의 특성을 명시합니다. 이곳에 명시할 수 있는 특성의 종류는 다양합니다. 10BASE-2, 10BASE-5와 같이 **전송 가능한 최대 거리**가 명시되기도 하고, 데이터가 비트 신호로 변환되는 방식을 의미하는 **물리 계층 인코딩** 방식이 명시되기도 하며, 비트 신호를 옮길 수 있는 전송로 수를 의미하는 **레인 수**가 명시되기도 합니다.

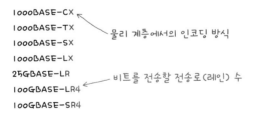

다만 처음 이더넷을 학습하는 개발자 입장에서 이러한 추가 특성의 종류와 원리를 모두 알아야 하는 경우는 많지 않습니다. 여러분이 정말 주목해야 할 추가 특성은 따로 있습니다. 바로 통신 매체의 종류입니다. 좀 더 자세히 알아보겠습니다.

통신 매체 종류

다음 표는 가장 대중적인 통신 매체의 종류 예시입니다. 추가 특성에 C, T, S, L이라는 글자가 있다면 이는 각각 동축 케이블(C), 트위스티드 페어 케이블(T), 단파장 빛을 활용하는 광섬유 케이블(S), 장파장 빛을 활용하는 광섬유 케이블(L)을 의미합니다.

추가 특성 표기(통신 매체의 종류)	케이블 종류
C	동축 케이블
T	트위스티드 페어 케이블
S	단파장 광섬유 케이블
L	장파장 광섬유 케이블

note 트위스티드 페어 케이블과 광섬유 케이블은 02-2에서 살펴봅니다. 지금은 트위스티드 페어 케이블은 구리 선을 이용하는 케이블, 광섬유 케이블은 빛을 이용하는 케이블의 일종이라고만 기억해 두세요.

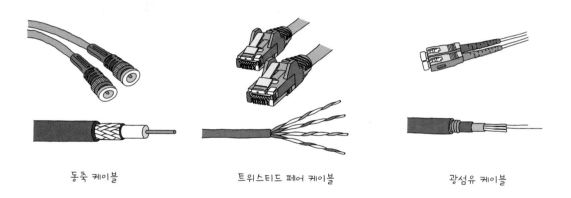

동축 케이블   트위스티드 페어 케이블   광섬유 케이블

지금까지 배운 통신 매체 표기 형식의 예입니다. 통신 매체의 전송 속도와 종류를 중심으로 의미를 파악해 봅시다.

- **10BASE-T 케이블**: 10Mbps 속도를 지원하는 트위스티드 페어 케이블
- **1000BASE-SX 케이블**: 1000Mbps 속도를 지원하는 단파장 광섬유 케이블
- **1000BASE-LX 케이블**: 1000Mbps 속도를 지원하는 장파장 광섬유 케이블

다음 표는 이더넷 표준과 이를 기반으로 하는 통신 매체 일부 예시입니다. 이더넷 표준 이름만 볼 때보다 '전송 속도BASE-추가 특성' 형태의 표기를 볼 때 어떤 종류의 통신 매체인지, 전송 속도는 어느 정도인지 짐작하기가 더 수월할 것입니다. 이더넷 표준과 통신 매체의 표기가 항상 일대일로 대응되는 것은 아니라는 점에 유의해 주세요.

표준 규격	통신 매체
IEEE 802.3i	10BASE-T
IEEE 802.3u	100BASE-TX
IEEE 802.3ab	1000BASE-T
IEEE 802.3bz	2.5GBASE-T, 5GBASE-T
IEEE 802.3an	10GBASE-T
IEEE 802.3z	1000BASE-SX, 1000BASE-LX
IEEE 802.3ae	10GBASE-SR, 10GBASE-LR

+ 여기서 잠깐 **이더넷의 발전**

이더넷은 지금도 발전하는 중입니다. 규격별로 지원되는 속도도 점차 빨라지고 있습니다. 초기 이더넷은 대체로 10Mbps 정도의 속도를 지원했지만, 곧 10배 빠른 100Mbps가량의 속도를 지원하는 이더넷 기술이 개발되었습니다. 이처럼 100Mbps가량의 속도를 지원하는 표준들을 통틀어 고속 이더넷(Fast Ethernet)이라고도 부릅니다.

최근에는 고속 이더넷의 10배(1Gbps), 100배(10Gbps), 혹은 그 이상의 속도를 지원하는 이더넷 표준들이 많이 만들어지고 있습니다. 1Gbps가량의 속도를 내는 이더넷 표준은 기가비트 이더넷(Gigabit Ethernet), 10Gbps가량의 속도를 내는 이더넷 표준은 10기가비트 이더넷(10 Gigabit Ethernet)이라 통칭합니다. 요컨대, 10BASE-T는 초기 이더넷, 100BASE-TX는 고속 이더넷, 1000BASE-T는 기가비트 이더넷, 10GBASE-T는 10기가비트 이더넷의 대표적인 규격인 셈입니다.

이더넷 프레임

지금까지는 물리 계층과 관련된 이더넷 표준과 통신 매체에 대해 알아보았습니다. 이번에는 데이터 링크 계층의 이더넷 프레임을 살펴보겠습니다.

현대 유선 LAN 환경은 대부분 이더넷을 기반으로 구성되므로 호스트가 데이터 링크 계층에서 주고받는 프레임 형식도 정해져 있습니다. 즉, 이더넷 네트워크에서 주고받는 프레임인 **이더넷 프레임**Ethernet frame 형식은 정해져 있습니다.

이더넷 프레임은 상위 계층으로부터 받아들인 정보에 헤더와 트레일러를 추가하는 **캡슐화** 과정을 통해 만들어집니다. 수신지 입장에서는 프레임의 헤더와 트레일러를 제거한 뒤 상위 계층으로 올려보내는 **역캡슐화** 과정을 거칩니다.

이더넷 프레임 헤더는 기본적으로 프리앰블, 수신지 MAC 주소, 송신지 MAC 주소, 타입/길이로 구성되고, 페이로드는 데이터, 트레일러는 FCS로 구성됩니다. 이더넷 네트워크에서 통신하는 컴퓨터들은 다음 그림의 정보를 주고받는 셈입니다. 하나씩 살펴봅시다.

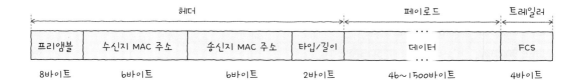

프리앰블	수신지 MAC 주소	송신지 MAC 주소	타입/길이	데이터	FCS
8바이트	6바이트	6바이트	2바이트	46~1500바이트	4바이트

프리앰블

프리앰블^{preamble}은 이더넷 프레임의 시작을 알리는 8바이트(64비트) 크기의 정보입니다. 프리앰블의 첫 7바이트는 10101010 값을 가지고, 마지막 바이트는 10101011 값을 가집니다. 수신지는 이 프리앰블을 통해 이더넷 프레임이 오고 있음을 알아차립니다. 즉, 프리앰블은 송수신지 간의 동기화를 위해 사용되는 정보입니다.

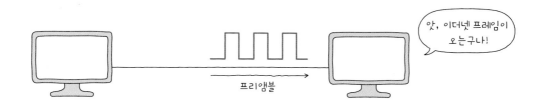

수신지 MAC 주소와 송신지 MAC 주소

이번 절에서 가장 중요한 부분입니다. '물리적 주소'라고도 불리는 **MAC 주소**는 데이터 링크 계층의 핵심입니다. MAC 주소는 네트워크 인터페이스마다 부여되는 6바이트(48비트) 길이의 주소로, LAN 내의 수신지와 송신지를 특정할 수 있습니다.

같은 네트워크 내에서 동일한 MAC 주소를 가진 기기들이 있다면 송신지와 수신지를 특정할 수 없기에 곤란할 것입니다. 그래서 MAC 주소는 일반적으로 고유하고, 일반적으로 변경되지 않는 주소로써 네트워크 인터페이스마다 부여됩니다. 보통 NIC^{Network Interface Controller}라는 장치가 네트워크 인터페이스 역할을 담당합니다. 즉, 한 컴퓨터에 NIC가 여러 개 있다면 MAC 주소도 여러 개 있을 수 있습니다.

note NIC와 네트워크 인터페이스는 02-2에서 살펴보겠습니다.

필자가 앞에서 '일반적으로 고유한 주소다', '일반적으로 변경되지 않는다'라며 사족을 덧붙인 이유가 있습니다. MAC 주소와 관련한 대표적인 오해 중 하나가 바로 MAC 주소는 '반드시 고유하고 변경이 불가능하다'라는 것입니다.

사실 MAC 주소의 변경이 가능한 경우도 많으며, 따라서 고유하지 않을 수도 있습니다. 다만, 동일 네트워크 내에서 동작하는 기기의 MAC 주소가 우연히 같을 확률은 낮고, 같게 만드는 상황도 흔하지 않습니다. 따라서 MAC 주소를 '일반적으로는 고유하고, 변경되지 않는 주소' 정도로 이해하는 것이 적절합니다.

그럼 여러분 컴퓨터의 MAC 주소를 직접 확인해 볼까요?

윈도우 운영체제 사용자는 명령 프롬프트(CMD)를 열고 getmac /v 혹은 ipconfig /all을 입력해 보세요.

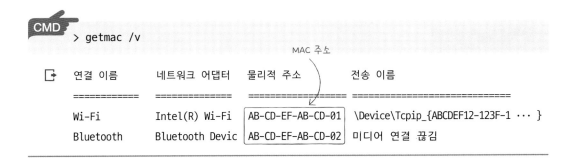

맥OS나 리눅스 운영체제 사용자는 터미널을 열고 ifconfig를 입력해 보세요.

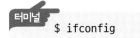

```
en0: flags=8963<UP,BROADCAST,SMART,RUNNING,PROMISC,SIMPLEX,MULTICAST> mtu 1500
    options=6463<RXCSUM,TXCSUM,TSO4,TSO6,CHANNEL_IO,PARTIAL_CSUM,ZEROINVERT_CSUM>
    ether a1:c2:e3:a4:c5:e6  ←── MAC 주소
    inet6 abcd::cc9:8bc:abcd:abcd%en0 prefixlen 64 secured scopeid 0xd
    inet 192.168.123.123 netmask 0xffffff00 broadcast 192.168.123.123
    nd6 options=201<PERFORMNUD,DAD>
    media: autoselect
    status: active
```

지시선으로 표기한 주소가 바로 MAC 주소입니다. 총 48비트, 16진수 열두 자리로 구성되는 것을 확인할 수 있습니다.

타입/길이

타입/길이 필드에는 **타입**type 혹은 **길이**length가 올 수 있습니다. 필드에 명시된 크기가 1500(16진수 05DC) 이하일 경우 이 필드는 프레임의 크기(길이)를 나타내는 데 사용되고, 1536(16진수 0600) 이상일 경우에는 타입을 나타내는 데 사용됩니다.

타입이란 이더넷 프레임이 '어떤 정보를 캡슐화했는지'를 나타내는 정보입니다. **이더타입**ethertype이라고도 부릅니다. 대표적으로 상위 계층에서 사용된 프로토콜의 이름이 명시됩니다. 가령 어떤 프레임이 IPv4 프로토콜이 캡슐화된 정보를 운반한다면 타입에는 16진수 0800이, 어떤 프레임이 ARP 프로토콜이 캡슐화된 정보를 운반한다면 타입에는 16진수 0806이 명시될 것입니다.

타입	프로토콜
0800	IPv4
86DD	IPv6
0806	ARP

> **note** 이더넷 프레임의 타입은 이외에도 종류가 많으므로 표의 내용을 외울 필요는 없습니다. 더 많은 종류를 알고 싶다면 이 책의 학습 자료실 웹사이트에 있는 〈ethertypes〉를 참고하세요.
> URL https://github.com/kangtegong/self-learning-cs2

데이터

데이터는 상위 계층에서 전달받거나 상위 계층으로 전달해야 할 내용입니다. 네트워크 계층의 데이터와 헤더를 합친 PDU가 이곳에 포함됩니다. 최대 크기는 1500바이트로, 유의할 점은 반드시 일정 크기(46바이트 이상)여야 한다는 점입니다. 그 이하의 데이터라면 크기를 맞추기 위해 **패딩**padding이라는 정보가 내부에 채워집니다. 보통 46바이트 이상이 될 때까지 0으로 채워집니다.

FCS

FCSFrame Check Sequence는 수신한 이더넷 프레임에 오류가 있는지 확인하기 위한 필드입니다. 앞서 데이터 링크 계층에서 오류 검출이 이루어지기도 한다고 했는데, 바로 여기서 오류 검출이 이루어집니다.

이 필드에는 **CRC**Cyclic Redundancy Check, 즉 순환 중복 검사라고 불리는 오류 검출용 값이 들어갑니다.

송신지는 프리앰블을 제외한 나머지 필드 값들을 바탕으로 CRC 값을 계산한 후, 이 값을 FCS 필드에 명시합니다. 그리고 수신지는 수신한 프레임에서 프리앰블과 FCS 필드를 제외한 나머지 필드 값들을 바탕으로 CRC 값을 계산한 뒤, 이 값을 FCS 필드 값과 비교합니다. 이때 비교 값이 일치하지 않으면 프레임에 오류가 있다고 판단하여 해당 프레임을 폐기합니다.

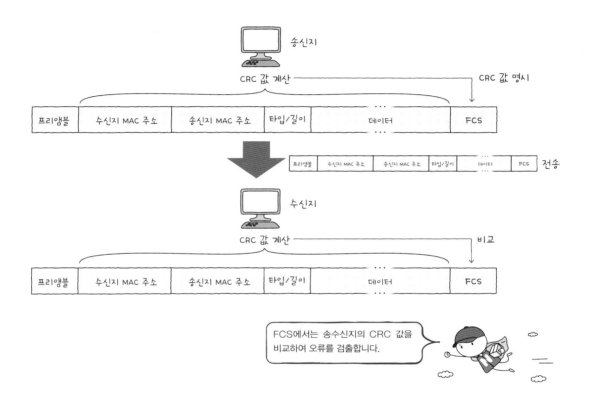

이더넷 외에 다른 LAN 기술도 있습니다. 대표적으로 **토큰 링**^{Token Ring} 방식이 있습니다. 토큰 링 네트워크에서는 호스트들이 다음 그림처럼 링(고리) 형태로 연결됩니다. 호스트끼리 돌아가며 토큰이라는 특별한 정보를 주고받는데, 네트워크 내 다른 호스트에게 메시지를 송신하려면 반드시 이 토큰을 가지고 있어야 합니다.

다음 그림을 한번 살펴볼까요? 현재 토큰이 A에게 있으므로 지금은 A만 메시지 전송이 가능합니다. C나 D는 메시지를 송신하고 싶어도 송신할 수 없습니다.

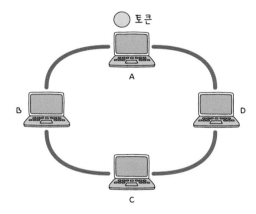

A는 메시지 전송이 끝나면 다음 컴퓨터(가령 B)에게 토큰을 넘겨줍니다. 만약 B가 송신할 메시지가 없다면 다음 컴퓨터(가령 C)에게 토큰을 그대로 넘겨줍니다. C가 송신하고자 하는 메시지가 있었다면 이제 비로소 송신할 수 있습니다.

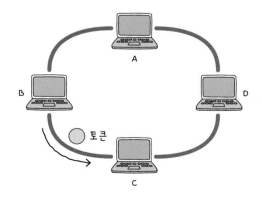

마무리

▶ 4가지 키워드로 정리하는 핵심 포인트

- **이더넷**은 다양한 통신 매체의 규격들, 송수신되는 프레임의 형태와 프레임을 주고받는 방법 등을 정의한 네트워크 기술입니다. 오늘날 유선 LAN 환경에서 가장 대중적으로 사용됩니다.
- **IEEE 802.3**은 이더넷 관련 표준 규격들의 집합으로, 이더넷 표준에 따라 지원되는 통신 매체의 종류와 전송 속도가 달라질 수 있습니다.
- **이더넷 프레임**은 프리앰블, 수신지 MAC 주소, 송신지 MAC 주소, 타입/길이, 데이터, FCS로 구성됩니다.
- **MAC 주소**는 네트워크 인터페이스마다 부여되는 물리적 주소입니다.

▶ 확인 문제

1. 이더넷 기술로 구현되는 계층을 모두 골라 보세요.

① 물리 계층
② 데이터 링크 계층
③ 전송 계층
④ 응용 계층

2. 이더넷 프레임에서 ㉠, ㉡, ㉢에 들어갈 올바른 단어를 보기에서 찾아서 빈칸을 채워 보세요.

> **보기** FCS, 송신지 MAC 주소, 프리앰블

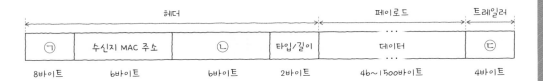

02-2

NIC와 케이블

핵심 키워드

NIC **트위스티드 페어 케이블** **광섬유 케이블** **싱글 모드** **멀티 모드**

이번 절에서는 물리 계층과 데이터 링크 계층에서의 통신 매체와 관련된 장비인 NIC와 여러 케이블에 대해 알아봅니다.

시작하기 전에

NIC ^{Network Interface Controller}는 호스트와 통신 매체를 연결하고, MAC 주소가 부여되는 네트워크 장비입니다. **케이블**^{cable}은 NIC에 연결되는 물리 계층의 유선 통신 매체이지요. 케이블의 종류는 다양하지만, 오늘날 유선 네트워크에서 사용하는 대표적인 케이블은 크게 두 종류가 있습니다. 하나는 **트위스티드 페어 케이블**, 또 하나는 **광섬유 케이블**입니다. 그럼, NIC부터 트위스티드 페어 케이블, 광섬유 케이블순으로 알아보겠습니다. 참고로, NIC와 케이블은 호스트뿐만 아니라 네트워크 장비에도 연결될 수 있지만 편의상 '호스트와 연결된다'라고 표현하겠습니다.

트위스티드 페어 케이블

광섬유 케이블

NIC

통신 매체에는 전기, 빛 등 다양한 신호가 흐를 수 있습니다. 호스트가 이를 제대로 이해하려면 통신 매체를 통해 전달되는 신호와 컴퓨터가 이해할 수 있는 정보 간에 변환이 이루어져야 합니다. 이때 호스트와 유무선 통신 매체를 연결하고 이러한 변환을 담당하는 네트워크 장비가 **NIC**입니다.

통신 매체를 통해 전달되는 신호를 사람들이 주고받는 '말'에 비유한다면 NIC는 '귀'와 '입'에 비유할 수 있습니다. 귀와 입이 있어야 비로소 대화가 가능한 것처럼, 호스트는 NIC가 있어야 네트워크에 참여할 수 있습니다. 이런 점에서 NIC를 '호스트를 네트워크(LAN)에 연결하기 위한 하드웨어'라고 표현하기도 합니다.

NIC의 생김새

NIC는 네트워크 인터페이스 카드, 네트워크 어댑터, LAN 카드, 네트워크 카드, 이더넷 카드(이더넷 네트워크의 경우) 등 다양한 명칭으로 불립니다. '카드'라는 표현이 붙은 이유는 초기 NIC는 다음 그림처럼 확장 카드 형태로 따로 연결하여 사용했기 때문입니다.

note 확장 카드(expansion card)는 컴퓨터에 기능을 추가할 목적으로 연결하는 카드 형태의 회로 기판입니다.

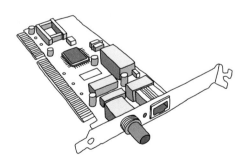

요즘에는 NIC의 형태도 다양해졌습니다. USB로 연결하는 NIC도 있고, 마더보드에 내장된 NIC도 있습니다. 만약 여러분이 추가 장치를 연결하지 않고도 네트워크에 연결되는 컴퓨터를 사용하고 있다면 높은 확률로 마더보드에 내장된 NIC를 사용 중일 것입니다.

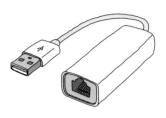

USB로 연결이 가능한 NIC   마더보드에 내장된 NIC

note 마더보드(motherboard)는 오른쪽 그림처럼 CPU, 메모리, 보조기억장치 등 컴퓨터의 주요 부품들을 연결할 수 있는 기판(board)입니다. 흔히 메인보드(mainboard)라고도 부릅니다.

NIC의 역할

NIC는 통신 매체에 흐르는 신호를 호스트가 이해하는 프레임으로 변환하거나 반대로 호스트가 이해하는 프레임을 통신 매체에 흐르는 신호로 변환합니다. 따라서 호스트가 네트워크를 통해 송수신하는 정보는 NIC를 거치게 됩니다. 이처럼 NIC는 네트워크와의 연결점을 담당한다는 점에서 **네트워크 인터페이스** network interface 역할을 수행한다고도 합니다.

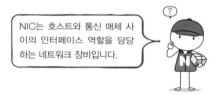

NIC는 호스트와 통신 매체 사이의 인터페이스 역할을 담당하는 네트워크 장비입니다.

02-1에서 MAC 주소는 네트워크 인터페이스마다 할당되고, NIC는 네트워크 인터페이스 역할을 수행한다고 했습니다. NIC는 MAC 주소를 통해 자기 주소는 물론, 수신되는 프레임의 수신지 주소를 인식합니다. 그래서 어떤 프레임이 자신에게 도달했을 때 자신과는 관련 없는 수신지 MAC 주소가 명시된 프레임이라면 폐기할 수 있고, FCS 필드를 토대로 오류를 검출해 잘못된 프레임을 폐기할 수도 있습니다.

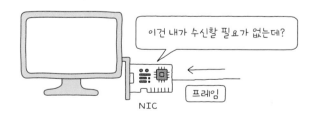

이건 내가 수신할 필요가 없는데?

프레임

NIC

+ 여기서 잠깐 **NIC의 지원 속도**

NIC마다 지원되는 속도가 다르다는 점에 유의해야 합니다. NIC의 지원 속도는 네트워크 속도에 영향을 끼치기 때문입니다. 통신 매체에 신호가 고속으로 흐른다면 NIC도 그 속도에 발맞춰서 움직여야 빠른 성능을 낼 수 있겠죠? 그래서 내장된 NIC가 있더라도 높은 대역폭에서 많은 트래픽을 감당해야 하는 서버와 같은 환경에서는 고속의 NIC가 추가로 필요한 경우도 있습니다.

NIC의 지원 속도는 10Mbps부터 100Gbps에 이르기까지 NIC마다 다릅니다. 물론 후자는 전자에 비해 고가의 장치인 경우가 많습니다.

트위스티드 페어 케이블

이번에는 유선 통신 매체인 케이블을 알아보겠습니다. 통신 매체로 연결된 두 호스트가 아무리 빠르게 데이터를 처리할 수 있어도, 정작 통신 매체가 해당 속도를 따라잡지 못하면 아무 효용이 없겠죠. 그만큼 통신 매체에 대한 이해는 중요합니다. 먼저 가장 대중적인 케이블인 트위스티드 페어 케이블부터 살펴보겠습니다.

트위스티드 페어 케이블twisted pair cable은 구리 선으로 전기 신호를 주고받는 통신 매체입니다. LAN 케이블이라고 하면 가장 먼저 떠오를 만큼 대중적인 케이블 중 하나이지요.

트위스티드 페어 케이블의 생김새

트위스티드 페어 케이블은 **케이블 본체**와 케이블의 연결부인 **커넥터**connector로 이루어져 있습니다.

먼저 커넥터부터 살펴보겠습니다. 혹시 공유기나 컴퓨터에 인터넷 선을 직접 연결해 봤다면 다음 그림처럼 생긴 케이블 커넥터를 본 적이 있을 것입니다. 이렇게 트위스티드 페어 케이블에서 주로 활용되는 커넥터를 **RJ-45**라고 부릅니다.

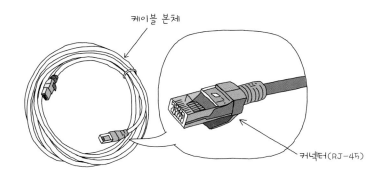

케이블 본체

커넥터(RJ-45)

트위스티드 페어 케이블은 케이블 본체와 커넥터로 구성됩니다.

이번에는 케이블 본체를 뜯어 보겠습니다. 본체 내부는 케이블의 이름처럼 구리 선이 두 가닥씩^{pair} 꼬아^{twisted}져 있습니다.

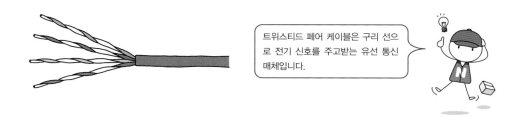

> 트위스티드 페어 케이블은 구리 선으로 전기 신호를 주고받는 유선 통신 매체입니다.

그런데 본체가 구리 선으로 이루어진 상태에서 전기 신호를 주고받다 보면 한 가지 문제가 생깁니다. 구리 선에 전자적 간섭이 생길 수 있다는 점입니다. 이렇게 전기 신호를 왜곡시킬 수 있는 간섭을 **노이즈**^{noise}라고 부릅니다.

트위스티드 페어 케이블은 구리 선으로 이루어졌기에 노이즈에 민감합니다. 그래서 트위스티드 페어 케이블 중에서는 구리 선을 그물 모양의 철사 또는 포일로 감싸 보호하는 경우가 많습니다. 구리 선 주변을 감싸 노이즈를 감소시키는 방식을 **차폐**^{shielding}라고 하고, 차폐에 사용된 그물 모양의 철사와 포일을 각각 **브레이드 실드**^{braided shield} 혹은 **포일 실드**^{foil shield}라고 합니다.

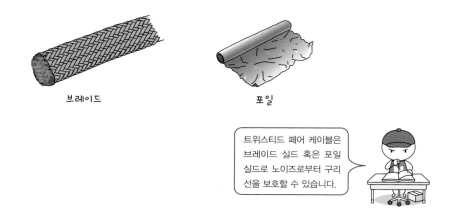

브레이드   포일

> 트위스티드 페어 케이블은 브레이드 실드 혹은 포일 실드로 노이즈로부터 구리 선을 보호할 수 있습니다.

실드에 따른 트위스티드 페어 케이블의 분류

브레이드 실드로 구리 선을 감싸 노이즈를 감소시킨 트위스티드 페어 케이블은 **STP**^{Shielded Twisted Pair} 케이블, 포일 실드로 노이즈를 감소시킨 트위스티드 페어 케이블은 **FTP**^{Foil Twisted Pair} 케이블이라고 합니다. 반면 아무것도 감싸지 않은 구리 선만 있는 케이블은 **UTP** Unshielded Twisted Pair 케이블이라고 부릅니다.

이처럼 트위스티드 페어 케이블은 실드에 따라 크게 세 종류로 나눌 수 있지만, 이는 일반적인 구분법입니다. 실제로는 실드의 종류를 다음과 같은 표기로 더 세분화하여 나누기도 합니다.

다음 그림은 케이블 명칭 표기 예시입니다. X와 Y에는 U, S, F를 명시할 수 있습니다.

XX/YTP

- U: 실드 없음
- S: 브레이드 실드
- F: 포일 실드

XX에는 케이블 외부를 감싸는 실드의 종류가 명시됩니다. 하나 혹은 두 개일 수도 있습니다. 그리고 Y에는 꼬인 구리 선 쌍을 감싸는 실드의 종류가 명시됩니다.

예를 들면 다음과 같습니다.

- **S/FTP 케이블**: 케이블 외부는 브레이드 실드로 보호되며, 꼬인 각 구리 선 쌍은 포일 실드로 감싼 케이블을 의미합니다.
- **F/FTP 케이블**: 케이블 외부와 각 구리 선 쌍을 모두 포일 실드로 감싼 케이블을 의미합니다.
- **SF/FTP 케이블**: 케이블 외부는 브레이드 실드와 포일 실드로 감싸고, 각 구리 선 쌍은 포일 실드로 감싼 케이블을 의미합니다.
- **U/UTP 케이블**: 아무것도 감싸지 않은 케이블을 의미합니다.

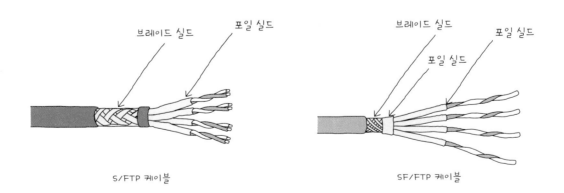

S/FTP 케이블   SF/FTP 케이블

+ 여기서 잠깐 **암기 대신 표기를 이해하기**

실드의 종류는 케이블 본체에 직접 명시된 경우가 많습니다. 그러니 용어를 무조건 외우려고 하지 말고, 어떠한 실드를 어떠한 규칙으로 표기하는지 이해해 보세요.

카테고리에 따른 트위스티드 페어 케이블의 분류

트위스티드 페어 케이블은 **카테고리**^{Category}에 따라서도 분류할 수 있습니다. 카테고리는 트위스티드 페어 케이블 성능의 등급을 구분하는 역할을 합니다. 높은 카테고리에 속한 케이블일수록 높은 성능을 보입니다.

카테고리는 영문 표기 Category에서 앞의 세 글자를 딴 **Cat**이라는 표기로 줄여서 표현하는 경우가 많습니다. 가령 카테고리3은 Cat3(혹은 Cat.3), 카테고리5는 Cat5(혹은 Cat.5)처럼 표기하는 식이지요.

다음 표는 현재 가장 대표적으로 활용되는 카테고리를 분류한 표입니다. 표의 내용처럼 카테고리에 따라 지원 대역폭, 주요 대응 규격, 전송 속도와 같은 케이블의 성능이 각각 다릅니다. 카테고리가 높을수록 지원 가능한 대역폭이 높아지는데, 이는 카테고리가 높은 트위스티드 페어 케이블은 송수신할 수 있는 데이터의 양이 더 많고, 더 빠른 전송이 가능함을 시사합니다.

특징	Cat5	Cat5e	Cat6	Cat6a	Cat7	Cat8
지원 대역폭	100MHz	100MHz	250MHz	500MHz	600MHz	2GHz
주요 대응 규격	100BASE-TX	1000BASE-T	1000BASE-TX	10GBASE-T	10GBASE-T	40GBASE-T
전송 속도	100Mbps	1Gbps	1Gbps	10Gbps	10Gbps	40Gbps

카테고리는 케이블을 구매할 때 확인해야 하는 정보 중 하나입니다. 주로 다음 쪽의 그림처럼 케이블 자체에 적혀 있는 경우도 많습니다. 여러분의 집에 트위스티드 페어 케이블이 있고, 케이블 본체에 카테고리가 명시되어 있다면 전송 속도를 한번 짐작해 보세요.

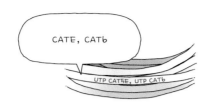

트위스티드 페어 케이블의 종류는 카테고리로 분류할 수 있습니다.

광섬유 케이블

이번에는 광섬유 케이블에 대해 알아보겠습니다. **광섬유 케이블**fiber optic cable은 빛(광신호)을 이용해 정보를 주고받는 케이블입니다. 빛을 이용하여 전송하기에 전기 신호를 이용하는 케이블에 비해 속도도 빠르고, 먼 거리까지 전송이 가능합니다. 노이즈로부터 간섭받는 영향도 적지요. 그런 이유로 광섬유 케이블은 대륙 간 네트워크 연결에도 사용됩니다.

다음 그림은 해저 광섬유 케이블을 나타낸 그림입니다. 광섬유 케이블을 통해 지구 반대편에 있는 친구와도 정보를 주고받을 수 있는 셈입니다.

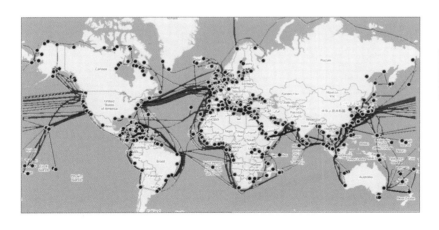

광섬유 케이블은 광섬유를 통해 광신호를 주고받는 유선 통신 매체입니다.

광섬유 케이블의 생김새

그럼 광섬유 케이블의 외관을 관찰해 볼까요? 광섬유 케이블도 트위스티드 페어 케이블과 마찬가지로 케이블 본체와 커넥터로 이루어져 있습니다.

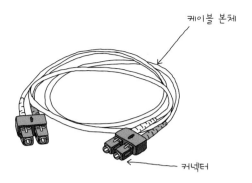

케이블 본체

커넥터

다만 광섬유 케이블은 트위스트 페어 케이블에 비해 활용되는 커넥터 종류가 좀 더 다양합니다. 대표적으로 LC 커넥터, SC 커넥터, FC 커넥터, ST 커넥터가 있습니다.

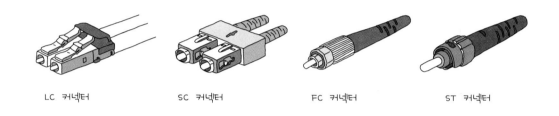

LC 커넥터   SC 커넥터   FC 커넥터   ST 커넥터

광섬유 케이블 본체 내부는 마치 머리카락과 같은 형태의 광섬유로 구성되어 있습니다. 광섬유는 빛을 운반하는 매체입니다.

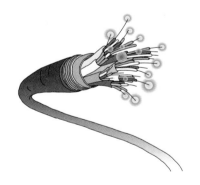

광섬유 한 가닥을 확대하여 관찰해 볼까요? 광섬유의 중심에는 **코어**^{core}가 있습니다. 코어는 광섬유에서 실질적으로 빛이 흐르는 부분입니다. 그리고 코어를 둘러싸는 **클래딩**^{cladding}이 있습니다. 클래딩은 빛이 코어 안에서만 흐르도록 빛을 가두는 역할을 합니다. 코어와 클래딩 간에 빛의 굴절률 차이를 만들어 빛을 코어 내부에 가두는 원리죠.

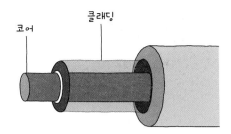

코어　클래딩

note 이 책에서는 광섬유 케이블의 종류와 특징을 살펴봅니다. 물리적인 원리에 관련한 자세한 설명은 생략하겠습니다.

광섬유 케이블은 코어의 지름에 따라 **싱글 모드 광섬유 케이블**SMF; Single Mode Fiber 과 **멀티 모드 광섬유 케이블**MMF; Multi Mode Fiber로 나뉩니다. 여기서 싱글 모드와 멀티 모드는 광섬유 케이블의 종류를 구분하는 가장 기본적인 기준입니다.

싱글 모드 광섬유 케이블

싱글 모드 광섬유 케이블과 멀티 모드 광섬유 케이블의 주된 차이점은 코어의 지름입니다. 싱글 모드 광섬유 케이블은 코어의 지름이 8~10μm 정도로, 멀티 모드 광섬유 케이블에 비해 작습니다. 참고로 1mm는 1,000μm이고, 머리카락 평균 두께는 대략 50~150μm로 알려져 있습니다. 얼마나 작은지 가늠이 되나요?

note μm는 길이의 단위로, 마이크로미터라고 읽습니다.

코어의 지름이 작다면 빛이 이동할 수 있는 경로가 많지 않겠지요. 다시 말해, 코어의 지름이 작다면 빛의 이동 경로가 하나 이상을 갖기 어렵고, 이를 두고 '모드mode가 하나single'라고 표현합니다.

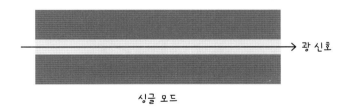

광 신호

싱글 모드

싱글 모드 케이블은 신호 손실이 적기에 장거리 전송에 적합합니다. 반면 멀티 모드에 비해 일반적으로 비용이 높다는 단점도 있습니다.

싱글 모드 케이블은 파장이 긴 장파장의 빛을 사용합니다. 대표적인 싱글 모드 광섬유 케이블 규격으로는 1000BASE−LX, 10GBASE−LR이 있습니다. 여기서 L은 장Long파장을 의미합니다.

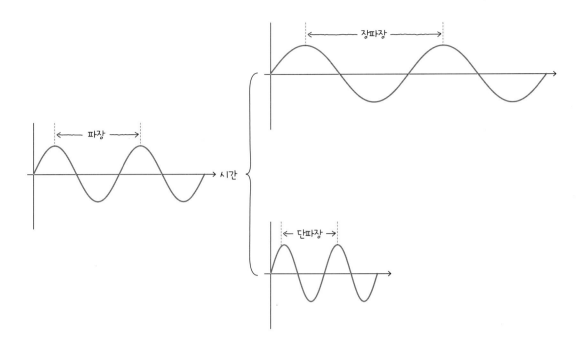

멀티 모드 광섬유 케이블

멀티 모드 케이블은 코어의 지름이 50~62.5㎛ 정도로 싱글 모드보다 큽니다. 그러므로 다음 그림처럼 빛이 여러 경로로 이동할 수 있습니다. 이를 두고 '모드mode가 여러 개multi'라고 표현합니다.

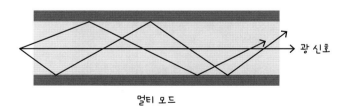

멀티 모드

멀티 모드는 싱글 모드보다 전송 시 신호 손실이 클 수 있기에 장거리 전송에는 부적합합니다. 실제로 싱글 모드 케이블은 수십 킬로미터까지 전송이 가능한 데 비해, 멀티 모드 케이블은 일반적으로 수백 미터, 길어야 수 킬로미터 정도만 전송이 가능하지요. 그래서 멀티 모드 케이블은 비교적 근거리를 연결하는 데 주로 사용됩니다.

또한 멀티 모드 케이블은 싱글 모드에 비해 단파장의 빛을 사용합니다. 대표적인 멀티 모드 케이블 규격으로는 1000BASE-SX, 10GBASE-SR이 있습니다. 여기서 S는 단^{Short}파장을 의미합니다.

> **+ 여기서 잠깐** **케이블 색상으로 분류하는 싱글 모드와 멀티 모드**
>
> 외관만으로 싱글 모드 광섬유 케이블과 멀티 모드 광섬유 케이블을 어떻게 구분할지 궁금할 독자들도 있을 수 있습니다. 사실, 싱글 모드 광섬유 케이블과 멀티 모드 광섬유 케이블은 케이블 본체의 색상으로 구분할 수 있습니다. 일반적으로 사용하는 싱글 모드 광섬유 케이블의 본체는 대부분 노란색과 파란색, 멀티 모드 광섬유 케이블은 오렌지색과 아쿠아색을 띠고 있습니다.

광섬유 케이블은 코어의
지름에 따라 싱글 모드와
멀티 모드로 나닙니다.

▶ 5가지 키워드로 정리하는 핵심 포인트

- NIC는 호스트와 통신 매체 사이의 인터페이스 역할을 담당하는 네트워크 장비입니다.

- **트위스티드 페어 케이블**은 구리 선을 통해 전기 신호를 주고받는 유선 통신 매체입니다. 브레이드 실드 혹은 포일 실드로 감싸 노이즈로부터 구리 선을 보호할 수 있습니다. 또한 케이블의 카테고리에 따라 종류를 분류할 수 있습니다.

- **광섬유 케이블**은 광섬유를 통해 광신호를 주고받는 유선 통신 매체입니다. 코어의 지름에 따라 **싱글 모드**와 **멀티 모드**로 나뉩니다.

▶ 표로 정리하는 핵심 포인트

실드에 따른 트위스티드 페어 케이블의 종류

종류	케이블 외부	구리 선 쌍
S/FTP	브레이드 실드	포일 실드
F/FTP	포일 실드	포일 실드
SF/FTP	브레이드 실드 및 포일 실드	포일 실드
U/UTP	없음	없음

전송 모드에 따른 광섬유 케이블 특징

특징(상대 비교)	싱글 모드	멀티 모드
코어 지름	작음	큼
빛의 이동 경로	하나	여러 개
거리 전송	장거리	근거리
신호 손실	적음	많음
사용하는 빛의 파장	장파장	단파장
비용	높음	낮음

▶ 확인 문제

1. NIC에 대한 설명으로 옳은 것을 골라 보세요.

① NIC는 호스트와 통신 매체 사이의 인터페이스 역할을 담당하는 네트워크 장비입니다.

② NIC는 통신 매체와는 무관합니다.

③ NIC는 현재 인터페이스 카드 형태의 장치만 존재합니다.

④ NIC가 없어야만 호스트와 통신 매체 사이의 신호 변환이 가능합니다.

2. 트위스티드 페어 케이블에 대한 설명으로 옳지 않은 것을 골라 보세요.

① 트위스티드 페어 케이블은 브레이드 혹은 포일로 감싸 노이즈로부터 구리 선을 보호할 수 있습니다.

② 트위스티드 페어 케이블의 종류는 다양합니다.

③ 트위스티드 페어 케이블은 구리 선을 통해 신호를 주고받습니다.

④ 트위스티드 페어 케이블은 광신호를 주고받을 수 있는 유선 통신 매체입니다.

02-3 허브

핵심 키워드

허브 반이중 전이중 콜리전 도메인 CSMA/CD

이번 절에서는 물리 계층 장비인 허브를 알아보고, 그 과정에서 중요한 네트워크 개념인 반이중/전이중 모드 통신과 CSMA/CD 개념을 학습해 보겠습니다.

시작하기 전에

통신 매체를 통해 송수신되는 메시지는 다른 호스트에게 전달되는 과정에서 네트워크 장비를 거칠 수 있습니다. 대표적인 네트워크 장비로 물리 계층에는 **허브**가 있고, 데이터 링크 계층에는 **스위치**가 있습니다.

이번 절에서는 먼저 물리 계층에서 여러 대의 호스트를 연결하는 허브의 특징을 살펴보고, 이와 관련해 허브의 동작 방식인 **반이중** 모드 통신에 대해 알아보겠습니다. 아울러 이와 반대되는 개념인 **전이중** 모드 통신도 함께 학습할 예정입니다. 또한 허브에서 발생하는 충돌이라는 문제와 이를 해결하기 위한 프로토콜인 **CSMA/CD**도 학습해 보겠습니다.

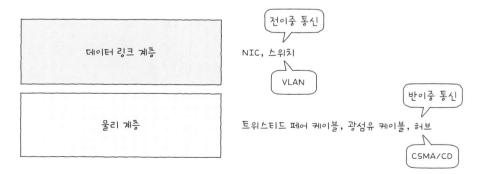

주소 개념이 없는 물리 계층

물리 계층의 허브를 소개하기 전에 여러분이 기억해야 할 중요한 사실이 있습니다. 바로 물리 계층에는 주소 개념이 없다는 점입니다. 송수신지를 특정할 수 있는 주소는 데이터 링크 계층부터 존재하는 개념입니다. 물리 계층에서는 단지 호스트와 통신 매체 간의 연결과 통신 매체상의 송수신이 이루어질 뿐이죠. 그렇기에 물리 계층의 네트워크 장비는 송수신되는 정보에 대한 어떠한 조작(송수신 내용 변경)이나 판단을 하지 않습니다.

반면 데이터 링크 계층에는 주소 개념이 있습니다. MAC 주소가 여기에 속하지요. 따라서 데이터 링크 계층의 장비나 그 이상 계층의 장비들은 송수신지를 특정할 수 있고, 주소를 바탕으로 송수신되는 정보에 대한 조작과 판단을 할 수 있습니다. 이 차이점은 단순해 보여도 물리 계층과 데이터 링크 계층의 장비와 기술, 특징을 이해하는 데 중요한 기반이니 꼭 기억해 주세요.

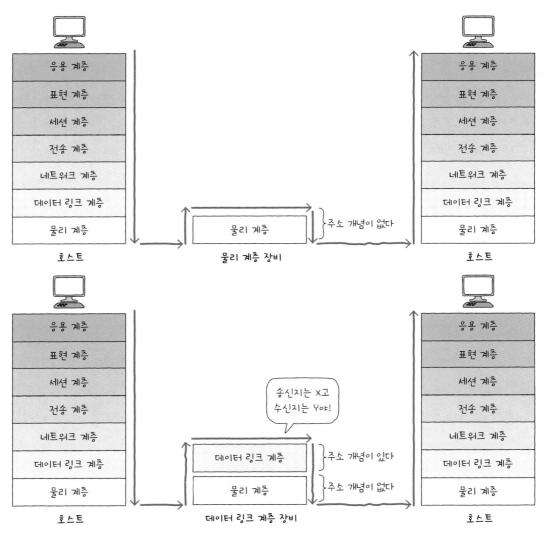

허브

물리 계층의 **허브**^{hub}는 여러 대의 호스트를 연결하는 장치입니다. **리피터 허브**^{repeater hub}라 부르기도 하고, 이더넷 네트워크의 허브는 **이더넷 허브**^{Ethernet hub}라고도 부르지요.

허브가 어떻게 생겼는지 확인해 볼까요? 다음 그림에서 커넥터를 연결할 수 있는 네 개의 연결 지점이 보일 것입니다. 이를 **포트**^{port}라고 합니다. 포트에 호스트와 연결된 통신 매체를 연결할 수 있습니다.

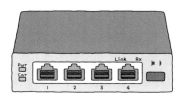

> **note** 포트(port)라는 용어는 다른 의미로도 사용됩니다. 4장 전송 계층의 04-1을 참고하세요.

허브의 특징

사실, 허브는 오늘날 인터넷 환경에서 잘 사용되지 않습니다. 그런데도 이 책을 포함한 수많은 네트워크 서적이 허브를 설명하는 이유는 허브가 가진 두 가지 큰 특징 때문입니다. 이 특징은 중요한 네트워크 개념을 내포하고 있으며, 곧 허브의 한계와도 직결되므로 잘 따라와 주세요.

첫째, 전달받은 신호를 다른 모든 포트로 그대로 다시 내보냅니다.

허브는 물리 계층에 속하는 장비이고, 물리 계층에서는 주소 개념이 없기에 허브는 수신지를 특정할 수 없습니다. 따라서 신호를 전달받으면 어떠한 조작이나 판단을 하지 않고 송신지를 제외한 모든 포트에 그저 내보내기만 합니다. 허브를 통해 이 신호를 전달받은 모든 호스트는 데이터 링크 계층에서 패킷의 MAC 주소를 확인하고 자신과 관련 없는 주소는 폐기합니다.

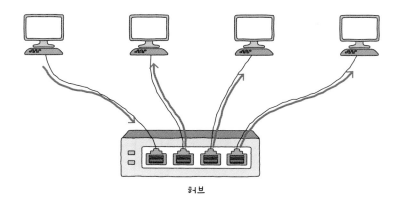

허브

둘째, 반이중 모드로 통신합니다.

반이중 모드라는 새로운 용어가 등장했지요? **반이중**^{half duplex} 모드는 마치 1차선 도로처럼 송수신을 번갈아 가면서 하는 통신 방식입니다. 가령 다음 그림처럼 호스트 A가 B에게 메시지를 송신할 때 호스트 B는 A에게 송신할 수 없습니다. 반대의 경우도 마찬가지입니다. 즉, 동시에 송수신이 불가능하지요. 다른 쪽의 말이 끝나야 비로소 이쪽에서 말할 수 있는 무전기를 떠올려 보면 이해가 쉽습니다.

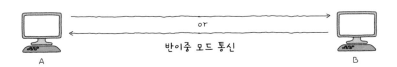

반대로 **전이중**^{full duplex} 모드는 송수신을 동시에 양방향으로 할 수 있는 통신 방식입니다. 마치 2차선 도로와도 같습니다.

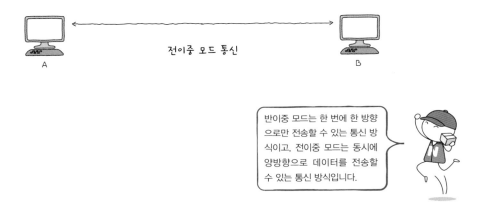

> 반이중 모드는 한 번에 한 방향으로만 전송할 수 있는 통신 방식이고, 전이중 모드는 동시에 양방향으로 데이터를 전송할 수 있는 통신 방식입니다.

➕ 여기서 잠깐   **리피터**

허브 이외에 물리 계층의 대표적인 장비로 리피터(repeater)라는 장비도 있습니다. 예를 들어 매우 긴 트위스티드 페어 케이블이 있다고 가정해 보겠습니다. 이 경우 트위스티드 페어 케이블에 흐르는 전기 신호는 전송 거리가 길어질수록 감소하거나 왜곡될 수 있습니다.

리피터는 이렇듯 전기 신호가 감소하거나 왜곡되는 것을 방지하기 위해 전기 신호를 증폭시켜 주는 장비입니다. 리피터는 물리 계층의 장비이므로 신호에 대한 어떠한 판단이나 조작을 하지 않고, 그저 신호를 증폭시키기만 합니다. 허브는 이러한 리피터의 기능을 포함하는 경우가 많습니다.

콜리전 도메인

허브는 반이중 통신을 지원한다고 했습니다. 한 호스트가 허브에 송신하는 동안 다른 호스트는 송신하고 싶은 것이 있어도 기다려야 합니다. 그런데 만일 동시에 허브에 신호를 송신하면 어떻게 될까요? **충돌**collision(**콜리전**)이 발생합니다.

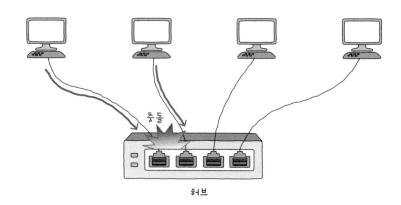

허브

허브에 호스트가 많이 연결되어 있을수록 충돌 발생 가능성이 높습니다. 불시에 다른 호스트가 허브로 신호를 송신할 수 있기 때문입니다. 이렇게 충돌이 발생할 수 있는 영역을 **콜리전 도메인**collision domain이라고 합니다. 허브에 연결된 모든 호스트는 같은 콜리전 도메인에 속합니다.

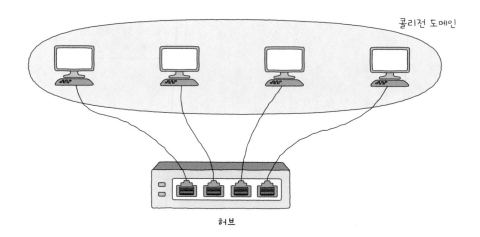

콜리전 도메인

허브

콜리전 도메인은 작으면 작을수록 충돌이 발생할 가능성이 줄어들기 때문에 좋습니다. 이렇게 허브에 연결된 모든 호스트가 하나의 콜리전 도메인에 속하는 것은 바람직하지 않지요. 허브의 넓은 콜리전 도메인으로 인한 충돌 문제를 해결하려면 CSMA/CD 프로토콜을 사용하거나 스위치 장비를 사용해야 합니다.

정리하면 다음과 같습니다. 허브는 여러 대의 호스트를 연결할 수 있는 물리 계층의 장비입니다. 전달받은 신호를 송신지 포트를 제외한 모든 포트로 내보내고, 반이중 모드로 통신합니다. 허브에 연결된 모든 호스트는 하나의 콜리전 도메인에 속하는데, 콜리전 도메인의 범위가 클수록 충돌이 발생할 가능성이 높아집니다.

CSMA/CD

허브에서 충돌이 발생하는 근본적인 이유는 허브가 반이중 모드로 통신하기 때문입니다.

예를 들어서 같은 허브에 연결된 A와 B가 동시에 허브에 신호를 송신하면 다음 그림과 같은 형태의 신호 충돌이 발생합니다.

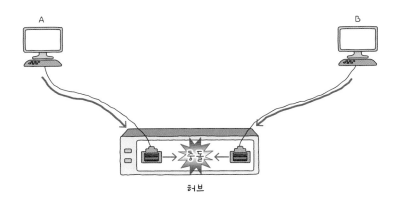

이러한 충돌 문제를 해결하기 위한 프로토콜이 CSMA/CD입니다. CSMA/CD는 반이중 이더넷 네트워크에서 충돌을 방지하는 대표적인 프로토콜입니다. (반이중) 이더넷을 대표하는 송수신 방법이라 볼 수 있습니다.

note CSMA/CD는 여러 호스트가 공유하는 통신 매체(media)에 접근(access)할 때 사용 가능한 제어(control) 방식이라는 점에서 매체 접근 제어(MAC; Media Access Control) 방법의 일종이라고도 부릅니다.

CSMA/CD는 Carrier Sense Multiple Access with Collision Detection의 약자입니다. 용어만 보면 아주 복잡해 보이지요? 하지만 단어를 차근차근 들여다보면 어렵지 않은 개념입니다. 함께 살펴봅시다.

첫째, CS는 Carrier Sense, 캐리어 감지를 의미합니다.

CSMA/CD 프로토콜을 사용하는 반이중 이더넷 네트워크에서는 메시지를 보내기 전에 현재 네트워크상에서 전송 중인 것이 있는지를 먼저 확인합니다. 현재 통신 매체의 사용 가능 여부를 검사하는 것이지요. 이를 **캐리어 감지**^{Carrier Sense}라고 합니다.

note Carrier Sense는 엄밀히 말하면 반송파 감지를 의미합니다. 반송파 감지는 '통신 매체상에서 흐르는 신호 감지'라고 생각해도 좋습니다.

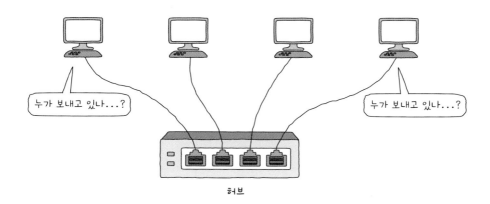

둘째, MA는 Multiple Access, 다중 접근을 의미합니다.

때로는 캐리어 감지를 하는 데도 두 개 이상의 호스트가 부득이하게 동시에 네트워크를 사용하려 할 때가 있습니다. 복수의 호스트가 네트워크에 접근하려는 상황을 **다중 접근**^{Multiple Access}이라고 합니다. 이때 충돌이 발생합니다.

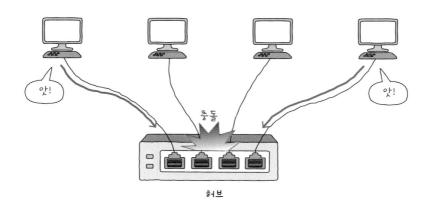

셋째, CD는 Collision Detection, 충돌 검출을 의미합니다.

충돌이 발생하면 이를 검출하는데, 이를 **충돌 검출**^{Collision Detection}이라고 합니다. 충돌을 감지하면 전송이 중단되고, 충돌을 검출한 호스트는 다른 이들에게 충돌이 발생했음을 알리고자 잼 신호^{jam signal}라는 특별한 신호를 보냅니다. 그리고 임의의 시간 동안 기다린 뒤에 다시 전송합니다.

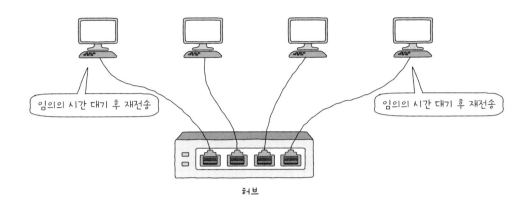

정리하면, 반이중 이더넷 네트워크에서 CSMA/CD 프로토콜을 사용하면 다음과 같이 진행됩니다. 호스트들은 메시지를 전송하기 전에 ① 먼저 현재 전송이 가능한 상태인지를 확인하고, ② 다른 호스트가 전송 중이지 않을 때 메시지를 전송합니다. ③ 만일 부득이하게 다수의 호스트가 접근하여 충돌이 발생하면 임의의 시간만큼 대기한 후에 다시 전송합니다.

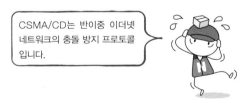

CSMA/CD는 반이중 이더넷 네트워크의 충돌 방지 프로토콜입니다.

▶ 5가지 키워드로 정리하는 핵심 포인트

- **허브**는 여러 대의 호스트를 연결할 수 있는 물리 계층의 장비로, 전달받은 신호를 다른 모든 포트로 내보내며 반이중 모드로 통신합니다.

- **반이중** 모드는 데이터를 한 번에 한 방향으로만 전송할 수 있는 통신 방식이고 **전이중** 모드는 동시에 양방향으로 전송할 수 있는 통신 방식입니다.

- **콜리전 도메인**이란 충돌 발생 가능성이 있는 영역을 의미합니다. 허브에 연결된 호스트 전체가 콜리전 도메인에 속합니다.

- **CSMA/CD**는 반이중 이더넷 네트워크의 충돌 방지 프로토콜입니다.

▶ 확인 문제

1. 허브에 대한 설명으로 옳지 않은 것을 골라 보세요.

① 허브는 물리 계층의 장비입니다.
② 허브로 VLAN을 구성할 수 있습니다.
③ 허브는 반이중 방식으로 통신합니다.
④ 허브는 송신지를 제외한 모든 포트로 신호를 내보냅니다.

2. 다음 그림은 데이터를 한 번에 한 방향으로만 전송할 수 있는 통신 방식을 나타냅니다. 반이중 모드 통신과 전이중 모드 통신 중 하나를 골라 괄호 안에 들어갈 말을 적어 보세요.

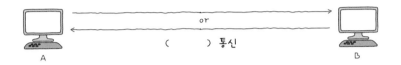

3. 콜리전 도메인에 대한 설명으로 옳지 않은 것을 골라 보세요.

① 허브에 연결된 모든 호스트는 하나의 콜리전 도메인에 속합니다.

② 콜리전 도메인이 작을수록 충돌이 발생할 가능성이 줄어듭니다.

③ 허브에 연결된 모든 호스트가 하나의 콜리전 도메인에 속하는 것은 바람직합니다.

④ 콜리전 도메인으로 인한 충돌 문제를 해결하려면 CSMA/CD 프로토콜을 사용해야 합니다.

4. CSMA/CD와 관련해 서로 맞는 용어끼리 선으로 이어 보세요.

① CS   •   • 충돌 검출

② MA   •   • 캐리어 감지

③ CD   •   • 다중 접근

02-4 스위치

핵심 키워드

스위치　**MAC 주소 테이블**　**MAC 주소 학습**　**VLAN**

이번 절에서는 데이터 링크 계층 장비인 스위치의 특징과 기능을 알아보고 스위치로 구현하는 가상의 LAN인 VLAN에 대해 살펴보겠습니다.

시작하기 전에

허브는 주소 개념이 없는 물리 계층 장비입니다. 전달받은 신호를 다른 모든 포트로 내보내기만 할 뿐이지요. 그리고 반이중 모드로 통신하므로 허브에 연결된 모든 호스트가 충돌이 발생할 범위, 즉 콜리전 도메인에 속합니다.

CSMA/CD를 통해 충돌 문제를 어느 정도 완화할 수는 있지만, 사실 이보다 더 근본적인 해결 방법이 있습니다. 전달받은 신호를 수신지 호스트가 연결된 포트로만 내보내고, 전이중 모드로 통신하면 됩니다. 그러면 포트별로 콜리전 도메인이 나누어지기에 충돌 위험이 감소하겠지요? CSMA/CD를 이용할 필요도 없어집니다. 이러한 기능을 지원하는 네트워크 장비가 바로 데이터 링크 계층의 **스위치**입니다.

스위치가 전달받은 신호를 원하는 포트로만 내보낼 수 있는 것은 스위치가 **MAC 주소**를 학습할 수 있기 때문입니다. 스위치의 MAC 주소 학습 기능은 이번 절에서 학습할 주요 내용이니, 기억해 두기를 바랍니다. 또한, 스위치를 이용하면 논리적으로 LAN을 분리하는 가상의 LAN, **VLAN**을 구성할 수 있다는 장점도 있습니다.

> 스위치는 콜리전 도메인을 포트별로 나누어 주며 전이중 모드 통신을 지원하는 데이터 링크 계층의 장비입니다.

스위치

스위치switch는 데이터 링크 계층의 네트워크 장비입니다. 2계층에서 사용한다 하여 **L2 스위치**L2 switch 라고도 부릅니다. 스위치의 여러 포트에는 호스트를 연결할 수 있는데, 이런 점은 허브와 유사합니다. 다만 스위치는 허브와는 달리 MAC 주소를 학습해 특정 MAC 주소를 가진 호스트에만 프레임을 전달할 수 있고, 전이중 모드의 통신을 지원합니다. 그렇기에 스위치를 이용하면 포트별로 콜리전 도 메인이 나뉘고, 전이중 모드로 통신하므로 CSMA/CD 프로토콜이 필요하지 않습니다.

CSMA/CD 프로토콜의 대기 시간이 없어지면 당연하게도 성능상으로도 이점이 있겠지요? 이러한 장점 덕에 스위치는 오늘날까지도 이더넷 네트워크 구성 시 자주 사용합니다.

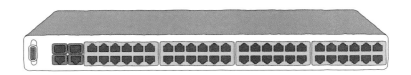

note 데이터 링크 계층 상위 계층에서 사용되는 L3 스위치, L4 스위치 등도 있지만, 이 책에서는 혼동을 방지하기 위해 '스위치'라는 용어를 데이터 링크 계층에서 사용되는 L2 스위치를 지칭하는 것으로 사용하겠습니다.

스위치의 특징

스위치의 가장 중요한 특징은 특정 포트와 해당 포트에 연결된 호스트의 MAC 주소와의 관계를 기억한다는 점입니다. 이를 통해 원하는 호스트에만 프레임을 전달할 수 있지요. 스위치의 이러한 기능을 **MAC 주소 학습**MAC address learning이라 부릅니다.

스위치는 MAC 주소 학습을 위해 포트와 연결된 호스트의 MAC 주소 간의 연관 관계를 메모리에 표 형태로 기억합니다. 스위치의 포트와 연결된 호스트의 MAC 주소 연관 관계를 나타내는 정보를 **MAC 주소 테이블**MAC address table이라고 부릅니다.

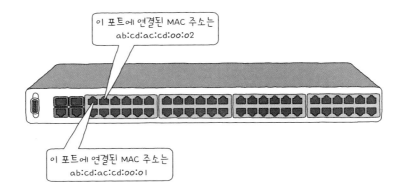

실제로 스위치에 접속해 보면 다음과 같은 형태의 MAC 주소 테이블을 조회해 볼 수 있습니다. MAC 주소와 연결된 포트를 볼 수 있죠.

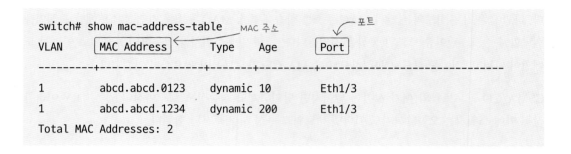

MAC 주소 학습

MAC 주소 테이블은 어떻게 채워지고 유지될까요? 그리고 스위치는 어떻게 원하는 수신지가 연결된 포트에만 프레임을 내보낼 수 있는 것일까요? 이는 스위치의 세 가지 기능을 통해 이루어집니다. 해당 용어를 이해하면 스위치의 기본 작동 방식을 이해할 수 있습니다.

❶ 플러딩
❷ 포워딩과 필터링
❸ 에이징

다음 그림처럼 구성된 네트워크에서 호스트 A가 호스트 C로 프레임을 전송하는 상황을 가정해 보겠습니다. 호스트 A, B, C, D는 각각 포트 1, 2, 3, 4번에 연결되어 있습니다.

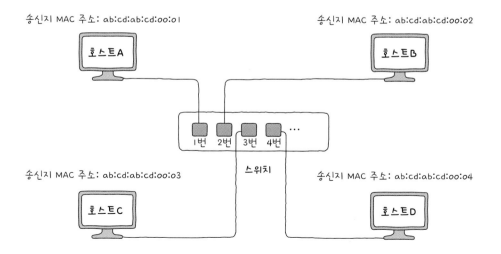

스위치는 처음에는 호스트 A, B, C, D의 MAC 주소와 연결된 포트의 연관 관계를 알지 못합니다. 아직 어떤 포트에 어떤 MAC 주소를 가진 호스트가 연결되어 있는지 학습하지 않았기 때문입니다.

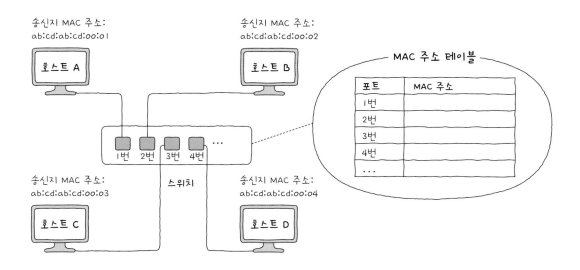

스위치의 MAC 주소 학습은 프레임 내 '송신지 MAC 주소' 필드를 바탕으로 이루어집니다. 스위치가 처음 호스트 A에서 프레임을 수신하면, 프레임 내 '송신지 MAC 주소' 정보를 바탕으로 호스트 A의 MAC 주소와 연결된 포트를 MAC 주소 테이블에 저장합니다. 하지만 여전히 수신지 호스트 C가 어느 포트에 연결되었는지는 알지 못하지요.

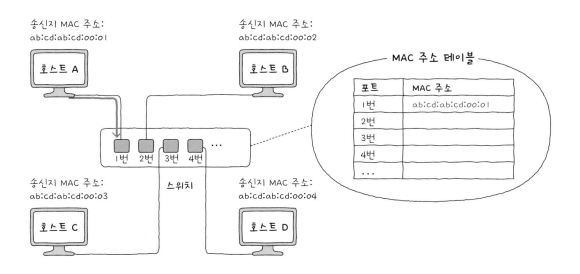

이 상황에서 스위치는 마치 허브처럼 송신지 포트를 제외한 모든 포트로 프레임을 전송합니다. 이러한 스위치의 동작을 **플러딩**^{flooding}이라 합니다. 그렇게 호스트 B, C, D는 프레임을 전달받습니다. 그중에서 호스트 B와 D는 자신과 관련이 없는 프레임을 전송받은 셈이므로 이를 폐기합니다.

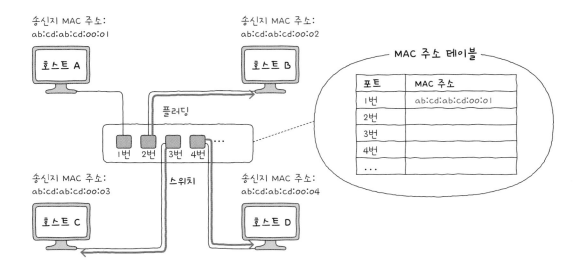

한편 호스트 C는 스위치로 응답 프레임을 전송합니다. 이 프레임의 '송신지 MAC 주소' 필드에는 호스트 C의 MAC 주소가 명시되어 있겠죠? 이를 통해 스위치는 호스트 C의 MAC 주소와 연결된 포트를 알아내어 이 정보를 MAC 주소 테이블에 기록합니다.

이제 스위치는 호스트 A와 C의 MAC 주소와 연결된 포트를 알고 있으므로 두 호스트가 프레임을 주고받을 때는 다른 포트로 프레임을 내보낼 필요가 없게 됩니다.

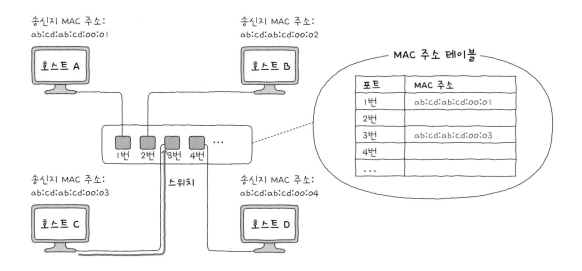

전달받은 프레임을 어디로 내보내고 어디로 내보내지 않을지 결정하는 스위치의 기능을 **필터링**^{filtering}
이라고 합니다. 비유하자면 프레임을 내보낼 포트만을 제외하고 다른 모든 포트를 가리개로 가리는
것과 유사합니다. 그리고 프레임이 전송될 포트에 실제로 프레임을 내보내는 것을 **포워딩**^{forwarding}이
라 합니다. 앞의 예시에서 호스트 A가 호스트 C에게 프레임을 전송하면 스위치는 호스트 B, D가 연
결된 포트로는 내보내지 않도록 필터링하고, 호스트 C가 연결된 포트로 프레임을 포워딩합니다.

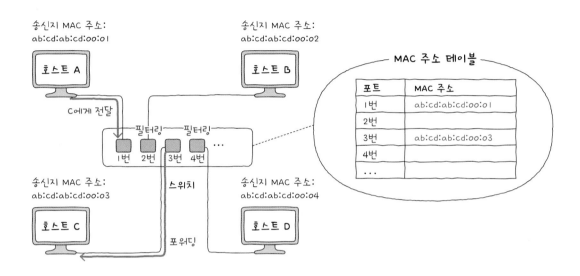

만약 MAC 주소 테이블에 등록된 특정 포트에서 일정 시간 동안 프레임을 전송받지 못했다면 해당
항목은 삭제됩니다. 이를 **에이징**^{aging}이라 합니다. 앞의 예시로 볼 때 일정 시간 동안 '송신지 MAC 주
소'가 ab:cd:ab:cd:00:01인 프레임을 1번 포트에서 전송받지 못했다면 이 항목은 삭제됩니다.

> 스위치는 MAC 주소 테이블을 통해
> MAC 주소를 학습하여 원하는 포트
> 로 패킷을 포워딩하고, 원치 않은 포
> 트는 필터링할 수 있습니다.

+ 여기서 잠깐 　브리지

데이터 링크 계층의 스위치와 유사한 장비로 **브리지**(bridge)라는 장비도 있습니다. 브리지는 영어로 '다리'라는 뜻입니다. 그 이름에 걸맞게 브리지는 아래 그림처럼 네트워크 영역을 구획하여 콜리전 도메인을 나누거나 네트워크를 확장하는 용도로 사용됩니다.

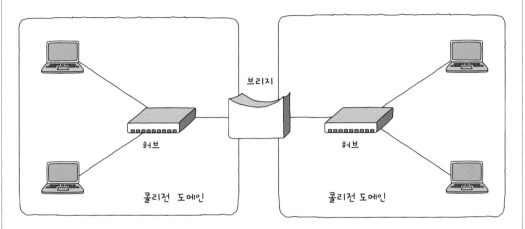

브리지는 앞서 설명한 스위치의 기능들도 제공합니다. MAC 주소를 학습할 수 있고, 특정 호스트가 연결되어 있는 포트로 프레임을 포워딩하거나 필터링할 수 있습니다.

다만, 단일 장비로서의 브리지는 비교적 최근에 대중화된 스위치에 비해 사용 빈도가 줄어드는 추세입니다. 브리지를 이용한 네트워크 구획 및 확장은 스위치를 통해서도 얼마든지 가능하고, 최근 스위치의 기능은 일반적으로 브리지의 기능을 포괄할 뿐 아니라 더 다양하며, 프레임의 처리 성능 면에서도 우수하기 때문입니다.

VLAN

스위치의 또 다른 중요한 기능으로 VLAN이 있습니다. **VLAN**은 Virtual LAN의 줄임말로, 이름 그대로 한 대의 스위치로 가상의 LAN을 만드는 방법입니다.

허브는 송신지 포트를 제외한 모든 포트로 신호를 내보내기에 네트워크상에 불필요한 트래픽이 늘어날 수밖에 없고, 이는 성능의 저하로 이어집니다.

스위치를 이용해도 마찬가지입니다. 스위치에 연결된 호스트 중에서도 서로 메시지를 주고받을 일이 적거나 브로드캐스트 메시지를 받을 필요가 없어서 굳이 같은 네트워크(LAN)에 속할 필요가 없는 호스트가 있을 수도 있습니다. 그렇다고 이들을 분리하고자 매번 새로운 스위치 장비를 구비하는 것은 정말 낭비지요. 이때 구성하는 것이 VLAN입니다.

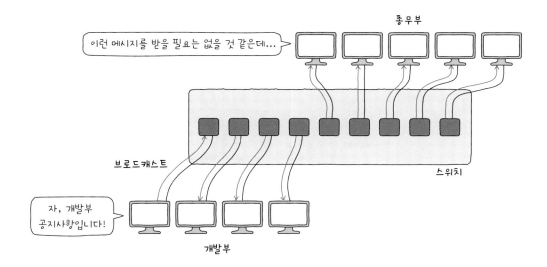

VLAN을 구성하면 한 대의 물리적 스위치라 해도 여러 대의 스위치가 있는 것처럼 논리적인 단위로 LAN을 구획할 수 있습니다. 호스트의 물리적 위치와 관계없이 논리적인 LAN을 구성할 수 있는 것 이지요.

다음 그림처럼 VLAN을 구성하면 VLAN1에 속한 호스트 A, B, C, D는 서로 동일한 LAN에 있는 것으로 인식하지만, 다른 VLAN에 속한 호스트 E, F, G, H, I는 물리적인 거리와 관계없이 다른 LAN에 있는 것처럼 인식합니다.

만약 VLAN1에 속한 호스트가 VLAN2에 속한 호스트와 통신하고자 한다면 데이터 링크 계층의 장비가 아니라 네트워크 계층 이상의 상위 계층 장비가 필요합니다.

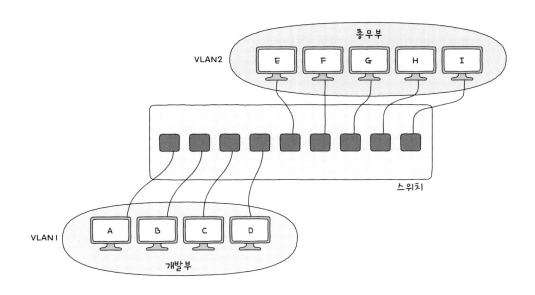

한편으로 브로드캐스트 도메인도 달라집니다. 가령 한 VLAN에 속한 호스트가 브로드캐스트를 하게 되면 다른 VLAN에 속한 호스트에게까지는 전달되지 않습니다. 서로 다른 네트워크로 간주하기 때문이지요.

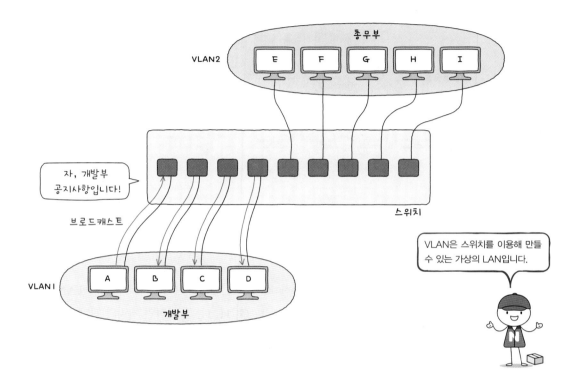

포트 기반 VLAN

VLAN을 구성하는 방법을 알아봅시다. 가장 단순하지만 대중적인 방식으로는 포트 기반 VLAN이 있습니다. **포트 기반 VLAN**port based VLAN은 한 마디로 '스위치의 포트가 VLAN을 결정하는 방식'입니다. 사전에 특정 포트에 VLAN을 할당하고, 해당 포트에 호스트를 연결함으로써 VLAN에 포함시킬 수 있습니다.

다음 쪽의 그림을 보세요. 호스트 A와 B는 VLAN2를 할당한 포트에 연결되어 있으므로 같은 LAN에 속한 셈입니다. 반면 호스트 C는 VLAN3에 속해 있으므로 호스트 A, B와는 다른 LAN에 속한 셈이라고 할 수 있지요.

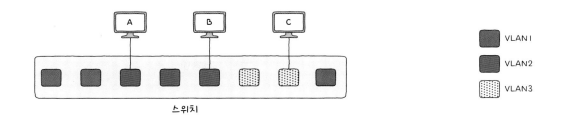

VLAN I

VLAN2

VLAN3

스위치

그런데, 사실 한 대의 스위치만으로 포트 기반 VLAN을 나누면 문제가 있습니다. 포트 수가 부족해질 수도 있기 때문이지요. 예를 들어서 VLAN1 호스트 4개, VLAN2 호스트 3개, VLAN3 호스트 3개를 포트가 8개인 하나의 스위치에 연결하기는 어렵습니다. 물론 다음 그림처럼 VLAN 스위치 여러 대를 구비해 같은 VLAN 포트끼리 연결하여 VLAN을 확장하는 방법도 있지만, 이 또한 포트의 낭비입니다.

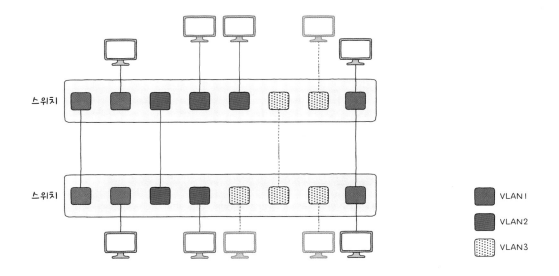

스위치

스위치

VLAN I

VLAN2

VLAN3

이럴 때 사용할 수 있는 방법이 바로 VLAN 트렁킹입니다. **VLAN 트렁킹**^{VLAN Trunking}은 두 대 이상의 VLAN 스위치를 효율적으로 연결하여 확장하는 방법입니다. 스위치 간의 통신을 위한 특별한 포트인 **트렁크 포트**^{trunk port}에 VLAN 스위치를 서로 연결하는 방식이지요.

note 트렁크 포트는 태그 포트(tagged port)라고도 부릅니다. 그리고 트렁크 포트가 아닌 하나의 VLAN이 할당된 일반적인 포트는 액세스 포트(access port)라고 합니다.

다음 그림을 보면, 트렁크 포트를 통해 스위치 A와 스위치 B가 연결된 것을 볼 수 있습니다. 낭비되는 포트를 최소화하는 동시에, 같은 스위치에 연결되어 있지 않아도 같은 LAN에 속하게 네트워크를 구성할 수 있겠지요?

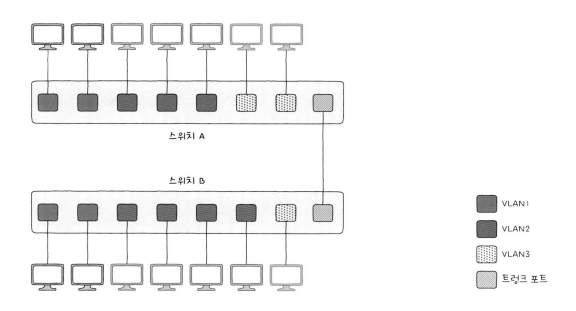

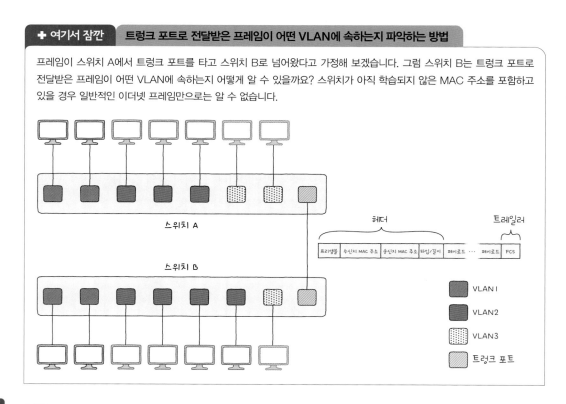

그래서 이러한 경우에는 어떤 VLAN에 속하는지 식별하기 위한 정보까지 추가된 확장된 이더넷 프레임을 사용합니다. 이를 **802.1Q 프레임**이라고 하지요.

다음 그림은 802.1Q 프레임의 간략화된 그림입니다. 이더넷 프레임 사이에 32비트 크기의 **VLAN 태그**라는 정보가 추가된 것을 볼 수 있습니다. 이곳에 VLAN을 식별하는 정보가 포함됩니다. 스위치 B는 이 정보를 보고 해당 프레임이 어떤 VLAN에 속한 프레임인지 알 수 있습니다. 802.1Q 프레임은 트렁크 포트를 통과하여 VLAN을 식별할 수 있는 프레임인 셈입니다.

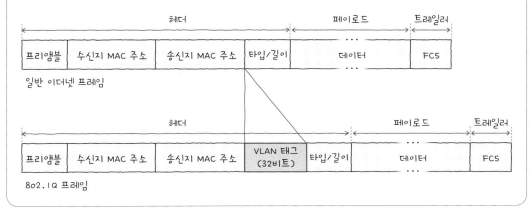

MAC 기반 VLAN

포트 기반 VLAN 이외에도 사전에 설정된 MAC 주소에 따라 VLAN이 결정되는 **MAC 기반 VLAN**^MAC based VLAN도 있습니다. 이는 포트가 VLAN을 결정하는 것이 아니라 송수신하는 프레임 속 MAC 주소가 호스트가 속할 VLAN을 결정하는 방식입니다.

다음 그림처럼 호스트 A의 MAC 주소가 VLAN3에 할당되었다면, 어떤 포트에 연결되든 호스트 A는 VLAN3에 속한 호스트로 동작합니다.

MAC 기반 VLAN은 포트 기반 VLAN과 달리 송수신하는 프레임 속 MAC 주소가 호스트가 속할 VLAN을 결정합니다.

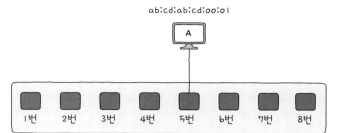

MAC 주소	VLAN
. . .	. . .
. . .	. . .
ab:cd:ab:cd:oo:oɪ	3
. . .	. . .
. . .	. . .

VLAN에는 포트 기반 VLAN과
MAC 기반 VLAN이 있습니다.

▶ 4가지 키워드로 정리하는 핵심 포인트

• **스위치**는 포트별로 콜리전 도메인을 나누며 전이중 모드 통신을 지원하는 데이터 링크 계층의 장비입니다. **MAC 주소 테이블**로 **MAC 주소**를 **학습**해 원하는 포트로 패킷을 포워딩하고 원치 않은 포트는 필터링할 수 있습니다.

• VLAN은 스위치로 만들 수 있는 가상의 LAN입니다. 포트 기반 VLAN과 MAC 기반 VLAN이 있습니다.

▶ 확인 문제

1. 스위치에 대한 설명으로 옳지 않은 것을 골라 보세요.

① 스위치는 전이중 통신을 지원합니다.
② 스위치는 물리 계층의 장비입니다.
③ 스위치는 MAC 주소를 학습할 수 있습니다.
④ 스위치로 VLAN을 구성할 수 있습니다.

2. VLAN에 대한 설명으로 옳지 않은 것을 골라 보세요.

① 스위치를 이용해 VLAN을 구성할 수 있습니다.
② 브로드캐스트 도메인은 VLAN과 무관합니다.
③ 포트 기반 VLAN과 MAC 기반 VLAN이 있습니다.
④ VLAN 트렁킹을 통해 낭비되는 포트를 최소화하며 VLAN을 구성할 수 있습니다.

03

이제 네트워크 계층을 학습해 보겠습니다. 지금까지는 주로 네트워크 장비에 관해 이야기했지만, 이번 장부터는 프로토콜과 관련된 패킷에 관한 이야기를 많이 할 예정입니다. 또한 네트워크에서 빼놓을 수 없는 개념인 IP 주소와 라우팅에 대해서도 학습해 보겠습니다. 이 장의 내용들은 네트워크에서 매우 중요한 주제이니 꼭 집중해서 학습하기를 바랍니다.

네트워크 계층

학습목표

- 네트워크 계층의 주요 프로토콜을 학습합니다.
- IP 주소의 개념과 구조, 할당 방법을 학습합니다.
- 라우터의 역할과 라우팅 테이블, 다양한 라우팅 프로토콜을 학습합니다.

03-1

LAN을 넘어서는 네트워크 계층

핵심 키워드

네트워크 계층　라우팅　IP　IP 주소　IPv4　IPv6　ARP

지금까지 여러분은 물리 계층과 데이터 링크 계층을 학습했습니다. 이번에는 LAN을 넘어서 다른 네트워크와 통신하기 위한 네트워크 계층의 개념과 주요 프로토콜을 학습해 보겠습니다.

시작하기 전에

지금까지 학습한 네트워크의 범위는 일반적으로 LAN에 한정됩니다. 하지만 LAN을 넘어서 다른 네트워크와 통신하기 위해서는 **네트워크 계층**의 역할이 필수입니다. 네트워크 계층에서는 IP 주소를 이용해 송수신지 대상을 지정하고, 다른 네트워크에 이르는 경로를 결정하는 라우팅을 통해 다른 네트워크와 통신합니다.

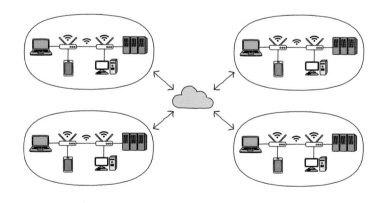

네트워크 계층 없이 인터넷이 가능할까요? 네트워크 계층의 역할은 무엇일까요?

데이터 링크 계층의 한계

물리 계층과 데이터 링크 계층만으로 LAN을 넘어서 다른 도시나 다른 국가에 있는 친구와 통신할 수 있을까요? 언뜻 들으면 가능할 것 같습니다. 데이터 링크 계층에는 송수신지를 특정할 수 있는 정보인 MAC 주소라는 개념이 있으니까요. 이 정보를 바탕으로 다른 도시, 다른 국가에 있는 수신지로 전송하면 될 것 같습니다.

그러나 결론부터 말씀드리면 물리 계층과 데이터 링크 계층만으로는 LAN을 넘어서 통신하기 어렵습니다. 대표적으로 두 가지 이유가 있습니다. 이 이유는 이번 장에서 학습할 네트워크 계층의 핵심 기능과도 직결됩니다.

첫째, 물리 계층과 데이터 링크 계층만으로는 다른 네트워크까지의 도달 경로를 파악하기 어렵습니다.
물리 계층과 데이터 링크 계층은 기본적으로 LAN을 다루는 계층입니다. 하지만 LAN에 속한 호스트 끼리만 통신하지는 않지요. 여러분의 컴퓨터와 지구 반대편에 있는 친구의 컴퓨터가 정보를 주고받는다면, 해당 패킷은 서로에게 도달하기까지 수많은 네트워크 장비를 거치며 다양한 경로를 통해 이동합니다.

예를 들어서 LAN A에 속한 호스트 '민철'이가 LAN B에 속한 호스트 '영수'에게 전송하는 패킷은 다양한 경로를 통해 이동할 수 있습니다. 통신을 빠르게 주고받으려면 이 중에 최적의 경로로 패킷이 이동해야겠지요? 이렇게 패킷이 이동할 최적의 경로를 결정하는 것을 **라우팅**routing이라고 합니다.

물리 계층과 데이터 링크 계층의 장비로는 라우팅을 수행할 수 없지만, 네트워크 계층의 장비로는 가능합니다. 라우팅을 수행하는 대표적인 장비로는 **라우터**router가 있습니다. 라우터의 개념과 라우터가 라우팅을 수행하는 다양한 방법에 대해서는 03-3에서 학습할 예정입니다.

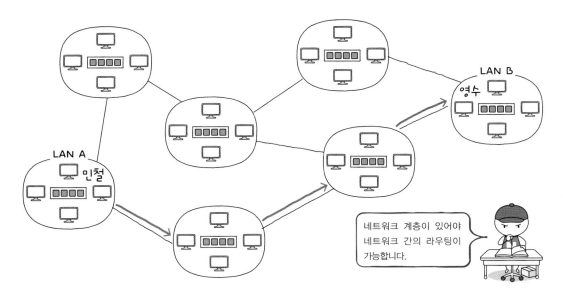

네트워크 계층이 있어야 네트워크 간의 라우팅이 가능합니다.

둘째, MAC 주소만으로는 모든 네트워크에 속한 호스트의 위치를 특정하기 어렵습니다.

현실적으로 모든 호스트가 모든 네트워크에 속한 모든 호스트의 MAC 주소를 서로 알고 있기란 어렵습니다. 그래서 MAC 주소만으로는 이 세상에 있는 모든 호스트를 특정하기 어렵습니다.

네트워크를 통해 정보를 주고받는 과정은 택배를 송수신하는 과정과 같고, MAC 주소는 네트워크 인터페이스(NIC)마다 할당된 일종의 개인 정보와도 같습니다. 택배를 보낼 때 받는 사람의 개인 정보만 택배에 적어 보내지는 않지요? 인물을 특정하는 정보 외에 당연히 수신지도 써야 합니다. 수신지를 쓰지 않는다면 택배 기사 입장에서는 받는 사람이 현재 어디에 살고 있는지 알 수 없기 때문입니다. 택배를 받는 사람의 위치가 시시각각 변할 수도 있고 말이지요. 네트워크에서도 마찬가지입니다.

택배의 수신인 역할을 하는 정보가 MAC 주소라면, 수신지 역할을 하는 정보는 네트워크 계층의 **IP 주소**입니다. 택배 배송 과정에서 '수신인'과 '수신지'를 모두 활용하고 '수신인'보다 '수신지'를 우선으로 고려하는 것처럼, 네트워크에서도 MAC 주소와 IP 주소를 함께 사용하고, 기본적으로 IP 주소를 우선으로 활용합니다.

수신지: 서울시 혼공 마을 네트워크 건물 3층 ≒ IP 주소

수신인: 강민철 ≒ MAC 주소

MAC 주소를 물리 주소라고도 부르는 것처럼 IP 주소는 **논리 주소**라고도 부릅니다. MAC 주소는 일반적으로 NIC마다 할당되는 고정된 주소이지만, IP 주소는 호스트에 직접 할당이 가능합니다. **DHCP**Dynamic Host Configuration Protocol라는 특정 프로토콜을 통해 자동으로 할당받거나 사용자가 직접 할당할 수 있고, 한 호스트가 복수의 IP 주소를 가질 수도 있습니다. IP 주소 할당 방법은 03-2에서 살펴보겠습니다.

네트워크 계층의 IP 주소를 이용해 네트워크상의 호스트를 식별할 수 있습니다.

정리하면, 물리 계층과 데이터 링크 계층만으로는 네트워크 간의 통신이 어렵고, 네트워크 계층이 다른 네트워크와의 통신을 가능하게 합니다. 이는 IP 주소를 이용해 수신지 주소를 설정하거나, 해당 수신지까지의 최적의 경로를 결정하는 라우팅이 네트워크 계층에서 이루어지기 때문이라는 사실을 꼭 기억해 주세요.

인터넷 프로토콜

네트워크 계층의 가장 핵심적인 프로토콜 하나를 꼽자면 단연 **인터넷 프로토콜**IP; Internet Protocol(이하 IP)입니다. IP에는 두 가지 버전이 있습니다. IP 버전 4(이하 **IPv4**)와 IP 버전 6(이하 **IPv6**)입니다. 일반적으로 IP 혹은 IP 주소를 이야기할 때는 주로 IPv4를 의미하는 경우가 많습니다. 이 책에서도 IPv4를 중심으로 살펴보겠습니다.

IP 주소 형태

IP 주소는 4바이트(32비트)로 주소를 표현할 수 있고, 숫자당 8비트로 표현되기에 0~255 범위 안에 있는 네 개의 10진수로 표기됩니다. 각 10진수는 점(.)으로 구분되며, 점으로 구분된 8비트 (0~255 범위의 10진수)를 **옥텟**octet이라고 합니다. 다음 그림의 192, 168, 1, 1 각각은 8비트로 표현된 옥텟인 셈입니다.

IP 주소

192.168.1.1

note 이런 형태의 IP 주소는 IPv4에서 사용하는 IPv4 주소입니다. IPv6에서는 다르게 표기하며, 137쪽에서 알아볼 예정입니다.

IP의 기능

IP의 기능은 다양하지만 대표적인 기능에는 크게 두 가지가 있습니다. **IP 주소 지정**과 **IP 단편화**입니다. IP(IPv4)를 정의한 인터넷 표준 문서(RFC 791)에서도 이를 명확히 명시하고 있습니다. 이 두 역할을 중심으로 IPv4와 IPv6를 알아보겠습니다.

RFC 791

The internet protocol implements two basic functions: addressing and
fragmentation. ←—— IP 단편화   ↖ IP 주소 지정

＋ 여기서 잠깐　　RFC 문서

RFC(Request for Comments) 문서는 네트워크/인터넷 관련 신기술 제안, 의견 등을 남긴 문서입니다. 언뜻 들으면 가볍게 느껴질 수 있는 이름과는 다르게 일부 RFC는 오늘날까지 사용되는 인터넷 표준이 되기도 합니다.

인터넷 표준이 된 RFC를 비롯한 영향력 있는 RFC 문서에는 번호가 부여되어 있습니다. 앞쪽에서 IP(IPv4)를 정의한 인터넷 표준 문서를 RFC 791이라 했지요? 여기서 791이 RFC 번호입니다. 번호를 부여받은 RFC 문서는 새로운 RFC 문서로 개정 출판이 될지언정 폐지되거나 수정되지 않으니, 웹 브라우저에 'RFC + RFC 번호(예: RFC 791)'를 검색하면 어렵지 않게 원문을 찾아볼 수 있습니다.

여러분께 엄밀하고 정확한 내용을 설명하고자 할 때 이 책 전반에서 RFC 문서를 자주 참조할 예정이니 참고 바랍니다(물론 영문으로 된 문서 내용은 해석해서 제공할 예정입니다).

IP 주소 지정$^{\text{IP addressing}}$은 IP 주소를 바탕으로 송수신 대상을 지정하는 것을 의미합니다. **IP 단편화**$^{\text{IP fragmentation}}$는 전송하고자 하는 패킷의 크기가 MTU라는 최대 전송 단위보다 클 경우, 이를 MTU 크기 이하의 복수의 패킷으로 나누는 것을 의미합니다.

IP는 네트워크 계층의 핵심 프로토콜로, IP 주소 지정과 IP 단편화를 수행합니다.

MTU$^{\text{Maximum Transmission Unit}}$란 한 번에 전송 가능한 IP 패킷의 최대 크기를 의미합니다. IP 패킷의 헤더도 MTU 크기에 포함된다는 점에 유의하기를 바랍니다. 일반적인 MTU 크기는 1500바이트이며, MTU 크기 이하로 나누어진 패킷은 수신지에 도착하면 다시 재조합됩니다.

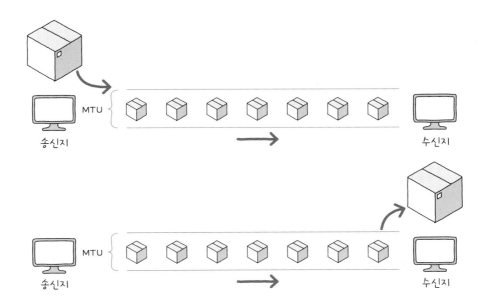

그렇다면 IP로 주고받는 패킷에는 어떤 정보가 포함되어 있어서 IP 주소 지정과 IP 단편화가 가능할까요? 먼저 IPv4 패킷부터 차근차근 들여다보겠습니다.

IPv4

02-1에서 프레임의 데이터 필드에는 상위 계층에서 전달받거나 상위 계층으로 전달해야 할 내용이 명시된다고 했습니다. 따라서 IPv4 패킷은 프레임의 페이로드로 데이터 필드에 명시됩니다.

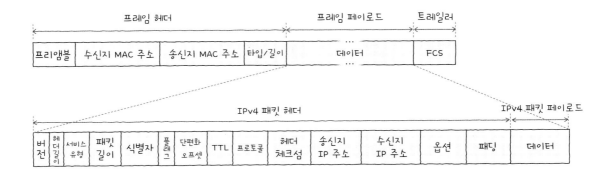

IPv4 패킷은 다음 쪽의 그림과 같은 형식을 띠고 있습니다. 생각보다 복잡하게 생겼지요? 모든 필드 중에서도 가장 핵심이 되는 부분인 필드는 그림에서 붉은색 테두리로 표기한 ① 식별자, ② 플래그, ③ 단편화 오프셋, ④ TTL, ⑤ 프로토콜, ⑥ 송신지 IP 주소, ⑦ 수신지 IP 주소의 총 7개입니다. 이

중에서 식별자, 플래그, 단편화 오프셋 필드는 IP 단편화 기능에 관여하고, 송신지 IP 주소, 수신지 IP 주소는 IP 주소 지정 기능에 관여합니다. 하나씩 살펴보면 어렵지 않습니다. 우선 순서대로 식별자부터 살펴보겠습니다.

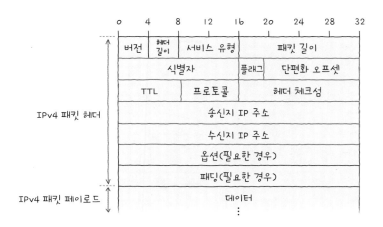

❶ 식별자

식별자identifier는 패킷에 할당된 번호입니다. 만일 메시지 전송 과정에서 IPv4 패킷이 여러 조각으로 쪼개져서 전송되었다면, 수신지에서는 이들을 재조합해야 합니다. 이때 잘게 쪼개져서 수신지에 도착한 IPv4 패킷들이 어떤 메시지에서부터 쪼개졌는지를 인식하기 위해서 식별자를 사용합니다.

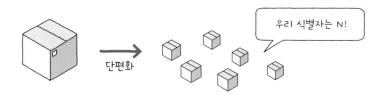

❷ 플래그

플래그flag는 총 세 개의 비트로 구성된 필드입니다. 이 중에서 첫 번째 비트는 항상 0으로 예약된 비트로 현재 사용되지 않습니다. 사용되는 나머지 두 개의 비트 중에서 하나는 **DF**라는 이름이 붙은 비트입니다. 이는 Don't Fragment의 약어로, IP 단편화를 수행하지 말라는 표시입니다. 만일 이 비트가 1로 설정되어 있다면 IP 단편화를 수행하지 않고, 0으로 설정되어 있다면 IP 단편화가 가능합니다.

note DF 비트가 1로 설정되었다고 해도 패킷의 크기가 너무 크다면 이는 폐기됩니다.

또 하나의 비트는 **MF**라는 비트입니다. 이는 More Fragment의 약어로, 단편화된 패킷이 더 있는 지를 나타냅니다. 0이라면 이 패킷이 마지막 패킷임을 의미하고, 1이라면 쪼개진 패킷이 아직 더 있 다는 것을 의미합니다.

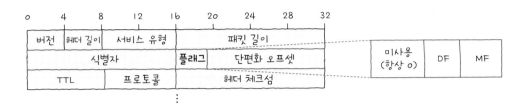

❸ 단편화 오프셋

단편화 오프셋fragment offset은 패킷이 단편화되기 전에 패킷의 초기 데이터에서 몇 번째로 떨어진 패킷 인지를 나타냅니다. 단편화되어 전송되는 패킷들은 수신지에 순서대로 도착하지 않을 수 있습니다. 따라서 수신지가 패킷들을 순서대로 재조합하려면 단편화된 패킷이 초기 데이터에서 몇 번째 데이터 에 해당하는 패킷인지 알아야 합니다. 이를 판단하기 위해 단편화 오프셋이 활용됩니다.

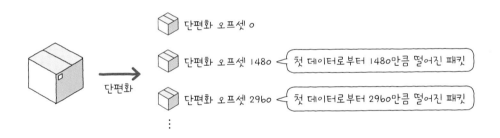

❹ TTL

TTL은 Time To Live의 약어로 패킷의 수명을 의미합니다. 멀리 떨어진 호스트끼리 통신할 때 패 킷은 여러 라우터를 거쳐 이동할 수 있습니다. 패킷이 하나의 라우터를 거칠 때마다 TTL이 1씩 감소 하며, TTL 값이 0으로 떨어진 패킷은 폐기됩니다.

패킷이 호스트 또는 라우터에 한 번 전달되는 것을 **홉**hop이라고 합니다. 즉, TTL 필드의 값은 홉마다 1씩 감소합니다. TTL 필드의 존재 이유는 무의미한 패킷이 네트워크상에 지속적으로 남아있는 것을 방지하기 위함입니다.

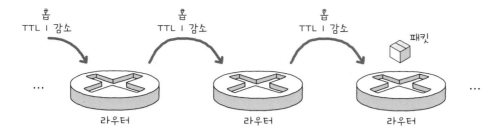

note TTL 필드가 0이 되면 해당 패킷은 폐기되고, 패킷을 송신한 호스트에게 시간 초과(Time Exceeded) 메시지가 전송됩니다. 이를 알려 주는 프로토콜이 ICMP입니다. ICMP는 4장에서 살펴보겠습니다.

❺ 프로토콜

IP 패킷의 **프로토콜**은 상위 계층의 프로토콜이 무엇인지를 나타내는 필드입니다. 예를 들어서 전송 계층의 대표적인 프로토콜인 TCP는 6번, UDP는 17번입니다.

❻ 송신지 IP 주소와 ❼ 수신지 IP 주소

송신지 IP 주소^{Source IP Address}와 **수신지 IP 주소**^{Destination IP Address}에서는 이름 그대로 송수신지의 IPv4 주소를 알 수 있습니다.

요약하면 IPv4는 식별자, 플래그, 단편화 오프셋으로 단편화와 재조합을 할 수 있고, 프로토콜 필드로 상위 계층 프로토콜을 알 수 있으며, TTL로 패킷의 남은 수명을 파악할 수 있습니다. 또한 송신지 IP 주소, 수신지 IP 주소를 통해 IP 주소를 지정할 수 있습니다.

IPv6

IPv4 주소는 4바이트(32비트)로 표현되고, 0~255 범위의 네 개의 10진수로 표기되는 주소라고 했습니다. 그리고 이 주소를 이용해 네트워크상의 호스트를 식별할 수 있다고도 했죠. 그런데 여기에 문제가 있습니다.

이론적으로 할당 가능한 IPv4 주소는 총 2^{32}개로 약 43억 개입니다. 전 세계 인구가 하나씩 IP 주소를 가지고 있어도 부족한 숫자입니다. 그런데 여러분 주변만 해도 IP 주소를 가질 수 있는 장치가 스마트폰, 데스크톱, 노트북, 냉장고, TV 등 여러 개입니다. 결국 약 43억 개라는 IPv4의 주소의 총량은 쉽게 고갈될 수 있습니다. 이런 이유에서 등장한 것이 **IPv6**입니다.

IPv6 주소는 16바이트(128비트)로 주소를 표현할 수 있고, 콜론(:)으로 구분된 8개 그룹의 16진수로 표기됩니다. 다시 말해 할당 가능한 IPv6 주소는 이론적으로 2^{128}개로 사실상 무한에 가까운 개수를 할당할 수 있습니다.

IPv4 주소

IPv6 주소

192.168.1.1   2001:0230:abcd:ffff:0000:0000:ffff:1111

IPv6 패킷은 다음 그림과 같습니다. 의외로 IPv4에 비해 단순하지요? 그만큼 **IPv6 패킷**의 기본 헤더는 IPv4에 비해 간소화되어 있습니다. 그림 ① 다음 헤더, ② 홉 제한, ③ 송신지 IP 주소, ④ 수신지 IP 주소 이 네 개의 주요 필드들을 살펴보겠습니다.

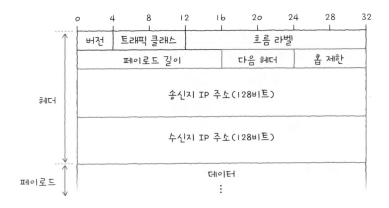

❶ 다음 헤더

다음 헤더next header 필드는 상위 계층의 프로토콜을 가리키거나 확장 헤더를 가리킵니다. 여기서 확장 헤더란 무엇일까요? 위에서 'IPv6의 기본 헤더는 IPv4에 비해 간소화되어 있다'라고 했죠. 위의 그림에 표현된 IPv6의 헤더는 **기본 헤더**입니다. IPv6는 추가적인 헤더 정보가 필요할 경우에 기본 헤더와 더불어 **확장 헤더**extension header라는 추가 헤더를 가질 수 있습니다.

확장 헤더는 다음 쪽의 그림처럼 기본 헤더와 페이로드 데이터 사이에 위치합니다. 또한 마치 꼬리에 꼬리를 물듯 또 다른 확장 헤더를 가질 수도 있습니다.

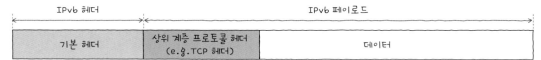

확장 헤더가 존재하지 않을 경우

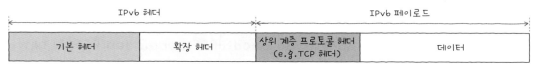

확장 헤더가 하나만 존재할 경우

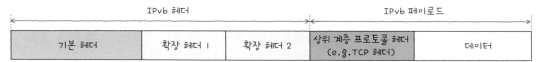

확장 헤더가 두 개 존재할 경우

확장 헤더의 종류는 다양하기 때문에 상황에 맞는 다양한 정보를 운반할 수 있습니다. 암기할 필요는 없지만 대표적인 확장 헤더 종류에 눈도장을 찍어 보자면, 송신지에서 수신지에 이르는 모든 경로의 네트워크 장비가 패킷을 검사하도록 하는 홉 간 옵션Hop-by-Hop Options, 수신지에서만 패킷을 검사하도록 하는 수신지 옵션Destination Options, 라우팅 관련 정보를 운반하는 라우팅Routing, 단편화를 위한 단편 Fragment, 암호화와 인증을 위한 ESPEncapsulating Security Payload, AHAuthentication Header 확장 헤더가 있습니다.

➕ 여기서 잠깐   **IPv6의 단편화**

IPv6는 IPv4와 달리 기본 헤더에 단편화 관련 필드가 없고, **단편화 확장 헤더**를 통해 단편화가 이루어집니다. 단편화 확장 헤더는 다음과 같은 구조로 이루어집니다.

다음 헤더	예약됨	단편화 오프셋	예약	M
식별자				

단편화 확장 헤더에도 **다음 헤더** 필드가 있습니다. 기본 헤더처럼 확장 헤더에도 다음 헤더 필드가 있는 것은 또 다른 확장 헤더 혹은 상위 프로토콜을 가리키기 위함입니다.

예약됨(reserved)과 예약(res) 필드는 0으로 설정되어 사용되지 않습니다.

단편화 오프셋(fragment offset)과 **M 플래그**(M flag), **식별자**(Identification) 필드는 각각 IPv4의 단편화 오프셋, MF 플래그, 식별자 필드와 같은 역할을 수행합니다.

단편화 오프셋은 전체 메시지에서 현재 단편화된 패킷의 위치를 나타냅니다. M 플래그는 1일 경우 더 많은 단편화된 패킷이 있음을, 0일 경우 마지막 패킷임을 나타냅니다. 식별자는 동일한 메시지에서부터 단편화된 패킷임을 식별하기 위해 사용됩니다.

---

❷ 홉 제한

홉 제한^{hop limit} 필드는 IPv4 패킷의 TTL 필드와 비슷하게 패킷의 수명을 나타내는 필드입니다.

❸ 송신지 IP 주소와 ❹ 수신지 IP 주소

송신지 주소^{source address}와 **수신지 주소**^{destination address}를 통해 IPv6 주소 지정이 가능합니다.

134쪽으로 가서 IPv4 패킷 그림을 다시 보세요. 옵션이나 패딩 필드는 헤더에 포함되어 있는 정보이지만, 선택적으로 존재합니다. 즉, IPv4 헤더 길이는 가변적입니다. 반면 IPv6 기본 헤더는 40바이트로 고정적입니다.

IPv6 또한 현재 유망한 프로토콜로 떠오르고 있는 만큼 다수의 장비에서 지원합니다. 그래도 아직까지는 일반적으로 IPv4가 많이 사용됩니다. 따라서 앞서 말한 것처럼 이 책에서는 특별한 언급이 없는 한 'IP' 혹은 'IP 주소'는 IPv4 (주소)를 지칭한다고 생각해 주세요.

> IP에는 버전 4와 6이 있고, 주소의 길이와 헤더의 구성이 다릅니다.

ARP

택배를 전송할 때 송신지 주소와 송신자, 수신지 주소와 수신자를 함께 명시하되 수신자보다는 수신지를 우선으로 고려하는 것처럼, MAC 주소와 IP 주소는 함께 사용하지만, 기본적으로는 IP 주소를 사용한다고 했습니다. 이 과정에서 '상대 호스트의 IP 주소는 알지만, MAC 주소는 알지 못하는 상황'이 있을 수 있습니다. 이럴 때 ARP라는 프로토콜을 사용합니다.

ARP^{Address Resolution Protocol}는 IP 주소를 통해 MAC 주소를 알아내는 프로토콜입니다. 동일 네트워크 내에 있는 송수신 대상의 IP 주소를 통해 MAC 주소를 알아낼 수 있습니다.

> ARP를 사용해 동일 네트워크 내에 있는 호스트의 IP 주소를 통해 MAC 주소를 알아낼 수 있습니다.

다음 그림처럼 호스트 A와 B가 모두 동일한 네트워크에 속한 상태에서 A가 B에게 패킷을 보내고 싶다고 가정해 보겠습니다. 또한 A는 B의 IP 주소(10.0.0.2)를 알고 있지만, MAC 주소는 모르는 상황입니다.

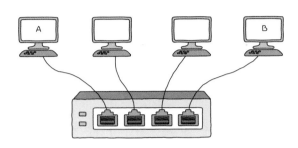

네트워크에서 기본적으로 사용되는 주소는 IP 주소이지만, 패킷을 올바르게 송신하려면 상대 호스트의 MAC 주소까지 알아야 합니다. 하지만 현재 A는 B의 MAC 주소를 알지 못하죠. 여기서 ARP가 사용됩니다. ARP의 동작 과정은 다음과 같습니다.

❶ ARP 요청
❷ ARP 응답
❸ ARP 테이블 갱신

note 2장에서 언급했던 MAC 주소 학습의 주체는 스위치입니다. 스위치가 MAC 주소를 학습했다고 해서 호스트들끼리 서로의 MAC 주소를 학습하는 것은 아닙니다.

❶ ARP 요청
우선 A는 네트워크 내의 모든 호스트에게 브로드캐스트 메시지를 보냅니다. 이 메시지는 **ARP 요청**ARP Request이라는 ARP 패킷입니다. ARP 요청은 '저 10.0.0.2와 통신하고 싶은데, 이 분의 MAC 주소가 무엇인가요?'라고 소리치는 것과 같습니다.

브로드캐스트는 자신을 제외한 네트워크상의 모든 호스트에게 전송하는 방식입니다.

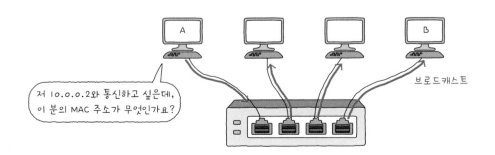

❷ ARP 응답

네트워크 내의 모든 호스트가 ARP 요청 메시지를 수신하지만, B를 제외한 나머지 호스트는 자신의 IP 주소가 아니므로 이를 무시합니다.

B는 자신의 MAC 주소를 담은 메시지를 A에게 전송합니다. 이 유니캐스트 메시지는 **ARP 응답**^{ARP Reply}이라는 ARP 패킷입니다. B의 MAC 주소가 포함된 메시지를 수신한 A는 B의 MAC 주소를 알게 됩니다.

> 유니캐스트는 하나의 수신지에 메시지를 전송하는 방식입니다.

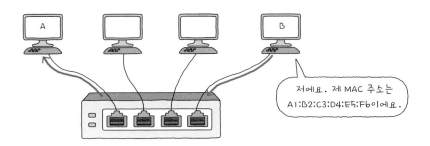

저에요. 제 MAC 주소는 A1:B2:C3:D4:E5:F6이에요.

➕ 여기서 잠깐 | ARP 패킷

ARP 요청, ARP 응답 과정에서는 ARP 패킷이 전송됩니다. ARP 패킷은 다음과 같은 형식으로, 프레임의 페이로드에 포함되어 전송됩니다. ARP 패킷에서 핵심적인 필드를 하나씩 살펴봅시다.

프리앰블	수신지 MAC 주소	송신지 MAC 주소	타입/길이	데이터	FCS

0 4	8 12	16	20 24	28 32
하드웨어 유형			프로토콜 유형	
하드웨어 주소 길이	프로토콜 주소 길이		오퍼레이션 코드	
송신지 하드웨어 주소				
송신지 프로토콜 주소				
수신지 하드웨어 주소				
수신지 프로토콜 주소				

- 오퍼레이션 코드(Opcode; Operation Code): ARP 패킷의 유형을 나타냅니다. ARP 요청의 경우 1, ARP 응답의 경우 2로 설정됩니다.

- 송신지 하드웨어 주소(Sender Hardware Address)와 수신지 하드웨어 주소(Target Hardware Address): 각각 송신지와 수신지의 MAC 주소가 명시됩니다. 참고로, ARP 요청 시 이더넷 프레임의 '수신지 MAC 주소'에는 브로드캐스트 메시지임을 나타내는 ff:ff:ff:ff:ff:ff가 명시되고, ARP 패킷의 '수신지 하드웨어 주소'에는 00:00:00:00:00:00이 명시됩니다.

- 송신지 프로토콜 주소(Sender Protocol Address)와 수신지 프로토콜 주소(Target Protocol Address): 각각 송신지와 수신지의 IP 주소가 명시됩니다.

❸ ARP 테이블 갱신

ARP를 활용할 수 있는 모든 호스트는 **ARP 테이블**ARP Table이라는 정보를 유지합니다. ARP 테이블은 IP 주소와 그에 맞는 MAC 주소 테이블을 대응하는 표입니다. A는 ①과 ② 단계를 통해 B의 MAC 주소를 알게 되면 다음 그림처럼 호스트 B의 IP 주소와 MAC 주소의 연관 관계를 ARP 테이블에 추가합니다. 이 ARP 테이블은 일정 시간이 지나면 삭제되고, 임의로 삭제할 수도 있습니다. 여기까지 이루어지면 앞으로 A는 B와 통신할 때 굳이 브로드캐스트로 ARP 요청을 보낼 필요가 없어집니다.

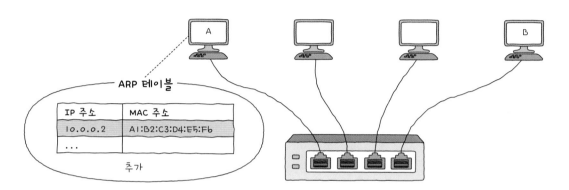

note ARP 테이블은 ARP 캐시(ARP cache), ARP 캐시 테이블(ARP cache table)이라고도 부릅니다.

ARP 테이블을 직접 확인해 볼까요? 윈도우 명령 프롬프트(CMD)나 맥OS 터미널에서 arp -a라고 입력해 보세요. IP 주소와 그에 대응된 MAC 주소를 볼 수 있습니다.

```
$ arp -a
```

> ? (192.168.0.2) at 1a:2b:3c:4d:5e:6e on en6 [ethernet]
> ? (192.168.0.1) at 1b:2c:3d:4d:5e:6e on en0 ifscope [ethernet]
> ? (192.168.0.1) at 1c:2d:3e:4d:5e:6e on en6 ifscope [ethernet]
> ? (192.168.0.7) at 1d:2e:3f:4d:5e:6e on en6 ifscope [ethernet]
> … 후략 …

ARP는 '동일 네트워크' 내에 있는 호스트의 IP 주소를 통해 MAC 주소를 알아내는 프로토콜이라고 했습니다. 그렇다면 통신하고자 하는 호스트 A와 B가 서로 다른 네트워크에 속해 있으면 어떻게 될까요?

앞선 예시와 달리, 이번에는 호스트 A와 호스트 B가 동일한 네트워크에 있지 않습니다. 만일 호스트 A가 라우터 A의 MAC 주소를 모른다면 ARP 요청 − ARP 응답 과정을 통해 라우터 A의 MAC 주소를 얻어 와서 이를 향해 패킷을 전송합니다.

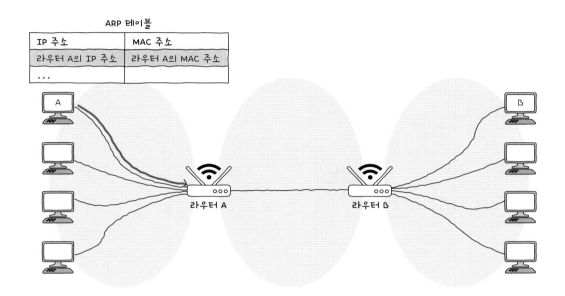

note 143, 144쪽의 그림에서 동그라미 범위는 각각 서로 다른 네트워크 범위를 의미합니다.

호스트 A에서 패킷을 전달받은 라우터 A는 패킷을 라우터 B로 전달해야 합니다. 만일 라우터 A가 라우터 B의 MAC 주소를 모른다면 한 번 더 ARP 요청 − ARP 응답 과정을 거쳐 라우터 B의 MAC 주소를 얻어오게 됩니다.

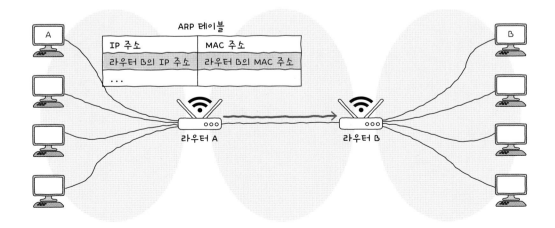

이제 라우터 B는 호스트 B에게 패킷을 전달해야 합니다. 만일 라우터 B가 호스트 B의 MAC 주소를 모른다면 똑같이 ARP 요청 – ARP 응답 과정을 통해 B의 MAC 주소를 얻어와야만 비로소 호스트 B에게 패킷을 전달할 수 있습니다.

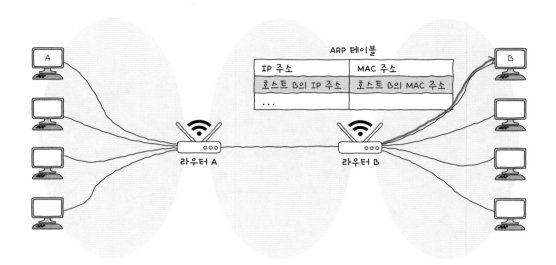

다만 이 상황은 매우 간략화된 예시로, 실제로는 라우터 간 통신을 주고받을 때 ARP만 사용하지는 않습니다. 라우팅 프로토콜을 비롯한 다양한 고려 사항이 있는데, 이는 계속해서 학습할 예정입니다. 여기서는 다음 두 가지를 기억해 주세요.

- ARP는 동일 네트워크에 속한 호스트의 MAC 주소를 알아내기 위해 사용하는 프로토콜입니다.
- 다른 네트워크에 속한 호스트에게 패킷을 보내야 할 경우 네트워크 외부로 나가기 위한 장비(라우터)의 MAC 주소를 알아내어 패킷을 전송합니다.

IP 단편화를 피하는 방법

이번 절에서 IP의 대표적인 기능으로 IP 주소 지정과 IP 단편화를 꼽았습니다. 이 중에서 IP 단편화와 관련한 이야기를 조금 더 해 보겠습니다. IP 단편화는 많이 수행되는 것이 좋을까요, 적게 수행되는 것이 좋을까요?

IP 단편화는 되도록 하지 않는 것이 좋습니다. 데이터가 여러 패킷으로 쪼개지면 자연스레 전송해야 할 패킷의 헤더들도 많아지고, 이는 불필요한 트래픽 증가와 대역폭 낭비로 이어질 수 있기 때문입니다. 쪼개진 IP 패킷들을 하나로 합치는 과정에서 발생하는 부하도 성능 저하를 야기할 수 있지요. 따라서 IP 단편화는 가급적 피하는 것이 좋습니다.

그렇다면 IP 단편화는 어떻게 피할 수 있을까요? IP 패킷을 주고받는 모든 호스트의 '처리 가능한 MTU 크기'를 고려해야 합니다. 가령 호스트 A, B가 여러 라우터를 거쳐 서로 IP 패킷을 주고받는다고 가정해 봅시다. 호스트 A, B가 처리할 수 있는 MTU 크기가 아무리 커도 라우터가 해당 MTU 크기를 지원하지 않으면 IP 단편화를 해야 합니다. 따라서 IP 단편화를 피하려면 'IP 단편화 없이 주고받을 수 있는 최대 크기'만큼만 전송해야 합니다. 이 크기를 **경로 MTU**^{Path MTU}라고 합니다. 다시 말해 IP 단편화를 피하는 방법은 경로 MTU만큼의 데이터를 전송하는 것입니다.

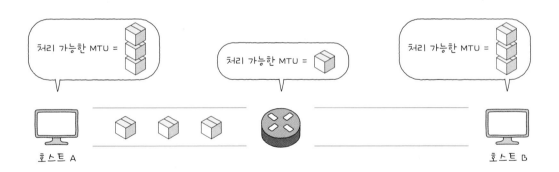

경로 MTU를 구하고 해당 크기만큼만 송수신하여 IP 단편화를 회피하는 기술을 **경로 MTU 발견**^{Path MTU discovery}이라 합니다. 오늘날 네트워크에서는 대부분 이를 지원하고, 처리 가능한 최대 MTU 크기도 대부분 균일하기 때문에 IP 단편화는 자주 수행되지 않습니다.

이 책의 6장에서 와이어샤크라는 프로그램을 통해 실제 네트워크 속 패킷을 조회하고 분석하는 방법을 안내할 예정입니다. 이 프로그램을 통해 실제 IP 패킷을 관찰해 보면, 대부분의 IP 패킷에 DF 플래그가 설정되어 있는 것을 볼 수 있을 것입니다. 이는 오늘날 네트워크에서는 대부분 경로 MTU 발견을 지원한다는 것을 보여 줍니다. 경로 MTU 발견은 기본적으로 DF 플래그를 설정한 채 동작하기 때문입니다.

134쪽에서 DF 플래그는 'IP 단편화를 수행하지 말라'라는 플래그라 설명했지요. 가령 어떤 호스트로부터 처리 불가능한 크기의(처리 가능한 MTU 크기를 넘어선) IP 패킷을 전달받았는데, 해당 IP 패킷에 DF 플래그가 설정되어 있다면 IP 패킷을 전달한 호스트에게 'DF 플래그가 설정되어 있는데, 이걸 단편화 없이 처리할 수 없습니다'라는 특정 오류 메시지를 전달하게 됩니다. 그럼 IP 패킷을 전달한 호스트는 이 오류 메시지를 받지 않을 때까지 전달하는 데이터 크기를 점차 줄이게 됩니다. 이렇게 서로의 경로 MTU를 알아 가게 되지요.

▶ 7가지 키워드로 정리하는 핵심 포인트

- **네트워크 계층**에서는 통신을 빠르게 주고받기 위해 패킷이 이동할 최적의 경로를 결정하는 **라우팅**이 이루어집니다.

- **IP**는 네트워크 계층의 핵심 프로토콜로, IP 주소 지정과 IP 단편화를 수행합니다.

- 네트워크 계층의 **IP 주소**를 이용해 네트워크상의 호스트를 식별할 수 있습니다.

- IP에는 IP 버전 4(**IPv4**)와 6(**IPv6**)가 있고, 각각 주소의 길이와 헤더의 구성이 다릅니다.

- **ARP**는 동일 네트워크 내에 있는 호스트 IP 주소를 통해 MAC 주소를 알아내기 위한 프로토콜입니다.

▶ 확인 문제

1. IPv4의 대표적인 기능 두 가지를 골라 보세요.

① 신뢰성 있는 전송
② IP 주소 지정
③ IP 단편화
④ IP 주소 변환

2. IPv4 주소와 IPv6 주소에 대한 설명으로 옳은 것을 골라 보세요.

(IPv4 / IPv6) 주소는 32비트로 이루어져 있고, (IPv4 / IPv6) 주소 고갈을 방지하기 위해 등장한 128비트 주소 체계가 (IPv4 / IPv6) 주소입니다.

03-2 IP 주소

핵심 키워드

클래스풀 주소 체계　클래스리스 주소 체계　서브넷 마스크　공인 IP 주소

사설 IP 주소　NAT　정적 IP 주소　동적 IP 주소　DHCP

이번 절에서는 IP 주소에 대해 조금 더 자세히 알아볼 예정입니다. IP 주소가 어떠한 구조로 이루어져 있는지, IP 주소의 유형에는 어떤 것들이 있으며 어떻게 할당할 수 있는지 알아보겠습니다.

시작하기 전에

이번 절에서는 인터넷 프로토콜을 학습하며 살펴본 **IP 주소**를 좀 더 자세히 알아보겠습니다. 택배 배송 과정에서 '수신인'보다는 '수신지'를 우선으로 고려하듯, 네트워크 통신에서도 IP 주소가 기본으로 사용됩니다. 그만큼 네트워크 계층의 IP 주소는 네트워크에서 핵심적인 역할을 맡습니다.

하나의 IP 주소는 크게 **네트워크 주소**와 **호스트 주소**로 이루어집니다. '네트워크를 표현하는 부분'과 '호스트를 표현하는 부분'으로 이루어져 있다고 생각해도 좋습니다. 전자는 호스트가 속한 특정 네트워크를 식별하는 역할을 하며, 후자는 네트워크 내에서 특정 호스트를 식별하는 역할을 합니다.

이러한 구조로 이루어진 IP 주소를 어떻게 관리하고 호스트에 할당할 수 있는지 알아봅시다.

IP 주소로 호스트들을 어떻게 관리할 수 있을까요?

호스트들에게 IP 주소는 어떻게 할당할 수 있을까요?

네트워크 주소와 호스트 주소

네트워크 주소는 네트워크 ID, 네트워크 식별자^{network identifier} 등으로 부르기도 하며, **호스트 주소**는 호스트 ID, 호스트 식별자^{host identifier} 등으로도 부릅니다.

형태를 한번 살펴볼까요? 다음은 네트워크 주소가 16비트, 호스트 주소가 16비트인 IP 주소의 예시입니다.

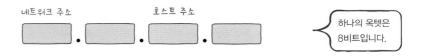

만약 네트워크 주소가 다음 그림과 같이 하나의 옥텟으로 이루어져 있다면, 한 네트워크당 호스트 주소 할당에 24비트를 사용할 수 있어서 상대적으로 많은 호스트에 IP 주소를 할당할 수 있을 것입니다.

또 만약 네트워크 주소가 다음과 같이 세 개의 옥텟으로 이루어져 있다면, 네트워크당 호스트 주소 할당에 8비트를 사용할 수 있습니다. 상대적으로 적은 호스트에 IP 주소를 할당할 수 있지요.

이처럼 IP 주소에서 네트워크 주소와 호스트 주소를 구분하는 범위는 유동적일 수 있습니다. 그렇다면 네트워크 주소와 호스트 주소의 크기는 각각 어느 정도가 적당할까요? 하나의 IP 주소에 호스트 주소의 공간을 얼마나 할당하는 것이 좋을까요? 첫 번째 예시 그림처럼 호스트 주소 공간을 무조건 크게 할당하는 것이 좋을까요, 아니면 두 번째 예시 그림처럼 호스트 주소 공간을 무조건 작게 할당하는 것이 좋을까요?

호스트 주소 공간을 크게 할당하면 호스트가 할당되지 않은 다수의 IP 주소가 낭비될 수 있습니다. 반대로 무조건 호스트 주소 공간을 작게 할당하면 호스트가 사용할 IP 주소가 부족해질 수 있습니다. 이런 고민을 해결하기 위해 생겨난 개념이 바로 IP 주소의 **클래스**class입니다.

클래스풀 주소 체계

클래스는 네트워크 크기에 따라 IP 주소를 분류하는 기준입니다. 클래스를 이용하면 필요한 호스트 IP 개수에 따라 네트워크 크기를 가변적으로 조정해 네트워크 주소와 호스트 주소를 구획할 수 있습니다. 클래스를 기반으로 IP 주소를 관리하는 주소 체계를 **클래스풀 주소 체계**classful addressing라고 합니다.

정의만 읽었을 때에는 조금 아리송하지요? 실제 클래스를 보면 이해가 쉬울 것입니다. 총 다섯 개의 클래스가 있습니다. 각각 A 클래스, B 클래스, C 클래스, D 클래스, E 클래스입니다. 이 중 D와 E 는 각각 멀티캐스트를 위한 클래스, 특수한 목적을 위해 예약된 클래스이기 때문에, 네트워크의 크기 를 나누는 데에 실질적으로 사용되는 클래스는 A, B, C입니다. 그럼, 각 클래스를 살펴볼까요?

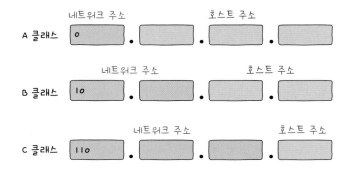

먼저 A 클래스는 B와 C 클래스에 비해 할당 가능한 호스트 주소의 수가 많습니다. 네트워크 주소는 비트 '0'으로 시작하고 1옥텟으로 구성되며, 호스트 주소는 3옥텟으로 구성됩니다. 즉, 이론상으로 2^7(128)개의 A 클래스 네트워크가 존재할 수 있고, 2^{24}(16,777,216)개의 호스트 주소를 가질 수 있 습니다. A 클래스로 나타낼 수 있는 IP 주소의 최솟값을 10진수로 표현하면 0.0.0.0, 최댓값을 10 진수로 표현하면 127.255.255.255입니다. 요컨대 가장 처음 옥텟의 주소가 0~127일 경우 A 클래 스 주소임을 짐작할 수 있습니다.

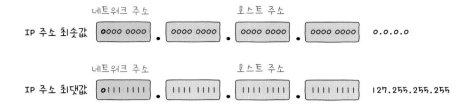

그럼 B 클래스는 어떨까요? B 클래스의 네트워크 주소는 비트 '10'으로 시작하고 2옥텟으로 구성되며, 호스트 주소도 2옥텟으로 구성됩니다. 이론상으로 2^{14}(16,384)개의 B 클래스 네트워크와 각 네트워크에 속한 2^{16}(65,534)개의 호스트 주소를 가질 수 있지요. B 클래스 IP 주소의 최솟값을 10진수로 표현하면 128.0.0.0, 최댓값을 10진수로 표현하면 191.255.255.255입니다. 따라서 가장 처음 옥텟의 주소가 128~191일 경우 B 클래스 주소임을 짐작할 수 있습니다.

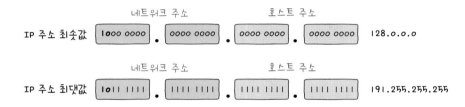

C 클래스도 마찬가지입니다. C 클래스의 네트워크 주소는 비트 '110'으로 시작하고 3옥텟으로 구성되며, 호스트 주소는 1옥텟으로 구성됩니다. 이론상으로 2^{21}(2,097,152)개의 C 클래스 네트워크가 존재할 수 있고, 각 네트워크는 2^{8}(256)개의 호스트 주소를 가질 수 있습니다. C 클래스로 나타낼 수 있는 IP 주소의 최솟값을 10진수로 표현하면 192.0.0.0, 최댓값을 10진수로 표현하면 223.255.255.255입니다. 가장 처음 옥텟의 주소가 192~223일 경우 C 클래스 주소임을 짐작할 수 있습니다.

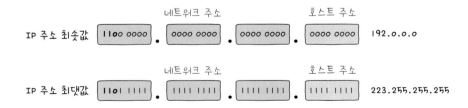

다만 호스트의 주소 공간을 모두 사용할 수 있는 것은 아닙니다. 호스트 주소가 전부 0인 IP 주소와 호스트 주소가 전부 1인 IP 주소는 특정 호스트를 지칭하는 IP 주소로 활용할 수 없습니다. 전자는 해당 네트워크 자체를 의미하는 네트워크 주소로 사용되고, 후자는 브로드캐스트를 위한 주소로 사용되기 때문입니다.

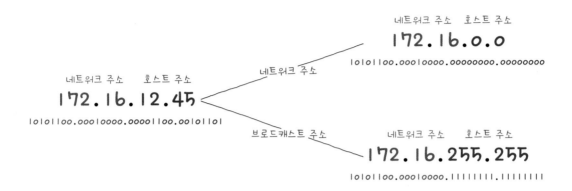

즉, A 클래스는 이론상으로는 2^{24}(16,777,216)개의 주소를 호스트에 할당할 수 있지만, 실제로 할당 가능한 주소는 16,777,216 − 2개인 16,777,214개입니다. 마찬가지로 B 클래스는 이론상 2^{16}(65,536)개의 주소를 호스트에 할당할 수 있지만, 실제로 할당 가능한 주소는 65,536 − 2개인 65,534개, C 클래스는 이론상 2^{8}(256)개의 주소를 호스트에 할당할 수 있지만, 실제로 호스트에게 할당 가능한 주소는 256 − 2개인 254개입니다.

클래스	초기 비트	네트워크 주소 비트/ 호스트 주소 비트	할당 가능한 네트워크 수	할당 가능한 호스트 수
A	0	8/24	2^7(128)	2^{24}(16,777,216) −2
B	10	16/16	2^{14}(16,384)	2^{16}(65,536) −2
C	110	24/8	2^{21}(2,097,152)	2^{8}(256) −2

클래스풀 주소 지정이란 클래스를 이용해 IP 주소를 지정하는 방법입니다.

클래스리스 주소 체계

이처럼 클래스풀 주소 체계를 이용하면 네트워크의 영역을 결정하고 할당 가능한 호스트의 주소 공간을 유동적으로 관리할 수 있지만, 이 방식에는 한계가 있습니다. 클래스별 네트워크의 크기가 고정되어 있기에 여전히 다수의 IP 주소가 낭비될 가능성이 크다는 문제가 있습니다.

단적인 예로 A 클래스 네트워크 하나당 할당 가능한 호스트 IP 주소는 1,600만 개 이상이고, B 클래스 네트워크 하나당 할당 가능한 호스트 IP 주소는 6만 개가 넘습니다. 단일 조직에서 이 정도의 호스트가 필요한 경우는 많지 않습니다. 게다가 사전에 정해진 A, B, C 클래스 외에는 다른 크기의 네트워크를 구성할 수도 없습니다.

예를 들어 300명의 직원이 사용할 컴퓨터들을 동일한 네트워크로 구성하고 싶을 때, 클래스풀 주소 체계에서는 어쩔 수 없이 B 클래스 주소를 이용해야만 합니다. C 클래스 주소는 호스트에게 할당할 수 있는 IP 주소가 254개뿐이기 때문입니다.

그래서 클래스풀 주소 체계보다 더 유동적이고 정교하게 네트워크를 구획할 수 있는 **클래스리스 주소 체계**classless addressing가 등장했습니다. 이름처럼 클래스 개념 없이(classless) 클래스에 구애받지 않고 네트워크의 영역을 나누어서 호스트에게 IP 주소 공간을 할당하는 방식입니다. 오늘날 주로 사용되는 방식으로, 이번 절에서 가장 중요한 핵심이니 꼭 기억해 주세요.

서브넷 마스크

클래스풀 주소 체계는 클래스를 이용해 네트워크 주소와 호스트 주소를 구분하지만, 클래스리스 주소 체계는 클래스를 이용하지 않으므로 IP 주소상에서 네트워크 주소와 호스트 주소를 구분 짓는 지점은 임의의 지점이 될 수 있습니다. 클래스리스 주소 체계에서는 네트워크와 호스트를 구분 짓는 수단으로 서브넷 마스크를 이용합니다.

서브넷 마스크subnet mask는 IP 주소상에서 네트워크 주소는 1, 호스트 주소는 0으로 표기한 **비트열**을 의미합니다. 네트워크 내의 부분적인 네트워크(서브네트워크subnetwork)를 구분 짓는(마스크mask) 비트열인 셈입니다. 서브넷 마스크를 이용해 클래스를 원하는 크기로 더 잘게 쪼개어 사용하는 것을 **서브네팅**subnetting이라고 합니다.

> `note` 서브네트워크는 IP 주소의 네트워크 주소로 구분 가능한 네트워크의 부분 집합입니다. 서브넷(subnet)이라고 줄여서 부르기도 합니다. 서브넷과 서브네팅은 네트워크를 이야기할 때 자주 등장하는 용어이니 익숙해지는 것이 좋습니다.

클래스풀 주소 체계에서 A 클래스의 네트워크 주소는 8비트, B 클래스의 네트워크 주소는 16비트, C 클래스의 네트워크 주소는 24비트로 이루어져 있었죠. 그렇기에 A, B, C 클래스의 기본 서브넷 마스크는 다음과 같습니다.

- **A 클래스**: 255.0.0.0(11111111.00000000.00000000.00000000)
- **B 클래스**: 255.255.0.0(11111111.11111111.00000000.00000000)
- **C 클래스**: 255.255.255.0(11111111.11111111.11111111.00000000)

서브네팅: 비트 AND 연산

서브넷 마스크를 이용해 네트워크 주소와 호스트 주소를 구분 짓는 방법은 단순합니다. IP 주소와 서브넷 마스크를 비트 AND 연산하면 됩니다.

비트 AND 연산bitwise AND operation이란 피연산자가 모두 1인 경우에는 1, 아닌 경우에는 0이 되는 연산입니다. 다음 그림처럼 말이지요.

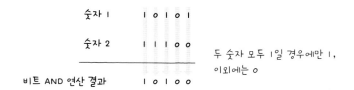

다음과 같은 IP 주소와 서브넷 마스크가 있다고 가정해 보겠습니다.

IP 주소 **192.168.219.103**

서브넷 마스크 **255.255.255.0**

이 IP 주소와 서브넷 마스크를 2진수로 표기하면 다음과 같습니다.

IP 주소   11000000.10101000.11011011.01100111

서브넷 마스크   11111111.11111111.11111111.00000000

이 둘에 대해 비트 AND 연산을 수행하면 다음 결과처럼 네트워크 주소 192.168.219.0을 구할 수 있습니다.

IP 주소   11000000.10101000.11011011.01100111

서브넷 마스크   11111111.11111111.11111111.00000000
_____

비트 AND 연산   11000000.10101000.11011011.00000000
(네트워크 주소)

= 192.168.219.0

사용된 서브넷 마스크에서 0이 8개이므로 호스트 주소는 8비트로 표현 가능합니다. 따라서 실제로 할당 가능한 호스트 IP 주소는 호스트 주소가 모두 0인 네트워크 주소 192.168.219.0과 호스트 주소가 모두 1인 브로드캐스트 주소 192.168.219.255를 제외한 192.168.219.1~192.168.219.254, 즉 254개가 됩니다.

정리하면, 클래스리스 주소 체계는 클래스가 아니라 서브넷 마스크를 이용해 네트워크 주소와 호스트 주소를 구분하는 IP 주소 체계입니다. 또한 서브넷 마스크와 IP 주소 간에 비트 AND 연산을 수행하면 IP 주소 내의 네트워크 주소를 알아낼 수 있습니다.

> 서브넷 마스크는 서브넷을 구분하기 위해 사용하는 비트열로, 네트워크 주소는 1, 호스트 주소는 0으로 표현합니다.

서브넷 마스크 표기: CIDR 표기법

서브넷 마스크를 표기하는 방법은 다음과 같이 크게 두 가지가 있습니다.

- 앞의 예시와 같이 서브넷 마스크를 '255.255.255.0', '255.255.255.252'처럼 10진수로 직접 표기하는 방법
- 'IP 주소/서브넷 마스크상의 1의 개수' 형식으로 표기하는 방법

여기서 두 번째 방식인 'IP 주소/서브넷 마스크상의 1의 개수'로 표기하는 형식을 **CIDR 표기법**^{CIDR;} Classless Inter-Domain Routing notation이라고 부릅니다. IP 주소와 서브넷 마스크를 함께 표현할 수 있는 간단한 표기로 많이 활용됩니다.

예를 들어서 C 클래스의 기본 서브넷 마스크는 255.255.255.0이었습니다. 이를 2진수로 표기하면 11111111.11111111.11111111.00000000입니다. 1이 총 24개이므로 CIDR 표기법을 따르면 다음과 같이 /24로 표기할 수 있습니다.

IP 주소 192.168.219.103과 서브넷 마스크 255.255.255.0

192.168.219.103/24

간단한 예제와 함께 복습해 볼까요? 192.168.0.2/25라는 표기가 있다고 가정해 보겠습니다. 이는 어떤 네트워크에 속한 어떤 호스트를 가리킬까요?

우선 네트워크 주소와 호스트 주소를 구해 보겠습니다. IP 주소를 나타내는 192.168.0.2를 2진수로 표현하면 11000000.10101000.00000000.00000010입니다. 그리고 서브넷 마스크를 나타내는 /25는 1이 총 25개, 11111111.11111111.11111111.10000000을 의미합니다. 10진수로 표현하면 255.255.255.128과도 같지요.

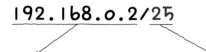

IP 주소 11000000.10101000.00000000.00000010   서브넷 마스크 11111111.11111111.11111111.10000000

서브넷 마스크를 IP 주소 192.168.0.2와 비트 AND 연산을 하면 그 결과는 192.168.0.0입니다. 즉, 네트워크 주소는 192.168.0.0이 됩니다. 호스트는 7비트로 표현할 수 있지요? 할당 가능한 호

스트 IP 주소의 범위는 네트워크 주소 192.168.0.0과 브로드캐스트 주소 192.168.0.127을 제외하면 192.168.0.1~192.168.0.126이 됩니다. 즉, 192.168.0.2/25는 총 126개의 호스트를 할당할 수 있는 192.168.0.0이라는 네트워크에 속한 2라는 호스트를 의미합니다.

클래스리스 주소 체계란 클래스를 이용하지 않고 서브넷 마스크나 CIDR 표기법으로 네트워크 주소와 호스트 주소를 구분 짓는 방법입니다.

공인 IP 주소와 사설 IP 주소

지금까지의 IP 주소 설명을 보면 'IP 주소는 마치 MAC 주소와 같은 유일한 주소'라고 생각할 수도 있습니다. 'IP 주소는 고갈될 수 있다', 'IP 주소가 낭비될 수도 있다'라고 표현했으니까요. 하지만 사실 이는 반만 맞는 이야기입니다. 전 세계에는 고유한 IP 주소가 있고, 고유하지 않은 IP 주소도 있습니다. 지금까지는 전자에 관해서 설명했습니다. 이를 공인 IP 주소라고 합니다.

공인 IP 주소

공인 IP 주소public IP address는 전 세계에서 고유한 IP 주소입니다. 네트워크 간의 통신, 이를테면 인터넷을 이용할 때 사용하는 IP 주소가 바로 공인 IP 주소입니다. 공인 IP 주소는 ISP나 공인 IP 주소 할당 기관을 통해 할당받을 수 있습니다.

한국인터넷정보센터(KRNIC) IPv4 주소 신청 웹 페이지

사설 IP 주소와 NAT

사설 IP 주소 private IP address란 사설 네트워크에서 사용하기 위한 IP 주소입니다. 사설 네트워크란 인터넷, 외부 네트워크에 공개되지 않은 네트워크를 의미합니다. 여러분이 사용하는 모든 네트워크 기기의 IP 주소를 전부 별도로 신청해서 할당받지는 않았을 것입니다. 그 이유는 LAN 내의 많은 호스트는 사설 IP 주소를 사용하기 때문입니다.

IP 주소 공간 중에서 사설 IP 주소로 사용하도록 특별히 예약된 IP 주소 공간이 있습니다. 다음 범위에 속하는 IP 주소는 사설 IP 주소로 간주하기로 약속되어 있습니다.

- 10.0.0.0/8 (10.0.0.0 – 10.255.255.255)
- 172.16.0.0/12 (172.16.0.0 – 172.31.255.255)
- 192.168.0.0/16 (192.168.0.0 – 192.168.255.255)

사설 IP 주소의 할당 주체는 일반적으로 **라우터**입니다. 할당받은 사설 IP 주소는 해당 호스트가 속한 사설 네트워크상에서만 유효한 주소이므로, 얼마든지 다른 네트워크상의 사설 IP 주소와 중복될 수 있습니다.

예를 들어 위에 명시한 사설 IP 주소 범위에 속하는 192.168.0.2라는 주소도 타 사설 네트워크 내 호스트와 얼마든지 중복될 수 있습니다. 그래서 192.168.0.2라는 사설 IP 주소만으로는 일반적인 인터넷 접속을 비롯한 외부 네트워크 간의 통신이 어렵습니다.

IP 주소에는 고유한 공인 IP 주소와 고유하지 않은 사설 IP 주소가 있습니다.

그렇다면 사설 IP 주소를 사용하는 호스트가 외부 네트워크와 통신하려면 어떻게 해야 할까요? 이때 사용되는 기술이 NAT입니다. **NAT** Network Address Translation는 IP 주소를 변환하는 기술입니다. 주로 네트워크 내부에서 사용되는 사설 IP 주소와 네트워크 외부에서 사용되는 공인 IP 주소를 변환하는 데 사용됩니다. NAT를 통해 사설 IP 주소를 사용하는 여러 호스트는 적은 수의 공인 IP 주소를 공유할 수 있습니다.

대부분의 라우터와 (가정용) 공유기는 NAT 기능을 내장하고 있습니다. 그렇기에 ① 여러분의 사설 네트워크상에서 만들어진 패킷 속 사설 IP 주소는 공유기를 거쳐 공인 IP로 변경되고, 외부 네트워크로 전송됩니다. ② 반대로 외부 네트워크로부터 받은 패킷 속 공인 IP 주소는 공유기를 거쳐 사설 IP

주소로 변경되어 여러분의 사설 네트워크 속 호스트에 이르게 됩니다.

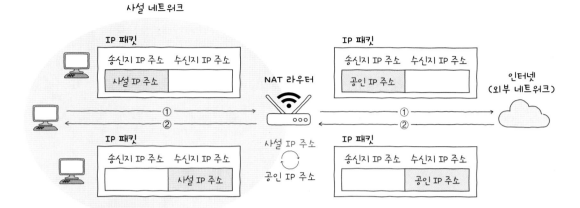

note NAT의 동작 방식을 보다 정확히 이해하려면 전송 계층의 포트라는 개념을 이해해야 합니다. 다만 이번 절에서는 공인 IP 주소와 사설 IP 주소의 차이점과 NAT가 어떤 기술인지만 이해해도 좋습니다. NAT에 대해서는 다음 장에서 한 번 더 다루겠습니다.

여러분 컴퓨터의 공인 IP 주소와 사설 IP 주소를 간단히 확인해 볼까요? 윈도우 운영체제 사용자는 명령 프롬프트(CMD)에 ipconfig를, 맥OS 운영체제 사용자는 터미널에 ifconfig를 입력하면 현재 IP(IPv4) 주소를 조회할 수 있습니다. 만일 10.0.0.0/8, 172.16.0.0/12, 192.168.0.0/16 중 하나가 보인다면, 이는 사설 IP 주소입니다.

```
> ipconfig
```

Windows IP 구성
… 중략 …

무선 LAN 어댑터 Wi-Fi:

　　연결별 DNS 접미사. . . . . :
　　링크-로컬 IPv6 주소 . . . . : abcd::abcd:abcd:abcd:abcd%17
　　IPv4 주소 . . . . : 192.168.0.3 ←── 사설 IP 주소
　　서브넷 마스크 . . . . : 255.255.255.0
　　기본 게이트웨이 . . . . . . : 192.168.0.1

네이버나 구글 같은 검색 사이트에서도 IP 주소를 확인할 수 있습니다. 여러분이 컴퓨터 웹 브라우저에 www.naver.com 혹은 www.google.com을 입력했을 때 웹 페이지가 보이는 것은 네이버나 구글의 서버 호스트와 여러분의 컴퓨터가 패킷을 주고받는 과정이라고 볼 수 있습니다. 이때 네이버나 구글의 서버 호스트가 인식한 여러분의 IP 주소는 사설 IP 주소가 아닌 공인 IP 주소입니다.

네이버 검색창에 '내 IP 주소'를 입력하거나 구글 검색창에 'what is my ip address'를 입력해 보세요. 네이버나 구글은 여러분의 사설 IP 주소가 아닌 공인 IP 주소를 인식하기 때문에 공인 IP 주소를 표시해 줍니다.

정적 IP 주소와 동적 IP 주소

이제 호스트에 IP 주소를 할당하는 방법을 알아봅시다. 여기에는 크게 두 가지 방법이 있습니다. 하나는 정적 할당이고, 또 하나는 동적 할당입니다. 전자는 수작업을 통해 이루어지고, 후자는 일반적으로 DHCP라는 프로토콜을 통해 이루어집니다.

정적 할당

정적 할당은 호스트에 직접 수작업으로 IP 주소를 부여하는 방식입니다. 이렇게 할당된 IP 주소를 **정적 IP 주소**static IP address라고 부릅니다.

윈도우나 맥OS 등의 운영체제에서 네트워크 설정을 확인해 보면, 다음 화면처럼 IP 주소를 수동으로 설정할 수 있는 항목이 있습니다. 이곳에서 정적 IP 주소를 부여할 수 있습니다. 정적 IP 주소를 부여하기 위해 입력해야 하는 값은 대체로 유사합니다.

일반적으로 부여하고자 하는 IP 주소, 서브넷 마스크, 게이트웨이(라우터) 주소, DNS 주소를 입력합니다. 그러면 해당 호스트는 입력한 IP 주소에 해당하는 고정된 주소를 가지게 됩니다.

note DNS는 5장에서 학습할 예정입니다. 현재 실습을 겸하고 있는 독자가 있다면 8.8.8.8을 입력하면 됩니다.

➕ 여기서 잠깐 | **기본 게이트웨이**

게이트웨이(gateway)의 일반적인 의미는 서로 다른 네트워크를 연결하는 하드웨어적/소프트웨어적 수단을 의미합니다. 그중에서도 **기본 게이트웨이**(default gateway)는 호스트가 속한 네트워크 외부로 나가기 위한 기본적인 첫 경로(첫 번째 홉)를 의미합니다.

그래서 기본 게이트웨이는 네트워크 외부와 연결된 라우터(공유기)의 주소를 의미하는 경우가 많습니다. IP 할당의 맥락에서 사용된 '게이트웨이'라는 용어는 기본 게이트웨이를 의미하기 때문에, 위 화면 속 [게이트웨이] 항목과 [라우터] 항목에는 공통적으로 기본 게이트웨이 역할을 하는 라우터(공유기)의 주소를 적어 주면 됩니다.

> IP 주소의 정적 할당은 사용자가 호스트에 직접 고정된 IP 주소를 할당하는 방식입니다.

동적 할당과 DHCP

IP 주소를 정적으로만 할당하다 보면 호스트의 수가 많아질 경우 관리가 곤란해질 수 있습니다. 의도치 않게 잘못된 IP 주소를 입력할 수도 있고, 중복된 IP 주소를 입력할 수도 있습니다.

이럴 때 사용 가능한 IP 주소 할당 방식이 바로 동적 할당입니다. **동적 할당**은 정적 할당과는 달리 IP 주소를 직접 일일이 입력하지 않아도 호스트에 IP 주소가 동적으로 할당되는 방식입니다. 이렇게 할당된 IP 주소를 **동적 IP 주소**^{dynamic IP address}라고 부릅니다.

동적 IP 주소는 사용되지 않을 경우 회수되고, 할당받을 때마다 다른 주소를 받을 수 있습니다. 여러분이 스마트폰이나 노트북을 이용할 때 수동으로 IP 주소를 설정하지 않고도 인터넷을 이용할 수 있는 것은 십중팔구 IP 주소가 동적으로 할당되었기 때문입니다. 그만큼 동적 할당과 동적 IP 주소는 아주 일상적으로 사용됩니다.

IP 동적 할당에 사용되는 대표적인 프로토콜이 바로 **DHCP**^{Dynamic Host Configuration Protocol}입니다. 여러분이 동적 IP 주소를 일상적으로 사용하는 만큼, DHCP 또한 빈번히 사용됩니다. 그렇다면 DHCP는 호스트에게 IP 주소를 어떻게 할당할까요? DHCP는 사실 응용 계층에 속하지만, 네트워크 계층의 개념을 이해하는 데 도움이 되므로 이번 절에서 동작 과정을 살펴보겠습니다.

> **note** IPv4 주소를 동적으로 할당하는 프로토콜은 DHCPv4이고, IPv6 주소를 동적으로 할당하는 프로토콜은 DHCPv6입니다. 이어질 내용은 DHCPv4를 기본으로 설명하겠습니다.

DHCP를 통한 IP 주소 할당은 IP 주소를 할당받고자 하는 호스트(이하 클라이언트)와 해당 호스트에게 IP 주소를 제공하는 **DHCP 서버**^{DHCP Server} 간에 메시지를 주고받음으로써 이루어집니다. 여기서 DHCP 서버의 역할은 일반적으로 라우터(공유기)가 수행하지만, 특정 호스트에 DHCP 서버 기능을 추가할 수도 있습니다. DHCP 서버는 클라이언트에게 할당 가능한 IP 주소 목록을 관리하다가, 클라이언트가 요청할 때 IP 주소를 할당합니다.

유의할 점은 DHCP로 할당받은 IP 주소는 사용할 기간(임대 기간)이 정해져 있다는 점입니다. 임대 기간은 DHCP 서버에서 설정하기 나름이지만, 일반적으로 수 시간에서 수일로 설정합니다. 임대 기간이 끝난 IP 주소는 다시 DHCP 서버로 반납됩니다. 그래서 DHCP를 통해 IP 주소를 할당받는 것을 'IP 주소를 임대한다'라고 표현하기도 합니다.

윈도우 운영체제 사용자는 명령 프롬프트(CMD)를 열고 ipconfig /all을 입력해 보세요. DHCP 서버 주소와 임대 기간을 볼 수 있습니다.

```
> ipconfig /all
```

```
… 중략 …
이더넷 어댑터 이더넷 2:

        연결별 DNS 접미사. . . . . . :
        설명. . . . . . . . . . . . : Realtek USB FE Family Controller #2
        물리적 주소 . . . . . . . . : A1-B2-C3-D4-E5-F6
        DHCP 사용 . . . . . . . . .: 예
        자동 구성 사용. . . . . . .: 예
        링크-로컬 IPv6 주소 . . . . : abcd::abcd:abcd:abcd:abcd%17
        IPv4 주소 . . . . . . . . . : 192.168.0.7(기본 설정)
        서브넷 마스크 . . . . . . .: 255.255.255.0
        임대 시작 날짜 . . . . . . : 2024년 4월 22일 월요일 오전 12:34:47
        임대 만료 날짜 . . . . . . : 2024년 4월 25일 목요일 오전 4:47:13
        기본 게이트웨이 . . . . . . : 192.168.0.1
        DHCP 서버 . . . . . . . . .: 192.168.0.1
    … 후략 …
```

IP 주소를 할당받는 과정에서 클라이언트와 DHCP 서버 간에 주고받는 메시지의 종류는 크게 네 가지가 있습니다.

❶ DHCP Discover

❷ DHCP Offer

❸ DHCP Request

❹ DHCP Acknowledgment(이하 DHCP ACK)

클라이언트는 DHCP 서버와 DHCP Discover, DHCP Offer, DHCP Request, DHCP ACK(①~④번)순으로 메시지를 주고받으며 IP 주소를 할당받습니다. 참고로 이 메시지들을 주고받는 것은 DHCP 패킷을 주고받는 것과도 같습니다. 그렇다면 DHCP Discover 메시지부터 알아봅시다.

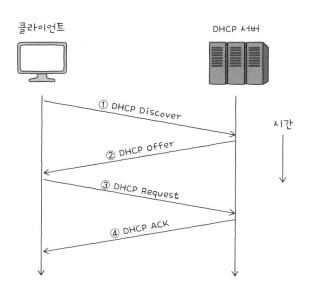

❶ DHCP Discover(클라이언트 → DHCP 서버)

Discover는 영어로 '발견하다'라는 의미입니다. 그 이름처럼 클라이언트는 DHCP Discover 메시지를 통해 DHCP 서버를 찾습니다. 이는 브로드캐스트로 전송됩니다. DHCP Discover 메시지를 전송하는 시점에 클라이언트는 아직 IP 주소를 할당받지 못했으므로 송신지 IP 주소는 0.0.0.0으로 설정됩니다.

❷ DHCP Offer(DHCP 서버 → 클라이언트)

DHCP 서버는 DHCP Discover 메시지를 받은 뒤 클라이언트에게 DHCP Offer 메시지를 보냅니다. Offer는 영어로 '제안하다'라는 뜻입니다. 즉, 이 메시지는 클라이언트에게 할당해 줄 IP 주소를 제안하는 메시지입니다. 클라이언트에게 제안할 IP 주소뿐만 아니라 서브넷 마스크, 임대 기간 등의 정보도 포함되어 있습니다.

❸ DHCP Request(클라이언트 → DHCP 서버)

DHCP Request는 DHCP Offer 메시지에 대한 응답입니다. 이 또한 브로드캐스트로 전송됩니다.

비유하자면 'DHCP Offer 메시지 잘 받았는데, 이 IP 주소를 써도 되지요?'라고 묻는 것과 같습니다.

❹ DHCP ACK(DHCP 서버 → 클라이언트)

마지막으로 DHCP 서버는 클라이언트에게 DHCP ACK 메시지를 보냅니다. 이 메시지는 마치 최종 승인과도 같은 메시지입니다. DHCP ACK 메시지까지 받은 클라이언트는 이제 할당받은 IP 주소를 자신의 IP 주소로 설정한 뒤 임대 기간 동안 IP 주소를 사용합니다.

IP 주소의 사용 기간이 모두 끝나 IP 주소가 DHCP 서버에 반납되면 원칙적으로는 이 과정을 다시 거쳐서 IP 주소를 재할당받아야 합니다. 하지만 IP 주소 임대 기간이 끝나기 전에 임대 기간을 연장할 수도 있습니다. 이를 **임대 갱신**lease renewal이라 합니다. 임대 갱신은 IP 주소의 임대 기간이 끝나기 전에 기본적으로 두 차례 자동으로 수행됩니다. 만일 자동으로 수행되는 임대 갱신 과정이 모두 실패하면 그때 IP 주소는 DHCP 서버로 반납됩니다.

IP 주소의 동적 할당은 호스트에 IP 주소를 자동으로 할당하는 방식으로, 일반적으로 DHCP라는 프로토콜을 이용합니다.

특수한 목적을 위해 예약된 IP 주소도 있습니다. 대표적인 예약 주소와 사용 목적은 다음과 같습니다.

예약 주소	IP 범위	사용 목적
0.0.0.0/8	0.0.0.0 - 0.255.255.255	이 네트워크의 이 호스트
10.0.0.0/8	10.0.0.0 - 10.255.255.255	사설 네트워크
127.0.0.0/8	127.0.0.0 - 127.255.255.255	루프백(loopback) 주소
169.254.0.0/16	169.254.0.0 - 169.254.255.255	링크 로컬(link local) 주소 (호스트가 연결된 링크로 통신 범위가 제한된 주소)
172.16.0.0/12	172.16.0.0 - 172.31.255.255	사설 네트워크
192.0.2.0/24	192.0.2.0 - 192.0.2.255	테스트용
192.168.0.0/16	192.168.0.0 - 192.168.255.255	사설 네트워크
198.18.0.0/15	198.18.0.0 - 198.19.255.255	테스트용
224.0.0.0/4	224.0.0.0 - 239.255.255.255	멀티캐스트(D 클래스)
240.0.0.0/4	240.0.0.0 - 255.255.255.254	미래 사용 용도로 예약(E 클래스)

예약 주소 중에서 회색으로 표기된 부분은 이번 절에서 설명한 사설 네트워크에서 사용되는 IP 주소입니다. 이외에도 개발자 입장에서 자주 접하게 될 중요한 예약 IP 주소로, 연한 붉은 색으로 표기한 루프백 주소와 0.0.0.0이 있습니다.

루프백 주소loopback address는 자기 자신을 가리키는 특별한 주소입니다. 가장 일반적으로 사용되는 주소는 127.0.0.1이고, **로컬호스트**localhost라고도 부릅니다. 루프백 주소로 전송된 패킷은 자기 자신에게 되돌아오므로 자기 자신을 마치 다른 호스트인 양 간주하여 패킷을 전송할 수 있습니다. 부메랑 역할을 수행하는 주소라고 볼 수 있지요. 루프백 주소는 주로 테스트나 디버깅 용도로 사용됩니다.

0.0.0.0/8은 인터넷 표준 공식 문서(RFC 6890)에 따르면 '이 네트워크의 이 호스트(This host on this network)를 지칭하도록 예약되었다'라고 명시되어 있습니다. 이번 절에서 필자가 DHCP Discover를 설명할 때 'DHCP Discover 메시지를 전송하는 시점에 클라이언트는 아직 IP 주소를 할당받지 못했으므로 송신지 IP 주소는 0.0.0.0으로 설정됩니다'라고 언급했었죠. 이처럼 0.0.0.0/8은 호스트가 IP 주소를 할당받기 전에 임시로 사용하는 경우가 많습니다. 호스트 입장에서 자신을 지

칭할 IP 주소가 없기 때문에 '이 네트워크의 이 호스트'로 자신을 지칭하는 것이지요.

이와 유사하지만 다른 의미를 지니는 주소로 0.0.0.0/0도 있습니다. 이 또한 자주 사용되는 특수한 주소로 '모든 임의의 IP 주소'를 의미합니다. 이 주소는 주로 패킷이 이동할 경로를 결정하는 라우팅에서 활용되는데, 디폴트 라우트를 나타내기 위해 사용됩니다. **디폴트 라우트**default route란 패킷을 어떤 IP 주소로 전달할지 결정하기 어려울 경우 기본적으로 패킷을 전달할 경로를 의미합니다. 즉, 어디로 패킷을 전달해야 할지 명확하지 않을 경우 이곳으로 패킷을 이동시키라고 표기하는 셈입니다. 라우팅과 디폴트 라우트는 다음 절에서 자세히 다루어 보겠습니다.

▶ 9가지 키워드로 정리하는 핵심 포인트

- **클래스풀 주소 체계**는 클래스를 이용해 네트워크 주소와 호스트 주소를 나누는 방식입니다.

- **클래스리스 주소 체계**는 클래스를 이용하지 않고 서브넷 마스크로 네트워크 주소와 호스트 주소를 구분 짓는 방법입니다.

- **서브넷 마스크**는 서브넷을 구분하기 위해 사용하는 비트열로, 네트워크 주소는 1, 호스트 주소는 0으로 표현됩니다.

- IP 주소에는 고유한 **공인 IP 주소**와 고유하지 않은 **사설 IP 주소**가 있습니다.

- **NAT**는 IP 주소를 변환하는 기술입니다.

- IP 주소에는 정적으로 할당된 **정적 IP 주소**와 동적으로 할당된 **동적 IP 주소**가 있습니다. 동적 할당에는 일반적으로 **DHCP**가 이용됩니다.

▶ 확인 문제

1. 다음 그림 속 클래스풀 네트워크에 올바른 클래스 이름을 적어 보세요.

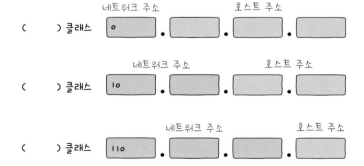

2. 빈칸에 알맞은 말을 적어 보세요.

> (   )는 IP 주소를 변환하는 기술입니다. 주로 공인 IP 주소를 사설 IP 주소로 변환합
> 니다.

03-3 라우팅

핵심 키워드

라우터 라우팅 테이블 정적 라우팅 동적 라우팅 라우팅 프로토콜

이번 절에서는 라우팅을 가능하게 하는 정보인 라우팅 테이블을 알아보고, 라우팅 프로토콜에 대해 학습해 보겠습니다.

시작하기 전에

라우터의 핵심 기능은 패킷이 이동할 최적의 경로를 설정한 뒤 해당 경로로 패킷을 이동시키는 것입니다. 이를 **라우팅**이라 합니다.

라우팅은 이 책의 지면상 모두 다루기에는 어려운 깊은 주제입니다. 그렇기에 이번 절에서는 다음 그림과 같은 라우팅의 분류에 주안점을 두고 학습해 보겠습니다. **라우팅 테이블**이 만들어지는 방법과 프로토콜에 따라 라우팅을 분류하면 다음 그림과 같이 표현할 수 있습니다.

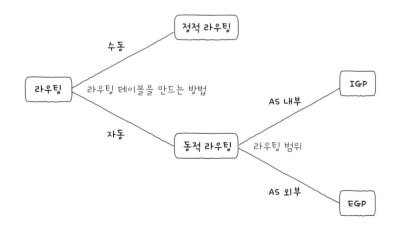

라우터

네트워크 계층의 장비로 라우터만 알아도 큰 무리가 없을 정도로, **라우터**는 네트워크 계층의 핵심 기능을 담당합니다. 사실 **L3 스위치**[L3 switch]라고 부르는 장치도 네트워크 계층의 대표 장치이기는 하지만, 오늘날 라우터와 L3 스위치는 기능상 상당 부분 유사하므로 엄밀히 구분하지 않는 경우가 많습니다. 이 책에서도 네트워크 계층의 장비로 라우터만 살펴보겠습니다.

라우터는 앞서 학습한 허브나 스위치보다 높은 계층에 속하는 장치이므로 기능적으로는 사실상 여러분이 사용하는 컴퓨터와 매우 유사합니다.

note 일반적으로 가정 환경에서는 공유기가 라우터의 역할을 대신합니다. 이런 점에서 공유기를 홈 라우터(home router)라고 부르기도 합니다. 사실 공유기는 라우터 기능뿐만 아니라 NAT 기능, DHCP 서버 기능, 보안을 위한 방화벽 기능 등 다양한 장치의 기능이 함축된 네트워크 장비라고 볼 수 있습니다.

멀리 떨어져 있는 호스트 간의 통신 과정에서 패킷은 서로에게 도달하기까지 여러 라우터를 거쳐서 다양한 경로로 이동할 수 있습니다. 여러분이 집에서 지구 반대편의 친구에게 이메일을 보낸다고 가정해 보겠습니다. 그렇다면 그 이메일은 여러 대의 라우터를 거쳐 마침내 그 친구에게 다다릅니다. 여러분의 패킷은 여러 대의 라우터를 깡충깡충 거치듯이 수신지까지 이동하는 셈입니다.

이처럼 라우팅 도중 패킷이 호스트와 라우터 간에, 혹은 라우터와 라우터 간에 이동하는 하나의 과정을 **홉**[hop]이라고 부릅니다. 즉, 패킷은 '여러 홉을 거쳐' 라우팅될 수 있는 것입니다.

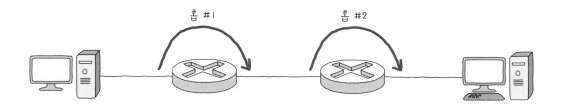

여러분이 웹 브라우저에 www.google.com을 입력해 구글 웹 페이지를 확인하는 것도 여러분의 웹 브라우저가 구글의 컴퓨터와 패킷을 주고받는 과정입니다. 구글의 컴퓨터는 여러분의 LAN이 아닌 멀리 떨어져 있는 곳에 존재하겠지요? 그러므로 여러분의 컴퓨터와 구글의 컴퓨터가 주고받는 패킷은 여러 네트워크 장비를 거치는 수많은 홉과 경로를 통해 이동합니다.

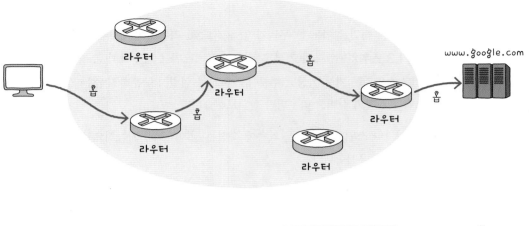

패킷은 여러 홉을 거쳐 다른 네트워크 내의 호스트로 이동할 수 있습니다.

이를 직접 확인해 보겠습니다. 윈도우 운영체제의 경우 명령 프롬프트(CMD)에 tracert www. google.com을, 리눅스나 맥OS 운영체제의 경우 터미널에 traceroute www.google.com이라고 입력하면 다음과 같이 여러분의 컴퓨터로부터 구글의 웹 페이지를 보내 주는 호스트에 이르기까지의 경로가 출력됩니다. 꼭 실습할 필요는 없습니다.

```
$ traceroute www.google.com
```

```
traceroute to www.google.com (142.250.66.110), 64 hops max, 52 byte packets
 1  192.168.219.1 (192.168.219.1)  7.140 ms  3.289 ms  4.244 ms
 2  123.456.789.123 (123.456.789.123)  5.781 ms  6.884 ms *
 3  321.654.987.321 (321.654.987.321)  17.071 ms  6.871 ms  6.636 ms
...  (중략)
    209.85.142.27 (209.85.142.27)  64.538 ms
    216.239.63.217 (216.239.63.217)  64.482 ms
15  hkg12s28-in-f14.1e100.net (142.250.66.110)  42.446 ms  61.722 ms
    108.170.241.65 (108.170.241.65)  41.313 ms
```

각 IP 주소 앞에 붙은 번호가 바로 패킷이 이동한 홉입니다. 여기서는 15번의 홉을 거친다는 점을 알 수 있습니다.

그렇다면 라우터는 이런 라우팅을 어떻게 수행하는 것일까요? 라우터는 패킷을 전달할 다음 홉이 어디인지 어떻게 알까요?

라우팅 테이블

라우팅의 핵심은 라우터가 저장하고 관리하는 라우팅 테이블입니다. **라우팅 테이블**routing table은 특정 수신지까지 도달하기 위한 정보를 명시한 일종의 표와 같은 정보입니다. 라우터는 라우팅 테이블을 참고하여 수신지까지의 도달 경로를 판단합니다.

라우팅 테이블에 포함된 정보는 라우팅 방식에 따라, 호스트의 환경에 따라 달라질 수 있습니다. 하지만 공통적인 정보이자 핵심적인 정보로는 수신지 IP 주소와 서브넷 마스크, 다음 홉이 있고, 이외에도 라우팅 테이블에 명시되는 대표적인 정보로 네트워크 인터페이스와 메트릭이 있습니다.

- **수신지 IP 주소**와 **서브넷 마스크**: 최종적으로 패킷을 전달할 대상을 의미합니다.
- **다음 홉**next hop: 최종 수신지까지 가기 위해 다음으로 거쳐야 할 호스트의 IP 주소나 인터페이스를 의미합니다. **게이트웨이**라고 명시되기도 합니다.
- **네트워크 인터페이스**: 패킷을 내보낼 통로입니다. 인터페이스(NIC) 이름이 직접적으로 명시되거나 인터페이스에 대응하는 IP 주소가 명시되기도 합니다.
- **메트릭**metric: 해당 경로로 이동하는 데에 드는 비용을 의미합니다. 흔히 매장에서 같은 류의 물건을 살 때면 더 저렴한 물건을 선택하고는 합니다. 일상에서 가성비가 좋은 물품이 선호되듯, 라우터가 라우팅 테이블에 있는 경로 중 패킷을 내보낼 경로를 선택할 때도 메트릭이 낮은 경로를 선호합니다.

예를 들어 다음 표와 같은 라우팅 테이블이 있다고 가정해 보겠습니다. 이는 수신지가 192.168.2.0/24(호스트 IP 주소 범위 192.168.2.1~192.168.2.254)인 패킷은 eth0(인터페이스)를 통해 192.168.2.1(게이트웨이)로 전송하라는 것을 의미합니다.

수신지 IP 주소	서브넷 마스크	게이트웨이	인터페이스	메트릭
...	...	...	...	...
192.168.2.0	255.255.255.0	192.168.2.1	eth0	30
...	...	...	...	...

패킷 내의 수신지 IP 주소가 라우팅 테이블에 있는 수신지 IP 주소, 서브넷 마스크 항목과 완벽하게 합치되는 경우가 있지만, 그렇지 않은 경우도 있습니다. 다시 말해 라우팅 테이블에 없는 경로로 패킷을 전송해야 할 때가 있습니다. 이 경우 기본적으로 패킷을 내보낼 경로를 설정하여 해당 경로로 패킷을 내보낼 수 있습니다. 이 기본 경로를 **디폴트 라우트**default route라 합니다.

디폴트 라우트는 모든 IP 주소를 의미하는 0.0.0.0/0으로 명시합니다. 예를 들어 수신지 IP 주소가 1.2.3.4인 패킷의 경우, 다음 라우팅 테이블에서 다른 어떤 항목과도 합치되지 않으므로 색칠된 디폴트 라우트, eth2를 통해 192.168.0.1로 전송됩니다.

수신지 IP 주소	서브넷 마스크	게이트웨이	인터페이스	메트릭
192.168.2.16	255.255.255.240	192.168.2.1	eth0	30
192.168.0.0	255.255.0.0	192.168.2.2	eth1	30
0.0.0.0	0.0.0.0	192.168.0.1	eth2	30

앞선 절에서 기본 게이트웨이를 학습했습니다. 기본 게이트웨이는 호스트가 속한 네트워크 외부로 나아가기 위한 첫 번째 경로이고, 일반적으로 라우터 주소를 의미하는 경우가 많다고 했지요. 여기서 기본 게이트웨이로 나아가기 위한 경로가 디폴트 라우트인 셈입니다.

가령 네트워크 내부 호스트 A가 네트워크 외부 호스트 B에게 패킷을 전달해야 한다고 가정해 봅시다. A의 라우팅 테이블에 B에 이르는 경로가 따로 없을 경우, A는 우선 패킷을 라우터(기본 게이트웨이)에 전달해야 할 것입니다. 이를 위해 A는 라우터 주소인 기본 게이트웨이를 디폴트 라우트로 삼습니다. 그럼 A는 라우팅 테이블에 따로 수신지 경로가 등록되어 있지 않은 패킷들은 기본적으로 라우터에게 전달하게 되겠지요.

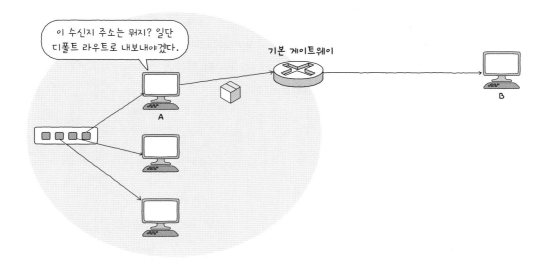

그럼 실제로 라우팅 테이블이 어떻게 생겼는지 확인해 보겠습니다. 윈도우 사용자는 명령 프롬프트 (CMD)를 열고 route print라고 입력해 보세요. 수신지 IP 주소(네트워크 대상), 서브넷 마스크(네트워크 마스크), 게이트웨이, 인터페이스(에 할당된 IP 주소), 메트릭이 출력되는 것을 볼 수 있습니다.

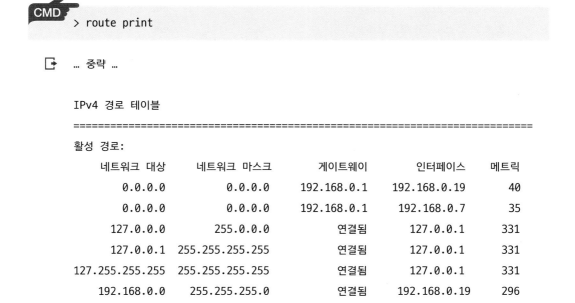

> route print

… 중략 …

IPv4 경로 테이블
===
활성 경로:

네트워크 대상	네트워크 마스크	게이트웨이	인터페이스	메트릭
0.0.0.0	0.0.0.0	192.168.0.1	192.168.0.19	40
0.0.0.0	0.0.0.0	192.168.0.1	192.168.0.7	35
127.0.0.0	255.0.0.0	연결됨	127.0.0.1	331
127.0.0.1	255.255.255.255	연결됨	127.0.0.1	331
127.255.255.255	255.255.255.255	연결됨	127.0.0.1	331
192.168.0.0	255.255.255.0	연결됨	192.168.0.19	296

… 후략 …

note 위의 실행 결과에서 [게이트웨이] 항목에 '연결됨(혹은 on-link)'이라고 표기되는 부분은 직접 연결(directly connected) 된 경로를 의미합니다. 이는 이름 그대로 직접 접속되어 곧장 접근할 수 있는 대상을 의미합니다.

라우팅 테이블을 구성하는 정보는 라우팅 방식에 따라, 호스트 상황에 따라 달라질 수 있다고 했습니다. 맥OS나 리눅스 운영체제 사용자는 터미널을 열고 netstat –rn을 입력해 보세요. 윈도우의 라우팅 테이블과는 조금 다르게 생겼으나 이 또한 수신지 IP 주소와 서브넷 마스크, 게이트웨이, 네트워크 인터페이스(Netif)가 포함되어 있다는 것을 볼 수 있습니다.

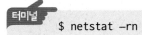

```
$ netstat –rn
```

Routing tables

Internet:

Destination	Gateway	Flags	Netif	Expire
default	192.168.0.1	UGScg	en0	
127	127.0.0.1	UCS	lo0	
127.0.0.1	127.0.0.1	UH	lo0	
169.254	link#13	UCS	en0	!
192.168.0	link#13	UCS	en0	!
192.168.0.1/32	link#13	UCS	en0	!
192.168.0.2/32	link#13	UCS	en0	!
255.255.255.255/32	link#13	UCS	en0	!

… 후략 …

다음은 라우터 내부에 저장된 라우팅 테이블 예시입니다. 차후 배울 라우팅 프로토콜과 더불어 수신지 IP 주소, 메트릭, 게이트웨이, 인터페이스에 대한 정보가 포함되어 있습니다.

처음 라우팅 테이블을 학습한다면 모든 항목을 이해할 필요는 없습니다. 중요한 점은 라우팅을 해 주는 네트워크 장비인 라우터는 라우팅 테이블을 통해 패킷을 수신지까지 전달할 수 있다는 점이고, 라우팅 테이블 안에는 네트워크상의 특정 수신지까지 도달하기 위한 정보들이 담겨 있다는 점입니다.

```
Router# show ip route
Codes: I - IGRP derived, R - RIP derived, O - OSPF derived
       C - connected, S - static, E - EGP derived, B - BGP derived
       * - candidate default route, IA - OSPF inter area route
             F external            OSPF external type 2 route
Gateway    f last resort is 100.10 254.240 to network 129.140.0.0
 O E2 1.2.3.4 [160/5] via 100.101.254.6, 0:01:10, Ethernet2
 E    192.67.131.0 [200/128] via 100.101.254.244, 0:02:3  Ethernet2
      68.13       ] via 100.101.254.6, 0:00       et2
 O E2 130.130.0.0 [160/5] via 100.101.254.6, 0:00:53, Ethernet2
 E    128.128.0.0 [200/128] via 100.101.254.244, 0:02:30, Ethernet2
 E    129.129.0.0 [200/129] via 100.101.254.240, 0:02:32, Ethernet2
… 후략…
```

말풍선: 수신지 IP 주소 / 게이트웨이(다음 라우터) / 라우팅 프로토콜 / 메트릭 / 인터페이스

정적 라우팅과 동적 라우팅

라우팅 테이블은 어떻게 만들어질까요? 크게 두 가지 방법이 있습니다. 하나는 정적 라우팅, 또 하나는 동적 라우팅입니다.

03-2에서 IP 주소를 할당하는 방법에 크게 정적 할당과 동적 할당이 있다고 했던 것을 기억하나요? 전자는 IP 주소를 수동으로 직접 할당하는 방식이고, 후자는 DHCP를 이용하여 IP 주소가 자동으로 할당되는 방식이라고 했습니다. 정적 라우팅과 동적 라우팅도 이와 유사합니다.

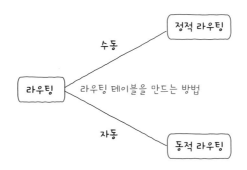

정적 라우팅

정적 라우팅static routing은 사용자가 수동으로 직접 채워 넣은 라우팅 테이블의 항목을 토대로 라우팅되는 방식입니다. 예를 들어 다음과 같이 라우팅 테이블 항목을 다루는 명령어가 있습니다. 이처럼 수동으로 구성된 라우팅 테이블 항목을 통해 수행되는 라우팅을 정적 라우팅이라 표현합니다.

다음 예시는 모두 10.0.0.0/24로 향하는 패킷을 192.168.1.1 게이트웨이로 라우팅하는 명령어입니다. 암기할 필요는 없습니다.

윈도우 운영체제

```
> route add 10.0.0.0 mask 255.255.255.0 192.168.1.1
```

맥OS 운영체제

```
$ sudo route add -net 10.0.0.0/24 192.168.1.1
```

리눅스 운영체제

```
$ sudo route add -net 10.0.0.0 netmask 255.255.255.0 gw 192.168.1.1
```

시스코 라우터

```
# ip route 10.0.0.0 255.255.255.0 192.168.1.1
```

> 정적 라우팅은 수동으로 채워진 라우팅 테이블을 토대로 라우팅되는 방식입니다.

동적 라우팅

네트워크의 규모가 커지고 관리해야 할 라우터가 늘어나면 정적 라우팅만으로는 관리가 버겁습니다. 수동으로 라우팅 테이블 항목을 입력해야 하는 정적 라우팅의 특성상 입력 실수가 발생할 수도 있지요. 또한 설령 실수 없이 입력했다 할지라도 라우팅되는 경로상에 예상치 못한 문제가 생길 수 있습니다.

다음 그림처럼 패킷이 붉은 선으로 표기된 경로로 정적 라우팅되도록 설정했다고 가정해 보겠습니다. 패킷이 라우팅되는 경로상에 문제가 발생한 데다가 또 다른 경로로 우회하여 전송할 수 있음에도 불구하고 라우터는 문제가 발생한 경로로 패킷을 전송할 수밖에 없습니다.

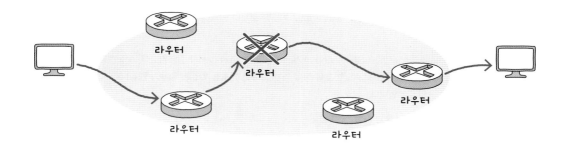

이때 사용할 수 있는 방식이 바로 동적 라우팅입니다. **동적 라우팅**dynamic routing은 자동으로 라우팅 테이블 항목을 만들고, 이를 이용하여 라우팅하는 방식을 의미합니다. 이러한 이유로 동적 라우팅을 하면 라우팅 테이블 항목이 수시로 변할 수 있습니다.

라우팅 테이블의 항목을 수동으로 입력할 필요가 없다면 대규모 네트워크를 관리하는 데 있어서 더욱 편리하겠지요? 그뿐만 아니라 네트워크 경로상에 문제가 발생했을 때 이를 우회할 수 있게 경로가 자동으로 갱신되기도 합니다.

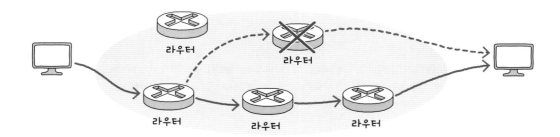

그렇다면 동적 라우팅은 어떻게 자동으로 라우팅 테이블 항목을 만드는 것일까요? 모든 라우터는 특정 수신지까지 도달하기 위한 최적의 경로를 찾아 라우팅 테이블에 추가하려 노력합니다. 이를 위해 라우터끼리 서로 자신의 정보를 교환하게 되는데, 이 과정에서 사용되는 프로토콜이 바로 (동적) 라우팅 프로토콜입니다.

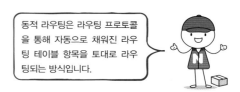

동적 라우팅은 라우팅 프로토콜을 통해 자동으로 채워진 라우팅 테이블 항목을 토대로 라우팅되는 방식입니다.

본격적으로 라우팅 프로토콜을 학습하기 전에 알아야 할 배경지식이 있습니다. 바로 동일한 라우팅 정책으로 운용되는 라우터들의 집단 네트워크인 **AS**(Autonomous System)입니다. 한 회사나 단체에서 관리하는 라우터 집단을 AS라고 생각해도 좋습니다.

AS마다 인터넷상에서 고유한 AS 번호(ASN; Autonomous System Number)가 할당됩니다. AS 번호는 사설 IP 주소처럼 사설 AS 번호도 있지만, 일반적으로 AS 번호를 칭할 때는 고유한 번호를 일컫는 경우가 많습니다. 다음 화면은 현재 한국에서 할당된 AS 번호의 일부입니다.

한국인터넷정보센터, AS 번호 사용자 현황

AS번호 사용자 현황

인터넷주소자원 > AS번호 > AS번호 할당 > AS번호 사용자 현황

☑ AS번호 사용자 목록 (2023.04.21 현재)

기관명	AS번호	할당일
주식회사 조선일보사	AS4790	19970422
중앙일보(주)	AS4791	19970430
쌍용정보통신(주)	AS9273	19980331
(주)한글과컴퓨터	AS9272	19980331
원광대학교	AS9271	19980331
인하대학교	AS9317	19980803
에스케이브로드밴드주식회사	AS9318	19980918
한양대학교	AS9321	19981123
이화여자대학교	AS9322	19981125
동국대학교	AS9323	19981205
고려대학교	AS59452	19981207

한 AS 내에는 다수의 라우터가 있습니다. 라우터들은 AS 내부에서만 통신할 수도 있고, AS 외부와 통신할 수도 있습니다. AS 외부와 통신할 경우 AS 경계에서 AS 내외로 통신을 주고받을 수 있는 **AS 경계 라우터**(ASBR; Autonomous System Boundary Router)라는 특별한 라우터를 이용합니다.

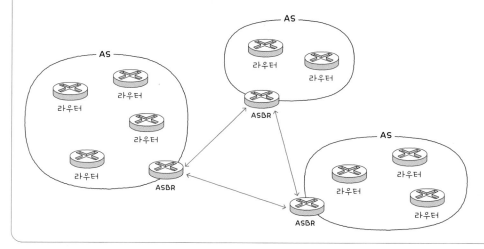

라우팅 프로토콜

라우팅 프로토콜routing protocol은 라우터끼리 자신들의 정보를 교환하며 패킷이 이동할 최적의 경로를 찾기 위한 프로토콜입니다.

라우팅 프로토콜은 크게 AS 내부에서 수행되느냐, AS 외부에서 수행되느냐에 따라 종류를 나눌 수 있습니다. 전자를 **IGP**Interior Gateway Protocol, 후자를 **EGP**Exterior Gateway Protocol라고 합니다. 대표적인 IGP로는 RIP과 OSPF가 있고, 대표적인 EGP로는 BGP가 있습니다. 이제부터 하나씩 알아보겠습니다.

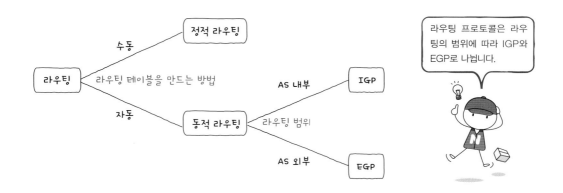

IGP: RIP와 OSPF

대표적인 IGP로는 **RIP**Routing Information Protocol와 **OSPF**Open Shortest Path First가 있습니다. 이 프로토콜들은 최적의 경로를 선정하는 과정에서 **거리 벡터**가 사용되느냐, **링크 상태**가 사용되느냐로 구분할 수 있습니다. RIP는 거리 벡터를, OSPF는 링크 상태를 사용하는 라우팅 프로토콜입니다.

note 거리 벡터와 링크 상태는 영문 그대로 각각 디스턴스 벡터, 링크 스테이트라고도 부릅니다.

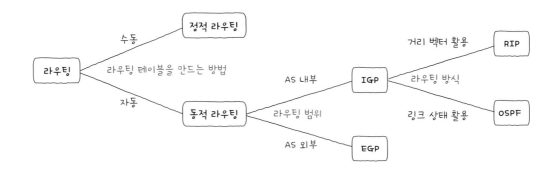

RIP는 거리 벡터 기반의 라우팅 프로토콜입니다. 여기서 **거리 벡터**^{distance vector} 라우팅 프로토콜이란 이름 그대로 거리를 기반으로 최적의 경로를 찾는 라우팅 프로토콜을 의미합니다. 그리고 거리는 패킷이 경유한 라우터의 수, 즉 홉의 수를 의미합니다.

RIP는 인접한 라우터끼리 경로 정보를 주기적으로 교환하며 라우팅 테이블을 갱신합니다. 이를 통해 라우터는 특정 수신지에 도달하기까지의 홉 수를 알 수 있습니다. 그리고 특정 수신지까지 도달하기 위해 '홉 수가 가장 적은 경로'를 최적의 경로라고 판단합니다. 그렇기에 홉 수가 적을수록 라우팅 테이블상의 메트릭 값도 작아집니다.

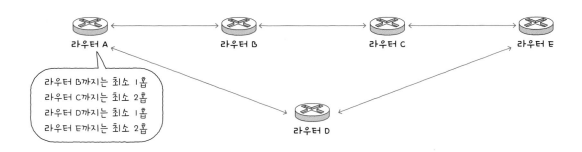

OSPF는 **링크 상태**^{link state} 라우팅 프로토콜입니다. 필자가 1장에서 '네트워크는 그래프의 형태를 띠며, 노드와 간선(링크)으로 이루어져 있다'라고 언급한 것을 기억하나요? OSPF는 이러한 링크 정보를 비롯한 현재 네트워크의 상태를 그래프의 형태로 **링크 상태 데이터베이스**^{LSDB; Link State DataBase}에 저장합니다. 링크 상태 데이터베이스에는 라우터들의 연결 관계, 연결 비용 등 현재 네트워크의 상태를 그래프로 표현하기 위한 데이터가 저장되어 있습니다. 라우터는 링크 상태 데이터베이스를 기반으로 현재 네트워크 구성을 마치 지도처럼 그린 뒤에 최적의 경로를 선택합니다.

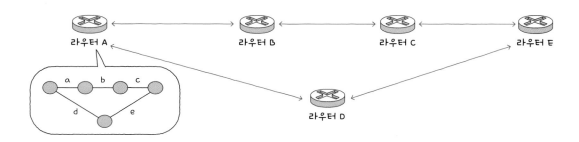

OSPF에서는 최적의 경로를 결정하기 위해 대역폭을 기반으로 메트릭을 계산합니다. 대역폭이 높은 링크일수록 메트릭이 낮은 경로로 인식합니다. 또한 라우터 간에 경로 정보를 주기적으로 교환하며 라우팅 테이블을 갱신하는 RIP와 달리, OSPF는 네트워크의 구성이 변경되었을 때 라우팅 테이블이 갱신됩니다.

그런데 네트워크 구성이 변경될 때마다 라우팅 테이블이 갱신된다면, 네트워크의 규모가 매우 커졌을 때는 링크 상태 데이터베이스에 모든 정보를 저장하기가 어렵습니다. 최적의 경로를 갱신하는 연산 부담도 커질 수 있지요.

이에 OSPF에서는 AS를 **에어리어**^{area}라는 단위로 나누고, 구분된 에어리어 내에서만 링크 상태를 공유합니다. 에어리어에는 다음 그림처럼 번호가 부여되어 있으며, 에어리어 경계에 있는 **ABR**^{Area Border Router}이라는 라우터가 에어리어 간의 연결을 담당합니다.

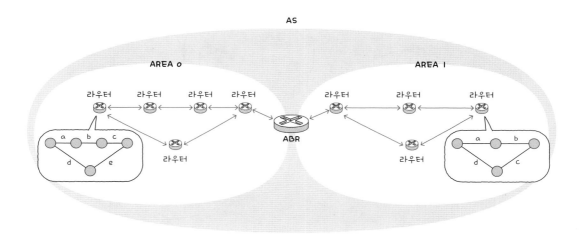

note 여담으로, 고급 거리 벡터 프로토콜과 링크 상태 프로토콜의 성격을 모두 띠는 라우팅 프로토콜도 있습니다. 이러한 라우팅 프로토콜을 고급 거리 벡터 라우팅 프로토콜 혹은 하이브리드 라우팅 프로토콜이라고도 부릅니다. 대표적으로 EIGRP(Enhanced Interior Gateway Routing Protocol)가 있습니다.

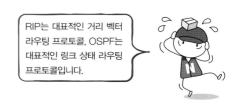

RIP는 대표적인 거리 벡터 라우팅 프로토콜, OSPF는 대표적인 링크 상태 라우팅 프로토콜입니다.

EGP: BGP

대표적인 EGP로는 **BGP**^{Border Gateway Protocol}가 있습니다. AS 간의 통신에서 사용되는 대표적인 프로토콜로, 엄밀하게는 AS 간의 통신이 '가능한' 프로토콜입니다. 따라서 BGP로 AS 내 라우터 간 통신도 가능합니다. AS 간의 통신을 위한 BGP는 eBGP^{external BGP}, AS 내의 통신을 위한 BGP는

iBGP^{internal BGP}라고도 합니다.

AS 간에 정보를 주고받기 위해서는 AS 내에서 eBGP를 사용하는 라우터(이하 BGP 라우터)가 하나 이상 있어야 하고, 또 다른 AS의 BGP 라우터와 연결되어야 합니다. 이 연결은 BGP 라우터 간에 BGP 메시지를 주고받음으로써 이루어지는데, BGP 메시지를 주고받을 수 있도록 연결된 BGP 라우터를 **피어**^{peer}라고 정의합니다. 즉, 다른 AS와의 BGP 연결을 유지하기 위해서는 BGP 라우터끼리 연결되어 피어가 되어야 합니다. 이렇게 피어 관계가 되도록 연결되는 과정을 **피어링**^{peering}이라 합니다.

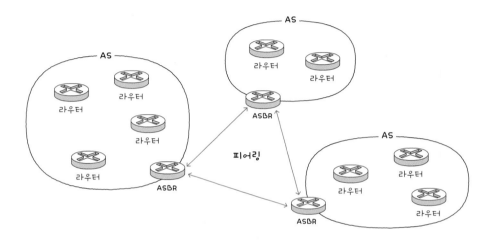

note 동일한 AS 내의 피어를 내부 피어, 다른 AS 내의 피어를 외부 피어라 합니다.

BGP는 RIP와 OSPF에 비해 최적의 경로를 결정하는 과정이 복잡하고, 일정하지 않은 경우가 많습니다. 경로 결정 과정에서 수신지 주소와 더불어 다양한 '속성'과 '정책'이 고려되기 때문입니다.

BGP의 속성^{attribute}이란 경로에 대한 일종의 부가 정보입니다. 종류는 다양하지만, 대표적인 속성으로는 **AS-PATH**와 **NEXT-HOP** 그리고 **LOCAL-PREF**가 있습니다. 다음 내용은 외우기보다는 가볍게 개념을 훑어본다는 마음으로 읽어 보기 바랍니다.

❶ AS-PATH 속성

AS-PATH 속성은 메시지가 수신지에 이르는 과정에서 통과하는 AS들의 목록을 의미합니다. 메시지가 AS를 거칠 때마다 AS-PATH에는 거쳐 간 AS가 추가됩니다. 다음 예시를 봅시다. AS1에서 AS2 내의 특정 네트워크에 도달하는 경로는 크게 두 개의 경로가 있습니다. 하나는 AS1에서 곧장 AS2로 가는 경로, 또 하나는 AS1에서 AS3을 거쳐 AS2에 도달하는 경로입니다. 전자의 경우 AS-PATH는 'AS2', 후자의 경우 AS-PATH는 'AS3 AS2'가 됩니다.

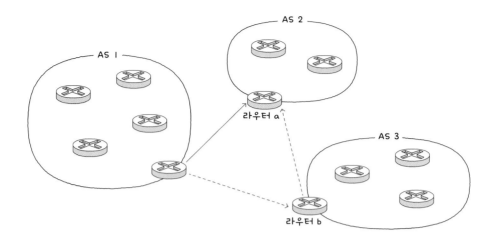

이 속성을 통해 엿볼 수 있는 BGP(eBGP)의 특징이 크게 두 가지 있습니다.

첫째, BGP는 AS 간 라우팅을 할 때 거치게 될 '라우터'의 수가 아닌 'AS'의 수를 고려합니다.

그렇기에 AS-PATH 길이가 더 짧은 경로라 할지라도 거치게 될 라우터의 홉 수가 더 많을 수 있습니다.

둘째, BGP는 RIP처럼 단순히 수신지에 이르는 '거리'가 아닌, 메시지가 어디를 거쳐 어디로 이동하는지를 나타내는 '경로'를 고려합니다.

이런 점에서 BGP는 경로 벡터path vector 라우팅 프로토콜의 일종이라 부르기도 합니다.

note BGP에서 거리가 아닌 경로를 고려하는 이유는 메시지가 같은 경로를 무한히 반복하며 이동하는 순환(loop)을 방지하기 위함입니다. BGP 라우터는 자신의 AS가 AS-PATH에 포함되어 있을 경우 순환으로 간주해 해당 메시지를 버립니다.

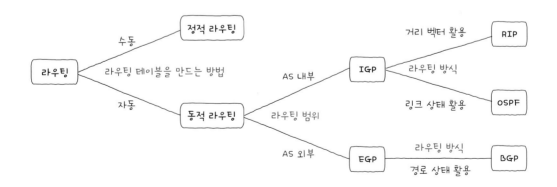

❷ NEXT-HOP 속성

NEXT-HOP 속성은 이름 그대로 다음 홉, 다음으로 거칠 라우터의 IP 주소를 나타냅니다. 앞의 예시에서 AS1에서 곧장 AS2로 가는 경로의 NEXT-HOP은 AS1과 연결된 라우터 a의 IP 주소이며, AS1에서 AS3를 거쳐 AS2에 도달하는 경로의 NEXT-HOP은 AS1과 연결된 라우터 b의 IP 주소입니다.

❸ LOCAL-PREF 속성

LOCAL-PREF는 지역 선호도, LOCAL PREFerence의 약자입니다. 이는 AS 외부 경로에 있어 AS 내부에서(local) 어떤 경로를 선호할지(preference)에 대한 척도를 나타내는 속성입니다. 경로를 선택하는 과정에서 LOCAL-PREF 값은 일반적으로 AS-PATH나 NEXT-HOP 속성보다 우선시되며, LOCAL-PREF 값이 클수록 우선으로 선택됩니다.

LOCAL-PREF 값은 AS 관리 주체가 설정하는 정책의 영향을 받습니다. 기본으로 설정되는 LOCAL-PREF 값이 있기는 하지만, LOCAL-PREF 값을 설정하여 AS 내 라우터끼리 특정 경로에 대한 선호도를 합의한다는 것은 '정책적인 이유로 이 경로를 우선시하겠다', '설령 이 경로가 다른 경로에 비해 비교적 비효율적일지라도 이 경로를 우선시하겠다'라는 말과도 같기 때문입니다.

➕ 여기서 잠깐 │ BGP의 정책

BGP의 정책(policy)은 AS 간 라우팅에 있어 경로를 선택하는 중요한 판단 기준 중 하나입니다. AS 관리 주체에 따라 각기 다른 상업적·정치적 목적으로 상이한 정책을 사용할 수 있기에 최적의 경로를 선택하는 기준은 AS마다 다를 수 있습니다.

예를 들어 특정 AS에서 오는 메시지만 처리하도록 특정 AS를 우대하는 정책을 설정하거나 반대로 특정 AS에서 오는 메시지는 차단할 수도 있습니다. 보안과 안정성을 우선시하는 정책은 속도는 느릴지라도 더 안전하고 안정적인 AS를 경로로 선택하도록 할 수 있고, 성능을 우선시하는 정책은 송수신 지연 시간이 적고 대역폭이 높은 AS를 경로로 선택하도록 할 수 있습니다. 이처럼 BGP는 다양한 속성과 정책을 기반으로 AS 간의 라우팅을 수행할 수 있습니다.

> BGP는 AS 간에 라우팅이 가능한 대표적인 EGP입니다.

마무리

▶ 5가지 키워드로 정리하는 핵심 포인트

- **라우터**는 패킷이 이동할 최적의 경로를 결정하기 위해 **라우팅 테이블**을 이용합니다.

- **정적 라우팅**은 수동으로 채워진 라우팅 테이블 항목을 토대로 라우팅되는 방식입니다.

- **동적 라우팅**은 라우팅 프로토콜을 통해 자동으로 채워진 라우팅 테이블 항목을 토대로 라우팅되는 방식입니다.

- **라우팅 프로토콜**은 라우팅의 범위에 따라 AS 내부에서 수행되는 IGP와 AS 외부에서 수행되는 EGP로 나뉩니다.

▶ 확인 문제

1. 라우팅 테이블에 일반적으로 포함되어 있지 않은 항목을 골라 보세요.

① 게이트웨이
② 서브넷 마스크
③ 수신지 IP 주소
④ 프리앰블

2. 라우팅 프로토콜과 관련한 아래 설명을 읽고 옳은 것을 골라 보세요.

> 라우팅 프로토콜은 AS 내부에서 수행되는 (IGP, EGP, RIP, OSPF)와 AS 외부에서 수행되는 (IGP, EGP, RIP, OSPF)로 나뉩니다. (IGP, EGP, RIP, OSPF)는 대표적인 거리 벡터 라우팅 프로토콜이고, (IGP, EGP, RIP, OSPF)는 대표적인 링크 상태 라우팅 프로토콜입니다.

04

전송 계층은 네트워크 계층의 한계를 보완하고 응용 계층과의 연결점을 제공하는 계층입니다. 이번 장에서는 전송 계층의 역할을 이해하기 위해 IP의 한계와 포트라는 개념을 학습한 뒤, 대표적인 전송 계층 프로토콜인 TCP와 UDP 그리고 TCP의 다양한 기능에 관해서도 알아보겠습니다.

전송 계층

04-1
전송 계층 개요: IP의 한계와 포트

핵심 키워드

전송 계층　**신뢰할 수 없는 통신**　**비연결형 통신**　**포트**　**NAT**　**NAPT**

이번 절에서는 IP의 한계와 이를 극복하기 위한 전송 계층의 역할을 이해하고, 포트의 개념과 이를 활용한 NAT를 학습해 보겠습니다.

시작하기 전에

지난 장에서 학습한 네트워크 계층의 IP는 **신뢰할 수 없는 통신**과 **비연결형 통신**을 수행한다는 한계가 있습니다. 네트워크 계층과 응용 계층 사이에 위치한 **전송 계층**은 신뢰할 수 있는 통신과 연결형 통신을 가능하게 하여 이러한 IP의 한계를 극복하고, 포트 번호를 통해 응용 계층의 애플리케이션 프로세스들을 식별하는 역할을 수행합니다.

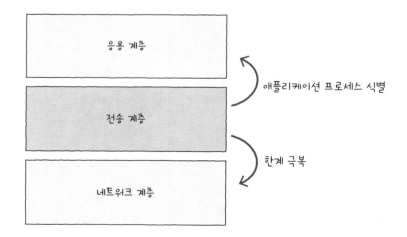

응용 계층

애플리케이션 프로세스 식별

전송 계층

한계 극복

네트워크 계층

신뢰할 수 없는 통신과 비연결형 통신

네트워크 계층의 핵심 프로토콜인 IP는 크게 IP 단편화와 IP 주소 지정을 한다고 언급했습니다. 하지만 이외에도 IP의 한계라고 볼 수 있는 두 가지 중요한 특징이 있습니다. 바로 IP는 **신뢰할 수 없는 (비신뢰성) 프로토콜**unreliable protocol이자 **비연결형 프로토콜**connectionless protocol이라는 점입니다. 달리 표현하면, IP를 통한 패킷의 전달은 신뢰성이 없는 통신이자 연결을 수립하는 과정이 없는 통신입니다. 이는 전송 계층이 존재하는 이유와도 직결됩니다.

note 프로토콜의 (비)연결형은 (비)연결성, (비)연결지향성, (비)연결지향형 등으로 표현하기도 합니다.

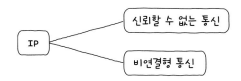

신뢰할 수 없는 통신은 IP 프로토콜이 패킷이 수신지까지 제대로 전송되었다는 보장을 하지 않는 특징을 일컫습니다. 이는 통신 과정에서 패킷의 데이터가 손상되거나 중복된 패킷이 전송되었더라도 이를 확인하지 않고, 재전송도 하지 않으며, 순서대로 패킷이 도착할 것이라는 보장도 하지 않는다는 의미입니다. 이러한 전송 특성을 다른 말로는 **최선형 전달**best effort delivery이라고 부릅니다. 최선형 전달이라는 말은 언뜻 들으면 믿음직하게 들릴 수도 있으나, 사실 본뜻은 '최선을 다해 보겠지만, 전송 결과에 대해서는 어떠한 보장도 하지 않겠다'라는 것을 의미합니다.

비연결형 통신은 이름 그대로 송수신 호스트 간에 사전 연결 수립 작업을 거치지 않는 특징을 의미합니다. 그저 수신지를 향해 패킷을 보내기만 할 뿐이지요.

그렇다면 IP는 왜 어떠한 보장도 없이 신뢰할 수 없는, 비연결형 통신을 할까요? 주요한 이유는 성능 때문입니다. 모든 패킷이 제대로 전송되었는지 일일이 확인하고, 호스트 간에 연결을 수립하는 작업은 일반적으로 패킷의 '빠른' 송수신과는 배치되는 작업입니다. 더 많은 시간, 대역폭, 부하가 요구되고, 이는 곧 성능상 악영향으로 이어질 수 있습니다.

인터넷상에서 돌아다니는 패킷의 종류와 개수는 매우 다양합니다. 그중에는 금융 서비스처럼 반드시 신뢰성 있는 전송을 보장해야 하는 경우도 있지만, 동영상 스트리밍 서비스나 실시간 영상 통화처럼 한두 개의 패킷 손실은 감수하더라도 빠른 전송이 우선시되는 경우도 있습니다.

실제로 실시간 동영상 스트리밍 서비스는 패킷이 한두 개 손실되어도 일시적으로 화질에 다소 악영향이 생길 수는 있어도, 일반적으로 시청에 큰 지장을 주지는 않습니다. 이처럼 신뢰성 있는 전송이 모든 경우에 필요한 것은 아닙니다.

IP의 한계를 보완하는 전송 계층

네트워크 계층의 핵심 프로토콜인 IP의 한계를 이해했으니 이제 전송 계층이 이를 어떻게 보완하는지 알아보겠습니다.

첫째, 전송 계층은 연결형 통신을 가능하게 합니다.

연결형 통신을 지원하는 대표적인 전송 프로토콜로 TCP가 있습니다. 1장에서 학습한 회선 교환 네트워크를 기억하나요? 전송 계층의 연결형 프로토콜인 **TCP**는 이와 유사하게 두 호스트가 정보를 주고받기 전에 마치 가상의 회선을 설정하듯이 연결을 수립합니다. 송수신하는 동안에는 연결을 유지하고, 송수신이 끝나면 연결을 종료할 수 있습니다.

회선 교환 방식은 호스트 간에 메시지를 주고받기 전에 호스트 사이에 메시지 전송로(회선)를 설정하고, 해당 전송로를 이용해서 메시지를 주고받는 방식입니다.

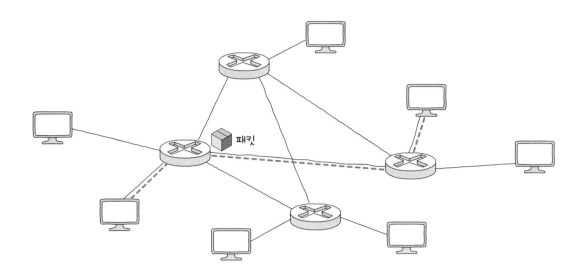

둘째, 전송 계층은 신뢰성 있는 통신을 가능하게 합니다.

신뢰성 있는 통신 또한 TCP를 통해 가능합니다. TCP는 패킷이 수신지까지 올바른 순서대로 확실히 전달되는 것을 보장하기 위해 재전송을 통한 오류 제어, 흐름 제어, 혼잡 제어 등 다양한 기능들을 제공합니다(모두 이번 장에서 학습할 예정입니다).

한편, 앞서 설명한 것처럼 연결형 통신과 신뢰성 있는 통신이 그렇지 않은 통신에 비해 무조건 좋은 것만은 아닙니다. 때로는 비교적 높은 성능을 위해 신뢰할 수 없는 통신, 비연결형 통신을 지원하는 프로토콜이 필요할 때가 있습니다. 그래서 전송 계층에는 UDP라는 프로토콜도 존재합니다. **UDP** 는 신뢰할 수 없는 통신, 비연결형 통신을 가능하게 하는 전송 계층의 프로토콜로 TCP보다는 비교적 빠른 전송이 가능합니다.

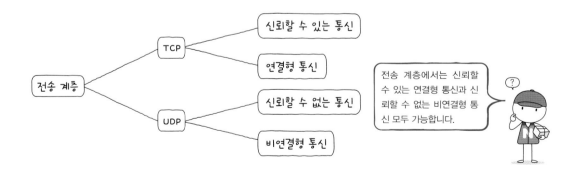

응용 계층과의 연결 다리, 포트

앞서 전송 계층이 네트워크 계층의 한계를 극복한다는 점을 설명했습니다. 이번에는 응용 계층과의 연결 다리 역할로서의 전송 계층을 살펴보겠습니다. 이를 이해하려면 우선 포트가 무엇인지부터 이해해야 합니다.

포트의 정의

이런 상황을 가정해 보죠. 네트워크 외부에서 여러분이 전송받으려는 사진 파일을 구성하는 패킷들이 라우팅되어 여러분의 컴퓨터로 도착했습니다. 그리고 여러분은 컴퓨터로 웹 브라우저, 게임, 메신저 프로그램을 실행하고 있습니다. 자, 그렇다면 사진 파일 패킷들이 여러분의 컴퓨터에 도달했으니 수신이 끝난 것일까요?

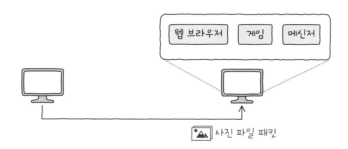

사진 파일 패킷

그렇지 않습니다. 이 패킷(들)은 웹 브라우저에 전달되어야 할 수도 있고, 게임 혹은 메신저 프로그램에 전달되어야 할 수도 있습니다. 즉, 패킷은 실행 중인 특정 애플리케이션 프로세스까지 전달되어야만 합니다.

패킷을 전송할 때도 마찬가지입니다. 수신지 호스트의 주소까지 전달했다고 해서 전송이 끝난 것이 아니고, 실행 중인 특정 애플리케이션 프로세스까지 전달되어야 합니다. 결국 패킷의 최종 수신 대상은 특정 애플리케이션 프로세스입니다.

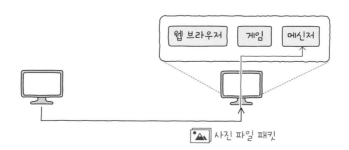

사진 파일 패킷

+ 여기서 잠깐   **프로세스는 무엇인가요?**

프로세스는 실행 중인 프로그램을 의미합니다. 프로그램은 실행되기 전까지는 하드 디스크, USB 메모리, SSD 등 보조기억장치에 저장된 데이터 덩어리일 뿐이지만, 프로그램이 실행되는 순간 프로세스가 되어 메인 메모리에 적재됩니다. 윈도우에서는 [작업 관리자] 창을 통해 실행 중인 프로세스 목록을 볼 수 있습니다. 같은 프로그램일지라도 여러 번 실행하면 각기 다른 독립적인 프로세스로 실행될 수 있습니다.

각 프로세스는 PID(Process ID)라는 번호로 식별됩니다. PID는 학교의 학번이나 회사의 사번처럼 프로세스의 고유한 식별 정보입니다.

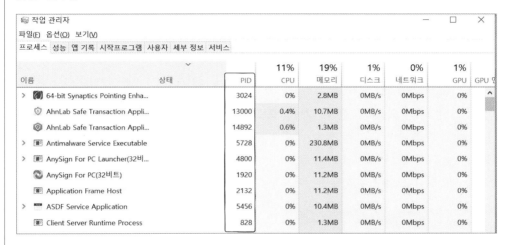

note 윈도우의 [작업 관리자] 창에서 [프로세스] 탭의 왼쪽에 있는 [세부 정보]를 클릭하면 각 프로세스의 PID를 확인할 수 있습니다.

만약 어떤 패킷을 수신할 애플리케이션에 대한 정보가 패킷에 포함되어 있지 않다면 해당 패킷을 어떤 애플리케이션에 전달해야 할지 알 수 없겠지요. 즉, 패킷이 실행 중인 특정 애플리케이션까지 전달되려면 패킷에 특정 애플리케이션을 식별할 수 있는 정보가 포함되어 있어야 합니다. 이러한 정보를 **포트**^port라고 합니다.

포트의 분류

전송 계층에서는 **포트 번호**를 통해 특정 애플리케이션을 식별합니다. 정확히는 패킷 내 수신지 포트와 송신지 포트를 통해 송수신지 호스트의 애플리케이션을 식별합니다. 포트 혹은 포트 번호는 개발을 하는 과정에서 자주 접하게 될 용어이니 꼭 기억해 주세요.

> 포트란 응용 계층의 애플리케이션 프로세스를 식별하는 정보입니다.

전송 계층의 핵심 프로토콜인 TCP와 UDP는 모두 포트 번호 필드인 송신지 포트 번호와 수신지 포트 번호를 포함합니다. 포트 번호는 16비트로 표현 가능하며, 사용 가능한 포트의 수는 2^{16}(65536)개입니다. 할당 가능한 포트 번호는 0번부터 65535번까지, 총 65536개가 존재합니다.

0번부터 65535번까지의 포트 번호는 번호의 범위에 따라 세 종류로 나뉩니다. 각각 '잘 알려진 포트', '등록된 포트', '동적 포트'입니다.

포트 종류	포트 번호 범위
잘 알려진 포트	0~1023
등록된 포트	1024~49151
동적 포트	49152~65535

0번부터 1023번까지의 포트 번호는 **잘 알려진 포트**well known port입니다. 영문 그대로 웰 노운 포트라고 지칭하는 경우가 많으며, 시스템 포트system port라 부르기도 합니다. 잘 알려진 포트는 이름 그대로 범용적으로 사용되는 애플리케이션 프로토콜이 일반적으로 사용하는 '널리 알려진, 유명한well known' 포트 번호를 의미합니다. 대표적인 예시는 다음과 같습니다.

잘 알려진 포트 번호	설명
20, 21	FTP
22	SSH
23	TELNET
53	DNS
67, 68	DHCP
80	HTTP
443	HTTPS

포트 번호 1024번부터 49151번까지는 **등록된 포트**registered port 번호입니다. 잘 알려진 포트에 비해서는 덜 범용적이지만, 흔히 사용되는 애플리케이션 프로토콜에 할당하기 위해 사용됩니다. 등록된 포트의 예시를 나열했으니 살펴봐 주세요. 암기할 필요는 없습니다.

등록된 포트 번호	설명
1194	OpenVPN
1433	Microsoft SQL Server 데이터베이스
3306	MySQL 데이터베이스
6379	Redis
8080	HTTP 대체

+ 여기서 잠깐 **인터넷 할당 번호 관리 기관, IANA**

잘 알려진 포트와 등록된 포트는 인터넷 할당 번호 관리 기관(IANA; Internet Assigned Numbers Authority)이라는 국제 단체에 의해 할당되어 있습니다. 잘 알려진 포트와 등록된 포트의 전체 예시를 보고 싶다면 다음 링크를 참고하세요.

URL https://www.iana.org/assignments/service-names-port-numbers/service-names-port-numbers.xhtml

참고로, 앞서 설명한 포트 번호 예시는 권고일 뿐이며 강제 사항은 아닙니다. 예를 들어 잘 알려진 포트 번호 중 80번 포트는 HTTP의 포트로 알려져 있지만, 이 번호를 얼마든지 다른 애플리케이션에 할당할 수 있으며 다른 포트 번호에 HTTP를 할당할 수도 있습니다.

포트 번호 49152번부터 65535번까지는 **동적 포트**dynamic port, **사설 포트**private port, **임시 포트**ephemeral port라고 부릅니다. 인터넷 할당 번호 관리 기관에 의해 할당된 애플리케이션 프로토콜이 없고, 특별히 관리되지 않는 포트 번호인 만큼 자유롭게 사용할 수 있습니다.

서버로서 동작하는 프로그램은 일반적으로 잘 알려진 포트와 등록된 포트로 동작하는 경우가 많습니다. 즉, 서버로서 동작하는 프로그램의 포트 번호는 사전에 암묵적으로 정해진 경우가 많습니다.

반면에 클라이언트로서 동작하는 프로그램은 동적 포트 번호 중에서 임의의 번호가 할당되는 경우가 많습니다. 대표적인 예시가 웹 브라우저입니다. 웹 브라우저를 통해 특정 웹 사이트에 접속하는 상황을 생각해 보죠. 이는 웹 브라우저 프로그램과 서버 프로그램이 서로 패킷을 주고받는 것과 같습니다. 이때 웹 브라우저 프로그램에는 동적 포트 내의 임의의 포트 번호가 자동으로 할당됩니다.

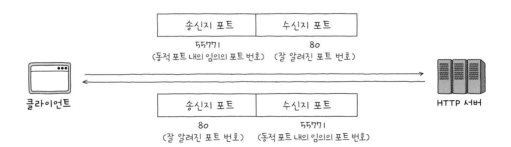

포트 번호를 통해 실행 중인 특정 애플리케이션을 식별할 수 있다고 했습니다. 그렇다면 IP 주소와 포트 번호에 대한 정보가 함께 주어지면 **특정 호스트에서 실행 중인 특정 애플리케이션 프로세스**를 식별할 수 있습니다. 그래서 포트 번호는 일반적으로 다음과 같이 **IP 주소:포트 번호** 형식으로 IP 주소와 함께 표기되는 경우가 많습니다. 자주 사용되는 표기이니 기억해 주세요.

$$192.168.0.15 : 8000$$

IP 주소: 호스트 식별 　　　포트 번호: 애플리케이션 프로세스 식별 여러분의 컴퓨터에서 실행되는 프로세스들의 포트 번호를 직접 확인해 볼까요? 윈도우를 사용한다면 [리소스 모니터] 창의 [네트워크] 탭에서 확인할 수 있습니다. [리소스 모니터] 창을 실행해 보세요. 다음 화면과 같은 프로그램이 실행됩니다.

다음 화면을 간략하게 해석해 보겠습니다. chrome.exe는 크롬 브라우저입니다. 51707번 포트에서 실행되고 있습니다. 앞서 클라이언트로서 동작하는 프로그램은 동적 포트 번호 중에서 임의의 번호가 할당되는 경우가 많다고 했습니다. 51707번은 동적 포트에 해당하죠? 그리고 이 프로그램은 142.250.199.99(구글 서버)의 443번 포트와 통신하고 있습니다.

443번은 잘 알려진 포트 번호로, HTTPS를 나타냅니다. 즉, 다음 화면 속 크롬 브라우저는 142.250.199.99 호스트의 HTTPS라는 애플리케이션 프로세스와 통신하고 있음을 의미합니다.

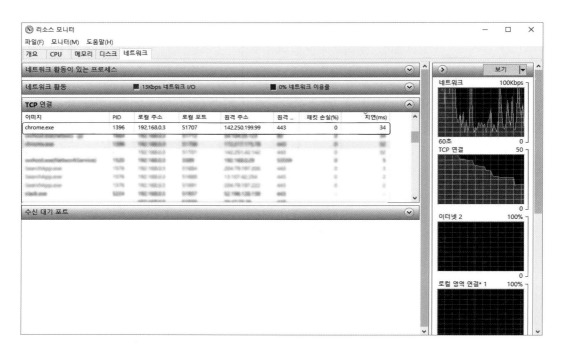

note 맥OS, 리눅스 운영체제 사용자는 netstat 명령어를 통해 포트 번호를 확인할 수 있습니다.

정리해 보겠습니다. 전송 계층은 신뢰할 수 있는 연결형 통신이 가능한 프로토콜TCP을 제공하기에 네트워크 계층의 한계를 보완할 수 있고, 포트를 통해 응용 계층의 애플리케이션을 식별함으로써 응용 계층과의 연결 다리 역할을 수행합니다.

포트 기반 NAT

이번 절을 마무리하기 전에 NAT를 조금 더 자세히 이해하고 넘어가 봅시다. 포트를 학습했다면 이제 3장에서 학습한 NAT를 더욱 자세히 이해할 수 있습니다. **NAT**란 IP 주소를 변환하는 기술이며, 주로 네트워크 내부에서 사용되는 사설 IP 주소와 네트워크 외부에서 사용되는 공인 IP 주소를 변환하는 데 사용된다고 했습니다. 이러한 변환을 위해 주로 사용되는 것이 **NAT 변환 테이블**입니다.

NAT 변환 테이블

NAT 변환 테이블(이하 NAT 테이블)에는 다음 그림처럼 변환의 대상이 되는 IP 주소 쌍이 명시되어 있습니다.

NAT 변환 테이블

네트워크 외부	네트워크 내부
1.2.3.4	192.168.0.5
1.2.3.5	192.168.0.6
...	...

이 NAT 테이블을 토대로 예를 들어 보겠습니다. ① 네트워크 내부에 192.168.0.5라는 사설 IP 주소를 가진 호스트가 있고, 수신지 주소가 10.11.12.13인 네트워크 외부의 호스트에게 패킷을 전송한다고 가정해 보겠습니다. ② 패킷이 NAT 기능을 갖춘 라우터를 거쳐 네트워크 외부로 나가게 되면 패킷의 송신지 주소는 네트워크 외부에서 사용되는 공인 IP 주소인 1.2.3.4가 됩니다.

반대의 경우도 마찬가지입니다. ③ 수신지 주소가 1.2.3.4인 패킷이 네트워크 외부에서 네트워크 내부로 전송되는 상황일 때, ④ 이 패킷의 수신지 주소는 NAT 라우터를 거쳐 192.168.0.5가 됩니다.

그림으로 표현하면 다음 쪽의 그림과 같습니다.

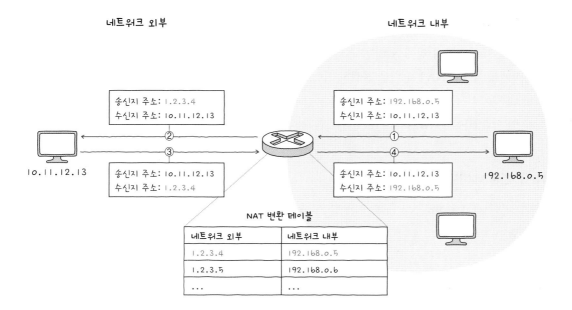

이때 그림의 NAT 테이블을 자세히 살펴보면, 변환의 대상이 되는 IP 주소가 일대일로 대응되어 있습니다. 사설 IP 주소 하나당 공인 IP 주소 하나가 대응된 셈입니다. 이처럼 NAT 테이블의 항목을 일대일로 대응해 NAT를 활용하는 것이 가능하기는 하지만, 이 방식만으로 많은 사설 IP 주소를 변환하기에는 무리가 있습니다. 사설 IP 주소와 공인 IP 주소가 일대일로 대응된다면 네트워크 내부에서 사용되는 사설 IP 주소의 수만큼 공인 IP 주소가 필요하기 때문입니다.

이러한 이유로 오늘날 대중적으로 활용되는 NAT는 변환하고자 하는 IP 주소를 일대일로 대응하지 않는 경우가 많습니다. 03-2에서 'NAT를 통해 사설 IP 주소를 사용하는 여러 호스트는 적은 수의 공인 IP 주소를 공유할 수 있습니다'라고 언급했던 것처럼 오늘날 NAT 기술은 대부분 다수의 사설 IP 주소를 그보다 적은 수의 공인 IP 주소로 변환합니다.

그렇다면 이것이 어떻게 가능할까요? 공인 IP 주소는 고유한 주소인데, 어떻게 여러 사설 IP 주소가 하나의 공인 IP 주소로 변환되는 것이 가능할까요? 바로 여기서 포트가 활용됩니다.

NAPT

포트 기반의 NAT를 **NAPT**Network Address Port Translation라 합니다. APTAddress Port Translation라고 부르기도 합니다. NAPT는 포트를 활용해 하나의 공인 IP 주소를 여러 사설 IP 주소가 공유할 수 있도록 하는 NAT의 일종입니다. NAPT는 다음 표처럼 NAT 테이블에 변환할 IP 주소 쌍과 더불어 포트 번호도 함께 기록하고, 변환합니다. 같은 1.2.3.4라는 공인 IP 주소로 변환되더라도 포트 번호 6200번으로 변환되느냐, 6201번으로 변환되느냐에 따라 내부 IP 주소를 구분지을 수 있지요?

NAT 변환 테이블

네트워크 외부	네트워크 내부
1.2.3.4:6200	192.168.0.5:1025
1.2.3.4:6201	192.168.0.6:1026
...	...

이처럼 네트워크 외부에서 사용할 IP 주소가 같더라도 포트 번호가 다르면 네트워크 내부의 호스트를 특정할 수 있기 때문에, 다수의 사설 IP 주소를 그보다 적은 수의 공인 IP 주소로 변환할 수 있게 됩니다. 즉, NAPT를 이용하면 네트워크 내부에서 사용할 IP 주소와 네트워크 외부에서 사용할 IP 주소를 N:1로 관리할 수 있습니다. 이러한 점에서 NAPT는 공인 IP 주소 수 부족 문제를 개선한 기술로도 간주됩니다.

다음 그림은 네트워크 내부의 호스트 192.168.0.5, 192.168.0.6이 공인 IP 주소 1.2.3.4를 공유하며 네트워크 외부 호스트 10.11.12.13에게 데이터를 송신하는 예시입니다.

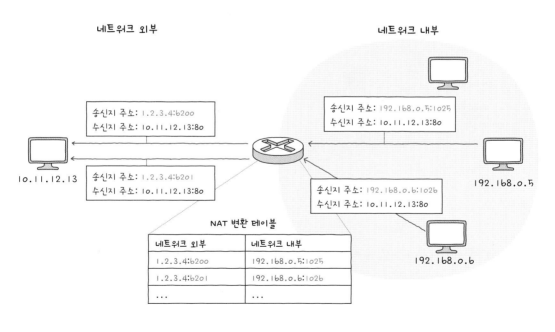

NAPT는 NAT 테이블에 변환될 IP 주소 쌍과 더불어 포트 번호도 함께 기록합니다.

포트 포워딩port forwarding이란 네트워크 내 특정 호스트에 IP 주소와 포트 번호를 미리 할당하고, 해당 IP 주소:포트 번호로써 해당 호스트에게 패킷을 전달하는 기능입니다.

예를 들어 네트워크 내부의 여러 호스트가 공인 IP 주소를 공유하는 상황에서, 네트워크 외부에서 내부로 (원격 접속을 시도하는 등) 통신을 시작하는 상황을 가정해 보겠습니다. 네트워크 외부의 호스트가 네트워크 내부의 특정 호스트에게 패킷을 전달하고 싶어도, 네트워크 내에서는 사설 IP 주소들을 사용하고 있고 여러 호스트가 하나의 공인 IP 주소를 공유하고 있습니다. 이런 경우 처음 패킷을 보내는 네트워크 외부 호스트 입장에서는 어떤 IP 주소(및 포트)를 수신지 주소로 삼을지 결정하기 어려울 수 있습니다.

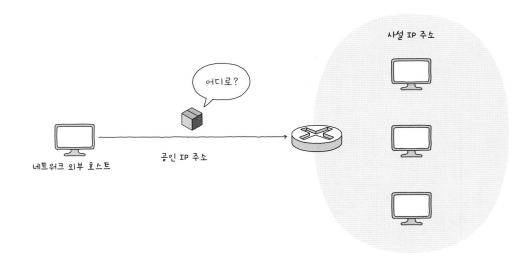

이때 주로 사용되는 것이 포트 포워딩입니다. 특정 IP 주소와 포트 번호 쌍을 특정 호스트에게 할당한 뒤, 외부에서 통신을 시작할 호스트에게 해당 접속 정보(IP 주소:포트 번호 쌍)을 알려 주면 됩니다. 그럼 네트워크 외부 호스트는 그 IP 주소:포트 번호로 통신을 시작할 수 있습니다. 이처럼 포트 포워딩은 주로 네트워크 외부에서 네트워크 내부로 통신을 시작할 때, 네트워크 내부의 서버를 외부에서 접속할 수 있도록 접속 정보를 공개하기 위해 자주 사용됩니다.

다음 화면은 실제 공유기의 포트 포워딩 설정 화면입니다. 어떤 '공인 IP 주소:외부 접속 포트(서비스 포트)'에 접근했을 때 어떤 '사설 IP 주소:내부 전달 포트'로 전달할지를 설정할 수 있습니다. 예컨대 이 공유기의 **공인 IP 주소:1234**로 전송한 패킷은 192.168.100.100:1025로 전달되는 셈이고, 공유기의 **공인 IP 주소:4321**로 전송한 패킷은 192.168.100.101:1026으로 전달되는 셈입니다.

	홈	상태정보	네트워크 설정	공유기 설정

NAT 설정　　　　　　　　　　　　　　　　　　　　　　　　네트워크 설정 > NAT 설정

외부에서 내부 네트워크로의 접속이 가능하도록 설정할 수 있습니다.

포트포워딩	DMZ 서버 (포트포워딩)	NAT-T

☐	No.	ON/OFF	서비스 포트	프로토콜	IP 주소	내부 포트
☐	1	◉ ON ○ OFF	1234	TCP/IP	192.168.100.100	1025
☐	2	◉ ON ○ OFF	4321	TCP/IP	192.168.100.101	1026

IP의 신뢰할 수 없는 전송 특성과 비연결형 전송 특성을 보완하기 위한 **네트워크 계층**의 프로토콜로 ICMP가 있습니다. **ICMP**Internet Control Message Protocol는 IP 패킷의 전송 과정에 대한 피드백 메시지(이하 ICMP 메시지)를 얻기 위해 사용하는 프로토콜입니다. ICMP 메시지의 종류로는 크게 ① 전송 과정에서 발생한 문제 상황에 대한 오류 보고와 ② 네트워크에 대한 진단 정보(네트워크상의 정보 제공)가 있습니다.

ICMP 메시지는 타입과 코드로 정의됩니다. 타입과 코드는 ICMP 패킷 헤더에 포함되어 있는 정보입니다. ICMP 패킷 헤더의 타입type 필드에는 ICMP 메시지의 유형이 번호로 명시되고, 코드code 필드에는 구체적인 메시지 내용이 번호로 명시됩니다.

note ICMP는 IPv4에 사용되는 ICMPv4와 IPv6에 사용되는 ICMPv6가 있습니다. 이하 내용은 ICMPv4에 대한 정보입니다.

오류 보고를 위한 대표적인 ICMP 메시지 타입으로는 수신지 도달 불가와 시간 초과가 있습니다. 다음 표는 두 타입에 대한 일부 코드입니다.

타입 이름(타입 번호)	코드 번호	코드 설명
수신지 도달 불가 (3) ; 특정 패킷이 수신지까지 도달할 수 없음을 나타냄	0	네트워크 도달 불가
	1	호스트 도달 불가
	2	프로토콜 도달 불가; 수신지에서 특정 프로토콜을 사용할 수 없음
	3	포트 도달 불가
	4	단편화가 필요하지만 DF가 1로 설정되어 단편화할 수 없음
시간 초과 (11)	0	TTL 만료

예를 들어 라우터에게 전달된 패킷의 TTL 필드가 0이 되면 해당 라우터는 송신지 호스트에게 [시간 초과 타입 – TTL 만료 코드] ICMP 패킷을 전송하게 됩니다. 또한 패킷을 전달받은 라우터가 수신지 네트워크로 향하는 경로를 찾을 수 없을 때는 [수신지 도달 불가 타입 – 네트워크 도달 불가 코드] ICMP 패킷을 전송합니다.

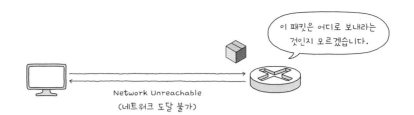

이 패킷은 어디로 보내라는 것인지 모르겠습니다.

Network Unreachable
(네트워크 도달 불가)

다음 표는 네트워크상의 정보 제공을 위한 대표적인 ICMP 메시지입니다.

타입 이름(타입 번호)	코드 번호	코드 설명
에코 요청 (8)	0	에코 요청
에코 응답 (0)	0	에코 요청에 대한 응답
라우터 광고 (9)	0	라우터 광고; 라우터가 호스트에게 자신을 알림

이러한 메시지들은 네트워크상의 간단한 문제 진단 및 테스트를 위해 사용되기도 합니다. 03-3에서 경로를 확인해 보고자 사용했던 traceroute 또는 tracert 명령어를 기억하나요? 이 명령어는 사실 ICMP 메시지를 기반으로 동작하는 명령어입니다.

또한 ping이라는 명령어를 아는 독자들이 있을 것입니다. ping은 네트워크의 상태를 진단하는 가장 기본적인 명령어로, 이 또한 대표적인 ICMP 기반의 명령어입니다. 정확히는 ICMP의 에코 요청echo request, 에코 응답echo reply 메시지를 기반으로 구현되었지요.

유의할 점이 한 가지 있습니다. 바로 ICMP가 IP의 신뢰성을 보장하는 것은 아니라는 점입니다. ICMP는 어디까지나 IP의 신뢰할 수 없는 특성을 보완하기 위한 '도우미' 역할만을 할 뿐, 여전히 IP 패킷은 수신지까지 도달하지 못하거나 ICMP 메시지를 담은 패킷 자체가 송신지까지 되돌아오지 못할 수 있습니다. 신뢰성을 완전히 보장하기 위해서는 앞서 배웠던 전송 계층의 프로토콜이 필요합니다. 다음의 공식 문서(RFC 792)에서도 이를 명확하게 명시하고 있습니다.

RFC 792

→ ICMP 메시지는 IP의 신뢰성을 보장하기 위한 것이 아닙니다.

> The Internet Protocol is not designed to be absolutely reliable. The purpose of these control messages is to provide feedback about problems in the communication environment, not to make IP reliable. There are still no guarantees that a datagram will be delivered or a control message will be returned. Some datagrams may still be undelivered without any report of their loss.

▶ 6가지 키워드로 정리하는 핵심 포인트

- **전송 계층**은 네트워크 계층과 응용 계층 사이에 위치합니다. 신뢰할 수 있는 연결형 통신이 가능한 프로토콜을 제공하기에 네트워크 계층의 한계를 보완할 수 있고, 포트를 통해 응용 계층의 애플리케이션을 식별함으로써 응용 계층과의 연결 다리 역할을 수행합니다.

- **신뢰할 수 없는 통신** 특성은 패킷이 수신지까지 제대로 전송되었다는 보장을 하지 않는 통신 특성을 일컫습니다.

- **비연결형 통신** 특성은 송수신 호스트 간에 사전 연결 수립 작업을 거치지 않는 통신 특성을 의미합니다.

- **포트**란 응용 계층의 애플리케이션 프로세스를 식별하는 정보입니다. 잘 알려진 포트, 등록된 포트, 동적 포트가 있습니다.

- **NAT**란 IP 주소를 변환하는 기술입니다.

- 포트 기반의 NAT인 **NAPT**는 NAT 테이블에 변환될 IP 주소 쌍과 더불어 포트 번호도 함께 기록합니다.

▶ 확인 문제

1. IP와 연관된 통신 특성으로 알맞은 단어를 〈보기〉에서 골라 보세요.

> **보기** 신뢰성, 연결형, 비신뢰성, 비연결형

2. 빈칸에 들어갈 포트의 종류를 적어 보세요.

포트 종류	포트 번호 범위
	0~1023
	1024~49151
	49152~65535

3. NAPT에서 네트워크 외부 주소와 내부 주소를 변환할 때 사용되는 정보를 모두 골라 보세요.

① CPU 정보

② 네트워크 내부/외부 IP 주소

③ 네트워크 내부/외부 포트 번호

④ 케이블 정보

04-2

TCP와 UDP

핵심 키워드

`TCP` `MSS` `TCP 세그먼트` `순서 번호` `확인 응답 번호` `쓰리 웨이 핸드셰이크`
`TCP 상태` `UDP` `UDP 데이터그램`

TCP와 UDP의 패킷 구조와 동작 원리를 이해하면 전송 계층의 핵심을 이해할 수
있습니다. 이번 절에서는 TCP와 UDP의 패킷 헤더 구조와 주된 차이점, TCP가
통신을 시작하고 끝맺는 과정과 TCP의 상태에 대해 학습해 보겠습니다.

시작하기 전에

네트워크 계층에서 가장 중요한 프로토콜이 IP라면, 전송 계층에서 가장 중요한 프로토콜은 TCP
와 UDP입니다. TCP^Transmission Control Protocol는 신뢰할 수 있는 통신을 위한 연결형 프로토콜이고,
UDP^User Datagram Protocol는 TCP보다 신뢰성은 떨어지지만 비교적 빠른 통신이 가능한 비연결형 프로
토콜입니다. 이번 절에서 학습할 TCP와 UDP는 모두 중요하지만, 여러분이 학습할 내용은 TCP에
더 많습니다. 통신을 시작하고 끝맺는 과정(연결 수립과 종료 과정)이 있고, 오류 제어를 위한 재전
송, 흐름 제어, 혼잡 제어 등의 관련 기능들이 많기 때문입니다.

전송 계층의 핵심인 TCP
와 UDP를 알아봅시다!

TCP 통신 단계와 세그먼트 구조

TCP 통신을 크게 세 단계로 나누면 다음과 같이 나눌 수 있습니다.

TCP는 통신(데이터 송수신)하기 전에 연결을 수립하고 통신이 끝나면 연결을 종료합니다. 그리고 데이터 송수신 과정에서 재전송을 통한 오류 제어, 흐름 제어, 혼잡 제어 등의 기능을 제공합니다. 이번 절에서는 연결형 프로토콜이라는 TCP의 특징을 이해할 수 있도록 ① 연결 수립과 ③ 연결 종료를 먼저 살펴보겠습니다. ② 데이터 송수신은 04-3에서 학습할 예정입니다.

TCP의 연결 수립과 종료를 이해하려면 가장 먼저 MSS라는 단위와 TCP의 세그먼트 구조를 이해해야 합니다. **MSS**는 Maximum Segment Size의 약자로, TCP로 전송할 수 있는 최대 페이로드 크기를 의미합니다. MSS의 크기를 고려할 때 TCP 헤더 크기는 제외합니다. 헤더의 크기까지 포함했던 단위인 MTU와는 대조적이죠.

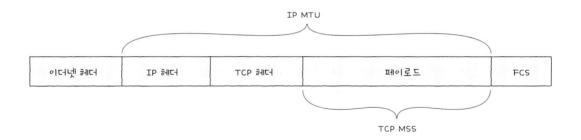

이제 TCP 세그먼트 헤더 구조를 살펴봅시다. 생각보다 복잡하다고 느낄 수도 있습니다. 모든 필드를 살펴보는 것보다는 TCP의 기본 동작을 이해하기 위한 기본적인 필드들을 기준으로 살펴보겠습니다. 우선 붉은 테두리로 강조 표시된 필드와 각 의미를 쭉 읽어 보기를 바랍니다.

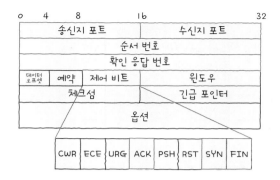

- **송신지 포트**source port와 **수신지 포트**destination port: 필드 이름 그대로 송신지 또는 수신지 애플리케이션을 식별하는 포트 번호가 명시되는 필드입니다.
- **순서 번호**sequence number: 순서 번호가 명시되는 필드입니다. 순서 번호란 송수신되는 세그먼트의 올바른 순서를 보장하기 위해 세그먼트 데이터의 첫 바이트에 부여되는 번호입니다.
- **확인 응답 번호**acknowledgment number: 상대 호스트가 보낸 세그먼트에 대한 응답으로, 다음으로 수신하기를 기대하는 순서 번호가 명시됩니다.
- **제어 비트**control bits: 플래그 비트flag bits라고도 부릅니다. 현재 세그먼트에 대한 부가 정보를 나타냅니다.
- **윈도우**window: 수신 윈도우의 크기가 명시됩니다. 수신 윈도우란 한 번에 수신하고자 하는 데이터의 양을 나타냅니다.

이 필드 중에서 송신지 포트와 수신지 포트 필드는 앞선 절에서 학습한 적이 있기에 이해가 어렵지 않을 것입니다. 그리고 윈도우 필드는 다음 절에서 다룰 예정입니다. 이번 절에서 여러분이 꼭 기억해야 하는 필드는 순서 번호 필드와 확인 응답 번호 필드, 그리고 관련된 제어 비트(ACK, SYN, FIN)입니다.

제어 비트

순서 번호 필드와 확인 응답 번호 필드를 학습하려면 먼저 제어 비트 필드에 대한 간략한 이해가 필요합니다. **제어 비트** 필드는 기본적으로 8비트로 구성됩니다. 각 자리의 비트는 각기 다른 의미를 가지는데, TCP의 기본 동작을 논할 때 가장 자주 언급되는 세 개의 제어 비트는 다음과 같습니다. 어떤 의미인지 잘 와닿지 않더라도 우선 쭉 읽어 보기 바랍니다.

- **ACK**: 세그먼트의 승인을 나타내기 위한 비트
- **SYN**: 연결을 수립하기 위한 비트
- **FIN**: 연결을 종료하기 위한 비트

참고로 'ACK 비트가 1로 설정된 세그먼트', 'SYN 비트가 1로 설정된 세그먼트', 'FIN 비트가 1로 설정된 세그먼트'는 편의상 각각 'ACK 세그먼트', 'SYN 세그먼트', 'FIN 세그먼트'라 줄여서 칭하는 경우가 많습니다. 이 책에서도 해당 표기를 차용하겠습니다.

순서 번호와 확인 응답 번호

순서 번호 필드와 확인 응답 번호 필드는 TCP의 신뢰성을 보장하기 위해 사용되는 중요한 필드로, 한 쌍으로 묶어서 기억하는 것이 좋습니다. 이 두 필드에는 각각 순서 번호와 확인 응답 번호가 명시됩니다.

note 순서 번호는 영문 표기 그대로 시퀀스 넘버(sequence number), 확인 응답 번호는 영문을 줄인 ACK 넘버(acknowledgment number)라고 표현하는 경우도 많습니다.

순서 번호 필드에 명시되는 **순서 번호**는 세그먼트의 올바른 송수신 순서를 보장하기 위한 번호로, 세그먼트 데이터의 첫 바이트에 부여되는 번호입니다. 이 말이 무엇을 의미하는지 예시와 함께 알아봅시다. 예를 들어 다음 그림처럼 전송 계층이 응용 계층으로부터 전송해야 하는 1900바이트 크기의 데이터를 전달받았다고 가정해 보겠습니다.

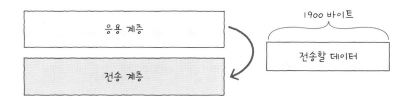

이는 MSS 단위로 전송될 수 있습니다. 편의상 MSS가 500바이트라고 가정했을 때, 1900바이트짜리 데이터 덩어리를 MSS 단위로 쪼개면 네 개의 세그먼트로 쪼갤 수 있을 것입니다. 다음 그림처럼 세그먼트 A, B, C, D순으로 전송된다고 가정해 봅시다.

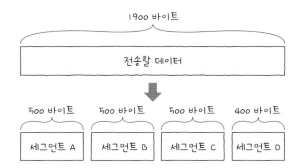

처음 통신을 위해 연결을 수립한 경우, 즉 제어 비트에서 연결을 수립하기 위한 비트인 SYN 플래그가 1로 설정된 세그먼트의 경우 순서 번호는 무작위 값이 됩니다. 이를 **초기 순서 번호**ISN; Initial Sequence Number라고 합니다. 초기 순서 번호가 100이라면 가장 먼저 보내게 될 세그먼트 A의 순서 번호가 초기 순서 번호인 100이 되는 것이죠. 그림으로 표현해 보겠습니다.

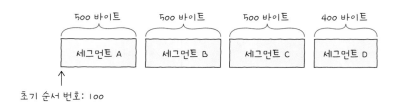

연결 수립 이후 데이터를 송신하는 동안 순서 번호는 송신한 바이트를 더해 가는 형태로 누적값을 가집니다. 즉, 순서 번호는 **초기 순서 번호 + 송신한 바이트 수**가 되는 셈입니다. 쉽게 말해 '초기 순서 번호 + 떨어진 바이트 수'라고 생각해도 좋습니다.

note 순서 번호는 세그먼트상에서 32비트(4바이트)로 표현됩니다. 만약 순서 번호가 이 비트 수로 표현 가능한 수를 넘어서면 0부터 다시 증가합니다.

그렇다면 세그먼트 B의 순서 번호는 몇일까요? 초기 순서 번호인 100에서 500바이트 떨어진 셈이므로 600이 됩니다. 마찬가지로 세그먼트 C의 순서 번호는 초기 순서 번호로부터 1000바이트 떨어진 1100이 되고, 세그먼트 D의 순서 번호는 초기 순서 번호로부터 1500바이트 떨어진 1600이 됩니다.

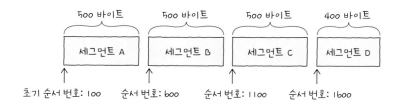

순서 번호는 TCP 세그먼트의 순서를 나타내기 위한 정보입니다.

확인 응답 번호 필드에 명시되는 **확인 응답 번호**는 순서 번호에 대한 응답입니다. '다음에는 이걸 보내 주세요', '다음으로 제가 받을 순서 번호는 이것입니다'를 나타내는 값입니다. 즉, 확인 응답 번호는 수신자가 다음으로 받기를 기대하는 순서 번호입니다. 일반적으로 '수신한 순서 번호 + 1'로 설정되지요.

확인 응답 번호 값을 보내기 위해서는 제어 비트에서 승인을 나타내는 비트인 ACK 플래그를 1로 설정해야 합니다. 예를 들어 다음 그림처럼 호스트가 순서 번호가 8000인 세그먼트를 잘 수신한 뒤, 다음으로 8001번 세그먼트를 받기를 원한다고 가정해 보죠. 그러면 해당 호스트는 ACK 플래그를 1로 설정하고 확인 응답 번호로 8001을 명시한 세그먼트를 전송하게 됩니다.

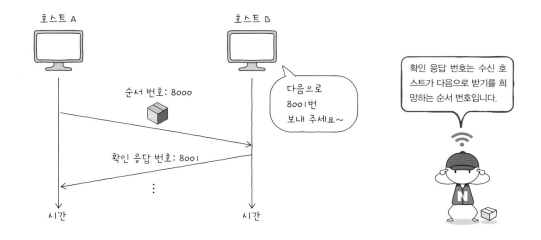

여기까지 알아보았다면 이제 TCP의 ① 연결 수립과 ③ 연결 종료, 그리고 이 과정과 연관된 TCP 상태에 대해 학습해 보겠습니다(② 데이터 송수신은 이야기했던 대로 04-3에서 살펴볼 예정입니다).

TCP 연결 수립과 종료

TCP는 통신 이전에는 연결을 수립하고, 통신 이후에는 연결을 종료한다고 했습니다. 먼저 TCP의 연결 수립 과정부터 알아보겠습니다.

연결 수립: 쓰리 웨이 핸드셰이크

TCP의 연결 수립은 쓰리 웨이 핸드셰이크를 통해 이루어집니다. **쓰리 웨이 핸드셰이크**^{three-way} handshake는 이름처럼 세 개의 단계로 이루어진 TCP의 연결 수립 과정을 의미합니다. 예를 들어 호스트 A와 B가 쓰리 웨이 핸드셰이크를 한다고 가정했을 때, 다음 그림처럼 세 단계를 거친 뒤 본격적인 송수신이 시작되는 셈입니다.

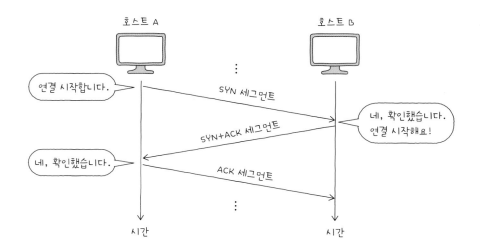

송수신 방향	세그먼트	세그먼트에 포함된 주요 정보	비유
A → B	SYN 세그먼트	• 호스트 A의 초기 순서 번호 • 1로 설정된 SYN 비트	'연결 시작합니다.'
B → A	SYN + ACK 세그먼트	• 호스트 B의 초기 순서 번호 • 호스트 A가 전송한 세그먼트에 대한 확인 응답 번호 • 1로 설정된 SYN 비트 • 1로 설정된 ACK 비트	'네, 확인했습니다. 연결 시작해요!'
A → B	ACK 세그먼트	• 호스트 A의 다음 순서 번호 • 호스트 B가 전송한 세그먼트에 대한 확인 응답 번호 • 1로 설정된 ACK 비트	'네, 확인했습니다.'

이때 처음 연결을 시작하는 호스트의 연결 수립 과정을 **액티브 오픈**active open이라 합니다. 연결을 처음 요청하는 측의 동작을 액티브 오픈이라고 생각해도 좋습니다. 액티브 오픈은 주로 서버 – 클라이언트 관계에서 클라이언트에 의해 수행됩니다. 위의 예시에서는 호스트 A의 동작이 액티브 오픈이라할 수 있습니다. 반대로 연결 요청을 받고 나서 요청에 따라 연결을 수립해 주는 호스트도 있습니다. 이 호스트의 연결 수립 과정을 **패시브 오픈**passive open이라고 합니다. 주로 서버에 의해 수행되며, 위의 예시에서는 호스트 B의 동작이 패시브 오픈입니다.

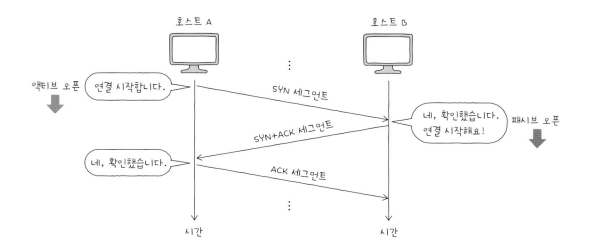

연결 종료

쓰리 웨이 핸드셰이크를 통해 연결을 수립한 뒤 데이터 송수신이 끝났다면, 이제 연결을 종료해야 합니다. TCP가 연결을 종료하는 과정은 송수신 호스트가 각자 한 번씩 FIN과 ACK를 주고받으며 이루어집니다. 호스트 A와 B가 연결을 종료하는 각 단계를 그림으로 설명하면 다음과 같습니다.

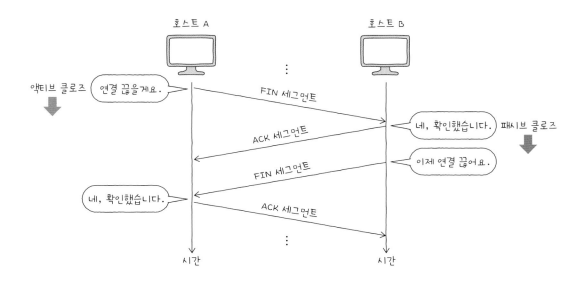

송수신 방향	세그먼트	세그먼트에 포함된 주요 정보	비유
A → B	FIN 세그먼트	• 1로 설정된 FIN 비트	'연결 끊을게요.'
B → A	ACK 세그먼트	• 호스트 A가 전송한 세그먼트에 대한 확인 응답 번호 • 1로 설정된 ACK 비트	'네, 확인했습니다.'
B → A	FIN 세그먼트	• 1로 설정된 FIN 비트	'이제 연결 끊어요.'
A → B	ACK 세그먼트	• 호스트 B가 전송한 세그먼트에 대한 확인 응답 번호 • 1로 설정된 ACK 비트	'네, 확인했습니다.'

note 네 단계로 연결을 종료한다는 점에서 포 웨이 핸드셰이크(four-way handshake)라고 부르기도 합니다.

연결을 수립할 때 액티브 오픈, 패시브 오픈이 있는 것처럼, 연결을 종료하는 과정에도 액티브 클로즈, 패시브 클로즈가 있습니다. **액티브 클로즈**active close는 먼저 연결을 종료하려는 호스트에 의해 수행됩니다. 앞의 예시에서는 FIN 세그먼트를 먼저 보낸 호스트 A가 액티브 클로즈를 수행한 셈입니다. 반면 **패시브 클로즈**passive close는 연결 종료 요청을 받아들이는 호스트에 의해 수행됩니다. 앞의 예시에서는 호스트 B의 동작이 패시브 클로즈입니다.

TCP 상태

TCP는 연결형 통신과 신뢰할 수 있는 통신을 유지하기 위해 다양한 '상태'를 유지합니다. **상태**state는 현재 어떤 통신 과정에 있는지를 나타내는 정보입니다. TCP는 상태를 유지하고 활용한다는 점에서 **스테이트풀**stateful 프로토콜이라고도 부릅니다.

다음은 TCP의 상태입니다. 종류가 많다고 생각할 수 있지만, ① 연결이 수립되지 않은 상태, ② 연결 수립 과정에서 주로 볼 수 있는 상태, ③ 연결 종료 과정에서 주로 볼 수 있는 상태로 나누어 생각해 보면 어렵지 않습니다.

상태 분류	주요 상태
①	CLOSED, LISTEN
②	SYN-SENT, SYN-RECEIVED, ESTABLISHED
③	FIN-WAIT-1, CLOSE-WAIT, FIN-WAIT-2, LAST-ACK, TIME-WAIT, CLOSING

연결이 수립되지 않은 상태

아직 연결 수립이 이루어지기 전의 호스트는 주로 CLOSED나 LISTEN 상태를 유지하고 있습니다.

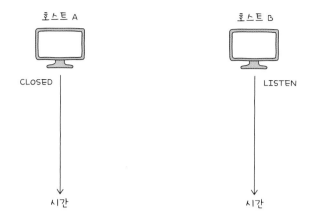

- **CLOSED**: 아무런 연결이 없는 상태입니다.
- **LISTEN**: 일종의 연결 대기 상태입니다. 일반적으로 서버로서 동작하는 패시브 오픈 호스트는 LISTEN 상태를 유지합니다. 쓰리 웨이 핸드셰이크의 첫 단계는 액티브 오픈 호스트의 연결 요청인 SYN 세그먼트라고 했죠? LISTEN 상태는 그 SYN 세그먼트를 기다리는 상태입니다. 즉, 액티브 오픈 호스트(일반적으로 클라이언트)가 LISTEN 상태인 호스트(일반적으로 서버)에게 SYN 세그먼트를 보내면 쓰리 웨이 핸드셰이크가 시작됩니다.

연결 수립 상태

TCP 연결 수립 과정에서는 주로 SYN-SENT, SYN-RECEIVED, ESTABLISHED 상태를 볼 수 있습니다. 앞서 학습한 쓰리 웨이 핸드셰이크가 진행되는 과정에서 어떤 상태를 거치는지에 집중하며 다음 그림과 함께 읽어 보세요.

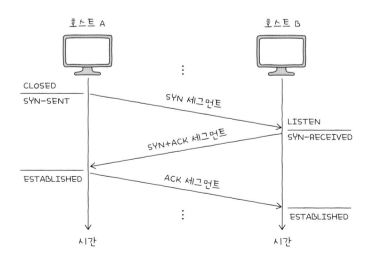

- **SYN-SENT**: 액티브 오픈 호스트가 SYN 세그먼트를 보낸 뒤 그에 대한 응답인 SYN + ACK 세그먼트를 기다리는 상태입니다. 연결 요청을 보낸 뒤 대기하는 상태라 봐도 좋습니다.
- **SYN-RECEIVED**: 패시브 오픈 호스트가 SYN + ACK 세그먼트를 보낸 뒤 그에 대한 ACK 세그먼트를 기다리는 상태입니다.
- **ESTABLISHED**: 연결이 확립되었음을 나타내는 상태입니다. 데이터를 송수신할 수 있는 상태를 의미하지요. 쓰리 웨이 핸드셰이크 과정에서 두 호스트가 마지막 ACK 세그먼트를 주고받으면 ESTABLISHED 상태로 접어들게 됩니다.

연결 종료 상태

TCP 연결을 종료하는 과정에서는 주로 FIN-WAIT-1, CLOSE-WAIT, FIN-WAIT-2, LAST-ACK, TIME-WAIT, CLOSED 상태를 볼 수 있습니다.

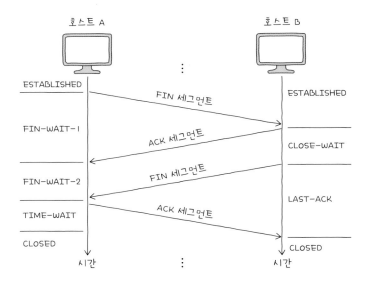

- **FIN-WAIT-1**: 일반적인 TCP 연결 종료 과정에 있어 FIN-WAIT-1은 연결 종료의 첫 단계가 됩니다. FIN 세그먼트로서 연결 종료 요청을 보낸 액티브 클로즈 호스트는 FIN-WAIT-1 상태로 접어들게 됩니다.
- **CLOSE-WAIT**: 종료 요청인 FIN 세그먼트를 받은 패시브 클로즈 호스트가 그에 대한 응답으로 ACK 세그먼트를 보낸 후 대기하는 상태입니다.
- **FIN-WAIT-2**: FIN-WAIT-1 상태에서 ACK 세그먼트를 받게 되면 FIN-WAIT-2 상태가 됩니다. 상대 호스트의 FIN 세그먼트를 기다리는 상태입니다.

- **LAST-ACK**: CLOSE-WAIT 상태에서 FIN 세그먼트를 전송한 뒤 이에 대한 ACK 세그먼트를 기다리는 상태입니다.
- **TIME-WAIT**: 액티브 클로즈 호스트가 FIN 세그먼트를 수신한 뒤, 이에 대한 ACK 세그먼트를 전송한 뒤 접어드는 상태입니다. 패시브 클로즈 호스트가 마지막 ACK 세그먼트를 수신하면 CLOSED 상태로 전이하는 반면, TIME-WAIT 상태에 접어든 액티브 클로즈 호스트는 일정 시간을 기다린 뒤 CLOSED 상태로 전이합니다.

➕ 여기서 잠깐 **TIME-WAIT 상태가 필요한 이유는 무엇인가요?**

TIME-WAIT 상태에 접어든 액티브 클로즈 호스트는 일정 시간을 기다린 뒤 CLOSED 상태로 전이한다고 했습니다. 그런데 TIME-WAIT 상태는 왜 필요한 것일까요? 왜 굳이 일정 시간을 기다렸다가 연결을 종료하는 것일까요?

가장 주요한 이유는 상대 호스트가 받았어야 할 마지막 ACK 세그먼트가 올바르게 전송되지 않았을 수 있기 때문입니다. 다음 절에서 학습할 예정이지만, TCP 송수신 과정에서는 세그먼트가 올바르게 전송되지 않았다면 해당 세그먼트를 재전송해야 합니다. 만약 TIME-WAIT 상태로 일정 시간 대기하지 않고 곧바로 연결을 종료해버리면 상대 호스트 입장에서는 마지막 ACK 세그먼트를 재전송받을 수 없습니다. 또 다른 이유도 있습니다. 한 연결을 종료하고 다른 연결을 수립하는 과정 사이에 대기 시간이 없다면 서로 다른 연결의 패킷들이 혼란을 야기할 수 있습니다.

참고로 **CLOSING** 상태는 보통 동시에 연결을 종료하려 할 때 전이되는 상태입니다. 서로가 FIN 세그먼트를 보내고 받은 뒤 각자 그에 대한 ACK 세그먼트를 보냈지만, 아직 자신의 FIN 세그먼트에 대한 ACK 세그먼트를 받지 못했을 때 접어드는 상태입니다. 양쪽 모두가 연결 종료를 요청하고, 서로의 종료 응답을 기다리는 경우 CLOSING 상태로 접어드는 셈입니다. 이 경우 ACK 세그먼트를 수신한다면 각자 TIME-WAIT 상태로 접어든 뒤 종료하게 됩니다.

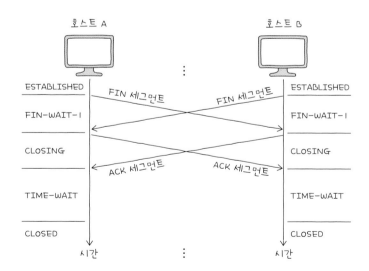

지금까지 설명한 TCP 상태를 종합해서 그림으로 정리하면 다음과 같습니다. TCP는 이러한 상태를 전이하며 연결을 수립하고, 송수신하며, 연결을 종료합니다.

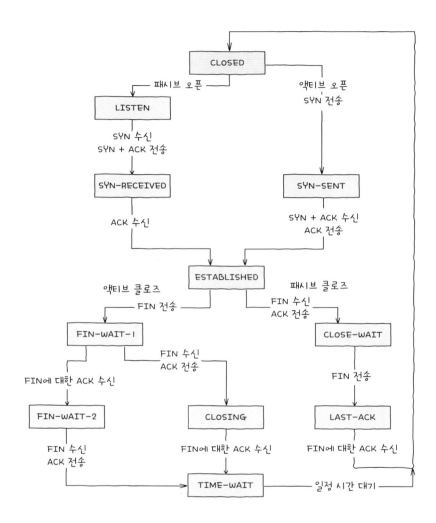

TCP의 다양한 상태는 간단한 명령어로 확인할 수 있습니다. 대표적인 명령어로는 netstat이 있습니다. 맥OS나 리눅스 운영체제 사용자는 터미널을 열고 netstat을 입력해 보세요.

```
$ netstat
```

```
          Active Internet connections (including servers)
          Proto Recv-Q Send-Q  Local Address           Foreign Address          (state)
          tcp4      0      0  10.11.12.13.53625      123.123.123.123.https  ESTABLISHED
          tcp4      0      0  10.11.12.13.53624      123.123.123.124.https  ESTABLISHED
          tcp4      0      0  10.11.12.13.100.53623  123.123.123.125.https  ESTABLISHED
          tcp4      0      0  10.11.12.13.53622      123.123.123.126.https  ESTABLISHED
          tcp4      0      0  10.11.12.13.50102      123.123.123.127.https    TIME_WAIT
          tcp4      0      0  10.11.12.13.50104      123.123.123.128.https    TIME_WAIT
          tcp4      0      0  10.11.12.13.50105      123.123.123.129.https    TIME_WAIT
          tcp4      0      0  10.11.12.13.57974      123.123.123.130.443    ESTABLISHED
          tcp4      0      0  localhost.16107               *.*               LISTEN
          ...
```

TCP는 CLOSED, ESTABLISHED, LISTEN 등 다양한 상태를 통해 현재 어떤 통신 과정에 있는지를 나타내는 스테이트풀 프로토콜입니다.

UDP 데이터그램 구조

UDP는 TCP와 달리 비연결형 통신을 수행하는 신뢰할 수 없는 프로토콜입니다. 그래서 연결 수립 및 해제, 재전송을 통한 오류 제어, 혼잡 제어, 흐름 제어 등을 수행하지 않습니다. TCP처럼 상태를 유지하지도 않지요. 상태를 유지하지도, 활용하지도 않는다는 점에서 UDP를 **스테이트리스**stateless 프로토콜의 일종이라고도 합니다.

UDP 데이터그램 구조를 한번 볼까요? TCP에 비해 제공하는 기능이 적은 만큼 필드도 단순합니다. UDP 데이터그램 헤더는 다음 그림과 같이 크게 송신지 포트와 수신지 포트, 길이, 체크섬 필드의 네 개 필드로 구성되어 있습니다.

0	16	32
송신지 포트		수신지 포트
길이		체크섬

- **송신지 포트**와 **수신지 포트**: 송수신지의 포트 번호가 담깁니다.
- **길이**: 헤더를 포함한 UDP 데이터그램의 바이트가 담깁니다.
- **체크섬**: 데이터그램 전송 과정에서 오류가 발생했는지 검사하기 위한 필드입니다. 수신지는 이 필드의 값을 토대로 데이터그램의 정보가 훼손되었는지를 판단하고, 문제가 있다고 판단한 데이터그램은 폐기합니다. 참고로 데이터그램이 훼손되었는지를 나타내는 정보라는 점에서 이 필드는 '수신지까지 잘 도달했는지'를 나타내는 신뢰성/비신뢰성과는 관련이 없습니다.

UDP는 TCP에 비해 적은 오버헤드로 패킷을 빠르게 처리할 수 있습니다. 그래서 주로 실시간 스트리밍 서비스, 인터넷 전화처럼 실시간성이 강조되는 상황에서 TCP보다 더 많이 쓰입니다.

다음 그림은 TCP와 UDP의 차이를 보여 주는 그림입니다. TCP의 전송 방식이 수신지에 '하나씩 확실하게 전달하는' 것과 같다면, UDP의 전송 방식은 수신지에 패킷들을 '빠르게 마구 던지는' 것과 같습니다. 그 과정에서 패킷이 손실되거나 패킷의 순서가 바뀔 수도 있다는 점에 유의해서 봐 주세요.

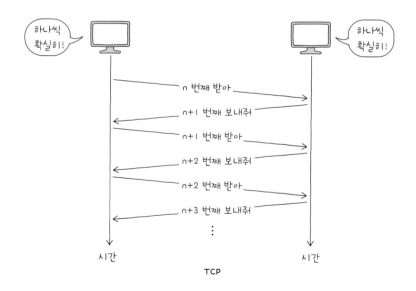

TCP

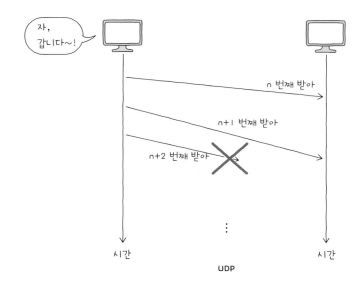

UDP

마무리

▶ 9가지 키워드로 정리하는 핵심 포인트

• **MSS**는 **TCP**로 전송 가능한 최대 페이로드 크기입니다.

• **TCP 세그먼트**에는 송신지 포트와 수신지 포트, 순서 번호, 확인 응답 번호, 제어 비트, 윈도우 등의 필드가 있습니다.

• **순서 번호**는 TCP 세그먼트의 순서를 나타내기 위한 정보이고, **확인 응답 번호**는 수신 호스트 가 다음으로 받기를 희망하는 순서 번호입니다.

• TCP는 **쓰리 웨이 핸드셰이크**로 연결을 수립합니다.

• **TCP**는 CLOSED, ESTABLISHED, LISTEN 등 다양한 **상태**를 통해 현재 어떤 통신 과정에 있는지를 나타내는 스테이트풀 프로토콜입니다.

• **UDP**는 비연결형 통신을 수행하는 신뢰할 수 없는 프로토콜로, 스테이트리스 프로토콜의 일종 입니다.

• **UDP 데이터그램**에는 송신지 포트와 수신지 포트, UDP 길이, 체크섬 필드가 있습니다.

▶ 확인 문제

1. TCP 세그먼트에 대한 설명으로 옳지 않은 것을 골라 보세요.

① 확인 응답 번호는 수신 호스트가 다음으로 받기를 희망하는 순서 번호를 나타내는 TCP 세그먼트 내의 정보입니다.

② 순서 번호는 초기 순서 번호로부터의 데이터 순서를 나타내는 TCP 세그먼트 내의 정보입 니다.

③ 체크섬만으로도 프로토콜의 완전한 신뢰성을 보장할 수 있습니다.

④ TCP 세그먼트에는 송신지 포트와 수신지 포트 필드가 있습니다.

2. 다음은 TCP 쓰리 웨이 핸드셰이크 과정을 나타내는 그림입니다. 괄호 안에 들어갈 말을 〈보기〉에서 골라 보세요.

보기 SYN, ACK, FIN

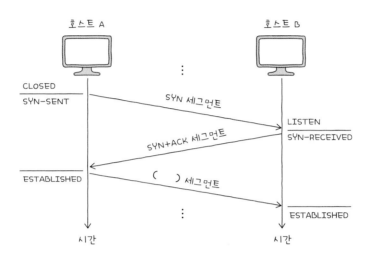

04-3 TCP의 오류·흐름·혼잡 제어

핵심 키워드

(RTT) (ARQ) (오류 제어) (흐름 제어) (슬라이딩 윈도우) (혼잡 제어)

이번 절에서는 TCP의 신뢰성을 보장하기 위한 오류 제어, 흐름 제어와 혼잡 제어에 대해 알아보겠습니다.

시작하기 전에

앞의 절에서 TCP의 연결 수립과 종료 과정을 설명했습니다. 이번에는 그 중간 과정, 데이터 송수신 과정에서의 오류 제어, 흐름 제어, 혼잡 제어 기법들을 학습해 보겠습니다. 오류 제어, 흐름 제어, 혼잡 제어는 모두 TCP의 신뢰성을 보장하기 위한 기능입니다. TCP는 재전송을 기반으로 다양한 **오류**를 **제어**하고, **흐름 제어**를 통해 처리할 수 있을 만큼의 데이터만을 주고받으며, **혼잡 제어**를 통해 네트워크가 혼잡한 정도에 따라 전송량을 조절합니다.

재전송을 통한 오류 제어, 흐름 제어, 혼잡 제어

TCP는 재전송 기반의 오류 제어, 흐름 제어, 혼잡 제어를 수행합니다.

오류 제어: 재전송 기법

신뢰성을 보장하기 위해서는 오류를 제어할 수 있어야 합니다. 이를 위해 TCP는 잘못된 세그먼트를 재전송하는 방법을 사용합니다. TCP의 **재전송 기반 오류 제어**가 어떻게 이루어지는지 알아봅시다.

오류 검출과 재전송

TCP 세그먼트에 오류 검출을 위한 체크섬 필드가 있다고는 하지만, 이것만으로 신뢰성을 보장하기는 부족합니다. 체크섬은 세그먼트의 훼손 여부만 나타낼 뿐이고, 체크섬 값이 잘못되었다면 호스트는 해당 패킷을 읽지 않고 폐기하기 때문입니다. 결국 체크섬을 이용한다고 해도 송신 호스트가 세그먼트 전송 과정에 문제가 있다는 것을 인지할 수는 없습니다.

TCP가 신뢰성을 제대로 보장하려면 ① 우선 송신 호스트가 송신한 세그먼트에 문제가 발생했음을 인지할 수 있어야 하고, ② 오류를 감지하게 되면(세그먼트가 잘못 전송되었음을 알게 되면) 해당 세그먼트를 재전송할 수 있어야 합니다.

그렇다면 가장 먼저 파악해야 할 점은 'TCP가 어떤 상황에서 송신한 세그먼트에 문제가 있음을 감지하느냐'겠지요. TCP가 오류를 검출하고 세그먼트를 재전송하는 상황에는 크게 두 가지가 있습니다. 하나는 중복된 ACK 세그먼트를 수신했을 때이고, 다른 하나는 타임아웃이 발생했을 때입니다.

첫째, 중복된 ACK 세그먼트를 수신했을 때

TCP는 중복된 ACK 세그먼트를 수신했을 때 오류가 생겼음을 감지합니다.

중복된 ACK 세그먼트를 수신했을 때는 어떤 상황일까요? 우선 송수신이 올바르게 이루어진 경우부터 살펴보겠습니다. 예를 들어 호스트 A와 B가 올바르게 세그먼트를 주고받는다면, A는 첫 순서 번호를 담은 세그먼트를 보내고, 그에 대한 ACK 세그먼트를 받은 뒤에 다음 순서 번호를 담은 세그먼트를 보내고, 그에 대한 ACK 세그먼트를 받는 것을 반복할 것입니다. 다음 쪽의 그림처럼 말이지요.

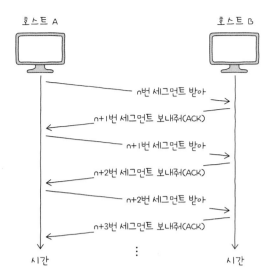

여기서 만일 수신 호스트 측이 받은 세그먼트의 순서 번호 중에서 일부가 누락되었다면 중복된 ACK 세그먼트를 전송하게 됩니다. 다음 그림이 바로 그러한 경우입니다. 그림을 살펴보면 호스트 A의 n+1번 세그먼트가 잘못 전송되었고, 그에 따라 호스트 B가 n+1번 ACK 세그먼트를 반복해서 전송하는 것을 볼 수 있습니다.

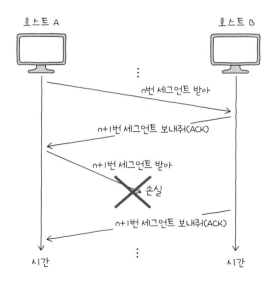

+ 여기서 잠깐 **RTT**

메시지를 전송한 뒤 그에 대한 답변을 받는 데까지 걸리는 시간을 **RTT**(Round Trip Time)라고 합니다. 이후 언급될 용어이니 기억해 두기를 바랍니다.

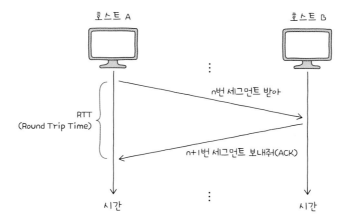

RTT는 ping 명령어로 쉽게 조회할 수 있습니다. 예를 들어 다음 명령은 리눅스/맥OS 운영체제에서 www.google.com 으로 다섯 개의 패킷을 전송하는 ping 명령인데, 가장 마지막 줄에 최소/평균/최대/표준편차(standard deviation)가 출력되는 것을 볼 수 있습니다.

```
$ ping -c 5 www.google.com
PING www.google.com (172.217.161.228): 56 data bytes
64 bytes from 172.217.161.228: icmp_seq=0 ttl=55 time=37.031 ms
64 bytes from 172.217.161.228: icmp_seq=1 ttl=55 time=41.520 ms
64 bytes from 172.217.161.228: icmp_seq=2 ttl=55 time=36.058 ms
64 bytes from 172.217.161.228: icmp_seq=3 ttl=55 time=43.583 ms
64 bytes from 172.217.161.228: icmp_seq=4 ttl=55 time=42.298 ms

--- www.google.com ping statistics ---
5 packets transmitted, 5 received, 0% packet loss, time 4007ms
rtt min/avg/max/mdev = 58.777/59.187/59.435/0.243 ms
```

둘째, 타임아웃이 발생했을 때

TCP는 타임아웃이 발생하면 문제가 생겼음을 인지합니다.

TCP 세그먼트를 송신하는 호스트는 모두 **재전송 타이머**retransmission timer라는 값을 유지합니다. 호스트가 세그먼트를 전송할 때마다 재전송 타이머를 시작하게 되는데, 이 타이머의 카운트다운이 끝난 상황(정해진 시간이 끝난 상황)을 **타임아웃**timeout이라고 합니다. 타임아웃이 발생할 때까지 ACK 세그먼트를 받지 못하면 세그먼트가 상대 호스트에게 정상적으로 도착하지 않았다고 간주하여 세그먼트를 재전송합니다.

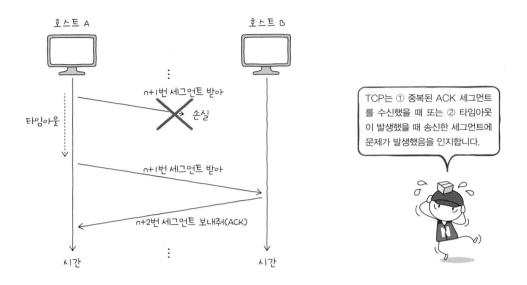

ARQ: 재전송 기법

어떤 상황에서 세그먼트를 재전송해야 하는지를 알았다면, 이제 TCP의 재전송 기법을 알아봅시다. 수신 호스트의 답변(ACK)과 타임아웃 발생을 토대로 문제를 진단하고, 문제가 생긴 메시지를 재전송함으로써 신뢰성을 확보하는 방식을 **ARQ**Automatic Repeat Request(자동 재전송 요구)라고 합니다. ARQ의 종류는 다양한데, 가장 대표적인 세 가지 방식인 Stop-and-Wait ARQ와 Go-Back-N ARQ 그리고 Selective Repeat ARQ에 대해 알아보겠습니다.

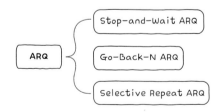

note 전송 계층의 TCP는 ARQ를 사용하는 대표적인 프로토콜이지만, ARQ 자체는 전송 계층만의 기술은 아닙니다.

Stop-and-Wait ARQ

ARQ 중 가장 단순한 방식인 Stop-and-Wait ARQ부터 알아보겠습니다. **Stop-and-Wait**

ARQ는 제대로 전달했음을 확인하기 전까지는 새로운 메시지를 보내지 않는 방식입니다. 즉, 메시지를 송신하고, 이에 대한 확인 응답을 받고, 다시 메시지를 송신하고, 이에 대한 확인 응답을 받는 것을 반복합니다. 이는 단순하지만, 높은 신뢰성을 보장하는 방식입니다.

note 오늘날 인터넷 환경의 TCP에서는 특별한 경우가 아닌 이상 Stop-and-Wait ARQ를 잘 사용하지 않지만, 뒤에 이어지는 흐름 제어에서 다시 한번 살펴볼 방식이므로 알아 두는 것이 좋습니다.

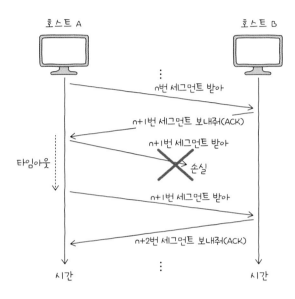

하지만 이 방식에는 문제가 있습니다. 네트워크의 이용 효율이 낮아질 수 있습니다. 전송되었음을 확인해야만 비로소 다음 전송을 시작하는 Stop-and-Wait ARQ의 특성상, 송신 호스트(A) 입장에서 확인 응답을 받기 전까지는 다음 전송을 할 수 있어도 하지 못합니다. 수신 호스트(B) 입장에서도 훨씬 더 많은 데이터를 한 번에 전송받을 수 있음에도 불구하고 한 번에 하나씩만 확인 응답을 해야 겠죠. 결과적으로 네트워크 이용 효율이 낮아지고, 이는 성능의 저하로 이어질 수 있습니다.

Go-Back-N ARQ

Stop-and-Wait ARQ의 문제를 해결하려면 다음 쪽의 그림처럼 각 세그먼트에 대한 ACK 세그먼트가 도착하기 전이더라도 여러 세그먼트를 보낼 수 있어야 합니다. Go-Back-N ARQ와 바로 뒤의 Selective Repeat ARQ는 모두 이러한 방식으로 동작합니다. 이렇게 연속해서 메시지를 전송할 수 있는 기술을 **파이프라이닝**pipelining이라고 합니다. 오늘날 TCP는 이러한 파이프라이닝이 사용되는 Go-Back-N ARQ와 Selective Repeat ARQ를 기반으로 동작합니다.

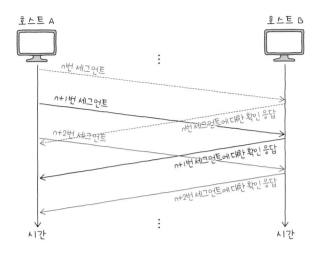

Go-Back-N ARQ는 파이프라이닝 방식을 활용해 여러 세그먼트를 전송하고, 도중에 잘못 전송된 세그먼트가 발생할 경우 해당 세그먼트부터 전부 다시 전송하는 방식입니다. 다음 그림을 통해 이해해 보세요. 송신 호스트는 여러 세그먼트를 보내고, 수신 호스트는 (세그먼트를 정상적으로 수신했다면) 그에 대한 ACK 세그먼트를 보냅니다. 이때 송신 호스트의 순서 번호 n+2번 세그먼트가 전송 과정에서 유실되었다면, 수신 호스트는 그 외 모든 세그먼트를 올바르게 수신했다 해도 이를 폐기합니다.

송신 호스트 입장에서는 n+2번 세그먼트에 대한 ACK 세그먼트를 받지 못했기에 타임아웃이 발생하고, 이를 통해 송신 호스트는 잘못된 송신이 있음을 인지합니다. 따라서 ACK 세그먼트를 수신받지 못한 n+2번 세그먼트부터 다시 전송하게 됩니다.

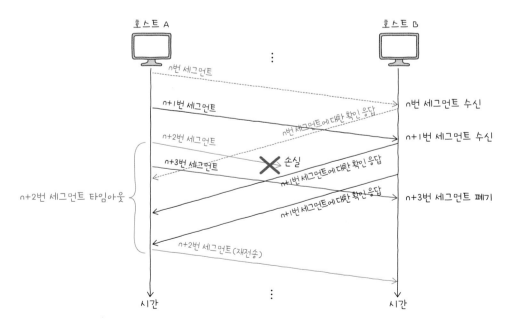

이런 점에서 볼 때 Go-Back-N ARQ에서 순서 번호 n번에 대한 ACK 세그먼트는 'n번만의' 확인 응답이 아니라 'n번까지의' 확인 응답이라고 볼 수 있습니다. 이러한 점에서 Go-Back-N ARQ의 ACK 세그먼트를 **누적 확인 응답**CACK: Cumulative Acknowledgment이라고 합니다.

✚ 여기서 잠깐 | **빠른 재전송**

빠른 재전송(fast retransmit)은 재전송 타이머가 만료되기 전이라도 세 번의 동일한 ACK 세그먼트가 수신되었다면 해당 세그먼트를 곧바로 재전송하는 기능입니다.

세그먼트의 일부가 전송 과정에서 유실되었다고 해 보겠습니다. 예를 들어 첫 번째, 두 번째, 세 번째, 네 번째, 다섯 번째 세그먼트를 전송하는 과정에서 세 번째 세그먼트가 누락되었다고 해 보죠. Go-Back-N ARQ 방식에 따라 수신 호스트는 (네 번째, 다섯 번째 세그먼트를 받았더라도) 세 번째 세그먼트에 대한 ACK 세그먼트를 송신 호스트에게 전송하게 됩니다. 그리고 송신 호스트는 세 번째 세그먼트에 대한 재전송 타이머가 만료되었을 때 비로소 세 번째 세그먼트를 재전송합니다. 세 번째 세그먼트에 대한 재전송 타이머가 만료되기 전이라면 세 번째 세그먼트가 손실되었다고 판단하지 않지요.

하지만 빠른 재전송은 재전송 타이머가 만료되지 않았더라도 세 번의 동일한 ACK 세그먼트가 수신되면 곧바로 재전송을 수행하기에 타이머가 끝날 때까지 기다리는 시간을 줄일 수 있습니다. 요컨대 빠른 재전송은 시간 낭비를 줄이며 빠르게 (fast) 손실된 세그먼트를 재전송(retransmit)함으로써 성능을 높이는 기능입니다.

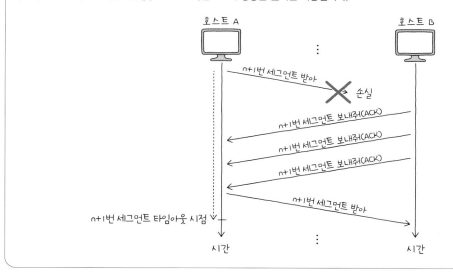

Selective Repeat ARQ

Selective Repeat ARQ는 이름 그대로 선택적으로 재전송하는 방법입니다. Go-Back-N ARQ 송신 과정은 한 세그먼트에만 문제가 발생해도 그 후의 모든 세그먼트를 다시 재전송해야 한다는 단점이 있습니다. 이와 달리 Selective Repeat ARQ는 수신 호스트 측에서 제대로 전송받은 각각의 패킷들에 대해 ACK 세그먼트를 보내는 방식입니다. Go-Back-N ARQ의 ACK 세그먼트가 누적 확인 응답이라면, Selective Repeat ARQ의 ACK 세그먼트는 **개별 확인 응답**Selective Acknowledgment인 셈입니다.

송신 호스트는 올바르게 수신받지 못한 ACK 세그먼트가 있는지 검사하고, 만일 응답받지 못한 세그먼트가 존재한다면 해당 세그먼트를 재전송합니다.

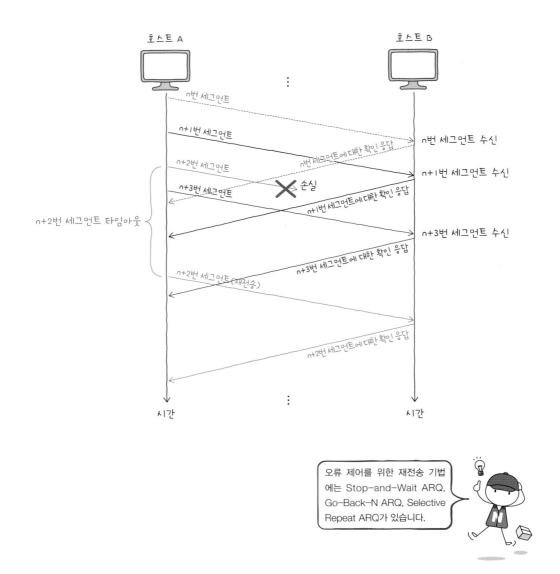

오늘날 대부분의 호스트는 TCP 통신에서 Selective Repeat ARQ를 지원합니다. 두 호스트가 연결을 수립할 때 서로의 Selective Repeat ARQ 지원 여부를 확인하게 되는데, 만약 Selective Repeat ARQ를 사용하지 않을 경우 Go-Back-N ARQ 방식으로 동작하게 됩니다.

note Selective Repeat ARQ 지원 여부는 TCP 세그먼트 헤더의 옵션 필드에 속한 SACK 허용(SACK-permitted) 필드를 통해 알 수 있습니다. SACK은 선택 승인(Selective Acknowledgment)의 약자입니다.

흐름 제어: 슬라이딩 윈도우

TCP의 두 번째 핵심 기능인 **흐름 제어**^{flow control}를 알아보겠습니다. 파이프라이닝 기반의 Go-Back-N ARQ와 Selective Repeat ARQ가 정상적으로 동작하려면 반드시 흐름 제어를 고려해야 합니다. 호스트가 한 번에 받아서 처리할 수 있는 세그먼트의 양에는 한계가 있기 때문입니다.

예를 들어 수신 호스트가 한 번에 n개의 바이트를 받아서 처리할 수 있다면, 송신 호스트는 이 점을 인지하여 n개 바이트를 넘지 않는 선에서 송신해야 합니다. 만약 이 양보다 더 많은 양을 한 번에 전송하면 마치 우편함이 가득 차 일부 편지가 넘치는 것처럼 일부 세그먼트가 처리되지 못할 우려가 있습니다.

이 상황은 수신 호스트의 '수신 버퍼'와 '버퍼 오버플로'라는 개념을 통해서 조금 더 명확히 이해할 수 있습니다. **수신 버퍼**는 수신된 세그먼트가 애플리케이션 프로세스에 의해 읽히기 전에 임시로 저장되는 공간입니다. 송신 호스트가 흐름 제어를 고려하지 않고 수신 버퍼의 크기보다 많은 데이터를 전송하면 일부 세그먼트가 처리되지 못할 수 있습니다. 저장 가능한 공간보다 더 많은 데이터를 저장할 수는 없는 법이니까요. 버퍼^{buffer}가 넘치는^{overflow} 이런 문제 상황을 **버퍼 오버플로**^{buffer overflow}라고 합니다.

> **note** 수신된 세그먼트가 저장되는 수신 버퍼 이외에도, 송신할 세그먼트가 저장되는 공간인 송신 버퍼도 있습니다.

TCP의 흐름 제어란 바로 이러한 문제 상황을 방지하고자 송신 호스트가 수신 호스트의 처리 속도를 고려하며 송수신 속도를 균일하게 유지하는 것을 의미합니다. 그렇다면 어떻게 송수신 속도를 균일하게 유지할 수 있을까요? 사실 Stop-and-Wait ARQ를 사용하면 별도의 흐름 제어가 필요하지 않습니다. 확인 응답이 오기 전까지는 추가적인 세그먼트를 전송하지 않는 방식이니까요.

하지만 실제로 TCP를 동작시키는 파이프라이닝 기반의 Go-Back-N ARQ와 Selective Repeat ARQ에서는 흐름 제어가 필요합니다. 파이프라이닝이 연속해서 세그먼트를 전송할 수 있는 기술이라고는 하지만, 무작정 무한한 데이터를 연속해서 보낼 수는 없기 때문입니다.

오늘날 TCP에서는 흐름 제어로 **슬라이딩 윈도우**sliding window를 사용합니다. 슬라이딩 윈도우를 이해하려면 우선 **윈도우**window란 무엇인지 이해해야 합니다. 윈도우란 송신 호스트가 파이프라이닝할 수 있는 최대량을 의미합니다. 윈도우의 크기만큼 확인 응답을 받지 않고도 한 번에 전송 가능하다는 의미입니다.

종이에 전송하고자 하는 데이터를 가로로 나란히 적어 두고, 반투명한 종이를 그 위에 덧댄다고 생각해 보세요. 반투명한 종이에 포함된 데이터 범위가 바로 윈도우입니다. 반투명 종이 크기가 크면 윈도우 크기가 크므로 한 번에 전송할 수 있는 데이터가 많을 것이고, 반투명 종이 크기가 작으면 윈도우 크기가 작으므로 한 번에 전송할 수 있는 데이터가 적을 것입니다.

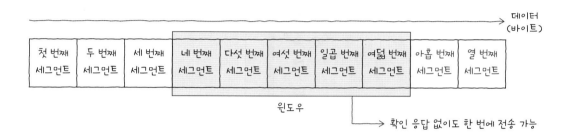

예를 들어 송신 호스트가 보내려는 데이터와 윈도우가 다음 그림과 같다면 첫 번째 세그먼트부터 네 번째 세그먼트까지가 확인 응답을 받지 않고도 전송할 수 있는 양인 셈입니다. 반면에 윈도우 크기에서 벗어난 숫자에 해당하는 세그먼트는 전송할 수 없습니다.

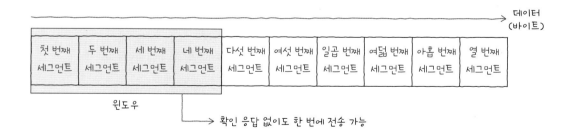

자, 앞의 상황에서 윈도우에 포함된 첫 번째, 두 번째, 세 번째, 네 번째 세그먼트를 전송했고, 곧 수신 호스트로부터 첫 번째 세그먼트에 대한 ACK 세그먼트를 받았다고 가정해 보겠습니다. 그렇다면 윈도우는 다음 쪽의 그림처럼 오른쪽으로 한 칸 이동하게 됩니다.

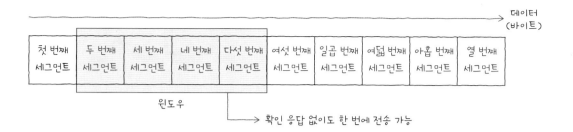

두 번째 세그먼트에 대한 ACK 세그먼트를 받았다면 윈도우는 또 다시 오른쪽으로 한 칸 이동합니다. 윈도우가 점차 오른쪽으로 미끄러지듯 움직이지요?

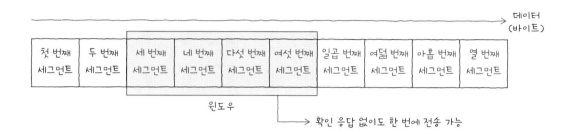

송신 호스트만 윈도우를 고려하는 것은 아닙니다. 수신 호스트도 윈도우를 고려합니다. 사실, 송신 측 윈도우(이하 송신 윈도우)는 수신 호스트가 알려 주는 수신 측 윈도우(이하 수신 윈도우)를 토대로 알 수 있는 정보입니다.

04-2에서 TCP 세그먼트 구조를 학습했을 때 TCP 세그먼트 내에 윈도우라는 필드가 있었던 것을 기억하나요? 윈도우 필드에는 수신 윈도우의 크기가 명시되고, 이는 한 번에 수신하고자 하는 데이터의 양을 나타낸다고 했지요. 수신 호스트의 수신 윈도우 크기를 송신 호스트도 알아야겠죠? 수신 호스트가 한 번에 수신하고자 하는 데이터의 양만큼만 전송해야 하니까요. 그렇기에 수신 호스트는 TCP 헤더(윈도우 필드)를 통해 송신 호스트에게 자신이 받아들이고자 하는 데이터의 양을 알리게 됩니다. 송신 호스트는 이 정보를 바탕으로 수신 호스트의 처리 속도와 발맞춰 균일한 속도로 세그먼트를 전송하는 것입니다.

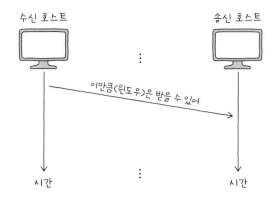

앞서 보여드린 예시에서 만약 수신 호스트가 첫 번째 세그먼트를 올바르게 수신했다면(송신 윈도우와 마찬가지로) 수신 윈도우는 오른쪽으로 한 칸 이동합니다. 또 두 번째 세그먼트를 올바르게 수신했다면 수신 윈도우는 다시 한번 오른쪽으로 한 칸 이동합니다. 이렇듯 파이프라이닝 과정에서 송수신 윈도우는 점차 오른쪽으로 미끄러지듯 움직이게 됩니다. '미끄러지다'를 영어로 표현하면 슬라이드입니다. 그래서 이러한 TCP의 흐름 제어를 **슬라이딩 윈도우**sliding window라고 부르는 것입니다.

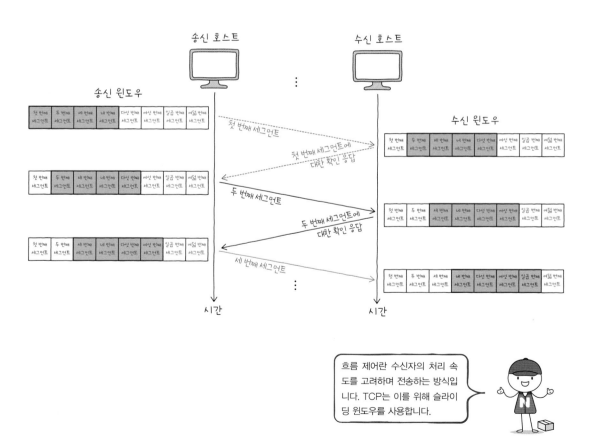

흐름 제어란 수신자의 처리 속도를 고려하며 전송하는 방식입니다. TCP는 이를 위해 슬라이딩 윈도우를 사용합니다.

혼잡 제어

이번에는 TCP의 혼잡 제어를 알아봅시다. 우선 **혼잡**congestion이란 무엇일까요? 여러분도 사람이 많은 곳에서 네트워크를 이용할 때 속도가 느려지는 것을 한 번쯤은 경험해 본 적이 있을 것입니다. 이렇듯 혼잡이란 많은 트래픽으로 인해 패킷의 처리 속도가 늦어지거나 유실될 우려가 있는 네트워크 상황을 의미합니다.

같은 네트워크에 속한 여러 호스트가 한 대의 라우터에 연결되어 있다고 가정해 보겠습니다. 모든 호스트가 라우터에게 전송 가능한 최대의 양으로 세그먼트를 전송하면 라우터에 과부하가 생겨 모든 정보를 한 번에 처리하지 못할 수 있습니다. 그러면 호스트들은 앞서 학습한 대로 오류를 검출하여 재전송을 하게 되고, 그럴수록 라우터는 더 많은 세그먼트를 받게 되어 혼잡 현상이 점점 악화됩니다. TCP 개발 초기에는 이러한 혼잡 현상에 따른 전송률 저하가 큰 골칫거리였습니다.

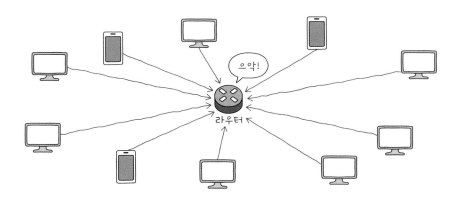

note 혼잡으로 인해 전송률이 크게 떨어지는 현상을 혼잡 붕괴(congestion collapse)라고 합니다.

TCP의 **혼잡 제어**congestion control란 이와 같은 혼잡을 제어하기 위한 기능입니다. 흐름 제어의 주체가 수신 호스트라면 혼잡 제어의 주체는 송신 호스트입니다. 혼잡 제어를 수행하는 송신 호스트는 네트워크 혼잡도를 판단하고 혼잡한 정도에 맞춰 유동적으로 전송량을 조절하며 전송합니다.

혼잡 제어를 이해하려면 먼저 혼잡 윈도우를 알아야 합니다. **혼잡 윈도우**congestion window는 혼잡 없이 전송할 수 있을 법한 데이터양을 의미합니다. 문장으로 표현하자면 '이 정도 양을 송신하면 혼잡 없이 전송할 수 있겠지?'에서 '이 정도' 해당하는 양입니다. 혼잡 윈도우가 크면 한 번에 전송할 수 있는 세그먼트 수가 많음을 의미하고, 반대로 혼잡 윈도우가 작다면 네트워크가 혼잡한 상황이기에 한 번에 전송할 수 있는 세그먼트 수가 적음을 의미합니다.

세그먼트를 송신하는 호스트 입장에서 생각해 보면 수신 윈도우 크기는 수신 호스트가 TCP 헤더로 알려 주기에 별도로 고민할 필요가 없지만, 혼잡 윈도우의 크기는 송신 호스트가 어느 정도의 세그먼트를 전송해야 혼잡을 방지할 수 있는지를 직접 계산하여 알아내야 합니다.

note 수신 윈도우는 수신 호스트가 송신 호스트에게 알려 줘야 할 정보이므로 송수신 호스트가 주고받는 TCP 헤더에 명시되어 있지만, 혼잡 윈도우는 송신자가 자체적으로 계산하여 유지할 정보이기에 헤더에 포함할 필요가 없습니다.

그렇다면 **혼잡 윈도우 크기**는 어느 정도가 적당할까요? 이는 혼잡 제어 알고리즘을 통해 결정할 수 있습니다. 혼잡 제어를 수행하는 일련의 방법을 **혼잡 제어 알고리즘**congestion control algorithm이라고 부릅니다.

우선 가장 기본적인 알고리즘인 AIMD를 알아봅시다. **AIMD**는 Additive Increase/Multiplicative Decrease의 약자로, 해석하면 '합으로 증가, 곱으로 감소'라는 의미입니다. 혼잡이 감지되지 않는다면 혼잡 윈도우를 RTTRound Trip Time마다 1씩 선형적으로 증가시키고, 혼잡이 감지되면 혼잡 윈도우를 절반으로 떨어뜨리는 동작을 반복하는 알고리즘입니다. 그래서 혼잡 윈도우는 톱니 모양으로 변화한다는 특징이 있지요.

AIMD 알고리즘은 혼잡을 제어할 수 있는 가장 기본적인 아이디어이지만, 이것만으로 혼잡 제어가 이루어지지는 않습니다. 이를 조금 더 정교하게 만들 혼잡 제어 알고리즘들이 있습니다. 이와 관련해 ① 느린 시작, ② 혼잡 회피, ③ 빠른 회복이라는 세 가지 알고리즘을 소개하겠습니다.

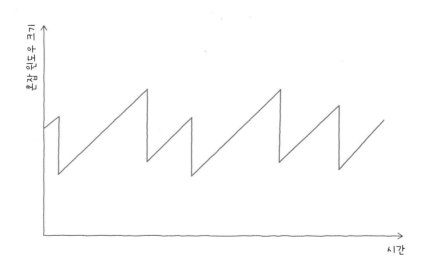

❶ 느린 시작 알고리즘

느린 시작slow start 알고리즘은 혼잡 윈도우를 1부터 시작해 문제없이 수신된 ACK 세그먼트 하나당 1 씩 증가시키는 방식입니다. 다음 그림을 보면 알 수 있듯이, 결과적으로 혼잡 윈도우는 RTT마다 2배씩 지수적으로 증가하게 됩니다. AIMD 방식은 처음 연결이 수립된 뒤 혼잡 윈도우 크기가 증가되는 속도 가 느립니다. 선형적으로 혼잡 윈도우를 증가시키므로 초기 전송 속도가 확보되지 않는 것이지요. 하지 만 느린 시작을 이용하면 혼잡 윈도우의 지수적인 증가를 활용해 초기 전송 속도를 어느 정도 빠르게 확 보할 수 있습니다.

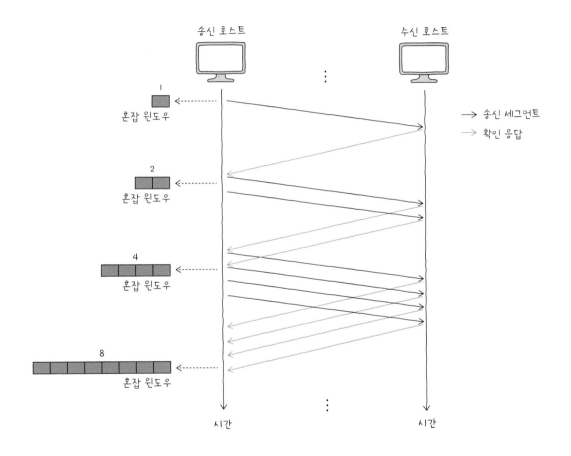

하지만 혼잡 윈도우를 언제까지나 지수적으로 증가시킬 수는 없습니다. 혼잡 윈도우가 계속 지수적 으로 증가하다 보면 언젠가는 혼잡 상황을 마주할 확률이 높아지기 때문입니다. 그렇다면 언제까지 증가할까요?

느린 시작 알고리즘을 사용할 때 함께 사용하는 값으로 **느린 시작 임계치**slow start threshold라는 값이 정 해져 있습니다. 혼잡 윈도우 값이 계속 증가하다가 느린 시작 임계치 이상이 되거나, 타임아웃이 발생하거나, 세 번의 중복된 ACK 세그먼트가 발생하여 혼잡이 감지되면 다음 세 가지 방법 중 하나를 선택하게 됩니다.

상황 분류	방법
타임아웃 발생	혼잡 윈도우 값을 1로, 느린 시작 임계치를 혼잡이 감지되었을 시점의 혼잡 윈도우 값의 절반으로 초기화한 뒤 느린 시작 재개
혼잡 윈도우 >= 느린 시작 임계치	느린 시작 종료, 혼잡 회피 수행
세 번의 중복 ACK 발생	(빠른 재전송 후) 빠른 회복 수행

+ 여기서 잠깐 **수신 윈도우, 혼잡 윈도우**

이번 절에서 수신 윈도우, 혼잡 윈도우, 느린 시작 임계치를 학습했지요. 이들은 각각 RWND(Receiver WiNDow), CWND(Congestion WiNDow), SSTHRESH(Slow Start THRESHold)라 줄여서 부르기도 합니다. 그리고 이 값들은 일반적으로 운영체제에서 TCP의 상태를 관리하는 상태 변수의 형태로 존재합니다. 다음은 개발자가 대중적으로 사용하는 운영체제 중 하나인 리눅스 운영체제의 소스 코드 일부입니다.

```
312    /*                                  느린 시작 임계치
313     *       Slow start and congestion control (see also Nagle, and Karn & Partridge)
314     */
315        u32     snd_ssthresh;    /* Slow start size threshold          */
316        u32     snd_cwnd;        /* Sending congestion window          */
317        u32     snd_cwnd_cnt;    /* Linear increase counter            */
318        u32     snd_cwnd_clamp;  /* Do not allow snd_cwnd to grow above this */
319 혼잡 윈도우 u32  snd_cwnd_used;
320        u32     snd_cwnd_stamp;
321        u32     prior_cwnd;      /* cwnd right before starting loss recovery */
322        u32     prr_delivered;   /* Number of newly delivered packets to
323                                  * receiver in Recovery. */
324        u32     prr_out;         /* Total number of pkts sent during Recovery. */
325        u32     delivered;       /* Total data packets delivered incl. rexmits */
326        u32     delivered_ce;    /* Like the above but only ECE marked packets */
327        u32     lost;            /* Total data packets lost incl. rexmits */
328        u32     app_limited;     /* limited until "delivered" reaches this val */
329        u64     first_tx_mstamp; /* start of window send phase */
330        u64     delivered_mstamp; /* time we reached "delivered" */
331 수신 윈도우 u32 rate_delivered;  /* saved rate sample: packets delivered */
332        u32     rate_interval_us; /* saved rate sample: time elapsed */
333
334        u32     rcv_wnd;         /* Current receiver window            */
335        u32     write_seq;       /* Tail(+1) of data held in tcp send buffer */
336        u32     notsent_lowat;   /* TCP_NOTSENT_LOWAT */
337        u32     pushed_seq;      /* Last pushed seq, required to talk to windows */
338        u32     lost_out;        /* Lost packets                       */
339        u32     sacked_out;      /* SACK'd packets                     */
340
```

URL https://git.kernel.org/pub/scm/linux/kernel/git/torvalds/linux.git/tree/include/linux/tcp.h?h=v6.1

❷ 혼잡 회피 알고리즘

혼잡 회피congestion avoidance 알고리즘은 RTT마다 혼잡 윈도우를 1MSS^Maximum Segment Size씩 증가시키는 알고리즘입니다. 다음 그래프를 보면 혼잡 윈도우를 지수적으로 증가시키는 느린 시작과는 달리, 혼잡 윈도우 크기를 선형적으로 증가시키는 것을 볼 수 있습니다. 느린 시작 임계치를 넘어선 시점부터는 혼잡이 발생할 우려가 있으니 조심해서 혼잡 윈도우를 증가시키는 방식이라고 보면 됩니다.

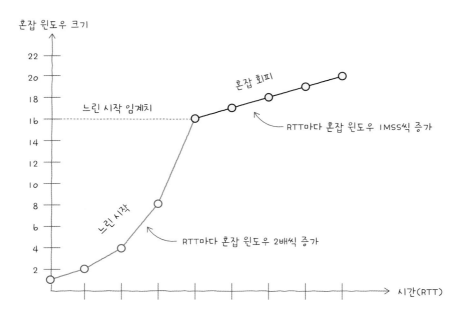

이때, 혼잡 회피 도중 타임아웃이 발생하면 혼잡 윈도우 값은 1로, 느린 시작 임계치는 혼잡이 감지된 시점의 혼잡 윈도우 값의 절반으로 초기화한 뒤 다시 느린 시작을 수행합니다. 그리고 혼잡 회피 도중 세 번의 중복 ACK 세그먼트가 발생되었을 때는 혼잡 윈도우 값과 느린 시작 임계치를 대략 절반으로 떨어뜨린 뒤 빠른 회복 알고리즘을 수행합니다. 물론 이때 타임아웃이 발생한 세그먼트나 세 번의 중복 ACK 세그먼트가 발생한 세그먼트는 재전송합니다.

❸ 빠른 회복 알고리즘

세 번의 중복된 ACK 세그먼트를 수신하면 빠른 재전송과 더불어 빠른 회복 알고리즘이 수행됩니다. **빠른 회복**fast recovery 알고리즘은 세 번의 중복 ACK 세그먼트를 수신했을 때 느린 시작은 건너뛰고 혼잡 회피를 수행하는 알고리즘으로, 이름처럼 빠르게 전송률을 회복하기 위한 알고리즘입니다. 단, 빠른 회복 도중이라도 타임아웃이 발생하면 혼잡 윈도우 크기는 1로, 느린 시작 임계치는 혼잡이 감지된 시점의 절반으로 떨어뜨린 후 다시 느린 시작을 수행합니다.

note 중복된 ACK 세그먼트가 수신되면 빠른 회복과 함께 빠른 재전송이 수행된다는 점에서 빠른 재전송과 빠른 회복을 함께 묶어 혼잡 제어 방식의 일종으로 보기도 합니다.

지금까지 학습한 혼잡 제어 알고리즘을 그림으로 정리하면 다음과 같습니다.

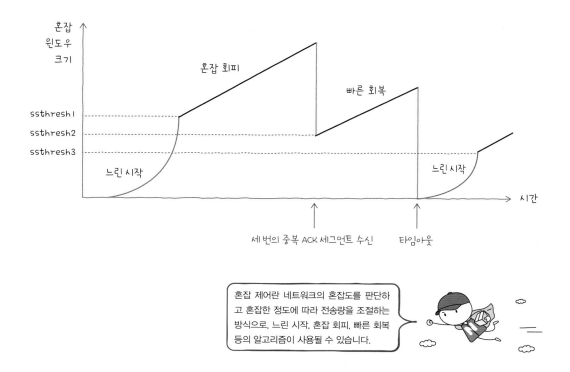

혼잡 제어란 네트워크의 혼잡도를 판단하고 혼잡한 정도에 따라 전송량을 조절하는 방식으로, 느린 시작, 혼잡 회피, 빠른 회복 등의 알고리즘이 사용될 수 있습니다.

ECN: 명시적 혼잡 알림

앞서 학습한 혼잡 제어 알고리즘에 따르면, 혼잡을 제어하기 위해 어느 정도의 양을 송신할지 결정하는 것은 오로지 송신 호스트의 몫이었습니다. 송신 호스트가 나름대로 혼잡 윈도우를 계산하여 세그먼트를 송신하고, 그 과정에서 올바르게 전송되지 않은 것이 있다면 그때 비로소 혼잡 윈도우를 조정하는 식으로 혼잡을 제어했지요. 하지만 최근 혼잡을 회피하기 위해 네트워크 중간 장치(주로 라우터)의 도움을 받는 방법이 생겼는데, 이를 **명시적 혼잡 알림**ECN: Explicit Congestion Notification이라 합니다. 흔히 ECN으로 줄여 부릅니다.

ECN은 선택적인 기능이기에 이를 지원하는 호스트가 있고, 지원하지 않는 호스트가 있습니다. ECN을 지원하는 호스트가 TCP/IP 프로토콜로 정보를 주고받을 때, IP 헤더와 TCP 헤더에 ECN 관련 필드가 추가됩니다. IP(IPv4) 헤더에서는 '서비스 필드' 내 오른쪽 두 비트가 ECN으로 사용되고, TCP 헤더에서는 다음 쪽의 그림처럼 제어 비트의 CWR 비트, ECE 비트가 ECN으로 사용됩니다.

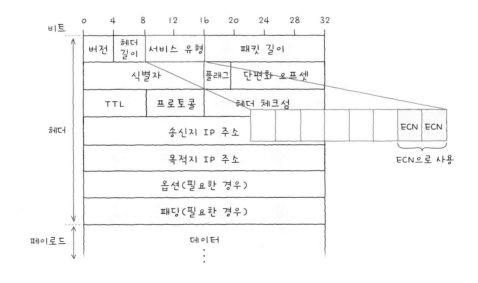

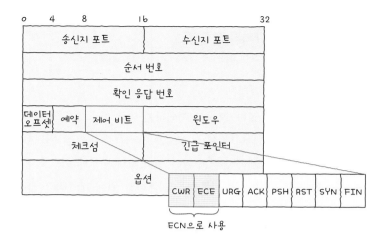

ECN으로 사용

note ECN은 선택적인 기능이고, 통신을 주고받는 양쪽 호스트가 ECN 기능을 지원해야 합니다. 이에 연결 수립 과정에서 양쪽 호스트는 앞의 비트들을 활용해 ECN 지원 여부를 확인하게 됩니다. ECN 지원 여부 확인 방법은 이 책에서 다루기에는 긴 내용이라 생략합니다.

ECN을 통한 혼잡 제어의 대략적인 동작은 다음 그림과 같습니다. ECN을 이용한 혼잡 회피는 라우터를 기준으로 시작됩니다. 예를 들어 호스트 A와 호스트 B 사이에 라우터가 있다고 가정해 보겠습니다. 그림과 함께 이해해 보세요.

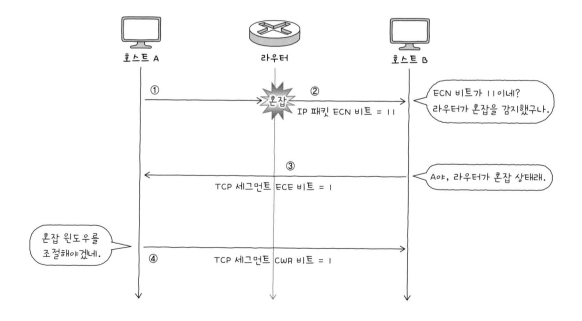

❶ 호스트 A가 호스트 B에게 메시지를 전송하기 위해 라우터에게 메시지를 보냅니다.

❷ 라우터 입장에서 네트워크가 혼잡해질 것 같다고 판단할 경우, IP 헤더의 ECN 비트들을 설정한 채 수신지 호스트 B에게 메시지를 전달합니다. IPv4 헤더의 ECN 비트가 11로 설정될 경우, 이는 '혼잡을 감지했음Congestion Experienced'을 의미합니다.

❸ 호스트 B가 전달받은 IP 패킷 내에 혼잡 표시가 되어 있다면, TCP ACK 세그먼트 내 ECE 비트 세팅을 통해 송신 호스트에게 네트워크가 혼잡함을 알려 줍니다.

❹ 송신 호스트가 응답받은 세그먼트에서 ECE 비트가 설정되어 있을 경우, 송신 호스트는 CWR 비트를 세팅 후 혼잡 윈도우를 반으로 줄입니다.

ECN을 이용하지 않고 송신 호스트만 혼잡 제어를 수행할 경우 타임아웃, 중복된 ACK 세그먼트 수신과 같이 문제가 발생한 이후에야 혼잡 제어가 수행됩니다. 하지만 ECN을 이용하면 수신 호스트의 ACK 세그먼트를 통해 더 빠르게 혼잡을 감지할 수 있고, 이는 일반적으로 세 번의 중복된 ACK 세그먼트 수신 이후나 타임아웃 발생 후에 혼잡을 제어하는 방식에 비해 더 빠릅니다.

마무리

▶ 6가지 키워드로 정리하는 핵심 포인트

- **RTT**는 송신 호스트가 세그먼트를 전송한 뒤 그에 대한 답변을 받는 데까지 걸리는 시간을 의미합니다.

- **ARQ**는 TCP의 재전송 기법으로, 수신 호스트의 답변(ACK)과 타임아웃 발생을 토대로 문제를 진단하고, 문제가 생긴 메시지를 재전송함으로써 신뢰성을 확보하는 방식입니다.

- **오류 제어**를 위한 재전송 기법에는 Stop-and-Wait ARQ, Go-Back-N ARQ, Selective Repeat ARQ가 있습니다.

- **흐름 제어**란 수신자의 처리 속도를 고려하며 전송하는 방식으로, TCP는 이를 위해 **슬라이딩 윈도우**를 사용합니다.

- **혼잡 제어**란 네트워크의 혼잡도를 판단하고 혼잡한 정도에 따라 전송량을 조절하는 방식으로, 느린 시작, 혼잡 회피, 빠른 회복 등의 알고리즘이 사용될 수 있습니다.

▶ 확인 문제

1. 다음과 같이 확인 응답이 오기 전까지는 추가적인 세그먼트를 전송하지 않는 ARQ를 무엇이라고 부르는지 〈보기〉에서 골라 보세요.

> **보기** Stop-and-Wait ARQ, Go-Back-N ARQ, Selective Repeat ARQ

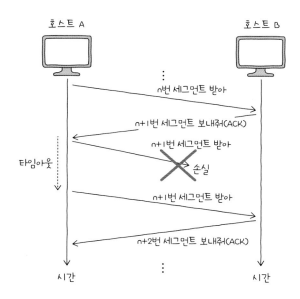

2. 다음 중 TCP의 흐름 제어와 관련 있는 용어를 골라 보세요.

① 느린 시작

② 혼잡 회피

③ 혼잡 윈도우

④ 슬라이딩 윈도우

이제 네트워크 참조 모델의 최상위 계층에 도달했습니다. 이번 장에서는 응용 계층을 학습합니다. 응용 계층에 속하는 프로토콜은 다양하지만, 그중에서도 가장 핵심적인 프로토콜은 오늘날의 웹 기술을 지탱하는 프로토콜인 HTTP입니다. 이번 장에서는 우선 DNS와 자원에 대해 학습하고, 나아가 HTTP와 관련 웹 기술을 학습해 보겠습니다.

응용 계층

학습목표

- 도메인 네임과 DNS에 대해 학습합니다
- 자원의 개념과 이를 식별하는 URI, URL을 학습합니다.
- HTTP의 여러 특성과 메시지 구조를 이해합니다.
- HTTP 메시지의 메서드와 상태 코드를 학습합니다.
- HTTP의 여러 헤더와 그를 기반으로 하는 캐시, 쿠키, 콘텐츠 협상 기술을 이해합니다.

05-1 DNS와 자원

도메인 네임 DNS 네임 서버 DNS 캐시 자원 URI URL

이번 절에서는 도메인 네임과 DNS의 개념을 살펴보고, 웹상의 자원 식별 방법을 학습해 보겠습니다.

시작하기 전에

클라이언트는 서버에게 요청 메시지를 보내고, 서버는 클라이언트에게 요청 메시지에 대한 응답 메시지를 보냅니다. 이러한 요청—응답 메시지 송수신 과정 덕분에 브라우저에 특정 URL을 입력하면 해당 웹 페이지를 확인할 수 있는 것입니다. 그렇다면 당연하게도 서버와 클라이언트는 '메시지를 주고받고자 하는 대상'과 '송수신하고자 하는 정보'를 식별할 수 있어야 합니다.

메시지를 주고받고자 하는 대상을 파악하기 위해서는 IP 주소 이외에 **도메인 네임**을 사용할 수 있습니다. 그리고 송수신하고자 하는 정보를 식별하기 위한 방법으로는 위치 기반의 식별자인 **URL**과 이름 기반의 식별자인 **URN**이 있습니다. 이번 절의 내용은 2절과 3절을 이해하기 위한 일종의 사전 지식이니, 이번 장의 내용을 제대로 이해하려면 꼼꼼히 학습하기를 바랍니다.

이런 정보는 무엇을 표현한 것일까요?

http://example.com/path/to/resource.txt

도메인 네임과 네임 서버

앞서 네트워크상의 어떤 호스트를 특정하기 위해 IP 주소를 사용한다고 했습니다. 하지만 오로지 IP 주소만 사용하기에는 번거롭습니다. 통신하고자 하는 모든 호스트의 IP 주소를 기억하고 있기도 어려울뿐더러, 호스트의 IP 주소는 언제든지 바뀔 수 있기 때문입니다. 여러분이 모든 친구의 전화번호를 전부 기억하기 어려운 것과도 비슷합니다.

그래서 일반적으로 사용자는 상대 호스트를 특정하기 위해 IP 주소보다는 **도메인 네임**domain name을 많이 사용합니다. 도메인 네임은 호스트의 IP 주소와 대응되는 문자열 형태의 호스트 특정 정보입니다. 예를 들어 www.example.com, developers.naver.com, git.kernel.org와 같은 문자열이 도메인 네임입니다.

IP 주소를 전화번호에 비유하면 도메인 네임은 전화번호에 대응하는 사용자 이름과 같습니다. '사용자 이름:전화번호' 쌍의 목록을 전화번호부에 모아서 관리하는 것처럼, 도메인 네임과 IP 주소는 **네임 서버**name server에서 관리합니다. 도메인 네임을 관리하는 네임 서버는 **DNS 서버**라고도 부르지요.

네임 서버는 호스트의 도메인 네임과 IP 주소를 모아 관리하는 '공용' 전화번호부와 같은 역할을 합니다. 다음 그림처럼 도메인 네임을 네임 서버에 질의하면 해당 도메인 네임에 대한 IP 주소를 알려 주는 방식으로 도메인 네임을 통해 IP 주소를 알아낼 수 있습니다.

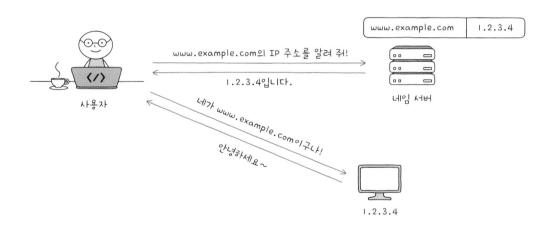

note 반대로 IP 주소를 통해 도메인 네임을 알아내는 것도 가능합니다.

도메인 네임은 IP 주소에 비해 기억하기 쉬울뿐더러, IP 주소가 바뀌더라도 바뀐 IP 주소에 도메인 네임을 다시 대응하면 되므로 IP 주소만으로 호스트를 특정하는 것보다 더 간편합니다.

＋ 여기서 잠깐　　**개인 전화번호부와 같은 hosts 파일**

앞서 네임 서버는 마치 '공용' 전화번호부와 같다고 설명했습니다. 이와 유사하게 호스트마다 유지하는 '개인' 전화번호부 같은 파일도 있습니다. 바로 hosts 파일입니다. hosts 파일은 도메인 네임과 IP 주소의 대응 관계를 담은 파일로, 이를 토대로 도메인 네임에 대응하는 IP 주소를 식별할 수 있습니다. 호스트마다 개별적으로 보유하는 파일이므로 마치 개인 전화번호부와 같다고 할 수 있죠.

hosts 파일의 위치와 내용은 운영체제마다 차이가 있으나, 맥OS나 리눅스의 경우 /etc/hosts에 위치하고, 윈도우의 경우 %SystemRoot%\System32\drivers\etc\hosts에 위치합니다. 다음 그림은 hosts 파일의 예시입니다.

```
##
# Host Database
#
# localhost is used to configure the loopback interface
# when the system is booting. Do not change this entry.
##
127.0.0.1         localhost
255.255.255.255 broadcasthost
::1                 localhost
```

다만 이런 hosts 파일 하나만으로는 네트워크 세상에 있는 모든 호스트의 '도메인 네임, IP 주소' 쌍을 전부 기억하기 어렵겠죠. 그렇기에 공용 전화번호부인 네임 서버가 필요합니다.

그렇다면 네임 서버는 어떻게 관리하면 좋을까요? 그리고 몇 개가 있어야 충분할까요? 이는 도메인 네임의 구조를 통해 알아볼 수 있습니다. 예를 들어 다음과 같은 도메인 네임이 있다고 가정해 보겠습니다.

```
www.example.com
```

도메인 네임은 점(.)을 기준으로 계층적으로 분류됩니다. 최상단에 **루트 도메인**root domain이 있고, 그 다음 단계인 **최상위 도메인**TLD; Top-Level Domain이 있으며, 계속 그다음 단계의 도메인이 있는 식이지요. 다음 그림을 참조하기 바랍니다.

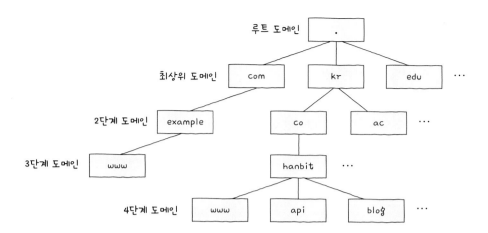

여러분이 일반적으로 알고 있는 도메인 네임의 마지막 부분을 최상위 도메인, 줄여서 TLD라고 합니다. 예를 들어 www.example.com의 최상위 도메인은 'com'입니다. 최상위 도메인의 종류는 다양하지만, 대표적으로 com, net, org, kr(대한민국), jp(일본), cn(중국), us(미국) 등이 있습니다. doctor, lawyer, company와 같은 색다른 최상위 도메인도 있지요.

흔히 최상위 도메인을 도메인 네임의 마지막 부분이라고 생각하기 쉽지만, 사실 루트 도메인도 도메인 네임의 일부입니다. 루트 도메인은 점(.)으로 표현되며 도메인 네임의 마지막에 점이 찍힌 형태로 표기됩니다. 일례로 웹 브라우저에서 www.google.com.과 같은 도메인 네임으로 접속해도 웹 사이트에 잘 접속됩니다. 다만 일반적으로는 루트 도메인을 생략해서 표기하기에 대개 최상위 도메인을 '도메인 네임의 마지막 부분'으로 간주합니다.

최상위 도메인의 하부 도메인은 **2단계 도메인**second-level domain이라고 합니다. 영어로 세컨드 레벨 도메인이라 부르는 경우가 많습니다. 예를 들어 www.example.com에서는 'example'이 2단계 도메인입니다.

나아가 www.example.com에서 'www'는 3단계 도메인입니다. 도메인의 단계는 이보다 더 늘어날 수도 있지만, 일반적으로는 3~5단계 정도입니다. 그리고 www.example.com.처럼 도메인 네임을 모두 포함하는 도메인 네임을 **전체 주소 도메인 네임**FQDN: Fully-Qualified Domain Name (이하 FQDN)이라고 합니다.

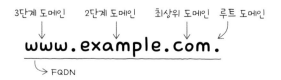

잘 생각해 보면, 뒷부분이 com으로 끝나는 도메인 네임은 아주 많습니다. 또한 뒷부분이 example. com으로 끝나는 도메인 네임도 api.example.com, mail.example.com, www.example. com 등 여러 개 있을 수 있습니다.

하지만 FQDN의 첫 번째 부분까지 고려한 도메인 네임은 www.example.com 하나밖에 없습니다. 즉, 마지막 3단계 도메인까지 고려하면 www.example.com이라는 호스트를 식별할 수 있는 도메인 네임을 얻을 수 있습니다. 이런 점에서 FQDN의 첫 번째 부분(www)을 **호스트 네임**host name 이라 부르기도 합니다.

note '호스트 네임'이라는 용어는 때로는 FQDN 자체를 가리키기도 하며, 때로는 네트워크상의 장치 자체의 이름을 가리키는 데 사용되기도 합니다.

도메인 네임은 루트 도메인, 최상위 도메인, 2단계 도메인, 3단계 도메인순으로 계층적인 형태를 이룹니다.

도메인 네임이 계층적인 형태를 띤다는 것을 배웠습니다. 바로 뒤에서 설명하겠으나, 계층적인 도메인 네임을 효율적으로 관리하기 위해 네임 서버 또한 계층적인 형태를 이룹니다. 또 네임 서버는 여러 개 존재하며 전 세계 여러 군데에 위치해 있습니다. 이렇게 계층적이고, 분산된 도메인 네임Domain Name에 대한 관리 체계System를 **도메인 네임 시스템**Domain Name System, 줄여서 DNS라고 부릅니다. DNS는 호스트가 이러한 도메인 네임 시스템을 이용할 수 있도록 하는 애플리케이션 계층 프로토콜을 의미하기도 합니다.

DNS는 계층적이고 분산된 도메인 네임에 대한 관리 체계이자 이를 관리하는 프로토콜입니다.

➕ 여기서 잠깐 　　**서브 도메인이란 무엇인가요?**

서브 도메인(subdomain)은 다른 도메인이 포함된 도메인을 의미합니다. 예를 들어 다음은 google.com의 서브 도메인입니다. 모두 google.com을 포함하고 있기 때문입니다.

- mail.google.com
- www.google.com
- scholar.google.com
- drive.google.com

마찬가지로 google.com은 com을 포함하고 있기에 com의 서브 도메인이라 할 수 있습니다.

계층적 네임 서버

그렇다면 계층적인 네임 서버들의 구성을 알아보고, 그 구성을 토대로 도메인 이름을 통해 IP 주소를 알아내는 과정을 살펴봅시다. 'IP 주소를 모르는 상태에서 도메인 네임에 대응되는 IP 주소를 알아내는 과정'을 흔히 '도메인 네임을 풀이^{resolve}한다'라고 표현하며, 영어로는 '리졸빙$^{\text{resolve+ing}}$한다'라고도 표현합니다.

이 과정에서 다양한 네임 서버들이 사용되는데, 중요한 역할을 담당하는 네임 서버의 유형은 크게 네 가지가 있습니다. 각각 '로컬 네임 서버', '루트 네임 서버', 'TLD(최상위 도메인) 네임 서버', '책임 네임 서버'입니다. 새로운 용어가 많이 등장해 당황스러울 수 있지만, 처음 읽자마자 모든 용어를 암기할 필요는 없습니다. 용어보다 중요한 것은 각 네임 서버의 역할을 이해하는 것입니다. 읽다 보면 자연스레 이해하게 될 테니 우선 쭉 읽어 보기를 바랍니다.

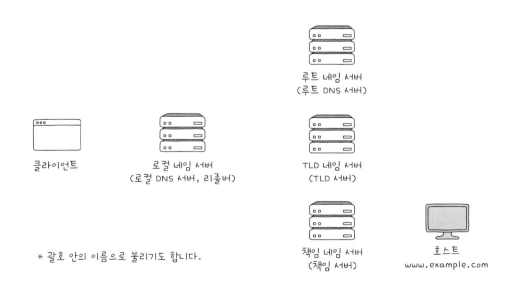

루트 네임 서버
(루트 DNS 서버)

클라이언트　　　　　　로컬 네임 서버
　　　　　　　　　(로컬 DNS 서버, 리졸버)

TLD 네임 서버
(TLD 서버)

＊ 괄호 안의 이름으로 불리기도 합니다.

책임 네임 서버　　　　호스트
(책임 서버)　　　www.example.com

로컬 네임 서버local name server는 클라이언트와 맞닿아 있는 네임 서버로, 클라이언트가 도메인 네임을 통해 IP 주소를 알아내고자 할 때 가장 먼저 찾게 되는 네임 서버입니다. 클라이언트가 로컬 네임 서버를 찾을 수 있으려면 로컬 네임 서버의 주소를 알고 있어야겠죠. 로컬 네임 서버의 주소는 일반적으로 ISP에서 할당해 주는 경우가 많습니다. 다만 ISP에서 할당해 주는 로컬 네임 서버 주소가 아닌, **공개 DNS 서버**public DNS Server를 이용할 수도 있습니다. 공개 DNS 서버의 대표적인 예로는 구글의 8.8.8.8, 8.8.4.4와 클라우드플레어의 1.1.1.1이 있습니다.

구글의 Public DNS 사용 가이드 문서

03-2에서 정적 IP 주소를 설정할 때 DNS 주소를 설정하려면 8.8.8.8을 입력하면 된다고 설명했습니다. 이는 로컬 네임 서버의 주소로 구글의 공개 DNS 서버 주소를 이용한 것입니다.

클라이언트가 로컬 네임 서버에게 특정 도메인 네임에 대응되는 IP 주소가 무엇인지 질의했다고 가정해 봅시다. 로컬 네임 서버가 대응되는 IP 주소를 알고 있다면 클라이언트에게 그 IP 주소를 알려 주면 됩니다. 하지만 만약 로컬 네임 서버가 대응되는 IP 주소를 모른다면 어떻게 해야 할까요? 이 경우 **루트 네임 서버**root name server에게 해당 도메인 네임을 질의하게 됩니다. 루트 네임 서버는 루트 도메인을 관장하는 네임 서버로, 질의에 대해 TLD 네임 서버의 IP 주소를 반환할 수 있습니다.

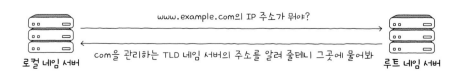

루트 네임 서버가 루트 도메인을 관장하는 네임 서버인 것처럼, **TLD 네임 서버**는 TLD를 관리하는 네임 서버입니다. 그리고 TLD 네임 서버는 다음 그림과 같이 질의에 대해 TLD의 하위 도메인 네임을 관리하는 네임 서버 주소를 반환할 수 있습니다. 하위 도메인 네임을 관리하는 네임 서버는 마찬가지로 그보다 하위 도메인 네임을 관리하는 네임 서버 주소를 반환할 수 있습니다.

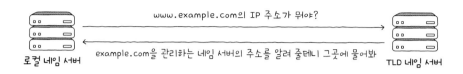

로컬 네임 서버 → www.example.com의 IP 주소가 뭐야?

로컬 네임 서버 ← example.com을 관리하는 네임 서버의 주소를 알려 줄테니 그곳에 물어봐 ← TLD 네임 서버

책임 네임 서버authoritative name server는 특정 도메인 영역zone을 관리하는 네임 서버로, 자신이 관리하는 도메인 영역의 질의에 대해서는 다른 네임 서버에게 떠넘기지 않고 곧바로 답할 수 있는 네임 서버입니다. 쉽게 말해, 책임 네임 서버는 로컬 네임 서버가 마지막으로 질의하는 네임 서버입니다. 일반적으로 로컬 네임 서버는 책임 네임 서버로부터 원하는 IP 주소를 얻어냅니다. 이처럼 루트 도메인을 관리하는 루트 네임 서버부터 TLD를 관리하는 TLD 네임 서버, 최종 IP 주소를 답해 주는 책임 네임 서버에 이르기까지, 네임 서버들은 계층적인 구조를 띠고 있습니다.

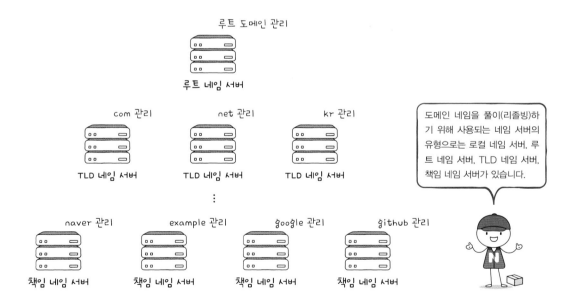

루트 도메인 관리

루트 네임 서버

com 관리   net 관리   kr 관리

TLD 네임 서버   TLD 네임 서버   TLD 네임 서버

naver 관리   example 관리   google 관리   github 관리

책임 네임 서버   책임 네임 서버   책임 네임 서버   책임 네임 서버

> 도메인 네임을 풀이(리졸빙)하기 위해 사용되는 네임 서버의 유형으로는 로컬 네임 서버, 루트 네임 서버, TLD 네임 서버, 책임 네임 서버가 있습니다.

도메인 네임을 리졸빙하는 과정, 즉 IP 주소를 알아내는 과정을 조금 더 자세히 알아보겠습니다. 로컬 네임 서버가 네임 서버들에게 질의하는 방법에는 크게 '재귀적 질의'와 '반복적 질의'라는 두 가지 방법이 있습니다. 다음 쪽의 그림처럼 구성된 네임 서버들을 바탕으로 www.example.com의 IP

주소를 알아내려는 상황을 가정해 보겠습니다.

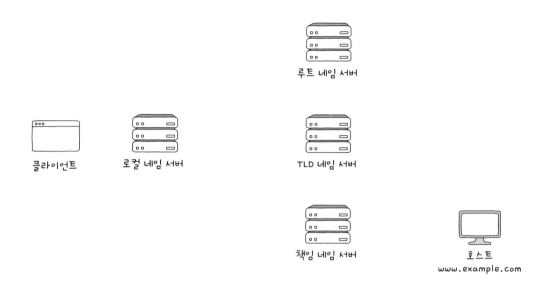

재귀적 질의recursive query는 클라이언트가 로컬 네임 서버에게 도메인 네임을 질의하면, 로컬 네임 서버가 루트 네임 서버에게 질의하고, 루트 네임 서버가 TLD 네임 서버에게 질의하고, TLD 네임 서버가 다음 단계에 질의하는 과정을 반복하며 최종 응답 결과를 역순으로 전달받는 방식입니다. 도식화하면 다음 그림과 같습니다.

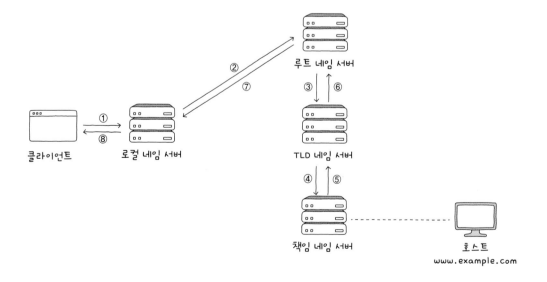

반복적 질의^{iterative query}란 클라이언트가 로컬 네임 서버에게 IP 주소를 알고 싶은 도메인 네임을 질의하면, 로컬 네임 서버는 루트 도메인 서버에게 질의해서 다음으로 질의할 네임 서버의 주소를 응답받고, 다음으로 TLD 네임 서버에게 질의해서 다음으로 질의할 네임 서버의 주소를 응답받는 과정을 반복하다가 최종 응답 결과를 클라이언트에게 알려 주는 방식입니다. 이 과정 또한 도식화하면 다음 그림과 같습니다.

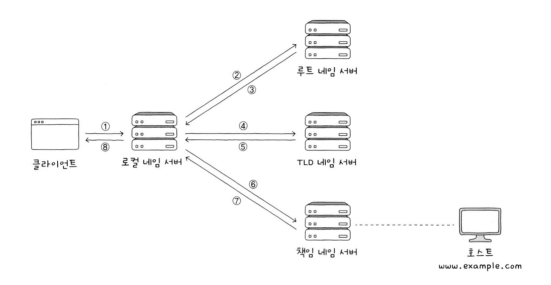

지금까지 설명한 도메인 네임 리졸빙 과정에는 약간의 문제가 있습니다. 그림의 예시만 보더라도 하나의 도메인 네임을 리졸빙하기 위해 8개의 단계를 거쳐야 하는 것처럼 시간이 오래 걸리고 네트워크상의 메시지 수가 지나치게 늘어날 수 있다는 점입니다. 만약 전 세계 모든 호스트가 도메인 네임 리졸빙을 위해 루트 네임 서버에 도메인 네임을 한꺼번에 질의한다면 루트 네임 서버에 과부하가 생길 것입니다.

그래서 실제로는 네임 서버들이 기존에 응답받은 결과를 임시로 저장했다가 추후 같은 질의에 이를 활용하는 경우가 많습니다. 이를 **DNS 캐시**^{DNS cache}라고 합니다. DNS 캐시를 저장하는 용도로만 사용되는 서버도 있지요. DNS 캐시를 활용하면 더 짧은 시간 안에 원하는 IP 주소를 얻어낼 수 있습니다. 참고로 DNS 캐시는 영원히 남아있는 것은 아닙니다. 임시 저장된 값은 TTL^{Time To Live}이라는 값과 함께 저장되는데, 이 값은 캐시될 수 있는 시간을 뜻합니다.

> **note** 이 TTL은 03-1에서 설명한 IP 패킷의 TTL과는 다르다는 점에 유의해 주세요. DNS 캐시의 TTL은 도메인 네임의 질의 결과를 임시로 저장하는 시간을 의미합니다.

자원을 식별하는 URI

지금까지 클라이언트가 메시지를 주고받고자 하는 대상을 식별하는 방법을 설명했습니다. 이번에는 송수신하고자 하는 정보를 식별하기 위한 방식인 URI와, URI를 식별 정보 기준으로 분류한 개념인 URL, URN을 설명하겠습니다. 이 개념들을 이해하려면 우선 **자원**^{resource}이 무엇인지부터 이해해야 합니다. 자원이란 네트워크상의 메시지를 통해 주고받는 대상을 의미합니다. 이는 HTML 파일이 될 수도 있고, 이미지나 동영상 파일이 될 수도 있으며, 텍스트 파일이 될 수도 있습니다. 즉, 두 호스트가 네트워크를 통해 서로 정보를 주고받을 때, 송수신하는 대상이 바로 자원인 셈입니다.

> note HTML 파일은 간략하게 설명하면 웹 페이지의 구성 요소(제목, 하이퍼링크, 이미지 등)들을 표현할 수 있는 HTML이란 언어로 이루어진 파일입니다.

오늘날 인터넷 환경을 이루는 대부분의 통신은 HTTP를 기반으로 이루어지므로, 자원이라는 용어는 'HTTP 요청 메시지의 대상'이라고도 표현합니다.

RFC 9110

> The target of an HTTP request is called a "resource".

↖ HTTP가 요청하는 대상을 '자원'이라고 합니다.

네트워크상에서 자원을 주고받으려면 자원을 식별할 수 있어야 합니다. 자원을 식별할 수 있는 정보를 **URI**^{Uniform Resource Identifier}라고 부릅니다. 이름 그대로 자원^{Resource}을 식별^{Indentifier}하는 통일된 방식^{Uniform}이 URI인 셈입니다.

그렇다면 URI는 어떤 정보를 바탕으로 자원을 식별할까요? 위치를 이용해 자원을 식별할 수도 있고, 이름을 이용해 자원을 식별할 수도 있습니다. 전자를 **URL**^{Uniform Resource Locator}이라 하고, 후자를 **URN**^{Uniform Resource Name}이라 합니다.

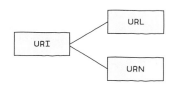

URI는 자원을 식별할 수 있는 정보를 의미하며, 식별에 사용되는 정보에 따라 위치 기반 식별자인 URL과 이름 기반 식별자인 URN으로 나뉩니다.

URL

오늘날 인터넷 환경에서 자원 식별에 더 많이 사용되는 방법은 URL과 URN 중 위치 기반의 식별자인 URL입니다. URL이 어떤 형식을 띠고 있는지 확인해 볼까요? 일반적인 URL 형식은 다음 그림과 같습니다.

이 URL 형태는 인터넷 표준 문서(RFC 3986)에서 소개하는 일반적인 URL 표기입니다. 이와 같은 형식이 HTTP(S)에서 어떻게 표기되고 사용되는지를 기준으로 설명해 보겠습니다.

❶ scheme

URL의 첫 부분은 scheme입니다. scheme은 '자원에 접근하는 방법'을 의미합니다. 일반적으로 사용할 프로토콜이 명시되지요. HTTP를 사용하여 자원에 접근할 때는 http://를 사용하고, HTTPS를 사용하여 자원에 접근할 때는 https://를 사용합니다. scheme의 종류가 궁금한 독자들은 다음 링크를 참고해 보세요.

URL https://www.iana.org/assignments/uri-schemes/uri-schemes.xhtml

❷ authority

authority에는 '호스트를 특정할 수 있는 정보', 이를테면 IP 주소 혹은 도메인 네임이 명시됩니다. 콜론(:) 뒤에 포트 번호를 덧붙일 수도 있습니다.

❸ path

path에는 '자원이 위치한 경로'가 명시됩니다. 자원의 위치는 슬래시(/)를 기준으로 계층적으로 표현되고, 최상위 경로 또한 슬래시로 표현됩니다. 예시를 보면 이해가 쉽습니다. 예를 들어 여러분이 원하는 자원의 이름이 a.png이고, a.png는 다음 쪽의 그림과 같은 위치에 존재한다고 가정해 보죠. a.png는 어디에 있죠? 최상위 경로 아래(/), home 아래(/home), images 아래(/home/images)에 있습니다. 따라서 a.png의 path는 /home/images/a.png가 됩니다.

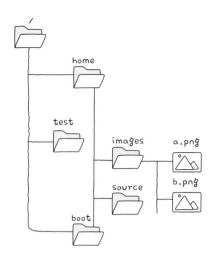

URL에서의 경로도 이와 같습니다. 'http 프로토콜로 접근 가능한 도메인 네임 example.com의 자원 중, /home/images/a.png의 자원'은 다음과 같은 URL로 표현할 수 있습니다.

```
http://example.com/home/images/a.png
```

❹ query

다음 절에서 한 번 더 다루겠지만, HTTP는 요청-응답 기반의 프로토콜입니다. 클라이언트는 서버에게 URI(URL)가 포함된 HTTP 요청 메시지를 보내고, HTTP 서버는 이에 대해 HTTP 응답 메시지를 보냅니다. 그림으로 표현하면 다음과 같습니다.

지금까지 학습한 URL 구문만으로도 위의 그림처럼 문제없이 자원의 위치를 식별할 수 있는 경우도 있지만, 때로는 더 많은 정보가 필요할 수 있습니다. 예를 들어, 다음 쪽의 그림처럼 수많은 정보 중에서 '특정 단어를 검색한 결과'에 해당하는 자원이나 수많은 상품 중에서 '특정 상품을 검색한 뒤 그결과를 내림차순으로 정렬한 결과'에 해당하는 자원을 scheme, authority, path만으로 모두 표현하기란 어렵겠지요.

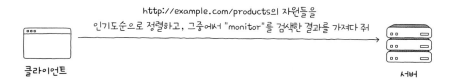

http://example.com/products의 자원들을
인기도순으로 정렬하고, 그중에서 "monitor"를 검색한 결과를 가져다 줘

클라이언트

서버

이럴 때 사용할 수 있는 것이 **쿼리 문자열**^{query string}입니다. **쿼리 파라미터**^{query parameter}라고도 부르지요. 쿼리 문자열은 물음표(?)로 시작되는 〈키=값〉 형태의 데이터로, 앰퍼샌드(&)를 사용하여 여러 쿼리 문자열을 연결할 수 있습니다. 다음은 〈query=value〉, 〈query2=value2〉라는 쿼리 문자열이 포함된 URL 예시입니다.

http://example.com/random/path?query=value&query2=value2

참고로, 쿼리 문자열은 서버를 개발하는 개발자가 설계하기 나름입니다. 예를 들어 다음 그림처럼 부동산 검색 웹 사이트 URL이나 도서 판매 웹 사이트 URL을 설계할 수도 있습니다. 쿼리 문자열을 이용하면 서버와 더 다양하게 상호 작용할 수 있겠죠?

지역: location
침실 수: rooms
면적: size
최소 가격: min_price

http://example.com/search?location=seoul&rooms=2&size=100&min_price=200000
　　　　　　　지역은 서울, 침실 수는 2개, 면적은 100, 최소 가격대는 200000

상품 카테고리: category
브랜드: brand
할인 여부: discounted
정렬 순서: sorted

http://example.com/search?category=books&brand=hanbit&discounted=true&sorted=price_desc
　　　　　　　카테고리는 도서, 브랜드는 한빛, 할인은 진행 중인 상품, 정렬은 가격별 내림차순

❺ fragment

fragment는 '자원의 한 조각을 가리키기 위한 정보'입니다. 흔히 HTML 파일과 같은 자원에서 특정 부분을 가리키기 위해 사용됩니다. 예를 들어 다음과 같이 특정 HTML 파일 자원의 위치를 나타내는 URL이 있다고 가정해 보겠습니다.

```
https://datatracker.ietf.org/doc/html/rfc3986
```

이번에는 아래의 URL을 봅시다. 아래의 URL은 위의 HTML 파일 자원 내의 특정 부분을 나타냅니다. 브라우저로 위의 URL과 아래의 URL에 각각 접속해 보면 차이를 알 수 있을 것입니다. 위의 URL은 HTML 파일 자원 그 자체를 가리키기에 브라우저로 접속해 보면 HTML의 첫 부분이 보이지만, 아래의 URL은 HTML 자원의 특정 부분을 가리키기에 브라우저로 접속해 보면 HTML 파일의 특정 부분으로 이동하여 보일 것입니다.

```
https://datatracker.ietf.org/doc/html/rfc3986#section-1.1.2
```

지금까지 자원과 URL에 대해 학습해 보았습니다. 이제 웹 브라우저를 열고 여러 웹 사이트를 돌아다니며 URL을 관찰해 보기 바랍니다. 여러분이 지금까지 배운 URL 구조를 따르고 있다는 것을 확인할 수 있을 것입니다.

URL은 일반적으로 scheme, authority, path, query, fragment의 다섯 가지로 구성되어 있습니다.

URN

URN도 간략하게나마 알아보겠습니다. 앞서 설명한 대로 URL은 위치를 기반으로 자원을 식별합니다. 그런데 자원의 위치는 언제든 변할 수 있죠. 자원의 위치가 변한다면 URL은 유효해지지 않을 수 있습니다. 다시 말해 자원의 위치가 변경되면 기존 URL로는 자원을 식별할 수 없게 됩니다. 이것은 URL의 고질적인 문제 중 하나입니다.

반면 URN은 자원에 고유한 이름을 붙이는 이름 기반 식별자이기에 자원의 위치와 무관하게 자원을 식별할 수 있다는 장점이 있습니다. 다음과 같은 URN 예시를 봅시다. 다음 URN은 ISBN이 0451450523인 도서를 나타내는 URN 예시입니다.

```
urn:isbn:0451450523
```

또한 다음 URN은 인터넷 기술의 표준을 만드는 단체인 국제 인터넷 표준화 기구 IETF(Internet Engineering Task Force)의 공식 문서 중 RFC 2648을 나타내는 URN 예시입니다.

```
urn:ietf:rfc:2648
```

이와 같은 URN을 이용하면 위치나 프로토콜과 무관하게 자원을 식별할 수 있겠지요? 다만 URN은 아직 URL만큼 널리 채택된 방식은 아니기에 자원을 식별할 URI로는 URN보다는 URL이 더 많이 사용됩니다.

DNS 레코드 타입

앞서 도메인 네임과 네임 서버, 그리고 DNS의 동작 과정을 살펴보았습니다. 이번에는 여기서 한 걸음 더 나아가 DNS가 올바르게 동작하기 위해 네임 서버가 무엇을 저장하는지를 알아보겠습니다.

네임 서버는 **DNS 자원 레코드**DNS resource record라 불리는 정보를 저장하고 관리합니다. 단순히 DNS 레코드라 부르기도 하는데, 다음 화면에서 각 행이 DNS 레코드입니다.

이러한 레코드는 도메인 네임을 구입한 뒤, 웹 사이트에 도메인 네임을 적용시킬 때 자주 접하게 됩니다. 예를 들어 여러분이 IP 주소 1.2.3.4인 호스트를 접속 가능한 웹 서비스로 만들었다고 가정해 보겠습니다. 즉, 다른 사용자들은 1.2.3.4로 접속하면 여러분의 웹 서비스를 이용할 수 있습니다. 그리고 여러분은 example.com이라는 도메인 네임을 구입하여 이를 1.2.3.4에 대응시키고자 한다고 해 보죠.

그런데 도메인 네임 example.com이 1.2.3.4에 대응된다는 사실을 네임 서버에게 알리지 않는다면 당연히 네임 서버는 그 사실을 알 수 없습니다. 그래서 여러분은 '도메인 네임 example.com이 1.2.3.4에 대응된다는 사실'을 네임 서버에게 알리기 위해 도메인 레코드를 추가해야 합니다. 다음 화면은 다른 DNS 관리 서비스에서 새로운 레코드를 등록하는 과정을 보여 주는 화면입니다.

두 화면을 보면서 도메인 레코드마다 공통으로 유지하는 정보는 어떤 것이 있는지 확인해 보겠습니다. 우선 이름(호스트 이름, Record name)과 값(값/위치, Value)이 있습니다. 그리고 TTL을 설정하는 곳도 있습니다. 또한, 공통적인 정보로 '유형(타입, Record type)'이 있습니다. 각 레코드에는 유형이 정해져 있기에 레코드의 유형이 달라지면 레코드의 이름과 값의 의미가 달라집니다. 다양한 레코드 유형이 있지만, 여러분이 자주 접할 레코드 유형은 주로 다음과 같습니다.

레코드 유형	설명
A	특정 호스트에 대한 도메인 네임과 IPv4 주소와의 대응 관계
AAAA	특정 호스트에 대한 도메인 네임과 IPv6 주소와의 대응 관계
CNAME	호스트 네임에 대한 별칭 지정
NS	특정 호스트의 IP 주소를 찾을 수 있는 네임 서버
MX	해당 도메인과 연동되어 있는 메일 서버

예를 들어 다음과 같은 레코드는 example.com.이 1.2.3.4에 대응되어 있다는 것을 보여 줍니다. 즉, 다음과 같은 레코드를 저장하는 네임 서버에 example.com.을 질의하면 1.2.3.4를 응답받을 수 있습니다.

타입	이름	값	TTL
A	example.com.	1.2.3.4	300

여기에 다음과 같은 레코드가 추가되었다고 가정해 보죠. 추가된 레코드는 example.com.에 대한 별칭으로 www.example.com.을 사용하겠다는 의미입니다. 따라서 www.example.com.을 질의하면 같은 IP 주소인 1.2.3.4를 응답받게 됩니다.

타입	이름	값	TTL
A	example.com.	1.2.3.4	300
CNAME	www.example.com.	example.com.	300

마무리

▶ 7가지 키워드로 정리하는 핵심 포인트

- **도메인 네임**은 IP 주소와 대응되는 문자열 형태의 호스트 특정 정보이며, 네임 서버가 관리합니다.

- **DNS**는 계층적이고 분산된 도메인 네임에 대한 관리 체계이자 이를 관리하는 프로토콜입니다.

- 도메인 네임을 풀이(리졸빙)하기 위해 사용되는 **네임 서버**의 유형으로는 로컬 네임 서버, 루트 네임 서버, TLD 네임 서버, 책임 네임 서버가 있습니다.

- **DNS 캐시**는 TTL 동안의 시간만큼 도메인 네임의 질의 결과를 임시 저장하는 것을 의미합니다.

- **자원**이란 네트워크상의 메시지를 통해 송수신하고자 하는 대상입니다.

- **URI**는 자원을 식별할 수 있는 정보를 의미하며, 식별 방법으로 위치 기반의 URL과 이름 기반의 URN이 있습니다.

- **URL**은 scheme, authority, path, query, fragment로 구성되어 있습니다.

▶ 확인 문제

1. 도메인 네임과 네임 서버에 대한 설명으로 옳지 않은 것을 골라 보세요.

① 8.8.8.8은 대표적인 공개 DNS 서버로, 구글이 관리합니다.

② 도메인 네임은 호스트를 특정할 수 있는 문자열 형태의 정보입니다.

③ DNS는 계층적이고 분산된 도메인 네임에 대한 관리 체계이자 이를 관리하는 프로토콜입니다.

④ www.example.com에서 루트 도메인은 com에 해당합니다.

2. 다음 URL에 대한 설명으로 옳지 않은 것을 골라 보세요.

> https://github.com/kangtegong?tab=repositories
>   (ㄱ)   (ㄴ)   (ㄷ)

① ㄱ은 scheme입니다. https를 사용해 위 자원에 접근할 수 있음을 나타냅니다.

② ㄴ은 authority입니다. 호스트를 특정하는 정보입니다.

③ ㄷ은 쿼리 문자열입니다.

④ 위와 같은 URL은 위치를 기반으로 자원을 식별합니다.

05-2 HTTP

핵심 키워드

`HTTP 특성` `HTTP 메시지 구조` `메서드` `상태 코드`

이번 절에서는 HTTP의 특성과 메시지 구조를 살펴보고, 메서드와 상태 코드를 학습해 보겠습니다.

시작하기 전에

이제 본격적으로 HTTP를 학습해 보겠습니다. **HTTP**는 사용자와 밀접하게 맞닿아 있는 프로토콜로, 오늘날 웹 세상의 기반을 이루는 중요한 역할을 합니다.

HTTP에는 중요한 네 가지 특성이 있습니다. HTTP는 첫째, 요청과 응답을 기반으로 동작하고, 둘째, 미디어 독립적이며, 셋째, 상태를 유지하지 않고, 넷째, 지속 연결을 지원합니다. 각 특성의 의미와 HTTP 메시지 구조를 파악하면 HTTP의 개괄적인 구조를 이해할 수 있습니다.

> HTTP의 네 가지 특성을 기반으로 HTTP를 학습해 봅시다!

HTTP의 특성

HTTP^{Hypertext Transfer Protocol}는 응용 계층에서 정보를 주고받는 데 사용되는 프로토콜입니다. HTTP의 네 가지 주요 특성은 다음과 같습니다.

요청–응답 기반 프로토콜

HTTP는 '클라이언트–서버 구조 기반의 요청–응답 프로토콜'입니다. 1장에서 호스트의 대표적인 종류에는 클라이언트와 서버가 있고, 클라이언트는 서버에게 요청 메시지를 전송하며, 서버는 클라이언트에게 요청에 대한 응답 메시지를 전송한다고 했죠? HTTP는 이와 같이 클라이언트와 서버가 서로 HTTP 요청 메시지와 HTTP 응답 메시지를 주고받는 구조로 동작합니다. 그렇기에 같은 HTTP 메시지일지라도 HTTP 요청 메시지와 HTTP 응답 메시지는 메시지 형태가 다릅니다.

요청 메시지와 응답 메시지 형태를 직접 확인해 볼까요? 여러분의 컴퓨터에서 웹 브라우저를 열고 개발자 도구를 열어 보세요. [Network] 탭을 클릭한 후, 특정 웹 사이트에 접속해 보세요. 해당 웹 사이트에 접근하는 과정에서 주고받은 자원들을 개발자 도구에서 실시간으로 확인할 수 있습니다. 다음은 필자가 크롬 브라우저의 개발자 도구를 열고, [Network] 탭을 클릭한 후, http://example.com에 접속했을 때 나타난 화면입니다.

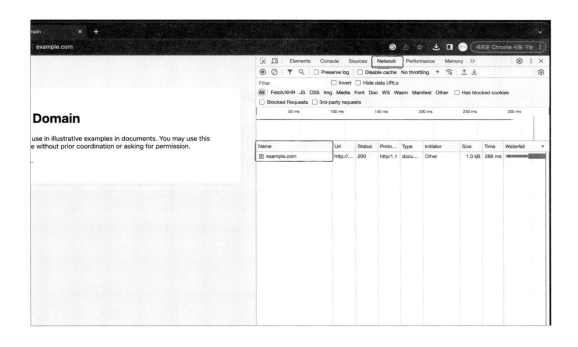

여기서 임의의 자원을 클릭해 보세요. 필자는 여기서 example.com을 클릭해 보겠습니다. 그러면 다음과 같은 HTTP 요청 메시지 헤더^{Request Headers}와 HTTP 응답 메시지 헤더^{Response Headers}를 볼 수 있습니다.

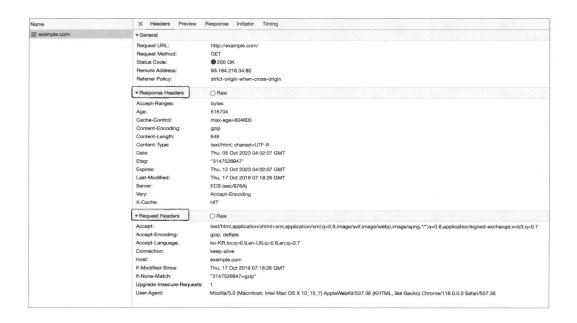

미디어 독립적 프로토콜

클라이언트는 HTTP 요청 메시지를 통해 서버의 자원을 요청할 수 있고, 서버는 HTTP 응답 메시지로 요청받은 자원에 대해 응답할 수 있습니다. 그렇다면 HTTP로는 어떤 자원을 주고받을 수 있을까요? HTTP를 정의한 공식 문서(RFC 9110)에서는 다음과 같이 이야기합니다.

RFC 9110

> The target of an HTTP request is called a "resource". HTTP does not limit the nature of a resource; it merely defines an interface that might be used to interact with resources. Most resources are identified by a Uniform Resource Identifier (URI).

해당 내용을 직역하면 'HTTP가 요청하는 대상을 자원이라고 합니다. HTTP는 자원의 특성을 제한하지 않으며, 단지 자원과 상호 작용하는 데 사용할 수 있는 인터페이스를 정의할 뿐입니다. 대부분의 자원은 URI로 식별됩니다'라는 뜻입니다.

다시 말해 HTTP는 주고받을 자원의 특성과 무관하게 그저 자원을 주고받을 수단(인터페이스)의 역할만을 수행합니다. 실제로 HTTP를 통해서 HTML, JPEG, PNG, JSON, XML, PDF 파일 등 다양한 종류의 자원을 주고받을 수 있습니다.

HTTP에서 메시지로 주고받는 자원의 종류를 **미디어 타입**^{media type}이라 부릅니다. **MIME 타입** Multipurpose Internet Mail Extensions Type이라고도 부르지요. 즉, HTTP는 주고받을 미디어 타입에 특별히 제한을 두지 않고 독립적으로 동작이 가능한 미디어 독립적인 프로토콜이라 할 수 있습니다.

미디어 타입을 조금 더 자세히 알아보겠습니다. 미디어 타입은 일종의 웹 세상의 확장자와 같은 개념입니다. 일반적으로 파일의 종류를 .html, .png, .json, .mp4와 같은 확장자로 나타낼 수 있듯이, HTTP를 통해 송수신하는 정보의 종류는 미디어 타입으로 나타낼 수 있습니다. 다음 그림에서 붉은색 글자가 미디어 타입입니다. 차례로 HTML, 일반 텍스트, PNG 이미지 타입을 나타냅니다.

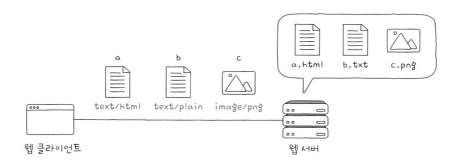

미디어 타입은 기본적으로 슬래시를 기준으로 하는 '타입/서브타입^{type/subtype}' 형식으로 구성됩니다. **타입**^{type}은 데이터의 유형을 나타내고, **서브타입**^{subtype}은 주어진 타입에 대한 세부 유형을 나타냅니다.

```
type/subtype
```

미디어 타입의 종류는 매우 다양하며, 필요에 따라 새로운 미디어 타입을 등록할 수도 있습니다. 그렇기에 모든 미디어 타입을 암기할 필요는 없고, 필요할 때마다 찾아보는 것이 일반적입니다. 다음쪽의 표를 통해서 개발 시에 자주 마주칠 수 있는 대표적인 미디어 타입과 서브타입의 예시를 살펴보겠습니다. 전체 목록을 확인하고 싶다면 다음 URL을 참고하면 됩니다.

URL https://www.iana.org/assignments/media-types/media-types.xhtml

타입	타입 설명	서브타입	서브타입 설명
text	일반 텍스트 형식의 데이터	text/plain	평문 텍스트 문서
		text/html	HTML 문서
		text/css	CSS 문서
		text/javascript	자바스크립트 문서
image	이미지 형식의 데이터	image/png	PNG 이미지
		image/jpeg	JPEG 이미지
		image/webp	WebP 이미지
		image/gif	GIF 이미지
video	비디오 형식의 데이터	video/mp4	MP4 비디오
		video/ogg	OGG 비디오
		video/webm	WebM 비디오
audio	오디오 형식의 데이터	audio/midi	MIDI 오디오
		audio/wav	WAV 오디오
application	바이너리 형식의 데이터	application/octet-stream	알 수 없는 바이너리 데이터를 포함한 일반적인 바이너리 데이터
		application/pdf	PDF 문서 형식 데이터
		application/xml	XML 형식 데이터
		application/json	JSON 형식 데이터
		application/x-www-form-urlencoded	HTML 입력 폼 데이터(키-값 형태의 입력값을 URL 인코딩한 데이터)
multipart	각기 다른 미디어 타입을 가질 수 있는 여러 요소로 구성된 데이터	multipart/form-data	HTML 입력 폼 데이터
		multipart/encrypted	암호화된 데이터

참고로, 별표 문자(*)는 여러 미디어 타입을 통칭하기 위해 사용됩니다. 예를 들어 text/*는 text 타입의 모든 서브타입을 나타내고, image/*는 image 타입의 모든 서브타입을 나타냅니다. 또 */*는 모든 미디어 타입을 나타냅니다.

또한 미디어 타입에는 부가적인 설명을 위해 선택적으로 매개변수가 포함될 수도 있습니다. 매개변수는 '타입/서브타입;매개변수=값'의 형식으로 표현됩니다. 다음 표현의 붉은색 글자를 참고해 보세요.

```
type/subtype;parameter=value
```

예를 들어, type/html;charset=UTF-8은 미디어 타입이 HTML 문서 타입이며, HTML 문서 내에서 사용된 문자는 UTF-8로 인코딩되었음을 의미합니다.

note UTF-8 인코딩과 앞의 표에서 application/x-www-form-urlencoded 서브타입을 설명할 때 등장하는 URL 인코딩은 모두 문자 인코딩 방식의 일종입니다. 문자 인코딩이란 사람이 읽을 수 있는 문자를 컴퓨터가 이해하는 문자로 변환하는 방식을 의미합니다.

스테이트리스 프로토콜

HTTP는 상태를 유지하지 않는 **스테이트리스**stateless 프로토콜입니다. 이는 서버가 HTTP 요청을 보낸 클라이언트와 관련된 상태를 기억하지 않는다는 의미입니다. 그렇기 때문에 클라이언트의 모든 HTTP 요청은 기본적으로 독립적인 요청으로 간주됩니다.

예를 들어 클라이언트가 실수로 특정 HTTP 요청 메시지를 서버에게 여러 번 전송했다고 가정해 봅시다. 서버는 이 요청들을 각기 다른 요청으로 간주합니다. 따라서 클라이언트는 같은 응답 메시지를 여러 번 받을 수 있습니다.

상태를 유지하지 않는 특성은 언뜻 효율적이지 않아 보일 수도 있지만, 실제로는 장점이 더 명확합니다. HTTP 서버는 일반적으로 많은 클라이언트와 동시에 상호 작용합니다. 동시에 처리해야 할 요청 메시지의 수는 수천 개가 될 수도 있고, 많게는 수백만 개가 될 수도 있지요. 이러한 상황에서 모든 클라이언트의 상태 정보를 유지하는 것은 서버에 큰 부담입니다.

또한, 서버는 하나가 아니라 여러 대로 구성될 수도 있습니다. 이런 상황에서 모든 서버가 모든 클라이언트의 상태를 유지할 경우 클라이언트는 여러 서버를 동시에 이용하기가 어려워집니다. 모든 서버가 모든 클라이언트의 상태 정보를 공유하는 작업은 매우 번거롭고 복잡하기 때문입니다.

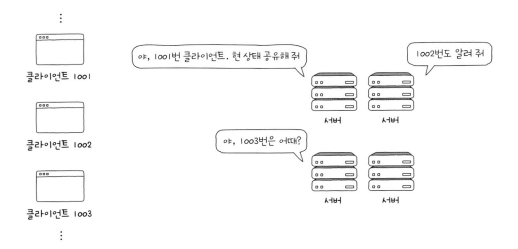

HTTP가 상태를 유지하는 프로토콜이었다면 클라이언트는 자신의 상태를 기억하는 특정 서버하고만 상호 작용할 수 있게 되어, 특정 클라이언트가 특정 서버에 종속될 수 있습니다. 이러한 상황에서 어느 한 서버에 문제가 발생하면 해당 서버에 종속된 클라이언트는 직전까지의 HTTP 통신 내역을 잃어버리는 상황이 발생할 수도 있습니다.

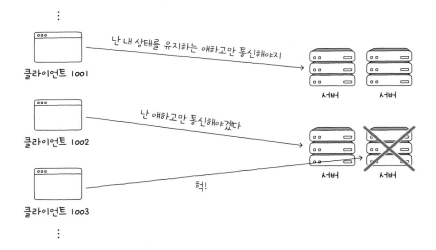

HTTP가 처음 만들어졌을 때부터 오늘날까지 이어지는 중요한 설계 목표는 바로 **확장성**scalability과 **견고성**robustness입니다. 서버는 하나가 아니라 여러 개가 있을 수도 있다고 했지요? 상태를 유지하지 않고 모든 요청을 독립적인 요청으로 처리하는 것은 특정 클라이언트가 특정 서버에 종속되지 않도록 하며, 서버의 추가나 문제 발생 시 대처가 용이하도록 합니다. 즉, 상태를 유지하지 않는 스테이트리스한 특성은 필요하다면 언제든 쉽게 서버를 추가할 수 있기 때문에 확장성이 높고, 서버 중 하나에 문제가 생겨도 쉽게 다른 서버로 대체가 가능하기 때문에 견고성이 높습니다.

이제 상태를 유지하지 않는 HTTP의 특성과 장점을 아시겠나요? 참고로, HTTP가 스테이트리스 프로토콜이라 할지라도 서버가 클라이언트의 요청을 매번 처음 보는 것처럼 동작하는 것만은 아닙니다. 상태를 유지하지 않는 HTTP의 특성을 보완하기 위한 여러 방법이 있고, 이는 추후 학습할 예정입니다.

지속 연결 프로토콜

HTTP는 지속해서 발전 중인 프로토콜인 만큼, 여러 버전이 있습니다. 오늘날 많이 사용되는 HTTP 버전인 HTTP 1.1과 HTTP 2.0이 포함됩니다. 기본적으로 HTTP는 TCP상에서 동작하는데, HTTP는 비연결형 프로토콜이지만, TCP는 연결형 프로토콜입니다. 따라서 초기의 HTTP 버전(HTTP 1.0 이하)은 쓰리 웨이 핸드셰이크를 통해 TCP 연결을 수립한 후, 요청에 대한 응답을 받으면 연결을 종료하는 방식으로 동작했습니다. 추가적인 요청-응답을 하기 위해서는 다시 TCP 연결을 수립해야 했죠. 이러한 방식을 비지속 연결이라고 합니다.

note 최근 HTTP 버전인 HTTP 3.0은 UDP상에서 동작합니다. HTTP의 버전별 특성은 이번 절의 〈좀 더 알아보기: HTTP의 발전: HTTP/0.9에서 HTTP/3.0까지〉를 참고해 주세요.

하지만 최근 대중적으로 사용되는 HTTP 버전(HTTP 1.1 이상)은 **지속 연결**persistent connection이라는 기술을 제공합니다. 다른 표현으로는 **킵 얼라이브**keep-alive라고도 부릅니다. 이는 하나의 TCP 연결상에서 여러 개의 요청-응답을 주고받을 수 있는 기술입니다. 지속 연결 기능을 지원하지 않는 HTTP와 지속 연결 기능을 지원하는 최근의 HTTP와의 차이는 다음 쪽의 그림과 같습니다. 그림의 내용처럼 지속 연결 기능을 지원하는 HTTP는 매번 새롭게 연결을 수립하고 종료해야 하는 비지속 연결에 비해 더 빠르게 여러 HTTP 요청과 응답을 처리할 수 있습니다.

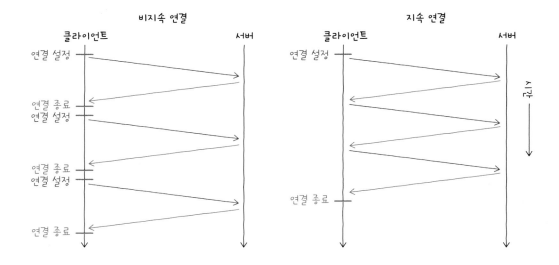

지금까지 HTTP 프로토콜의 특성들을 정리해 보았습니다. 이 특성들은 이번 장을 통틀어서 계속 등장할 예정이니 꼭 기억해 두기를 바랍니다.

HTTP는 요청–응답 기반의 프로토콜이자, 미디어 독립적이고, 스테이트리스하며, 지속 연결 기능을 제공하는 프로토콜입니다.

HTTP 메시지 구조

그렇다면 이제 HTTP 메시지의 구성을 살펴봅시다. HTTP의 큰 그림을 그리는 시간이라 생각해도 좋습니다. 암기하기보다는 HTTP를 대략적으로 살펴본다고 생각하고 구조를 파악하는 데 집중하기를 바랍니다. 여기서는 대중적으로 사용되는 HTTP 버전 중 하나인 HTTP 1.1 버전의 메시지를 위주로 학습할 예정입니다. HTTP 메시지의 구성은 크게 다음과 같습니다.

```
HTTP 메시지  =    시작 라인(줄바꿈)
                필드 라인*(줄바꿈)
                (줄바꿈)
    *   0개 이상    메시지 본문**
    ** 선택적
```

HTTP 메시지는 시작 라인, 필드 라인, 메시지 본문으로 이루어져 있습니다. 필드 라인은 없거나 여러 개 있을 수 있고, 메시지 본문은 없을 수 있습니다. 또한 필드 라인과 메시지 본문 사이에는 빈 줄바꿈이 있습니다.

먼저 **시작 라인**start-line부터 봅시다. HTTP 메시지는 HTTP 요청 메시지일 수도 있고, HTTP 응답 메시지일 수도 있습니다. 이때, HTTP 메시지가 HTTP 요청 메시지일 경우 시작 라인은 '요청 라인'이 되고, HTTP 메시지가 HTTP 응답 메시지일 경우 시작 라인은 '상태 라인'이 됩니다.

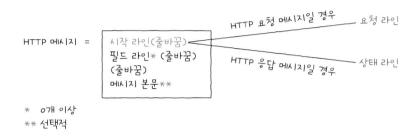

HTTP 요청 메시지의 시작 라인인 **요청 라인**request-line의 형식은 다음과 같습니다. 메서드, 요청 대상, HTTP 버전은 모두 공백으로 구분된다는 점에 유의해 주세요.

요청 라인 = 메서드 (공백) 요청 대상 (공백) HTTP 버전 (줄바꿈)

메서드method란 클라이언트가 서버의 자원(요청 대상)에 대해 수행할 작업의 종류를 나타냅니다. 대표적으로 GET, POST, PUT, DELETE 등이 있습니다. 요청 대상이 같아도 메서드가 다르면 각기 다른 요청으로 처리됩니다. 다양한 메서드의 종류와 종류별 동작은 뒤에서 설명할 예정입니다.

요청 대상request-target은 HTTP 요청을 보낼 서버의 자원을 의미합니다. 보통 이곳에는 (쿼리가 포함된) URL의 경로path가 명시됩니다. 예를 들어 클라이언트가 "http://www.example.com/hello?q=world"로 요청을 보낼 경우, 요청 대상은 "/hello?q=world"가 됩니다. 만약 하위 경로가 없더라도 요청 대상은 슬래시(/)로 표기해야 합니다. 즉, 예를 들어 클라이언트가 "http://www.example.com"으로 요청할 경우 요청 대상은 "/"가 됩니다.

HTTP 버전HTTP-version은 이름 그대로 사용된 HTTP 버전을 의미합니다. 'HTTP/〈버전〉'이라는 표기 방식을 따르며, HTTP 버전 1.1은 HTTP/1.1로 표기됩니다.

HTTP 메시지가 HTTP 응답 메시지일 경우 시작 라인은 다음과 같은 **상태 라인**status-line이 됩니다. 상태 라인의 형식은 다음과 같으며, HTTP 버전, 상태 코드, 이유 구문 모두 공백으로 구분됩니다.

상태 라인 = HTTP 버전 (공백) 상태 코드 (공백) 이유 구문* (줄바꿈)

* 선택적

HTTP 버전은 사용된 HTTP의 버전을 나타내며, **상태 코드**status code는 요청에 대한 결과를 나타내는 세 자리 정수입니다. 클라이언트는 상태 코드를 통해 요청이 어떻게 처리되었는지 판단할 수 있습니다. **이유 구문**reason phrase은 상태 코드에 대한 문자열 형태의 설명을 의미합니다. 예를 들어 상태 코드 200은 '요청이 성공적으로 받아들여지고 수행되었음'을 의미합니다. 이유 구문까지 함께 표기한 상태 라인의 예시는 다음과 같습니다.

```
HTTP/1.1 200 OK
```

또 다른 예로, 상태 코드 404는 '요청한 자원이 존재하지 않음'을 의미합니다. 이를 이유 구문까지 함께 표기한 상태 라인은 다음과 같습니다.

```
HTTP/1.1 404 Not Found
```

다양한 상태 코드와 이유 구문에 대해서는 이어서 자세히 알아볼 예정이며, 여러분의 이해를 돕기 위해 상태 코드와 이유 구문은 가능한 한 200(OK), 404(Not Found)처럼 함께 명시하도록 하겠습니다.

지금까지 HTTP 메시지의 첫 줄인 시작 라인을 알아보았습니다. 이번에는 필드 라인을 보겠습니다. 필드 라인에는 0개 이상의 **HTTP 헤더**HTTP header가 명시됩니다. 그래서 이를 **헤더 라인**header-line이라고도 부릅니다. 여기서 HTTP 헤더란 HTTP 통신에 필요한 부가 정보를 의미합니다. 참고로, 공식 문서에서는 필드 라인에 '0개 이상'의 HTTP 헤더가 명시된다고 언급되지만, 실제로는 한 HTTP 메시지에 아주 다양한 HTTP 헤더들이 사용되는 것이 일반적입니다.

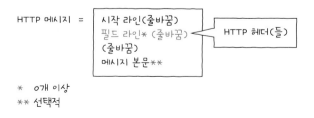

HTTP 메시지 = 시작 라인(줄바꿈)
필드 라인* (줄바꿈) ← HTTP 헤더(들)
(줄바꿈)
메시지 본문**

* 0개 이상
** 선택적

필드 라인에 명시되는 각 HTTP 헤더는 콜론(:)을 기준으로 **헤더 이름**header-name과 하나 이상의 **헤더 값**header-value으로 구성됩니다. 다음 예시에서 붉은색으로 표기한 글자가 HTTP 헤더입니다. HTTP 헤더의 종류는 다양하며, 추후 학습할 예정입니다.

```
GET /example-page HTTP/1.1
Host: www.example.com
User-Agent: Mozilla/5.0 (Windows NT 10.0; Win64; x64; rv:109.0) Gecko/20100101
Firefox/118.0
Accept: text/html
```

HTTP 요청 혹은 응답 메시지에서 본문이 필요할 경우 이는 **메시지 본문**message-body에 명시됩니다. 메시지 본문은 존재하지 않을 수도 있고, 다음과 같이 다양한 콘텐츠 타입이 사용될 수도 있습니다.

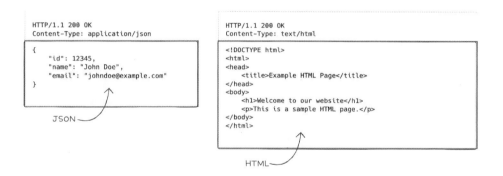

이렇게 HTTP 메시지의 구조를 살펴보았습니다. 지금까지 학습한 내용을 그림으로 표현해 보면 다음과 같습니다. 이제부터 시작 라인의 ① 메서드와 ② 상태 코드와 이유 구문을 학습한 뒤, 다음 절에서 ③ 다양한 HTTP 헤더를 학습하는 순서로 HTTP를 살펴보겠습니다.

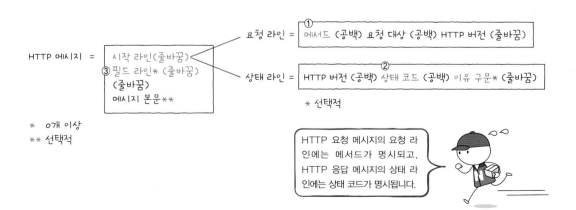

HTTP 메서드

HTTP 요청 메시지에서 사용될 수 있는 다양한 메서드를 학습해 보겠습니다. HTTP 메서드의 종류에는 GET, HEAD, POST, PUT, PATCH, DELETE, CONNECT, OPTIONS, TRACE가 있습니다. 우선 각 메서드에 대한 설명을 쭉 훑어 보고, 주로 사용되는 메서드를 자세히 알아봅시다.

HTTP 메서드	설명
GET	**자원을 습득하기 위한 메서드**
HEAD	**GET과 동일하나, 헤더만을 응답받는 메서드**
POST	**서버로 하여금 특정 작업을 처리하게끔 하는 메서드**
PUT	**자원을 대체하기 위한 메서드**
PATCH	**자원에 대한 부분적 수정을 위한 메서드**
DELETE	**자원을 삭제하기 위한 메서드**
CONNECT	자원에 대한 양방향 연결을 시작하는 메서드
OPTIONS	사용 가능한 메서드 등 통신 옵션을 확인하는 메서드
TRACE	자원에 대한 루프백 테스트를 수행하는 메서드

표의 메서드 중에서 특히 자주 사용되는 메서드는 굵게 표기된 GET, HEAD, POST, PUT, PATCH, DELETE입니다. 이 메서드들을 예제와 함께 조금 더 자세히 학습해 봅시다.

GET – 가져다주세요

GET 메서드는 특정 자원을 조회할 때 사용되는 메서드입니다. 클라이언트가 서버에게 '이것을 가져다주세요'라고 요청을 보내는 것과 같습니다. 여기서 '이것'은 조회하고자 하는 자원을 의미합니다. 이는 HTML이 될 수도 있고, JSON이 될 수도 있으며, 이미지 파일이나 일반 텍스트 파일이 될 수도 있지요.

GET은 가장 흔히 사용되는 메서드 중 하나이며, 웹 브라우저에서도 빈번하게 사용됩니다. 웹 브라우저를 통해 조회하는 자원은 대부분 GET 요청 메시지에 대한 응답입니다. 예를 들어 웹 브라우저에 http://www.example.com을 입력했다고 가정해 봅시다. 그럼 웹 브라우저는 여러분에게 해당 웹 페이지를 보여 줄 것입니다. 사실 이것은 웹 브라우저가 www.example.com에게 '당신의 웹 페이지 자원을 가져다주세요'라고 요청하고, 웹 페이지 자원을 응답받은 것과 같습니다.

GET은 '이것을 가져다주세요'와 같은 요청 메서드라고 했습니다. 그렇다면 '이것'에 해당하는 자원을 요청 메시지에 포함해야겠죠. 이를 위해 사용되는 것이 요청 라인의 '요청 대상' 그리고 'Host 헤더'

입니다. 예시와 함께 살펴보세요. 다음 예시는 http://www.example.com/example-page에 대한 간략화된 GET 요청 메시지입니다. 실제로는 다음 예제보다 더 많은 헤더가 붙긴 합니다만, 우선 붉은색으로 표기한 글자를 중심으로 살펴보세요. 앞서 요청 라인의 '요청 대상'에는 일반적으로 요청할 자원에 대한 쿼리가 포함된 경로가 명시된다고 했습니다. 예제에서는 /example-page로 표현되었습니다. 'Host 헤더'에는 요청을 보낼 호스트가 명시됩니다. 다음 예제에서는 Host: www.example.com으로 표현되었습니다.

❶ 요청 메시지

```
GET /example-page HTTP/1.1
Host: www.example.com
Accept: *
```

GET 요청 메시지가 성공적으로 처리되었다면 이에 대한 응답으로서 요청한 자원을 전달받게 됩니다. 다음 예제는 HTML 문서를 응답받은 예제입니다. 붉은색 글자는 응답 메시지의 본문이자 응답받은 자원(HTML 문서)입니다.

❷ 응답 메시지

```
HTTP/1.1 200 OK
Content-Type: text/html
Content-Length: 1234

<!DOCTYPE html>
<html>
<head>
  <title>Example Page</title>
</head>
<body>
  <h1>Hello, World!</h1>
</body>
</html>
```

참고로, GET 메서드에 요청 메시지 본문을 포함시키는 것은 바람직하지 않습니다. GET 요청 메시지에서는 메시지 본문보다 다음 예시처럼 쿼리 문자열이 사용되는 경우가 많습니다.

❸ 요청 메시지

```
GET /index.html?name1=value1&name2=value2 HTTP/1.1
Host: www.example.com
Accept: *
```

HEAD – 헤더만 가져다주세요

HEAD 메서드는 사실상 GET 메서드와 동일한 역할을 합니다. 유일한 차이점은 응답 메시지에 메시지 본문이 포함되지 않는다는 것입니다. 즉, HEAD 메서드를 사용하면 서버는 요청에 대한 응답으로 응답 메시지의 헤더만을 반환합니다. 요컨대 HEAD 메서드는 클라이언트가 서버에게 '헤더만 가져다주세요'라고 요청을 보내는 것과 같습니다. 다음 예시는 앞의 예시와 동일한 URI로 HEAD 요청을 보낸 예시입니다.

❶ 요청 메시지

```
HEAD /example-page HTTP/1.1
Host: www.example.com
Accept: *
```

이에 대한 응답 메시지를 볼까요? 앞에서 설명했던 대로 메시지 본문 없이 헤더만을 포함한다는 것을 알 수 있습니다.

❷ 응답 메시지

```
HTTP/1.1 200 OK
Content-Type: text/html
Content-Length: 1234
```

POST - 처리해 주세요

POST 메서드는 서버로 하여금 특정 작업을 처리하도록 요청하는 메서드입니다. GET이 '이것을 가져다주세요'와 같은 메서드라면 POST는 '이것을 처리해 주세요'와 같은 메서드로 이해할 수 있습니다. 짐작할 수 있듯이, POST 메서드는 범용성이 매우 넓은 메서드입니다. 여러분이 웹과 관련된 개발을 하게 된다면 GET 다음으로 많이 접하게 될 메서드라고 볼 수 있습니다.

예를 들어 http://example.com/posting에 접속했을 때의 화면이 다음과 같고, 어떤 클라이언트가 입력 폼에 글을 입력한 뒤, [게시하기] 버튼을 눌렀다고 가정해 봅시다.

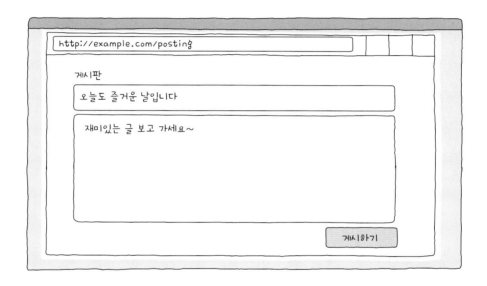

이때 클라이언트는 서버에 어떤 요청을 보내야 할까요? '이 글을 처리해 주세요'라는 요청을 보내야겠죠? 이때 POST 메서드가 사용됩니다. 처리할 대상은 흔히 메시지 본문으로 명시됩니다. 다음 POST 요청 메시지 예시로 확인해 보세요.

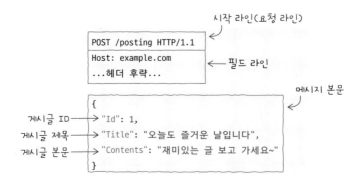

POST 메서드가 범용성 넓은 메서드라고는 하나, 많은 경우 '클라이언트가 서버에 새로운 자원을 생성하고자 할 때' 사용됩니다. 그리고 만약 성공적으로 POST 요청이 처리되어 새로운 자원이 생성되면 서버는 응답 메시지의 Location 헤더를 통해 새로 생성된 자원의 위치를 클라이언트에게 알려 줄 수 있습니다. 다음 응답 메시지의 붉은색 글자를 보세요. 새로 생성된 자원은 /posting/1에서 확인할 수 있다는 의미입니다. Location 헤더는 다음 절에서 한 번 더 다루겠습니다.

응답 메시지

```
HTTP/1.1 201 Created
Content-Type: application/json
Content-Length: 100
Date: Mon, 14 Oct 2024 16:35:00 PST
Location: /posting/1

{
    "Id": 1,
    "Title": "오늘도 즐거운 날입니다",
    "Contents": "재미있는 글 보고 가세요~"
}
```

PUT – 덮어써 주세요

PUT 메서드는 쉽게 말해서 '덮어쓰기'를 요청하는 메서드입니다. 요청 자원이 없다면 메시지 본문으로 자원을 새롭게 생성하거나, 이미 자원이 존재한다면 메시지 본문으로 자원을 완전히 대체하는 메서드이지요. 예를 들어 다음 그림에서처럼 example.com/posts/1에 우측 상단과 같은 자원이 있다고 가정해 보겠습니다(회색 테두리 박스). 이에 대해 좌측 하단과 같이 PUT 요청 메시지(붉은색 테두리 박스)를 보낸다면 어떻게 될까요?

```
                                                  {
                                                    "Id": 1,
                                                    "Title": "오늘도 즐거운 날입니다",
                                                    "Contents": "재미있는 글 보고 가세요~"
                                                  }
```

클라이언트

```
PUT /posting HTTP/1.1
Host: example.com
...헤더 후략...

{
  "Id": 1,
  "Title": "수정된 제목입니다"
}
```

서버

PUT 요청은 마치 덮어쓰기와 같다고 했습니다. 따라서 example.com/posts/1의 자원은 다음과
같이 갱신됩니다.

```
{
  "Id": 1,
  "Title": "수정된 제목입니다"
}
```

PATCH – 일부 수정해 주세요

PATCH 메서드는 PUT 메서드와의 차이와 비교하며 이해하는 것이 좋습니다. PUT 메서드가 덮어
쓰기, 완전한 대체에 가깝다면 PATCH 메서드는 부분적 수정에 가깝습니다. 바로 앞 예제에서의 요
청 메서드를 PATCH 메서드로 바꿔 보낸 결과는 다음 화면과 같습니다. PUT 메서드로 요청을 보
냈을 경우 메시지 본문으로 덮어써졌지만, PATCH 메서드로 요청을 보낼 경우 메시지 본문에 맞게
자원이 일부 수정되는 것을 볼 수 있습니다.

```
{
  "Id": 1,
  "Title": "수정된 제목입니다",
  "Contents": "재미있는 글 보고 가세요~"
}
```

DELETE - 삭제해 주세요

DELETE 메서드는 특정 자원을 삭제하고 싶을 때 사용하는 메서드입니다. 다음 예시는 example.com/texts/a.txt라는 자원을 삭제하도록 요청하는 메시지입니다.

요청 메시지

```
DELETE /texts/a.txt HTTP/1.1
Host: example.com
```

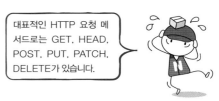

지금까지 대표적인 HTTP 메서드를 알아보았습니다. 마지막으로 서버를 개발하는 개발자 입장에서 한번 생각해 봅시다. 어떤 URI(URL)에 어떤 메서드로 요청을 받았을 때 서버가 어떻게 행동해야 하는지 설계하는 것은 오로지 개발자의 몫입니다. 어떤 메서드는 구현할 수도 있고, 어떤 메서드는 구현하지 않을 수도 있죠.

같은 URL에 대한 요청일지라도 사용된 메서드가 다르면 각기 다른 요청으로 간주하기 때문에, 때로는 같은 URL에 대해 메서드별 동작을 여러 개 구현할 수도 있습니다.

'어떤 URL로 어떤 요청을 받았을 때 서버는 어떻게 응답할 것인가?'는 서버를 개발하는 개발자들의 주된 고민 중 하나입니다. 이를 가장 잘 보여 주는 문서가 바로 **API 문서**입니다.

다음 예시는 유튜브와 관련된 API입니다. 어떤 URL에 어떤 메서드를 보낼 수 있는지, 어떤 쿼리 문자열(매개변수)이 사용될 수 있는지, 올바르게 요청을 보냈을 경우 어떤 응답 메시지를 받을 수 있는지, 그리고 올바르지 않은 요청을 보냈을 경우 어떤 오류 메시지를 받을 수 있는지가 명시되어 있습니다.

유튜브 API 예시

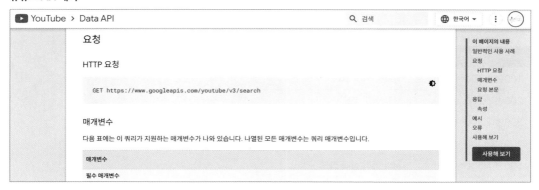

또 다른 예시를 보여드리겠습니다. 다음 화면은 네이버의 뉴스 검색 결과를 확인할 수 있는 API 예시입니다. 이 또한 어떤 URL에 어떤 메서드를 보낼 수 있는지, 어떤 쿼리 문자열(매개변수)이 사용될 수 있는지, 어떤 응답 메시지를 받을 수 있는지가 명시되어 있습니다.

네이버 뉴스 검색 결과 API 예시

HTTP 상태 코드

다음으로 HTTP 응답 메시지상의 상태 코드를 알아보겠습니다. 상태 코드는 요청에 대한 결과를 나타내는 세 자리 정수입니다. 상태 코드의 종류는 200, 201, 304, 404, 505 등 다양한데, 백의 자리수를 기준으로 유형을 구분할 수 있습니다. 즉, 100번대 상태 코드, 200번대 상태 코드, 300번대 상태 코드처럼 유사한 상태 코드는 같은 백의 자리 수를 공유합니다. 다음은 상태 코드별 유형과 설명을 정리한 표입니다.

상태 코드	설명
100번대(100~199)	정보성 상태 코드
200번대(200~299)	성공 상태 코드
300번대(300~399)	리다이렉션 상태 코드
400번대(400~499)	클라이언트 에러 상태 코드
500번대(500~599)	서버 에러 상태 코드

이러한 상태 코드 중에서 주로 사용되는 200번대 상태 코드부터 500번대 상태 코드까지를 조금 더자세히 알아보겠습니다.

200번대: 성공 상태 코드

200번대 상태 코드는 '요청이 성공했음'을 의미합니다. 주로 사용되는 상태 코드는 200(OK), 201(Created), 202(Accepted), 204(No Content)입니다.

상태 코드	이유 구문	설명
200	OK	요청이 성공했음
201	Created	요청이 성공했으며, 새로운 자원이 생성되었음
202	Accepted	요청을 잘 받았으나, 아직 요청한 작업을 끝내지 않았음
204	No Content	요청이 성공했지만, 메시지 본문으로 표시할 데이터가 없음

예를 들어 클라이언트가 "http://example.com/images/a.png"로 GET 요청을 보냈다고 가정해 보겠습니다. 서버가 이 요청을 성공적으로 받아들이고 처리한 경우, 서버는 요청한 자원과 함께 상태 코드 200(OK)을 포함한 응답을 할 수 있습니다. 285쪽의 응답 메시지는 상태 코드 200(OK)인 응답 메시지의 예시입니다.

또한, 만약 POST 요청을 통해 서버에 새로운 자원을 생성한 경우, 상태 코드 201(Created)로 요청이 성공했으며 새로운 자원이 만들어졌음을 알릴 수 있습니다. 이 경우 Location 헤더를 통해 생성된 자원의 위치를 명시할 수 있지요.

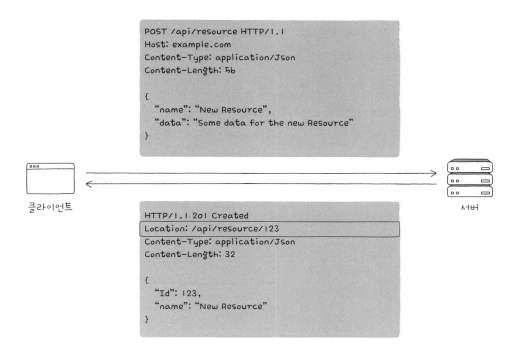

202(Accepted)는 요청을 잘 받았으나, 아직 요청한 작업을 끝내지 않았음을 의미합니다. 작업 시간이 긴 대용량 파일 업로드 작업이나 배치 작업과 같이 요청 결과를 곧바로 응답하기 어려운 상황이 있습니다. 이 경우 서버는 202(Accepted)로 응답할 수 있습니다.

그리고 요청 메시지에 대해 성공적으로 작업을 완료했더라도 마땅히 메시지 본문으로 표기할 것이 없을 경우 서버는 상태 코드 204(No Content)로 응답할 수 있습니다.

300번대: 리다이렉션 상태 코드

300번대 상태 코드는 **리다이렉션**^{redirection}과 관련된 상태 코드입니다. 리다이렉션이란 무엇일까요? 인터넷 공식 문서(RFC 9110)에서는 이를 '요청을 완수하기 위해 추가적인 조치가 필요한 상태'로 정의합니다. 조금 알쏭달쏭하죠? '리다이렉트'라는 이름을 풀이해 보면 이해가 한결 쉽습니다. 리다이렉트는 이름 그대로 '다시^{re} 향하다^{direct}'라는 뜻입니다. 즉, 리다이렉션은 클라이언트가 요청한 자원이 다른 곳에 있을 때, 클라이언트의 요청을 다른 곳으로 이동시키는 것을 의미합니다.

클라이언트가 요청한 자원이 다른 URL에 있을 경우, 서버는 응답 메시지의 Location 헤더를 통해 요청한 자원이 위치한 URL을 안내해 줄 수 있습니다. 이를 수신한 클라이언트는 Location 헤더에 명시된 URL로 즉시 재요청을 보내어 새로운 URL에 대한 응답을 받게 됩니다. 다음 그림은 이와 관련된 예시로, http://example.com/old로 GET 요청을 보낸 호스트가 http://example.com/new로 리다이렉트되는 상황을 나타냅니다. 그림 하단에서 상태 코드 200(OK)도 확인할 수 있습니다.

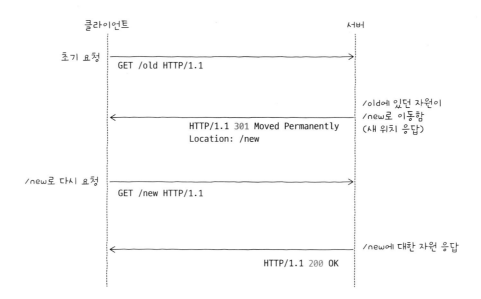

리다이렉션의 유형은 크게 영구적인 리다이렉션과 일시적인 리다이렉션으로 구분됩니다. **영구적인 리다이렉션**^{permanent redirection}은 자원이 완전히 새로운 곳으로 이동하여 경로가 영구적으로 재지정되는 것을 의미합니다. 따라서 이 경우 기존의 URL에 요청 메시지를 보내면 항상 새로운 URL로 리다이렉트됩니다. 서버가 도메인을 이전하는 등 웹 사이트의 큰 개편이 있을 때 이런 영구적인 리다이렉션을 접할 수 있습니다. 영구적인 리다이렉션과 관련한 상태 코드로는 301(Moved Permanently)과 308(Permanent Redirect)이 있습니다.

상태 코드	이유 구문	설명
301	Moved Permanently	영구적 리다이렉션; 재요청 메서드 변경될 수 있음
308	Permanent Redirect	영구적 리다이렉션; 재요청 메서드 변경되지 않음

상태 코드 301(Moved Permanently)과 308(Permanent Redirect)의 차이점은 '클라이언트의 재요청 메서드 변경 여부'에 있습니다.

예를 들어 클라이언트가 서버에 GET 요청 메시지를 보낸 뒤 301(Moved Permanently) 혹은 308(Permanent Redirect) 응답 메시지를 받았고, 응답 메시지의 Location 헤더에 명시된 경로로 재요청을 보내야 한다고 가정해 보겠습니다. 이 경우 클라이언트가 보내는 두 번째 요청 메서드는 첫 번째 요청 메서드와 동일하게 GET입니다.

이번에는 클라이언트가 서버에 POST 메서드와 같이 GET 메서드가 아닌 요청 메시지를 보냈고, 301(Moved Permanently) 응답 메시지를 받았다고 해 봅시다. 이 경우 클라이언트가 보내는 두 번째 요청 메서드는 다음 그림처럼 GET 요청으로 바뀔 '수도' 있습니다. 다소 엄밀하지 못한 표현에 당황할 수도 있겠습니다만, 실제 공식 문서에서도 이 부분은 'MAY change the request method(요청 메서드가 바뀔 수도 있습니다)'라고 정의되어 있습니다. 상당히 애매하죠?

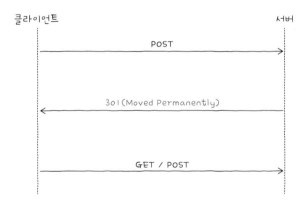

이런 애매함으로 인해 등장한 상태 코드가 308(Permanent Redirect)입니다. 클라이언트가 308(Permanent Redirect) 응답 메시지를 받을 경우, 두 번째 요청 메서드는 변하지 않습니다. 즉, 다음 쪽의 그림과 같이 첫 번째 요청에서 POST 메서드를 사용했다면, 상태 코드 308(Permanent Redirect)을 받은 뒤 보내는 두 번째 요청에서도 POST 메서드를 유지하게 됩니다.

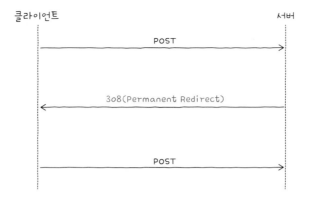

그럼 이제 일시적인 리다이렉션을 알아볼까요? 앞서 학습한 영구적인 리다이렉션은 자원의 위치가 영구적으로 변경되었음을 시사합니다. 그렇기에 만약 어떤 URL에 요청을 보낸 결과로 영구적인 리다이렉션 관련 상태 코드를 응답받았다면, 요청을 보낸 URL은 기억할 필요가 없다고 봐도 무방합니다. 앞으로는 새로운 URL로 요청을 보내면 되니까요.

반면 **일시적인 리다이렉션**temporary redirection은 자원의 위치가 임시로 변경되었거나 임시로 사용할 URL이 필요한 경우에 주로 사용됩니다. 따라서 어떤 URL에 대해 일시적인 리다이렉션 관련 상태 코드를 응답받았다면 여전히 요청을 보낸 URL은 기억해야 합니다. 일시적인 리다이렉션과 관련한 상태 코드는 302(Found), 303(See Other), 307(Temporary Redirect)이 있습니다.

상태 코드	이유 구문	설명
302	Found	일시적 리다이렉션; 재요청 메서드 변경될 수 있음
303	See Other	일시적 리다이렉션; 재요청 메서드 GET으로 변경
307	Temporary Redirect	일시적 리다이렉션; 재요청 메서드 변경되지 않음

상태 코드 302(Found)는 상태 코드 301(Moved Permanently)과 유사합니다. 301(Moved Permanently)이 '요청한 자원이 완전히 다른 곳으로 이동했음'을 나타낸다면 302(Found)는 '요청한 자원이 임시로 다른 곳으로 이동했음'을 나타낸다는 정도의 차이가 있습니다.

앞서 GET이 아닌 요청 메서드를 사용한 클라이언트가 상태 코드 301(Moved Permanently)을 응답받을 경우, 두 번째 요청 메서드가 GET으로 바뀔 '수도' 있다고 했습니다. 상태 코드 302(Found)도 마찬가지입니다. GET이 아닌 요청 메서드를 사용한 클라이언트가 상태 코드 302(Found)를 응답받을 경우, 두 번째 요청 메서드는 GET으로 바뀔 '수도' 있습니다.

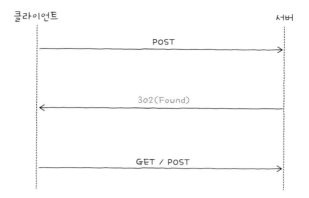

상태 코드 301(Moved Permanently)의 애매모호함을 해결하기 위한 상태 코드가 308(Permanent Redirect)인 것처럼, 상태 코드 302(Found)의 애매모호함을 해결하기 위한 상태 코드는 307(Temporary Redirect)입니다. 307(Temporary Redirect)은 두 번째 요청 메서드를 변경하지 않는 상태 코드입니다.

예를 들어 POST 요청을 보낸 클라이언트가 307(Temporary Redirect)을 응답받을 경우, 두 번째 요청 메서드도 POST로 유지됩니다. 한편으로, 두 번째 요청 메서드를 반드시 유지하는 상태 코드 307(Temporary Redirect)과 달리 상태 코드 303(See Other)은 두 번째 요청 메서드를 GET으로 바꿔 주기 위해 사용됩니다.

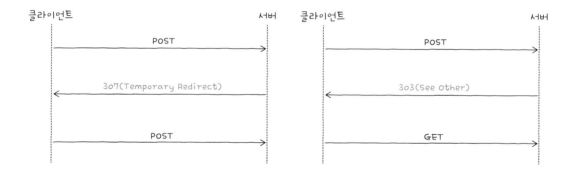

요컨대, 만일 클라이언트가 POST 요청 메시지를 보내고, 302(Found) 응답을 받았다면 두 번째 요청 메서드는 GET으로 변경될 수도 있습니다. 또 클라이언트가 POST 요청 메시지를 보내고, 303(See Other) 응답을 받았다면 두 번째 요청 메서드는 GET으로 변경됩니다. 그러나 클라이언트가 POST 요청 메시지를 보내고, 307(Temporary Redirect) 응답을 받았다면 두 번째 요청 메서드는 변경 없이 POST 메서드로 유지됩니다.

앞에서 리다이렉션이란 클라이언트가 요청한 자원이 '다른 곳'에 있을 때, 클라이언트의 요청을 '다른 곳'으로 이동시키는 것이라고 했습니다. 여기서 말하는 '다른 곳'은 다른 URL이 될 수도 있고, 다음 절에서 학습할 캐시가 될 수도 있습니다. 지금까지의 설명은 전자와 관련한 설명입니다. 다시 말해, 클라이언트가 요청한 자원이 다른 URL에 있을 때, 클라이언트의 요청을 해당 URL로 이동시키는 상태 코드를 설명했습니다. 다음 절에서는 캐시와 관련된 상태 코드인 304(Not Modified)를 학습할 예정입니다. 지금은 304(Not Modified)는 '자원이 변경되지 않았음'을 의미하는 상태 코드이며, 캐시와 관련된 상태 코드라는 정도로 알아두면 됩니다.

400번대: 클라이언트 에러 상태 코드

400번대 상태 코드는 '클라이언트에 의한 에러가 있음'을 알려 주는 상태 코드입니다. 서버가 처리할 수 없는 형태로 요청을 보냈거나, 존재하지 않는 자원에 대해 요청을 보내는 경우가 이런 경우에 속하지요. 여러분도 한 번쯤 봤을 그 유명한 404(Not Found)가 바로 400번대 상태 코드, 즉 클라이언트 에러 상태 코드의 일종입니다.

그럼 400번대 상태 코드의 대표 유형을 알아봅시다.

상태 코드	이유 구문	설명
400	Bad Request	클라이언트의 요청이 잘못되었음
401	Unauthorized	요청한 자원에 대한 유효한 인증이 없음
403	Forbidden	요청이 서버에 의해 거부됨 (예: 접근 권한이 없을 경우)
404	Not Found	요청받은 자원을 찾을 수 없음
405	Method Not Allowed	요청한 메서드를 지원하지 않음

상태 코드 400(Bad Request)은 클라이언트의 요청이 잘못되었음을 알려 주는 상태 코드입니다. 클라이언트 요청 메시지의 내용이나 형식 자체에 문제가 있어 서버가 요청 메시지를 올바르게 처리할 수 없는 경우가 이런 상황에 속하지요.

웹상에서 정보를 검색할 때 모든 자원에 접근이 가능한 것은 아닙니다. 때로는 특정 자원에 접근하기 위해 **인증**이 필요할 때가 있습니다. 요청에 대한 인증이 필요할 경우 서버는 401(Unauthorized) 상태 코드를 응답할 수 있습니다.

서버가 상태 코드 401(Unauthorized)로 응답할 때는 한 가지 특징이 있습니다. 반드시 WWW-Authenticate라는 헤더를 통해 인증 방법을 알려 주어야 한다는 점입니다. WWW-Authenticate 헤더는 다음 절에서 자세히 알아보겠습니다.

만약 클라이언트의 권한이 충분하지 않다면 상태 코드 403(Forbidden)을 응답합니다. 즉, 상태 코드 403(Forbidden)은 '자원에 접근할 권한이 없음'을 의미합니다.

상태 코드 401(Unauthorized)과 403(Forbidden)을 혼동하기 쉬운데, **인증**Authentication 여부와 **권한 부여**Authorization 여부는 다른 개념입니다. 인증이란 '자신이 누구인지 증명하는 것'을 의미하고, 권한 부여는 '인증된 주체에게 작업을 허용하는 것'을 의미합니다. 권한 부여는 '인가'라고도 부릅니다. 다음 쪽의 그림처럼 인증이 되었더라도 권한이 충분하지 않을 수 있습니다. '인증'과 '권한 부여/인가'는 개발할 때 자주 등장하는 용어이니, 개념과 차이를 꼭 이해하기를 바랍니다.

상태 코드 404(Not Found)는 접근하고자 하는 자원이 존재하지 않음을 알리는 상태 코드입니다. 존재하더라도 공개하지 않는 자원에 대해 404(Not Found)를 응답하는 경우도 있습니다.

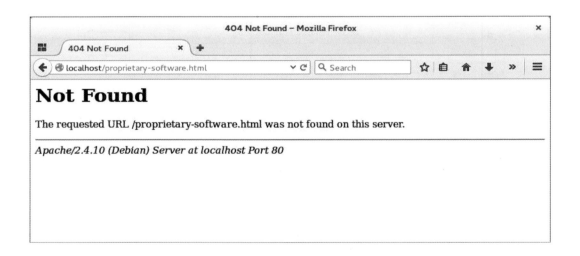

앞서 말한 것처럼 어떤 URI(URL)에 어떤 메서드로 요청을 받았을 때 서버가 어떻게 행동(응답)해야 하는지 설계하는 것은 오로지 개발자의 몫이므로 일부 메서드는 구현되어 있지 않을 수도 있습니다. 구현되지 않은 메서드로 요청을 보낸다면 상태 코드 405(Method Not Allowed)를 통해 해당 메서드의 미지원을 알릴 수 있습니다.

500번대: 서버 에러 상태 코드

400번대 상태 코드의 원인이 클라이언트라면, 500번대 상태 코드 원인은 서버입니다. 즉, 500번대 오류는 클라이언트가 올바르게 요청을 보냈을지라도 발생할 수 있는 서버 에러에 대한 상태 코드입니다. 그럼 대표적인 500번대 상태 코드들을 알아봅시다.

상태 코드	이유 구문	설명
500	Internal Server Error	요청을 처리할 수 없음
502	Bad Gateway	중간 서버의 통신 오류
503	Service Unavailable	현재는 요청을 처리할 수 없으나 추후 가능할 수도 있음

500번대 상태 코드 중에서 자주 사용되는 상태 코드는 500(Internal Server Error)입니다. 이는 '서버의 예기치 못한 상황으로 인해 요청을 처리할 수 없음'이라는 의미입니다. 다소 포괄적인 표현이지요? 그래서 상태 코드 500(Internal Server Error)은 서버 내 에러를 통칭하기도 합니다.

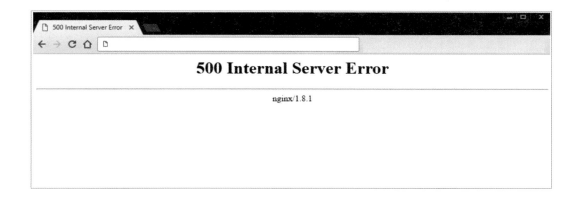

다음 화면의 상태 코드 502(Bad Gateway) 또한 종종 마주칠 수 있습니다. 상태 코드 502(Bad Gateway)는 클라이언트와 서버 사이에 위치한 중간 서버의 통신 오류를 나타내는 상태 코드입니다.

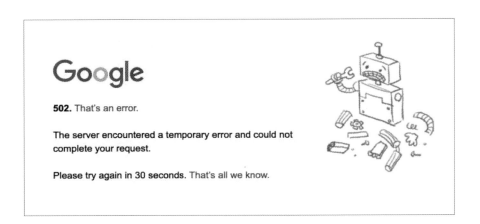

클라이언트와 서버는 일반적으로 일대일로 연결되어 통신하지 않습니다. 클라이언트와 서버 사이에는 게이트웨이를 비롯한 여러 중간 서버가 존재할 수 있습니다. 클라이언트와 서버가 요청과 응답을 주고받는 과정에서 중간에 위치한 수많은 서버들도 요청과 응답을 주고받게 되지요.

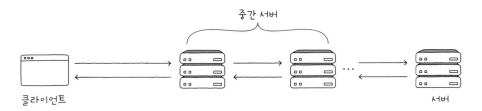

note 게이트웨이를 비롯한 중간 서버와 관련된 보다 자세한 설명은 07-1의 〈좀 더 알아보기: 포워드 프록시와 리버스 프록시〉를 참조해 주세요.

이때, 클라이언트와 서버 사이에 위치한 중간 서버가 다음 그림처럼 유효하지 않거나 잘못된 응답을 받을 수도 있습니다. 이럴 때 상태 코드 502(Bad Gateway)를 응답합니다.

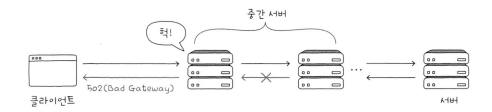

마지막으로 상태 코드 503(Service Unavailable)은 '현재 서비스를 일시적으로 이용할 수 없음'을 의미하는 상태 코드입니다. 서버가 과부하 상태에 있거나 일시적인 점검 상태일 때 볼 수 있는 상태 코드입니다.

여기까지 HTTP의 특성과 메시지 구조, 그리고 요청 메시지의 메서드와 응답 메시지의 상태 코드에 대해 알아보았습니다.

HTTP의 상태 코드는 성공을 나타내는 200번대, 리다이렉션을 나타내는 300번대, 클라이언트 에러를 나타내는 400번대, 서버 에러를 나타내는 500번대로 나눌 수 있습니다.

HTTP의 발전: HTTP/0.9에서 HTTP/3.0까지

HTTP는 오늘날 인터넷을 지탱하는 프로토콜이 되기까지 많은 진화를 거쳐 왔습니다. HTTP의 초기 단계인 HTTP 버전 0.9부터 비교적 최근에 등장한 HTTP 버전 3.0까지, 단계별로 어떤 주요 변화가 있었고 각 버전에는 어떤 특성이 있었는지 간략하게 알아봅시다.

❶ HTTP/0.9

HTTP/0.9는 지금은 거의 사용되지 않는 초창기 HTTP 버전입니다. 사용 가능한 메서드가 GET뿐이었고, 요청 메시지는 한 줄로 구성되어 있었습니다. 헤더가 지원되지 않았기에 오늘날의 HTTP에 비하면 기능과 성능 면에서 아주 제한적이었죠.

❷ HTTP/1.0

HTTP/1.0에서는 HEAD, POST와 같은 GET 이외의 메서드가 도입되었고, 헤더가 지원되기 시작해 훨씬 더 다양한 정보를 주고받을 수 있게 되었습니다. 그러나 여전히 공식적으로는 지속 연결persistent connection을 지원하지 않았습니다. 다시 말해 HTTP 메시지를 주고받을 때마다 연결을 수립하고 종료하기를 반복했습니다.

❸ HTTP/1.1

HTTP/1.1부터 지속 연결이 공식적으로 지원되었습니다. 또한 특정 요청에 대한 응답이 수신되기 전에 다음 요청을 보낼 수 있는 파이프라이닝 기능과 다음 절에서 학습할 콘텐츠 협상 기능 등 다양한 편의 기능 및 사용 가능한 헤더가 추가되었습니다. 오늘날까지 널리 사용되는 버전입니다.

❹ HTTP/2.0

HTTP/2.0은 HTTP/1.1의 효율과 성능을 높이기 위한 버전입니다. 달리 말하자면 HTTP/1.1을 보완하고 개선하기 위한 버전으로 볼 수 있습니다. HTTP/2.0에서는 송수신 효율을 높이기 위해 헤더를 압축하여 전송하고, (텍스트 기반의 메시지를 송수신한 이전 버전과는 달리) 바이너리 데이터 기반의 메시지를 송수신합니다. 또 클라이언트가 요청하지 않았더라도 미래에 필요할 것으로 예상되는 자원을 미리 전송해 주는 서버 푸시server push라는 기능을 제공하기도 합니다.

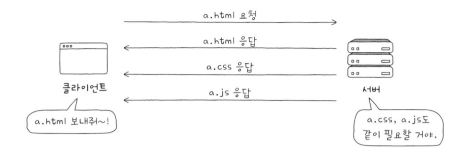

그리고 HTTP/2.0은 HTTP/1.1까지의 고질적인 문제였던 HOL 블로킹^{Head-Of-Line blocking}이라는 문제를 완화한 버전이기도 합니다. HOL 블로킹이란 '같은 큐에 대기하며 순차적으로 처리되는 여러 패킷이 있을 때, 첫 번째 패킷의 처리 지연으로 인해 나머지 패킷들의 처리도 모두 지연되는 문제 상황'을 의미합니다. 여기서 큐^{queue}는 한 줄로 저장된 값이 저장된 순서대로 처리되는 일종의 대기열이라 보면 됩니다. HTTP에서 발생하는 HOL 블로킹 양상은 다음과 같습니다. 다음 그림을 보면 알수 있듯이, 서버가 요청 B, C를 빠르게 처리할 수 있더라도 요청 A의 처리가 지연되면 요청 B, C의 처리 속도도 지연됩니다.

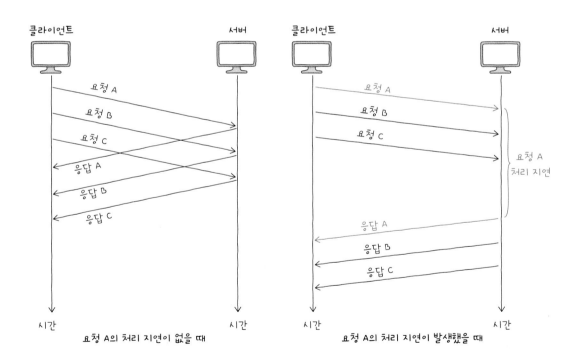

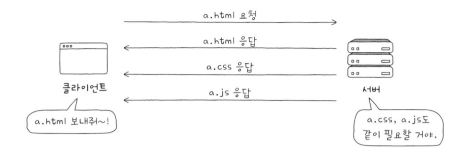

그리고 HTTP/2.0은 HTTP/1.1까지의 고질적인 문제였던 HOL 블로킹_{Head-Of-Line blocking}이라는 문제를 완화한 버전이기도 합니다.

HTTP/2.0에서는 이를 멀티플렉싱^{multiplexing} 기법을 도입해 완화했습니다. HTTP 멀티플렉싱이란 여러 스트림^{stream}을 이용해 병렬적으로 메시지를 주고받는 기술을 의미합니다. 요청과 응답을 주고받는 단위는 하나의 스트림에서 이루어지고, 이러한 스트림을 여러 개 활용하는 동시에 스트림별로 독립적인 송수신이 가능하며, 스트림별 메시지들은 꼭 일정한 순서를 유지할 필요가 없습니다. 별도의 스트림을 통해 여러 데이터를 병렬적으로 주고받는다면 HOL 블로킹을 상당 부분 완화할 수 있습니다.

❺ HTTP/3.0

지금까지 언급한 HTTP 버전들은 모두 TCP를 기반으로 동작하였습니다. 하지만 HTTP/3.0은 이전까지의 HTTP 버전과는 달리 UDP를 기반으로 동작합니다. 정확히 말하자면, UDP를 기반으로 구현된 QUIC^{Quick UDP Internet Connections} 프로토콜을 기반으로 동작합니다. 연결형 프로토콜인 TCP에 비해 비연결형 프로토콜인 UDP는 상대적으로 더 빠르기 때문에, HTTP/3.0은 속도 측면에서 큰 개선이 이루어졌습니다. HTTP/3.0은 현재 빠르게 성장하는 프로토콜로, 이에 따라 QUIC의 중요성도 점차 커지고 있습니다.

HTTP/2.0에서는 이를 멀티플렉싱_{multiplexing} 기법을 도입해 완화했습니다.

마무리

▶ 4가지 키워드로 정리하는 핵심 포인트

• **HTTP**는 요청─응답 기반의 프로토콜이자, 미디어 독립적이고, 상태를 유지하지 않으며, 지속 연결 기능을 제공하는 **특성**을 지닌 프로토콜입니다.

• **HTTP 메시지 구조**는 시작 라인, 필드 라인, 메시지 본문으로 이루어져 있습니다.

• HTTP 요청 메시지의 요청 라인에는 **메서드**가, HTTP 응답 메시지의 상태 라인에는 **상태 코드**가 명시됩니다.

▶ 확인 문제

1. HTTP 요청 메서드에 대한 설명으로 옳지 않은 것을 골라 보세요.

① DELETE 요청 메서드는 자원을 삭제하기 위한 요청 메서드입니다.

② POST 요청 메서드는 서버에 특정 작업을 처리하도록 하는 요청 메서드로, 새로운 자원 생성을 위해 사용할 수 있습니다.

③ HEAD 요청 메서드는 응답 메시지의 헤더만을 조회할 수 있는 요청 메서드입니다.

④ GET 요청 메서드는 수정을 위한 메서드이므로 메시지 본문을 포함하는 것이 더 바람직합니다.

2. HTTP 상태 코드에 대한 설명으로 옳지 않은 것을 골라 보세요.

① 300번대 상태 코드는 요청한 자원이 존재하지 않음을 의미합니다.

② 400번대 상태 코드는 클라이언트에 의한 에러를 의미합니다.

③ 500번대 상태 코드는 서버에 의한 에러를 의미합니다.

④ 200번대 상태 코드는 요청이 성공했음을 의미합니다.

HTTP 헤더 캐시 쿠키 콘텐츠 협상

이번 절에서는 HTTP의 주요 헤더들을 살펴보고, HTTP 기반 기술인 캐시, 쿠키, 콘텐츠 협상의 개념 및 관련 헤더를 학습합니다.

시작하기 전에

지난 절에서는 HTTP의 특성과 메시지 구조, 그리고 HTTP 메시지의 첫 번째 줄인 시작 라인, 메서드, 상태 코드에 대해 배웠습니다. 이번 절에서는 두 번째 줄인 **필드 라인**을 학습하겠습니다. 앞서 언급했듯, 필드 라인에는 다음 그림과 같은 형식을 따르는 다양한 **HTTP 헤더**(들)이 명시됩니다. HTTP 헤더는 필드 이름(헤더 이름)과 필드 값(헤더 값)이 콜론(:)을 기준으로 구분되어 있습니다.

HTTP의 중요 헤더 중에서는 특별한 사전 지식이 필요하지 않은 헤더가 있고, 사전 지식이 필요한 헤더가 있습니다. 예를 들어 캐시, 쿠키, 콘텐츠 협상 관련 헤더를 이해하려면 먼저 캐시, 쿠키, 콘텐츠 협상이 무엇인지 이해해야 합니다. 우선 중요하지만 별도의 사전 지식 없이도 이해할 수 있는 HTTP 헤더들을 살펴보고, 그 뒤에 사전 지식이 필요한 HTTP 헤더들을 학습하겠습니다.

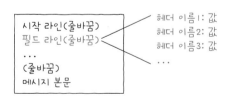

HTTP 헤더

HTTP 헤더의 종류는 매우 많기 때문에 자주 활용되는 중요한 HTTP 헤더 위주로 학습해 보겠습니다. HTTP 요청 시 주로 사용되는 헤더, HTTP 응답 시 주로 사용되는 헤더, 그리고 HTTP 요청과 응답 모두에서 자주 활용되는 헤더순으로 설명하겠습니다.

요청 시 활용되는 HTTP 헤더

HTTP 요청 시 주로 활용되는 대표적인 헤더인 'Host', 'User-Agent', 'Referer', 'Authorization' 헤더에 대해 알아보겠습니다.

❶ Host

Host는 요청을 보낼 호스트를 나타내는 헤더입니다. 주로 도메인 네임으로 명시되며, 포트 번호가 포함되어 있을 수 있습니다. 다음의 예시 메시지는 http://info.cern.ch/hypertext/WWW/TheProject.html에 접속할 때의 HTTP 요청 메시지 일부입니다.

```
GET /hypertext/WWW/TheProject.html HTTP/1.1
Host: info.cern.ch

…
```

❷ User-Agent

User-Agent는 Host 헤더와 더불어 HTTP 요청 메시지에서 가장 흔히 볼 수 있는 헤더 중 하나입니다. **유저 에이전트**^{user agent}란 웹 브라우저와 같이 HTTP 요청을 시작하는 클라이언트 측의 프로그램을 의미합니다.

User-Agent 헤더에는 이러한 정보, 즉 요청 메시지 생성에 관여한 클라이언트 프로그램과 관련된 다양한 정보가 명시됩니다. 다음 쪽의 그림을 보면 운영체제, 브라우저 종류 및 버전, 렌더링 엔진과 같은 다양한 정보가 User-Agent 헤더에 포함되어 있음을 알 수 있습니다. 서버 입장에서는 User-Agent 헤더를 통해 클라이언트의 접속 환경을 유추할 수 있겠죠?

웹 브라우저의 Mozilla 호환 여부*   렌더링 엔진** 관련 정보

User-Agent: **Mozilla/5.0** (Windows NT 10.0; Win64; x64; rv:109.0) Gecko/20100101 Firefox/109.0
            운영체제 및 아키텍처 정보   브라우저와 버전 정보

* 오늘날 웹 브라우저를 통한 요청 메시지에 대부분 포함된 정보
** 브라우저에 시각적 요소를 구현하는 구성 요소

> note User-Agent 헤더에 명시되는 값은 다양하고 다소 복잡하기에, 처음부터 명시될 수 있는 모든 값을 암기할 필요는 없습니다.

❸ Referer

Referer는 개발 시 아주 유용한 헤더 중 하나입니다. 이 헤더에는 클라이언트가 요청을 보낼 때 머무르고 있던 URL이 명시됩니다. 다음 예시 헤더는 클라이언트가 https://en.wikipedia.org에서 요청을 보냈음을 의미합니다. Referer를 통해 클라이언트의 유입 경로를 파악해 볼 수 있습니다.

```
Referer: https://en.wikipedia.org/
```

참고로, 영문법적으로는 Referrer가 맞지만, 초기 개발 당시의 오타로 인해 Referer라는 표기가 오늘날까지 사용되고 있습니다. Referer라는 표기를 보고 혼란이 없기를 바랍니다.

❹ Authorization

Authorization 헤더는 클라이언트의 인증 정보를 담는 헤더입니다. 이 헤더에는 다음처럼 인증 타입type과 인증을 위한 정보credentials가 차례로 명시됩니다. 인증 타입에 따라 인증 정보에 명시될 값이 달라집니다.

```
Authorization: <type> <credentials>
```

인증 타입의 종류는 다양하지만, 가장 기본적인 HTTP 인증 타입은 Basic이라는 타입입니다. Basic 타입 인증은 username:password와 같이 사용자 아이디username와 비밀번호password를 콜론을 이용해 합친 뒤, 이를 Base64 인코딩한 값을 인증 정보credential로 삼는 방식입니다. 여기서 Base64 인코딩이란 '문자를 코드로 변환하는 방법'을 의미하는 **인코딩**encoding 방식의 일종입니다.

예를 들어 사용자 아이디가 'minchul'이고 비밀번호는 '1234'라고 가정해 봅시다. 'minchul:1234'를 Base64 방식으로 인코딩하면 'bWluY2h1bDoxMjM0'이 됩니다. 따라서 사용자 아이디

'minchul'과 비밀번호 '1234'를 Basic 타입으로 인증하기 위해서는 다음과 같은 헤더를 보내면 됩니다.

```
Authorization: Basic bWluY2h1bDoxMjM0
```

지면상 Base64 인코딩의 원리 관련 설명은 생략하였으나, Base64 인코딩에 대해 더 알고 싶은 독자들은 다음 링크의 ⟨encoding⟩을 참고하기를 바랍니다.

URL https://github.com/kangtegong/self-learning-cs2

응답 시 활용되는 HTTP 헤더

이번에는 HTTP 응답 시 주로 활용되는 대표적인 헤더인 'Server', 'Allow', 'Retry-After', 'Location', 'WWW-Authenticate' 헤더에 대해 알아보겠습니다.

❶ Server

Server 헤더는 요청을 처리하는 서버 측의 소프트웨어와 관련된 정보를 명시합니다. 예를 들어 다음 예시 헤더는 'Unix 운영체제에서 동작하는 아파치 HTTP 서버'를 의미합니다.

```
Server: Apache/2.4.1 (Unix)
```

❷ Allow

Allow 헤더는 클라이언트에게 허용된 HTTP 메서드 목록을 알려 주기 위해 사용됩니다. 앞선 절에서 학습한 상태 코드 405(Method Not Allowed)를 기억하나요? 이는 '요청한 메서드를 지원하지 않음'을 의미하는 상태 코드였지요. 상태 코드 405(Method Not Allowed)를 응답하는 메시지에서 Allow 헤더가 함께 사용됩니다. 다음 쪽의 예시를 참고해 보세요.

```
Request URL:            http://127.0.0.1:8000/users/api/token/
Request Method:         GET
Status Code:            ● 405 Method Not Allowed
Remote Address:         127.0.0.1:8000
Referrer Policy:        strict-origin-when-cross-origin

▼ Response Headers      ☑ Raw

HTTP/1.1 405 Method Not Allowed
Date: Thu, 19 Oct 2023 03:39:28 GMT
Server: WSGIServer/0.2 CPython/3.10.6
Content-Type: text/html; charset=utf-8
Vary: Accept, Cookie
Allow: POST, OPTIONS
```

❸ Retry-After

05-2에서 상태 코드 503(Service Unavailable)도 학습했습니다. '현재는 요청을 처리할 수 없으나 추후 가능할 수도 있음'을 의미했죠. 이 응답과 함께 사용될 수 있는 헤더가 Retry-After 헤더입니다. 이 헤더는 자원을 사용할 수 있는 날짜 혹은 시각을 나타냅니다. 다음 예시는 각각 '2024년 8월 23일 금요일 09시 이후에 사용 가능하다'라는 사실, '120초 이후에 사용 가능하다'라는 사실을 나타내는 헤더입니다.

```
Retry-After: Fri, 23 Aug 2024 09:00:00 GMT
Retry-After: 120
```

❹ Location

Location 헤더는 이전 절에서도 언급했던 헤더로, 클라이언트에게 자원의 위치를 알려 주기 위해 사용되는 헤더입니다. 주로 리다이렉션이 발생했을 때나 새로운 자원이 생성되었을 때 사용됩니다.

❺ WWW-Authenticate

상태 코드 401(Unauthorized)을 기억하나요? 이 상태 코드는 요청한 자원에 대한 유효한 인증이 없을 때 응답하는 코드라고 했습니다. 상태 코드 401(Unauthorized)과 함께 사용되는 헤더가 WWW-Authenticate입니다. WWW-Authenticate 헤더는 자원에 접근하기 위한 인증 방식을 설명하는 헤더입니다. 이를테면 다음과 같이 Basic 인증을 요구할 수 있습니다.

```
WWW-Authenticate: Basic
```

다만 실제로는 이보다 조금 더 많은 정보를 알려 주는 경우가 많습니다. 예를 들어 다음과 같이 보안 영역^{realm}을 함께 알려 주거나 인증에 사용될 문자집합^{charset}도 알려 줄 수 있습니다.

```
WWW-Authenticate: Basic realm="Access to engineering site", charset="UTF-8"
```

➕ 여기서 잠깐   영역(realm)이란?

WWW-Authenticate 헤더에서 'realm'은 보안이 적용될 영역을 의미합니다. 영역이 달라지면 요구되는 권한도 달라질 수 있습니다. 예컨대 같은 서버가 제공하는 자원일지라도 'Engineering site'라는 영역에 속한 자원에 접근 가능한 사용자 는 'Financial site'라는 영역에 속한 자원에 접근이 불가능할 수 있습니다.

앞서 Authorization 헤더를 배웠습니다. 이 헤더는 클라이언트가 서버에게 전송하는, 인증 정보를 담는 헤더라고 했지요. Authorization과 WWW-Authenticate 헤더를 통해 인증되지 않은 클라 이언트가 HTTP 인증(Basic 인증)을 수행하는 과정을 그림과 함께 살펴봅시다.

❶ 인증되지 않은 클라이언트가 서버에 GET 요청 메시지를 전송합니다.
❷ 서버는 클라이언트에게 상태 코드 401(Unauthorized)과 함께 WWW-Authenticate 헤더 를 통해 인증 방식을 알립니다.
❸ 클라이언트는 사용자로부터 인증 정보(사용자 아이디와 비밀번호)를 전달받습니다.
❹ "사용자 아이디:비밀번호"를 Base64 인코딩한 값을 인증 정보로 삼은 Authorization 헤더를 통해 다시 GET 요청 메시지를 전송합니다.
❺ 서버는 인증 정보를 확인합니다.
❻ 인증이 유효하면 상태 코드 200으로 응답하고, 인증되지 않았으면 상태 코드 401로 응답합니다.

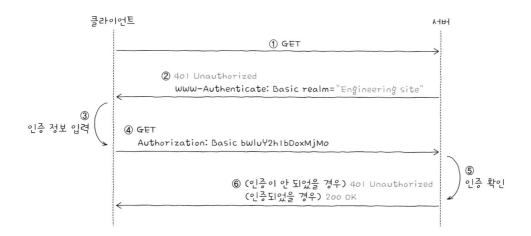

요청과 응답 모두에서 활용되는 HTTP 헤더

마지막으로 HTTP 요청과 응답 모두에서 공통으로 활용되는 HTTP 헤더들도 알아보겠습니다.

❶ Date

Date는 메시지가 생성된 날짜와 시각에 관련된 정보를 담은 헤더입니다. 클라이언트와 서버 모두에서 사용될 수 있는 헤더이지요.

```
Date: Tue, 15 Nov 1994 08:12:31 GMT
```

❷ Connection

Connection 헤더는 클라이언트의 요청과 응답 간의 연결 방식을 설정하는 헤더입니다. 표현이 조금 복잡해 보이지만, 사실 여러분이 이미 학습한 내용입니다. HTTP의 특성을 학습할 때 HTTP를 지속 연결 프로토콜이라 언급했던 것을 기억하나요? 지속 연결을 킵 얼라이브라 부른다고도 했지요.

이 지속 연결이 Connection에 명시되는 대표적인 연결 방식입니다. 'Connection: keep-alive' 헤더를 통해 상대방에게 지속 연결을 희망함을 알릴 수 있습니다. 또한 서버나 클라이언트가 연결을 종료하고 싶을 때는 'Connection: close'를 통해 알릴 수도 있습니다. Connection 필드에는 다양한 값이 명시될 수 있지만, 가장 대표적으로 사용되는 값은 keep-alive와 close입니다.

```
Connection: keep-alive
Connection: close
```

❸ Content-Length

Content-Length 헤더는 본문의 바이트 단위 크기(길이)를 나타냅니다.

```
Content-Length: 100
```

❹ Content-Type, Content-Language, Content-Encoding

이 헤더들은 전송하려는 메시지 본문의 표현 방식을 설명하는 헤더입니다. 이런 점에서 이 헤더들은 **표현 헤더**representation header의 일종이라고도 부릅니다. HTTP 요청-응답 메시지를 관찰하다 보면 자주 접하게 될 헤더들입니다.

Content-Type 헤더는 메시지 본문에서 사용된 미디어 타입을 담고 있습니다. 미디어 타입은 HTTP의 특성(미디어 독립적 프로토콜)을 설명할 때 다룬 적이 있습니다. 예를 들어 다음 헤더는 메시지 본문이 HTML 문서 형식이며, 문자 인코딩으로 UTF-8을 사용한다는 정보를 알려 줍니다.

```
Content-Type: text/html; charset=UTF-8
```

Content-Language 헤더는 메시지 본문에 사용된 자연어를 명시합니다. 어떤 언어로 작성되었는지 Content-Language를 통해 알 수 있는 셈입니다. Content-Language의 값은 언어 태그로 명시되며, 언어 태그는 하이픈(-)으로 구분된 다음과 같은 구조를 따릅니다. 예를 들어 Content-Language 헤더 값이 en이거나 ko일 경우 첫 번째 서브 태그만 사용된 것이고, Content-Language 헤더 값이 en-US, ko-KR일 경우 두 번째 서브 태그까지 사용된 것입니다.

```
〈첫 번째 서브 태그〉
〈첫 번째 서브 태그〉-〈두 번째 서브 태그〉
〈첫 번째 서브 태그〉-〈두 번째 서브 태그〉-〈세 번째 서브 태그〉
...
```

note 두 번째 서브 태그보다 더 많은 서브 태그도 있을 수 있지만, 일반적으로는 첫 번째 서브 태그나 두 번째 서브 태그까지만 사용됩니다.

첫 번째 서브 태그는 언어 코드로, 특정 언어를 의미하는 언어 코드가 명시됩니다. 주로 사용되는 언어 코드는 다음과 같습니다.

언어	언어 코드
한국어	ko
영어	en
중국어	zh
일본어	ja
독일어	de
프랑스어	fr

두 번째 서브 태그는 국가 코드로, 특정 국가를 의미하는 국가 코드가 명시됩니다. 다음 표를 참고해 보세요.

국가	국가 코드
한국	KR
미국	US
영국	GB
중국	CN
타이완	TW
일본	JP
독일	DE
프랑스	FR

언어 코드와 국가 코드를 조합하면 '어떤 국가에서 사용하는 어떤 언어'인지를 알 수 있게 됩니다. 예컨대 ko는 '한국어'를 의미하고, ko-KR는 '한국에서 사용하는 한국어'라는 의미가 됩니다. 마찬가지로 en은 '영어'를 의미하고, en-US는 '미국에서 사용하는 영어', en-GB는 '영국에서 사용하는 영어'를 의미합니다.

note 국가를 나타내는 서브 태그는 대문자를 사용하는 경우가 많습니다.

Content-Encoding 헤더에는 메시지 본문을 압축하거나 변환한 방식이 명시됩니다. HTTP를 통해 송수신되는 데이터는 전송 속도를 개선하기 위해 종종 압축이나 변환이 되고는 하는데, 이때 사용된 방식이 Content-Encoding 필드에 명시되는 셈입니다. 수신 측은 이 헤더를 통해 압축 및 변환 방식을 인식하고, 압축을 해제하거나 원문으로 재변환하여 본문 내용을 확인할 수 있게 됩니다. Content-Encoding 헤더에 명시될 수 있는 대표적인 값은 'gzip', 'compress', 'deflate', 'br' 등이 있습니다. 다만 각 방식에 대한 자세한 내용은 분량상 이 책에서는 다루지 않을 예정입니다.

```
Content-Encoding: gzip
Content-Encoding: compress
Content-Encoding: deflate
Content-Encoding: br

// 여러 인코딩이 사용되었을 경우: 적용된 순서대로 명시
Content-Encoding: deflate, gzip
```

캐시

이제 앞서 말했던 대로 HTTP 기반 기술을 설명할 차례입니다. 다음 그림과 같은 상황을 가정해 봅시다. 클라이언트가 이미지를 조회하기 위해 서버를 향해 GET 요청 메시지를 보냈고, 이에 대한 응답 메시지로 10MB 크기의 이미지가 클라이언트에게 전송되었습니다.

그런데 이때, 클라이언트가 같은 이미지를 두 번, 세 번 더 요청하면 어떻게 될까요? 몇 번이고 서버로부터 10MB 크기의 이미지를 응답받게 될까요? 그렇지 않습니다. 오늘날의 인터넷 환경에서는 HTTP 캐시(혹은 웹 캐시, 이하 캐시)를 활용해 응답받은 내용의 사본을 임시로 저장할 수 있기 때문입니다.

캐시cache란 불필요한 대역폭 낭비와 응답 지연을 방지하기 위해 정보의 사본을 임시로 저장하는 기술입니다. 정보의 사본을 임시로 저장하는 것 자체를 '캐시cache한다', '캐싱caching한다'라고도 표현하며, 캐시된 데이터를 캐시라 부르기도 합니다. 이렇게 사본을 임시로 저장해 두면 동일한 요청에 대해 캐시된 데이터를 활용할 수 있기 때문에 불필요한 대역폭 낭비를 줄일 수 있고, 더 빠르게 데이터에 접근할 수 있습니다.

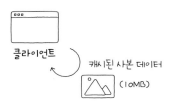

캐시는 웹 브라우저에 저장되어 있기도 하고, 클라이언트와 서버 사이에 위치한 중간 서버에 저장되어 있기도 합니다. 전자를 **개인 전용 캐시**private cache라 하고, 후자를 **공용 캐시**public cache라 부릅니다. 여기서는 개인 전용 캐시에 초점을 맞춰서 이야기해 보겠습니다.

캐시란 대역폭 낭비와 응답 지연을 방지하고자 사본을 임시로 저장하는 기술입니다.

캐시란 원본 데이터의 사본을 임시로 저장하는 기술이라고 했습니다. 여기서 중요한 점은 바로 캐시는 원본이 아닌 '사본'을 저장한다는 점입니다. 원본이 아니라는 말이지요. 따라서 캐시를 했다면 항상 캐시한 이후로 원본 데이터가 변경되는 상황에 대비해야 합니다. 앞쪽의 예시를 다시 봅시다. 캐시한 a.png라는 데이터는 사본입니다. 언제든지 서버의 원본 데이터가 변경될 수 있지요. 원본 데이터가 변경되었는데도 계속해서 캐시된 사본 데이터를 참조하다 보면 문제가 발생할 수 있습니다.

캐시된 사본 데이터가 얼마나 최신 원본 데이터와 유사한지를 '캐시 신선도^{cache freshness}'라고 표현하기도 합니다. 그렇다면 캐시 신선도는 어떻게 검사할 수 있을까요? 달리 말해 클라이언트가 확보한 캐시된 데이터가 최신 상태를 유지하고 있는지를 어떻게 알 수 있을까요?

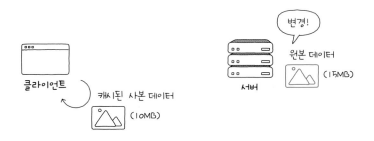

신선도를 유지하는 가장 기본적인 방법은 '캐시된 데이터에 유효 기간을 설정하는 방법'입니다. 캐시된 데이터를 한 달 뒤, 1년 뒤, 10년 뒤 등 언제까지고 참조할 수 있다면 자연스레 신선도가 떨어질 확률이 높아지겠죠? 따라서 캐시 데이터에 유효 기간을 설정하고, 기간이 만료되었다면 원본 데이터를 다시 요청하는 방식으로 캐시 신선도를 유지할 수 있습니다.

캐시할 데이터에 유효 기간을 부여하는 방법으로 응답 메시지의 Expires 헤더(날짜)와 Cache-Control 헤더의 Max-Age 값(초)을 사용할 수 있습니다. 다음 예시 헤더 속 붉은색 글자를 통해 이해해 보세요. 각각 캐시의 유효 시간을 2024년 2월 6일 화요일 12:00:00로 설정하고, 1200초로 설정하는 응답 메시지의 예시입니다.

응답 메시지

```
HTTP/1.1 200 OK
Date: Mon, 05 Feb 2024 12:00:00 GMT
Content-type: text/plain
Content-length: 100
Expires: Tue, 06 Feb 2024 12:00:00 GMT
...본문 생략...
```

```
HTTP/1.1 200 OK
Date: Mon, 05 Feb 2024 12:00:00 GMT
Content-type: text/plain
Content-length: 100
Cache-Control: max-age=1200
...본문 생략...
```

클라이언트가 응답받은 자원을 캐시해서 이용하다가 캐시의 유효 기간이 만료되었다고 가정해 보겠습니다. 그렇다면 서버에게 자원을 다시 요청해야겠죠. 그런데 만약 캐시의 유효 기간이 만료되었더라도 원본 데이터가 변하지 않았다면 서버는 굳이 같은 자원을 전송해 줄 필요가 없습니다. 어차피 같은 자원이 클라이언트에게 캐시되어 있으니까요. 다시 말해, 캐시가 만료되었더라도 캐시된 자원이 여전히 최신 정보라면 클라이언트는 굳이 서버로부터 같은 자원을 응답받을 필요가 없습니다. 캐시된 자원을 (유효 기간을 연장하여) 이용하면 되니까요. 하지만 만일 서버의 원본 자원이 변경되었다면 클라이언트는 새로운 자원을 응답받아야 합니다.

따라서 캐시의 유효 기간이 만료되었다면 클라이언트는 캐시된 자원이 여전히 신선한지, 여전히 최신 상태의 정보인지 재검사해야 합니다. 캐시의 신선도를 재검사하는 방법은 크게 두 가지 방법이 있습니다. 하나는 '날짜를 기반으로 서버에게 물어보는 방법'이고, 또 다른 하나는 '엔티티 태그를 기반으로 서버에게 물어보는 방법'입니다.

날짜를 기반으로 재검사하는 방식을 먼저 살펴봅시다. 클라이언트는 If-Modified-Since 헤더를 통해 서버에게 특정 시점 이후로 원본 데이터에 변경이 있었는지 물어볼 수 있습니다. If-Modified-Since 헤더의 값으로 특정 시점(날짜와 시각)이 명시되는데, 이 시점 이후로 원본에 변경이 있었다면 그때만 새 자원으로 응답하도록 서버에게 요청하는 헤더입니다.

다음 예시를 통해서 이해해 봅시다. 해당 요청 메시지는 '2024년 8월 23일 금요일 09:00:00 이후에 www.example.com/index.html의 자원이 변경되었니? 변경이 되었을 경우에만 새 자원으로 응답해 줘'라는 요청 메시지와 같습니다.

> **note** If-Modified-Since 헤더와 유사한 If-Unmodified-Since 헤더도 있습니다.

요청 메시지

```
GET /index.html HTTP/1.1
Host: www.example.com
If-Modified-Since: Fri, 23 Aug 2024 09:00:00 GMT
```

자, 이제 서버 입장에서 생각해 봅시다. 서버가 If-Modified-Since 헤더가 포함된 요청 메시지를 수신했다고 가정해 봅시다. 이때 서버의 자원은 크게 셋 중 하나의 상황을 따르게 됩니다.

❶ 요청받은 자원이 변경되었음
❷ 요청받은 자원이 변경되지 않았음
❸ 요청받은 자원이 삭제되었음

첫째, 요청받은 자원이 변경되었다면, 서버는 상태 코드 200(OK)과 함께 새로운 자원을 반환합니다. 둘째, 요청받은 자원이 변경되지 않았다면, 서버는 메시지 본문 없는 상태 코드 304(Not Modified)를 통해 클라이언트에게 자원이 변경되지 않았음을 알립니다. 이 경우 클라이언트는 캐시된 자원을 사용할 수 있습니다. 셋째, 만약 요청받은 자원이 삭제되었다면, 서버는 상태 코드 404(Not Found)를 통해 요청한 자원이 존재하지 않음을 알립니다.

첫째, 서버가 요청받은 자원이 변경된 경우

GET /Index.html HTTP/1.1
If-Modified Since: Fri, 23 Aug 2024 09:00:00 GMT

200(OK)

클라이언트   서버

둘째, 서버가 요청받은 자원이 변경되지 않은 경우

GET /Index.html HTTP/1.1
If-Modified Since: Fri, 23 Aug 2024 09:00:00 GMT

304(Not Modified)

클라이언트   서버

셋째, 서버가 요청받은 자원이 삭제된 경우

GET /Index.html HTTP/1.1
If-Modified Since: Fri, 23 Aug 2024 09:00:00 GMT

404(Not Found)

클라이언트   서버

05-2에서 300번대 상태 코드를 설명할 때 상태 코드 304(Not Modified)는 다음 절에서 설명할 예정이라고 언급했었지요? 여러분이 HTTP 응답 상태 코드 304(Not Modified)를 마주친다면, 이는 십중팔구 '이미 캐시된 자원이 있으니 캐시된 자원을 참조하세요'라는 응답일 것입니다.

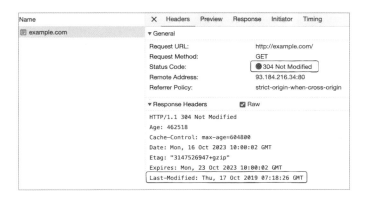

서버는 상태 코드 304(Not Modified)를 통한 자원의 '변경 여부'뿐만 아니라 자원의 '마지막 변경 시점'도 클라이언트에게 알려 줄 수 있습니다. 이를 위한 헤더로 Last-Modified 헤더가 있습니다. 즉, Last-Modified 헤더는 특정 자원이 마지막으로 수정된 시점을 나타냅니다. 위 화면 속 Last-Modified 헤더를 확인해 보세요. 응답된 자원이 마지막으로 2019년 10월 17일 목요일 7시 18분 26초에 변경되었음을 나타냅니다.

지금까지 날짜를 기반으로 캐시 신선도를 재검사하는 방식을 설명했다면, 이번에는 **엔티티 태그**^{Entity} 같은 실수는 없을 것이다. 아니 ^{Tag}(이하 Etag)를 사용하는 방법에 대해 알아보겠습니다. Etag는 '자원의 버전'을 식별하기 위한 정보입니다. 여기서 **버전**^{version}이란 '유의미한 변경 사항'을 의미합니다. 즉, 자원이 변경될 때마다 자원의 버전을 식별하는 Etag 값이 변경됩니다. 반대로 자원이 변경되지 않았다면 Etag 값도 변경되지 않습니다.

클라이언트가 Etag 값이 부여된 자원을 캐시할 때 캐시 신선도를 검사하기 위해 서버에게 '이 Etag 값과 일치하는 자원이 있니?'와 같이 물어볼 수 있습니다. 이를 위해 사용하는 헤더가 바로 If-None-Match입니다. 예를 들어 다음의 요청 메시지는 '혹시 Etag 값이 abc인 www.example.com/index.html이라는 자원이 있니? 이 자원이 변경되었다면(Etag 값이 바뀌었다면) 그때만 새 자원으로 응답해 줘'라는 요청 메시지와 같습니다.

```
GET /index.html HTTP/1.1
Host: www.example.com
If-None-Match: "abc"
```

note If-None-Match 헤더와 유사한 If-Match 헤더도 있습니다.

이때도 서버의 자원은 크게 셋 중 하나의 상황을 따릅니다.

❶ 요청받은 자원이 변경되었음(Etag 값이 변경됨)
❷ 요청받은 자원이 변경되지 않았음(Etag 값이 동일함)
❸ 요청받은 자원이 삭제되었음

첫째로, 요청한 자원이 변경되었다면 Etag 값도 변경되었을 것입니다. 이 경우 서버는 상태 코드 200(OK)과 함께 변경된 데이터와 Etag 값을 응답합니다. 둘째로, 요청한 자원이 변경되지 않았다면 Etag 값도 변하지 않았겠죠. 이때 서버는 메시지 본문 없는 상태 코드 304(Not Modified)를 응답합니다. 셋째로, 요청한 자원이 삭제되었다면 서버는 상태 코드 404(Not Found)를 응답하게 됩니다.

쿠키

HTTP는 기본적으로 상태를 유지하지 않는 스테이트리스 프로토콜입니다. 그런데 조금 이상합니다. 만약 HTTP가 스테이트리스 프로토콜이고 클라이언트의 상태를 유지하지 않는다면, 다음 화면과 같은 기능은 어떻게 구현되는 것일까요? 분명 이런 기능은 클라이언트의 상태를 알고 있어야만 구현할 수 있는 기능인데 말이지요.

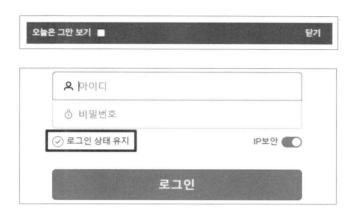

HTTP 쿠키(이하 쿠키)를 통해 이러한 기능을 구현할 수 있습니다. **쿠키**cookie란 서버에서 생성되어 클라이언트 측에 저장되는 데이터로, 상태를 유지하지 않는 HTTP의 특성을 보완하기 위한 수단입니다. 서버가 클라이언트의 상태를 알 수 있게끔 하는 특별한 데이터지요. 쿠키를 이루는 정보는 기본적으로 〈이름, 값〉 쌍의 형태를 띠고 있고, 추가로 적용 범위와 만료 기간 등 다양한 속성을 가질 수 있습니다.

서버는 쿠키를 생성하여 클라이언트에게 전송하고, 클라이언트는 전달받은 쿠키를 저장해 두었다가 추후 동일한 서버에 보내는 요청 메시지에 쿠키를 포함하여 전송합니다. 서버는 쿠키 정보를 참고해 두 개의 요청이 같은 클라이언트에서 왔는지, 로그인 상태를 유지하고 있는지 등을 알 수 있습니다.

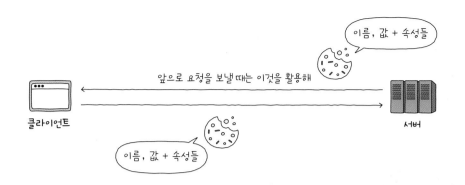

+ 여기서 잠깐　**세션 인증**

HTTP는 스테이트리스 프로토콜이라고 했습니다. 같은 클라이언트가 서버에 여러 번 요청을 보낸다고 해도, 기본적으로 서버는 모든 요청들을 별개의 요청으로 간주하지요. 그렇다면 클라이언트가 서버에 요청 메시지를 보낼 때마다 (아이디, 비밀번호와 같은) 인증 정보를 보내고 번거로운 인증 과정을 거쳐야 하는 것일까요? 그렇지 않습니다.

쿠키를 통해 전달되는 대표적인 정보로 세션 아이디(session id)가 있습니다. 세션 아이디란 무엇일까요? 세션 아이디가 무엇인지 이해하려면 세션 인증(session authentication)이 무엇인지 이해해야 합니다. 세션 인증이란 다음과 같은 순서로 이루어지는 인증 방식을 의미합니다.

① 클라이언트는 서버에게 (아이디, 비밀번호와 같은) 인증 정보를 전송합니다.
② 인증 정보가 올바르다면, 서버는 세션 아이디를 생성해 클라이언트에게 전송합니다.
③ 서버는 생성한 세션 아이디를 데이터베이스 등에 저장합니다.
④ 클라이언트는 추후 요청을 보낼 때 쿠키 내에 세션 아이디를 포함하여 전송합니다.
⑤ 서버는 쿠키 속 세션 아이디와 저장된 세션 아이디를 비교하여 클라이언트를 식별합니다.

위와 같이 쿠키를 통해 세션 아이디를 전송하면 요청을 보낼 때마다 번거로운 인증 과정을 거칠 필요가 없어서 효율적입니다.

앞서 언급했듯이 쿠키는 서버가 생성하고, 클라이언트는 서버로부터 전달받은 쿠키를 활용합니다. 이들은 각각 응답 메시지의 Set-Cookie 헤더와 요청 메시지의 Cookie 헤더를 통해 전달됩니다.

응답 메시지의 Set-Cookie 헤더를 통해 쿠키의 이름, 값과 더불어 세미콜론(;)으로 구분되는 속성(들)을 전달할 수 있습니다. 한 응답 메시지에 전달할 쿠키가 여러 개라면 다음과 같이 여러 개의 Set-Cookie를 사용하기도 합니다.

응답 메시지

```
Set-Cookie: 이름=값
Set-Cookie: 이름=값; 속성1
Set-Cookie: 이름=값; 속성1; 속성2
```

요청 메시지의 Cookie 헤더 값은 서버에 전달할 쿠키의 이름과 값을 나타내는 헤더입니다. 여러 개의 쿠키 값을 서버에 전달해야 할 때는 다음과 같이 세미 콜론(;)을 사용하여 여러 쿠키의 이름-값을 나타낼 수 있습니다.

요청 메시지

```
Cookie: 이름=값; 이름=값;
```

다음 예시 메시지를 봅시다. 첫 번째 메시지는 name="minchul", phone="100-100", message="Hello"라는 쿠키를 클라이언트에게 전송하는 서버의 응답 메시지 예시입니다. 두 번째 메시지는 서버로부터 전달받은 쿠키를 활용하는 클라이언트의 요청 메시지 예시입니다.

응답 메시지

```
HTTP/1.1 200 OK
Content-Type: text/html
Set-Cookie: name=minchul
Set-Cookie: phone=100-100
Set-Cookie: message=Hello
…헤더 후략…


…메시지 본문 생략…
```

요청 메시지

```
GET /next_page HTTP/1.1
Host: example.com
Cookie: name=minchul; phone=100-100; message=Hello
…헤더 후략…
```

쿠키는 브라우저에서 저장되고 관리됩니다. 쿠키를 직접 확인해 보겠습니다. 크롬 브라우저에서 개발자 도구를 열고, [Application] → [Storage] → [Cookies]를 확인해 보세요. 다음 화면처럼 쿠키의 이름^{Name}, 값^{Value} 목록을 볼 수 있을 것입니다. 각각의 행이 쿠키인 셈입니다.

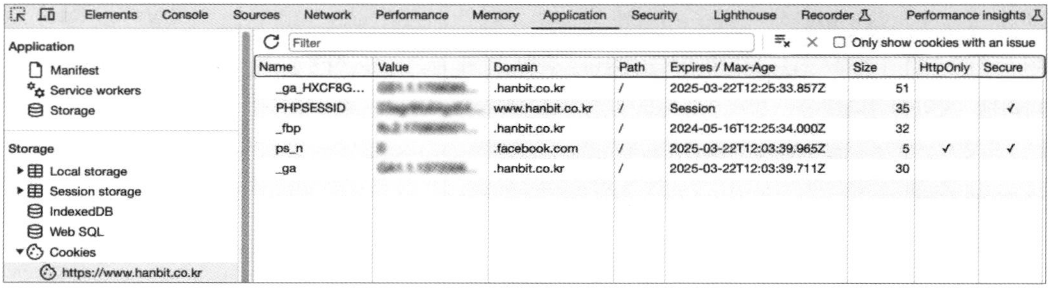

위의 화면을 다시 살펴봅시다. 쿠키 관련 정보로 이름^{Name}과 값^{Value} 외에도 도메인^{Domain}과 경로^{Path} 등도 있지요?

www.naver.com에게 받은 쿠키를 전혀 다른 웹 사이트인 www.google.com에게 전송하면 안 되듯이, 쿠키는 사용 가능한 도메인이 정해져 있습니다. 이는 응답 메시지 속 Set-Cookie 헤더의 'domain' 속성으로 정해집니다.

응답 메시지

```
Set-Cookie: name=minchul domain=example.com
```

또한 같은 도메인이라도 경로별로 쿠키를 구분하여 사용하고 싶을 때가 있을 수 있습니다. 예를 들어 www.example.com/lectures를 포함한 하위 경로에서 사용하고자 하는 쿠키와 www.example.com/books를 포함한 하위 경로에서 사용하고자 하는 쿠키가 다를 수 있습니다. 이럴 때는 다음 예시에서 붉은색 글자로 표시한 부분처럼 "path"로 쿠키가 적용될 경로를 명시하면 됩니다. 그러면 path로 지정된 경로와 그 앞부분이 일치하는 경로(하위 경로)에서 해당 쿠키 정보를 활용할 수 있게 됩니다.

응답 메시지

```
Set-Cookie: name=minchul path=/lectures
```

앞쪽의 화면을 다시 살펴봅시다. Expires/Max-Age라는 열도 있습니다. 이는 쿠키의 유효 기간을 나타냅니다. 쿠키마다 보통 유효 기간이 정해져 있습니다. Expires는 [요일, DD-MM-YY HH:MM:SS GMT] 형식으로 표기되는 쿠키 만료 시점을 의미하고, Max-Age는 초 단위 유효 기간을 의미합니다. Expires로 명시된 시점이 지나거나 Max-Age로 명시된 유효 기간이 지나면 해당 쿠키는 삭제되어 전달되지 않습니다.

응답 메시지

```
Set-Cookie: sessionID=abc123; Expires=Fri, 23 Aug 2024 09:00:00 GMT
Set-Cookie: sessionID=abc123; Max-Age=2592000
```

쿠키를 학습할 때는 쿠키의 한계도 알아두는 것이 좋습니다. 쿠키의 대표적인 한계는 바로 보안입니다. 쿠키에 개인 정보를 비롯해 보안에 민감한 정보를 담아 송수신하고 저장하는 것이 바람직할까요? 그렇지 않습니다. 쿠키 정보가 쉽게 노출되거나 조작될 수 있기 때문입니다.

이를 보완하기 위한 속성으로 Secure와 HttpOnly라는 속성이 있습니다. Secure는 HTTPS 프로토콜이 사용되는 경우에만 쿠키를 전송되도록 하는 속성입니다. 7장에서 학습할 예정이지만, HTTPS 프로토콜은 HTTP를 더 안전한 방식으로 전송할 수 있는 프로토콜입니다.

HttpOnly는 HTTP 송수신을 통해서만 쿠키를 이용하도록 제한하는 속성입니다. 지금까지 설명한 바에 따르면 쿠키는 HTTP 헤더를 통해 송수신되었죠? 다시 말해 쿠키와 관련한 데이터는 HTTP 송수신을 통해서만 확인이 가능했습니다. 그런데 사실 쿠키 관련 데이터는 자바스크립트라는 언어를 통해서도 접근 가능합니다. 악의적 의도를 가진 해커는 (정상적인 HTTP 송수신을 통해서가 아닌) 자바스크립트로 쿠키를 중간에 가로채거나 위변조할 수 있습니다. HttpOnly는 이런 상황을 방지하기 위해 자바스크립트에서 쿠키에 접근하지 못하도록 하는 속성입니다. 자바스크립트에 대해 잘 모르는 독자라면 'HttpOnly는 쿠키의 위변조를 방지하기 위한 속성이다' 정도로만 이해해도 무방합니다.

쿠키를 이루는 정보로는 이름과 그에 대응되는 값뿐 아니라 도메인과 경로, 유효 기간, 보안 관련 속성이 있습니다.

➕ 여기서 잠깐 | 웹 스토리지: 로컬 스토리지와 세션 스토리지

쿠키는 서버가 생성하고 클라이언트가 저장하는 정보입니다. 이를 통해 클라이언트의 상태를 추측할 수 있었죠. 쿠키 이외에도 클라이언트가 저장하고 클라이언트의 상태를 추측할 수 있는 〈키-값〉 쌍 형태의 정보가 있습니다. 바로 웹 스토리지(web storage)입니다. 웹 스토리지는 웹 브라우저 내의 저장 공간으로, 일반적으로 쿠키보다 더 큰 데이터를 저장할 수 있습니다. 또 쿠키는 서버로 자동 전송되지만, 웹 스토리지의 정보는 서버로 자동 전송되지 않습니다. 필요할 때 조회할 수 있지요.

웹 스토리지에는 크게 로컬 스토리지(local storage)와 세션 스토리지(session storage)가 있습니다. 개발자 도구를 열고 [Application] → [Storage]를 보면 로컬 스토리지와 세션 스토리지를 확인할 수 있습니다.

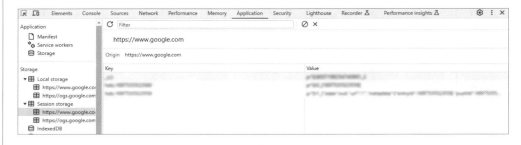

세션 스토리지는 세션이 유지되는 동안(쉽게 말해 브라우저가 열려 있는 동안) 유지되는 정보이고, 로컬 스토리지는 별도로 삭제하지 않는 한 영구적으로 저장이 가능한 정보입니다.

콘텐츠 협상과 표현

한국에서 접속하거나 한국어 계정으로 특정 URL에 접속하면 한국어로 된 웹 페이지를 볼 수 있고, 다른 지역에서 접속하거나 영어 계정으로 같은 URL에 접속하면 영어로 된 웹 페이지를 볼 수 있는 상황을 경험해 봤나요?

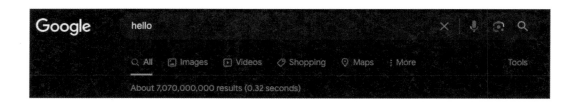

조금 이상하지 않나요? 클라이언트가 서버에 자원을 요청하고, 서버는 요청받은 자원을 응답한다고 했습니다. 그리고 자원은 URI를 통해 식별 가능하다고도 했지요. 분명 같은 자원을 요청했는데, 어떻게 다른 결과를 얻는 것일까요?

이는 HTTP의 **콘텐츠 협상**content negotiation을 통해 이루어집니다. 콘텐츠 협상이란, 같은 URI에 대해 가장 적합한 '자원의 형태'를 제공하는 메커니즘을 의미합니다. 같은 URI로 식별 가능한 HTML 문서라 해도, 영어로 요청하면 영어로 된 형태로 제공하고, 한국어로 요청하면 한국어로 된 형태를 제공하는 것이지요. 이때, '송수신 가능한 자원의 형태'를 자원의 **표현**representation이라고 합니다. 즉, 콘텐츠 협상은 클라이언트에게 가장 적합한 자원의 표현을 제공하는 메커니즘을 의미합니다.

표현이 무엇인지 배웠다면, 이를 고려하여 앞서 배운 GET 메서드를 조금 더 엄밀하게 정의할 수 있습니다. 이전에는 GET 메서드를 '자원을 습득하기 위한 메서드'라 정의했습니다. 하지만 이제는 자원에 대한 다양한 표현이 가능하고, 클라이언트가 습득하는 것은 다양한 표현 중 하나라는 점을 알았습니다. 그렇다면, GET 메서드는 '자원의 특정 표현을 습득하기 위한 메서드'라 정의할 수 있을 것입니다. 실제로도 GET 메서드의 공식적인 정의는 다음과 같습니다.

```
requests transfer of a current selected representation for the target resource.
```
↖ 대상 자원에 대해 현재 선택된 표현의 전송을 요청합니다.

다시 콘텐츠 협상 이야기로 돌아와 보겠습니다. 자원에 대한 다양한 표현 중에서 클라이언트가 선호하는 표현을 반영하고자 콘텐츠 협상 관련 HTTP 헤더들이 사용됩니다. 주요 헤더로는 선호하는 미디어 타입을 나타내기 위한 Accept 헤더, 선호하는 언어를 나타내기 위한 Accept-Language 헤더, 선호하는 문자 인코딩과 압축 방식을 나타내기 위한 Accept-Charset 및 Accept-Encoding 헤더 등이 있습니다.

예를 들어 클라이언트가 선호하는 언어가 한국어일 경우, Accept-Language: ko를 헤더에 추가하여 서버에 요청하면 됩니다. 그러면 서버는 클라이언트가 선호하는 언어를 인식하여 한국어로 표현된 자원을 보내 주게 됩니다. 또한 클라이언트가 HTML 문서 타입을 선호한다면 헤더에 Accept: text/html을 추가하여 서버에 요청하면 됩니다. 다음 그림은 이러한 콘텐츠 협상 헤더들을 사용해 서버에게 요청을 보낸 예시입니다.

요청 메시지

```
GET /index.html HTTP/1.1
Host: example.com
Accept-Language: ko
Accept: text/html
```

콘텐츠 협상이란 같은 URI에 대해 가장 적합한 자원의 표현을 제공하는 메커니즘을 의미합니다.

콘텐츠 협상에서 중요한 점은 선호도에 우선순위를 반영할 수 있다는 점입니다. 예를 들어 클라이언트가 '언어는 한국어를 가장 선호하지만, 영어도 받을 용의가 있다'라는 식으로 여러 선호도를 담은 요청 메시지를 보낼 수도 있습니다. 혹은 '미디어 타입은 HTML 문서를 가장 선호하지만, XML을 그 다음으로 선호하고, 일반 텍스트를 그다음으로 선호한다'라는 식으로 여러 선호도를 담은 요청 메시지를 보낼 수도 있습니다.

이러한 우선순위는 콘텐츠 협상 관련 헤더의 q 값으로 표현됩니다. q는 Quality Value의 약자로, 특정 표현을 얼마나 선호하는지를 나타내는 값입니다. 생략되었을 경우에는 1을 의미하고, 범위는 0부터 1까지이며, 값이 클수록 우선순위가 높습니다. 다음은 방금 설명한 예시에 대한 요청 헤더입니다. 한국어(ko-KR, ko), 영어(en-US, en)순으로 선호하고, HTML, XML, 일반 텍스트순으로 선호한다는 것을 알 수 있습니다.

요청 메시지

```
GET /index.html HTTP/1.1
Host: example.com
Accept-Language: ko-KR,ko;q=0.9,en-US;q=0.8,en;q=0.7
Accept: text/html,application/xml;q=0.9,text/plain;q=0.6,*/*;q=0.5
```

▶ 4가지 키워드로 정리하는 핵심 포인트

- **HTTP 헤더**는 요청 메시지에서 주로 활용되는 헤더, 응답 메시지에서 주로 활용되는 헤더, 요청과 응답 메시지 모두에서 자주 활용되는 헤더로 구분할 수 있습니다.

- **캐시**란 대역폭 낭비, 응답 지연을 방지하기 위해 사본을 임시 저장하는 기술입니다.

- **쿠키**란 클라이언트의 상태를 알 수 있는 정보로, 서버에 의해 생성되고, 클라이언트에 의해 저장됩니다.

- **콘텐츠 협상**이란 같은 URI에 대해 가장 적합한 자원의 표현을 제공해 주는 메커니즘을 의미합니다.

▶ 확인 문제

1. HTTP에서 사용되는 주요 헤더와 관련한 설명으로 옳지 않은 것을 골라 보세요.

① Authorization 헤더를 통해 인증 정보를 전달할 수 있습니다.
② Referer 헤더를 통해 클라이언트의 브라우저 및 버전을 알 수 있습니다.
③ Content-Length 헤더를 통해 메시지 본문의 바이트 단위 길이를 알 수 있습니다.
④ Allow 헤더를 통해 허용된 HTTP 메서드를 알 수 있습니다.

2. 캐시에 대한 설명으로 옳은 것을 골라 보세요.

① 캐시란 클라이언트에게 가장 적합한 자원의 표현을 제공해 주는 메커니즘을 의미합니다.
② Set-Cookie 헤더를 통해 캐시 신선도를 검사할 수 있습니다.
③ 캐시를 활용하면 캐시를 활용하지 않을 때에 비해 대역폭 낭비 및 응답 지연을 방지할 수 있습니다.
④ 캐시된 데이터에는 유효 기간을 설정할 수 없습니다.

지금까지 네트워크 계층 모델의 가장 낮은 계층부터 높은 계층까지 차례로 배웠습니다. 이번 장에서는 대중적인 패킷 캡처 프로그램인 와이어샤크(WireShark)라는 프로그램을 사용해 실제 패킷을 직접 관찰하며 이전까지 배운 내용을 복습해 보겠습니다.

실습으로 복습하는 네트워크

학습목표

- 와이어샤크를 설치하고 사용 방법을 학습합니다.
- 와이어샤크를 통해 실제 패킷의 주요 내용을 분석합니다.

06-1 와이어샤크 설치 및 사용법

핵심 키워드

와이어샤크   패킷 캡처

이번 절에서는 와이어샤크를 직접 설치하고 사용법을 간단하게 익혀 보겠습니다.
설치 과정과 사용법을 배우면서 패킷을 직접 관찰해 봅시다.

시작하기 전에

앞서 패킷의 개념을 설명했는데, 독자들 중에는 실제로 패킷이 어떻게 생겼는지 궁금해하는 분들도 있을 것입니다. 패킷의 모습은 패킷 캡처 프로그램을 사용해서 관찰할 수 있습니다. 패킷 캡처 프로그램은 네트워크에서 송수신되는 패킷을 모니터링하고 분석할 수 있는 프로그램입니다. 대표적인 패킷 캡처 프로그램 중 하나로 **와이어샤크**WireShark라는 프로그램이 있습니다. 이번 장의 내용은 와이어샤크를 기준으로 진행하고자 합니다.

다만, 와이어샤크는 오늘날까지 지속적으로 개발되고 있는 프로그램이라 책을 읽는 시점에 따라 설치 방법이나 사용법이 약간 다를 수도 있습니다. 그러나 너무 걱정하지 않으셔도 됩니다. 와이어샤크와 같은 대중적인 프로그램은 기존 사용자들이 사용법을 처음부터 다시 학습해야 할 정도로 큰 변화가 일어나는 일이 드물뿐더러, 설치 과정에서 어려움이 있으면 언제든 이 책의 Q&A 사이트를 통해 필자에게 질문할 수 있기 때문입니다.

와이어샤크를 설치하고
사용법을 익혀 봅시다!

WIRE**SHARK**

와이어샤크 설치

이번 절에서는 윈도우 운영체제와 맥OS 운영체제에서 와이어샤크를 설치하고 사용하는 방법을 차례로 소개하겠습니다. 먼저, 윈도우 운영체제에서 와이어샤크를 설치하는 방법부터 안내하겠습니다. 본문의 내용에 맞춰 설치 과정을 잘 따라와 주세요.

윈도우

윈도우 운영체제 사용자의 설치 방법은 다음과 같습니다.

01 와이어샤크 다운로드 페이지에 접속한 후 [Download Wireshark]의 [Stable Release]에서 본인의 컴퓨터 환경에 맞는 Windows 설치 파일을 다운로드합니다.

와이어샤크 다운로드 페이지
URL https://wireshark.org/download.html

02 다운로드한 설치 파일(Wireshark-버전명-운영체제명.exe)을 더블 클릭하면 다음과 같은 화면이 나타납니다. 본격적으로 설치를 시작하기 전에 혹시 와이어샤크가 실행 중인지를 확인한다는 내용입니다. 계속하려면 [Next] 버튼을 클릭합니다.

설치 파일을 실행하고 [사용자 계정 컨트롤] 창이 나타나면 [예] 버튼을 클릭합니다.

03 라이선스 동의 여부를 묻는 화면이 나타나면 [Noted] 버튼을 클릭하여 라이선스에 동의합니다.

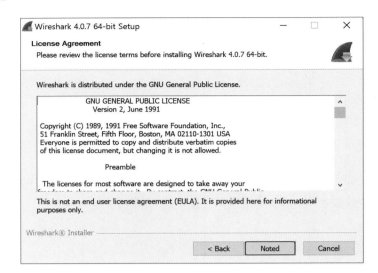

04 와이어샤크 재단에 대한 기부 안내 화면이 나타나면 후원 여부와 상관없이 [Next] 버튼을 클릭하여 설치를 진행합니다.

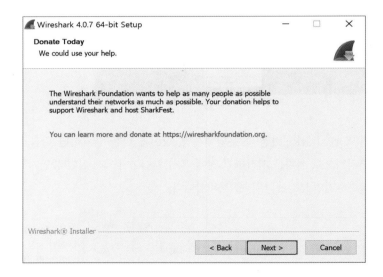

05 다음으로 와이어샤크 설치 시 구성 요소를 선택하는 화면이 나타납니다. [TShark], [Tools] 등 구성 요소를 선택할 수 있지만, 기본 설정으로 설치하기 위해 모두 체크된 상태에서 [Next] 버튼을 클릭합니다.

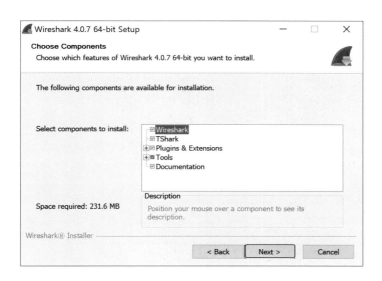

06 와이어샤크를 시작 메뉴, 데스크톱 아이콘, 빠른 실행 아이콘으로 등록할지, 와이어샤크 관련 파일 확장자도 함께 이용할지 여부를 묻습니다. 원하는 항목에 체크한 후 [Next] 버튼을 클릭 합니다.

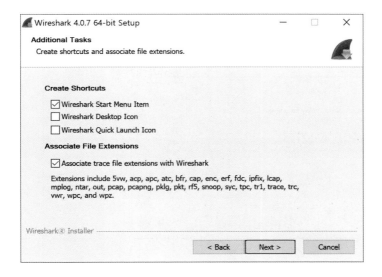

07 설치 경로를 결정하는 화면이 나타나면 경로를 확인하고 [Next] 버튼을 클릭합니다. 다른 경로에 설치하고 싶다면 [Browse...] 버튼을 클릭해 원하는 경로를 지정할 수도 있습니다.

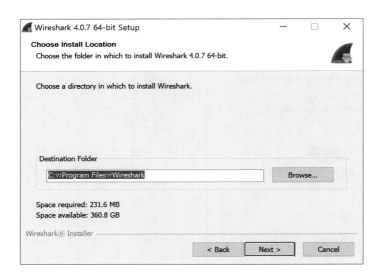

08 와이어샤크는 윈도우에서 실시간 패킷 캡처를 하기 위해서 내부적으로 Npcap 혹은 WinPcap 이라는 프로그램을 이용합니다. 다음 화면처럼 WinPcap이 설치되어 있다면 Npcap은 설치할 필요가 없으니 [Next] 버튼을 클릭합니다.

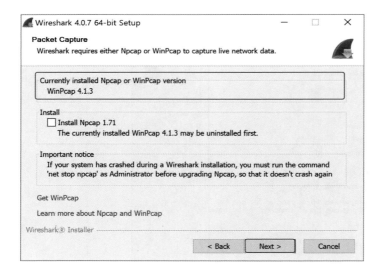

➕ 여기서 잠깐   **WinPcap 미설치 시 진행 과정**

만약 WinPcap이 설치되어 있지 않거나 최신 버전의 패킷 캡처 기능을 사용하고 싶다면 [Install Npcap] 옵션을 체크하고 [Next] 버튼을 클릭합니다. 이후 설치 과정에서 Npcap 설치가 함께 진행될 것입니다.

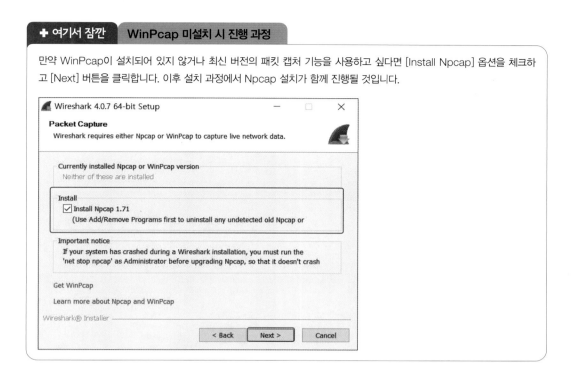

09 와이어샤크는 USB 트래픽을 캡처하는 기능도 제공합니다. 하지만 이 기능은 이 책에서 다루지 않을 예정이므로 [Install USBPcap]은 체크 해제한 후 [Install] 버튼을 클릭합니다.

10 모든 과정을 마쳤다면 이제 자동으로 와이어샤크 설치가 진행됩니다. 만약 앞에서 [Install Npcap]에 체크한 경우, 설치 중에 Npcap 설치를 위한 화면이 나타날 수 있습니다. 해당 화면에서 Npcap 설치를 완료하면 와이어샤크 설치가 재개됩니다.

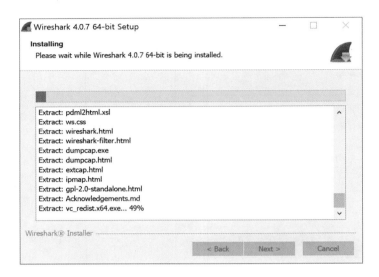

11 다음 화면처럼 와이어샤크의 설치가 완료되면 [Next] 버튼을 클릭합니다.

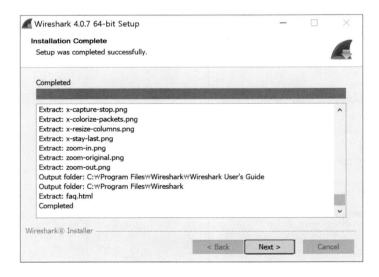

12 설치가 완료되었습니다. [Finish] 버튼을 클릭하면 모든 설치 과정이 끝납니다.

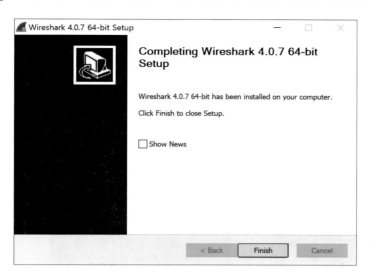

13 시작 메뉴에서 설치된 와이어샤크를 선택하여 실행해 보세요. 다음과 같은 창이 나타나면 설치가 제대로 된 것입니다. 여기까지 완료한 분들은 343쪽의 [와이어샤크 사용법]으로 넘어가면 됩니다.

맥OS

맥OS에서 와이어샤크를 설치하는 방법을 설명하겠습니다.

01 와이어샤크 다운로드 페이지에 접속한 후 [Download Wireshark]의 [Stable Release]에서 본인의 컴퓨터 환경에 맞는 macOS 설치 파일을 다운로드합니다.

와이어샤크 다운로드 페이지
URL https://wireshark.org/download.html

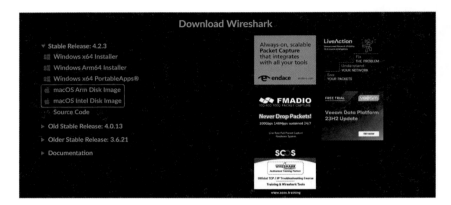

02 다운로드한 파일을 실행하면 다음과 같은 화면이 나타납니다. 와이어샤크를 설치하기 위해 와이어샤크 아이콘을 [Applications] 폴더로 드래그합니다. 다음으로 패킷 캡처를 위해 같은 화면에서 [Install ChmodBPF.pkg]를 클릭하여 ChmodBPF를 설치합니다.

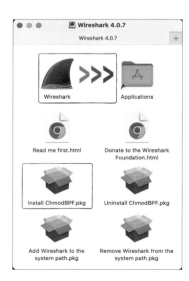

note ChmodBPF의 설치 과정은 간단하므로 따로 첨부하지 않았습니다. ChmodBPF를 삭제하고 싶다면 해당 화면에서 [Uninstall ChmodBPF.pkg]를 클릭하여 삭제할 수 있습니다.

03 와이어샤크를 사용할 준비가 되었습니다. 응용 프로그램(Applications)에서 와이어샤크를 실행해 보세요. 다음과 같은 화면이 보인다면 설치가 제대로 된 것입니다.

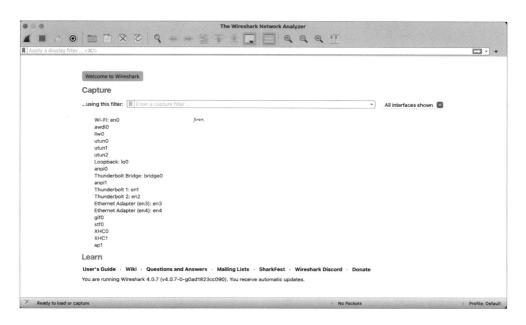

와이어샤크 사용법

설치를 마쳤으니 이제 와이어샤크를 본격적으로 사용해 보겠습니다. 다음의 설명을 잘 따라와 주세요.

패킷 캡처

이제 와이어샤크를 사용하는 방법을 익혀 봅시다.

01 와이어샤크를 처음 실행하면 나타나는 화면에서 어떤 네트워크 인터페이스에서 송수신될 패킷을 관찰하고 싶은지 선택합니다. 필자는 와이파이로 연결된 인터페이스를 선택했습니다. 특정 인터페이스를 통해 패킷이 송수신되고 있다면 다음 쪽의 화면처럼 해당 인터페이스 이름 오른쪽에 지그재그 모양의 차트가 그려집니다(붉은색 박스로 표기).

note 실습 화면은 윈도우 운영체제를 기준으로 구성했으나, 맥OS에서도 동일하게 실습이 가능합니다.

02 선택한 후에는 다음과 같은 화면을 확인할 수 있습니다. 이후 설명하겠지만, 화면에서 좌측 상단에 있는 네모 모양의 캡처 중단(■) 아이콘도 유심히 봐두기를 바랍니다.

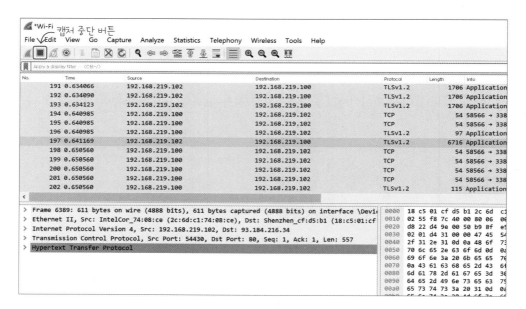

03 송수신되는 패킷을 더욱 명확히 캡처하기 위해 웹 브라우저를 열고, http://example.com 에 접속해 봅시다. 해당 URL에 접속하기 위해 http 프로토콜로 주고받을 패킷도 캡처될 것으로 기대할 수 있습니다.

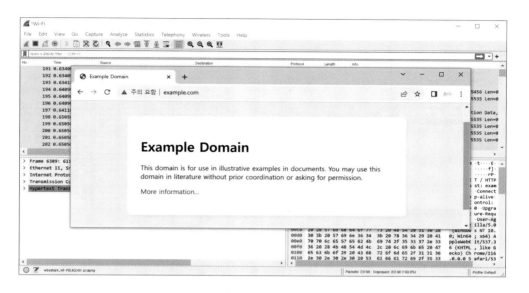

와이어샤크 화면 구성

다시 와이어샤크로 돌아와서, 앞서 말씀드렸던 좌측 상단의 캡처 중단(⬛) 아이콘을 클릭하면 캡처가 중단됩니다. 캡처를 중단하고, 다음 쪽에 있는 화면의 구성을 관찰해 봅시다. 참고로 캡처 중단 버튼의 좌측에 위치한 상어 지느러미를 클릭하면 캡처를 다시 수행할 수 있습니다.

①번 박스 부분부터 살펴볼까요? 해당 부분에서는 선택한 인터페이스에서 송수신된 패킷들에 대한 정보를 확인할 수 있습니다. 이 정보에는 패킷 번호No., 시간Time, 송신지Source, 수신지Destination, 프로토콜Protocol, 패킷의 길이Length 그리고 해당 패킷에 대한 간략한 설명Info이 포함됩니다.

임의의 패킷 하나를 클릭해서 확인해 보세요. 필자는 HTTP 프로토콜 패킷(6389번 패킷)을 클릭했습니다.

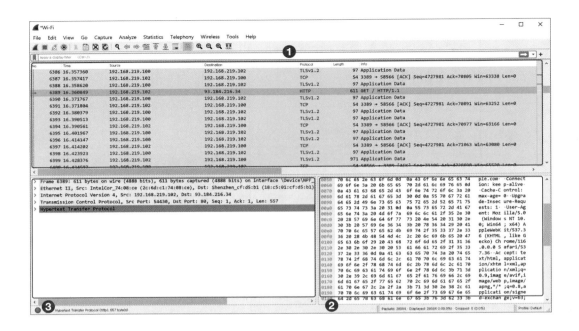

이번에는 우측 하단의 ②번 박스를 살펴보겠습니다. 이 박스에서는 패킷에 해당하는 실제 데이터를 확인할 수 있습니다. 컴퓨터는 기본적으로 0과 1로 표기되는 2진수만 이해할 수 있기에 실제 네트워크에서 송수신되는 데이터 또한 2진수의 형태입니다. 그러나 2진수를 그대로 표기하면 표기가 길어지므로 16진수로 줄여서 쓴 것입니다.

다음으로 좌측 하단의 ③번 박스를 확인해 보세요. 해당 패킷이 어떻게 캡슐화되어 있는지를 알 수 있습니다. 아래에서부터 HTTP^{Hypertext Transfer Protocol}, TCP^{Transmission Control Protocol}, IPv4^{Internet Protocol Version 4}, 이더넷 프레임^{Ethernet II}으로 캡슐화된 것을 볼 수 있습니다.

이번에는 다음 화면에 표시한 것처럼 [Hypertext Transfer Protocol]을 클릭해 보겠습니다. 그러면 우측 하단의 데이터 중에서 HTTP 메시지에 대한 내용이 강조됩니다. 즉, 우측 하단의 검은색 배경으로 강조된 47 45 54로 시작하는 부분이 HTTP 메시지입니다. 좌측 하단의 [Hypertext Transfer Protocol]을 펼쳐 보면 HTTP 메시지(GET 요청) 내용이 명시되어 있습니다. Host, Connection, Cache-Control 등은 5장에서 학습한 HTTP 헤더입니다.

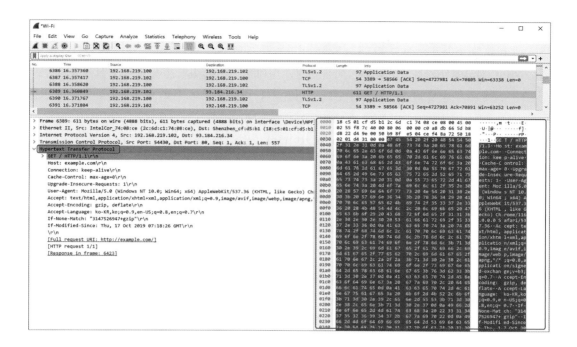

다음 화면처럼 [Transmission Control Protocol]을 클릭하면 전체 패킷 중에서 TCP 세그먼트에 대한 내용이 강조됩니다. 우측 하단의 검은색 배경으로 강조된 d4 9e 00 ~ 31 00 00이 TCP 세그먼트입니다. [Transmission Control Protocol]을 펼쳐 보면 4장에서 학습한 TCP 세그먼트 필드인 송신지 포트 번호Source Port, 수신지 포트 번호Destination Port, 순서 번호Sequence Number, 확인 응답 번호 Acknowledgment Number 등을 확인할 수 있습니다.

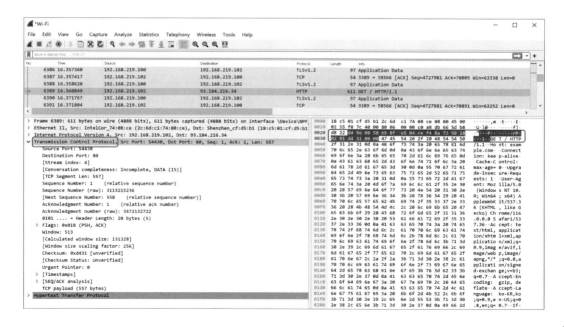

참고로, 앞쪽의 화면을 보면 [Sequence Number: 1 (relative sequence number)]와 [Sequence Number (raw): 3113215236]이라는 두 개의 순서 번호^Sequence Number가 있습니다. 전자는 와이어샤크에서 가독성을 높이기 위해 설정한 상대적인 순서 번호이고, 후자는 실제 순서 번호입니다. 실제 초기 순서 번호는 임의의 수로 설정됩니다. 다만 임의의 수로 초기화된 실제 순서 번호(raw)로는 해당 세그먼트가 몇 번째 순서 번호인지 한눈에 파악하기 어려우므로, 와이어샤크에서 상대적인 순서 번호^relative sequence number를 부여한 것입니다.

확인 응답 번호^Acknowledgment Number도 마찬가지입니다. [Acknowledgment Number: 1 (relative ack number)]와 [Acknowledgment Number (raw): 3472132722]라는 두 개의 확인 응답 번호가 있습니다. 전자는 가독성을 높이고자 임의로 설정한 상대적인 확인 응답 번호이며, 후자는 실제 확인 응답 번호입니다.

그리고 [Stream index], [Conversation completeness], [TCP Segment Len]과 같이 대괄호로 표기된 필드도 확인할 수 있습니다. 이는 실제로 프로토콜에 구현된 필드는 아니지만, 네트워크를 분석하기 쉽도록 와이어샤크가 추가한 일종의 가상 필드입니다. 이 필드들은 뒤에 이어지는 패킷 필터링에서 유용하게 사용될 수 있습니다.

다음으로 [Internet Protocol Version 4]를 클릭해 봅시다. IPv4 패킷에 대한 내용이 강조됩니다. 다음 화면에서 우측 하단에 검은색 배경으로 강조된 45 00 02 ~ b8 d8 22가 IP 패킷입니다. 이 또한 3장에서 학습한 IPv4 패킷의 필드를 포함하고 있음을 확인할 수 있습니다.

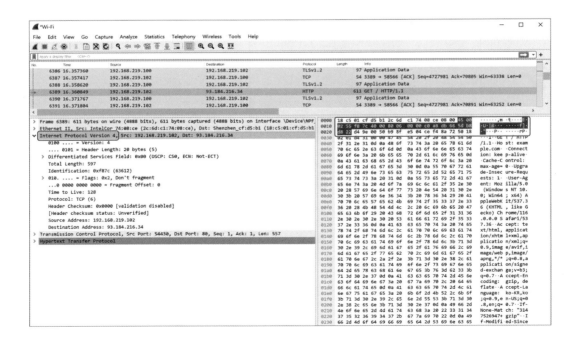

마지막으로 [Ethernet II]를 클릭해 보면 다음 화면처럼 이더넷 프레임에 대한 내용이 강조됩니다. 2장에서 학습한 이더넷 프레임의 수신지 MAC 주소Destination, 송신지 MAC 주소Source, 타입/길이Type 등이 명시되어 있습니다.

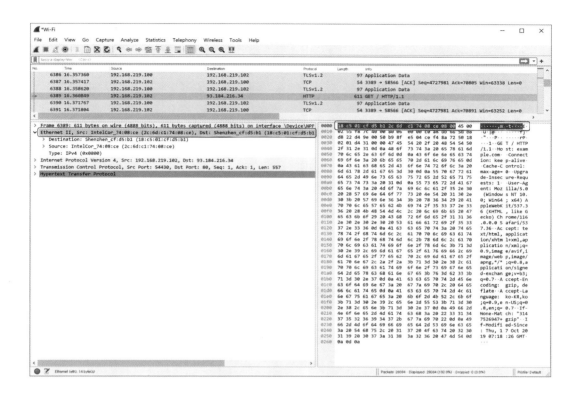

지금까지 와이어샤크를 통해 하나의 패킷이 어떻게 캡슐화되어 있는지, 실제 네트워크에 흐르는 데이터는 어떤 꼴을 이루고 있는지 확인해 보았습니다.

패킷 필터링

와이어샤크가 제공하는 또 하나의 강력한 기능으로 패킷 필터링 기능이 있습니다. 다음 쪽의 화면에서 붉은색 박스로 표시된 입력 창에 와이어샤크 필터를 입력하면, 캡처된 패킷 중에서 필터 조건에 맞는 특정 패킷만 조회할 수 있습니다. 예를 들어 다음과 같이 입력 창에 http를 입력하면 캡처된 패킷 중에서 HTTP 패킷을 필터링한 결과를 보여 줍니다.

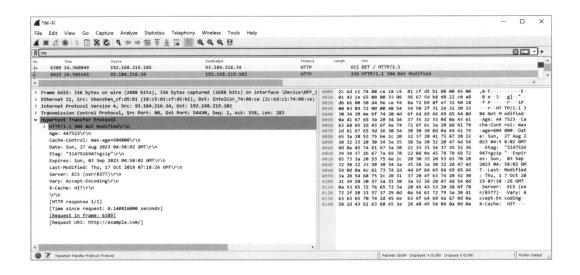

그렇다면 가장 기본적인 필터의 대표적인 예시부터 알아봅시다. 표로 정리해 보았습니다. 모두 이 책에서 학습한 반가운 이름들이지요?

기본 필터

필터	설명
eth	Ethernet
ip	Internet Protocol Version 4(IPv4)
ipv6	Internet Protocol Version 6(IPv6)
arp	Address Resolution Protocol(ARP)
dhcp	Dynamic Host Configuration Protocol(DHCP)
rip	Routing Information Protocol(RIP)
ospf	Open Shortest Path First(OSPF)
bgp	Border Gateway Protocol(BGP)
icmp	Internet Control Message Protocol(ICMP)
tcp	Transmission Control Protocol(TCP)
udp	User Datagram Protocol(UDP)
dns	Domain Name System(DNS)
http	Hypertext Transfer Protocol(HTTP)
http2	Hypertext Transfer Protocol Version 2(HTTP2)
http3	Hypertext Transfer Protocol Version 3(HTTP3)
tls	Transport Layer Security(TLS)

note TLS는 다음 장에서 학습할 예정입니다.

기본 필터에 대한 더욱 세부적인 필터링도 가능합니다. 모든 종류를 나열하기는 어렵지만, 자주 사용되는 대표적인 필터를 다음의 표로 정리했습니다. 외우기보다는 기존에 학습한 프로토콜에 포함된 필드(혹은 와이어샤크에서 제공된 가상의 필드)를 기준으로 가볍게 읽어 보기를 바랍니다. 이전에 학습한 내용들을 상기해 보면 이미 아는 내용일 것입니다.

eth 관련 필터

필터	설명
eth.addr	수신지 혹은 송신지 MAC 주소
eth.dst	수신지 MAC 주소
eth.src	송신지 MAC 주소
eth.len	길이(16비트 음이 아닌 정수)
eth.type	타입(16비트 음이 아닌 정수)

ip 관련 필터

필터	설명
ip.addr	송신지 혹은 수신지 IPv4 주소
ip.dst	수신지 IPv4 주소
ip.src	송신지 IPv4 주소
ip.flags	플래그 값들(8비트 음이 아닌 정수)
ip.flags.df	DF(Don't fragment) 플래그(불리언)
ip.flags.mf	MF(More fragments) 플래그(불리언)
ip.frag_offset	단편화 오프셋(16비트 음이 아닌 정수)
ip.hdr_len	헤더 길이(8비트 음이 아닌 정수)
ip.id	식별자(16비트 음이 아닌 정수)
ip.len	총 길이(16비트 음이 아닌 정수)
ip.opt.mtu	MTU(16비트 음이 아닌 정수)
ip.ttl	TTL(8비트 음이 아닌 정수)

udp 관련 필터

필터	설명
udp.port	수신지 혹은 송신지 포트 번호(16비트 음이 아닌 정수)
udp.dstport	수신지 포트 번호(16비트 음이 아닌 정수)
udp.srcport	송신지 포트 번호(16비트 음이 아닌 정수)
udp.length	UDP 데이터그램 길이(16비트 음이 아닌 정수)

tcp 관련 필터

필터	설명
tcp.port	송신지 혹은 수신지 포트 번호(16비트 음이 아닌 정수)
tcp.dstport	수신지 포트 번호(16비트 음이 아닌 정수)
tcp.srcport	송신지 포트 번호(16비트 음이 아닌 정수)
tcp.seq	순서 번호(32비트 음이 아닌 정수)
tcp.seq_raw	실제 순서 번호(32비트 음이 아닌 정수)
tcp.nxtseq	다음 순서 번호(32비트 음이 아닌 정수)
tcp.ack	확인 응답 번호(32비트 음이 아닌 정수)
tcp.ack_raw	실제 확인 응답 번호(32비트 음이 아닌 정수)
tcp.flags	플래그 값들(16비트 음이 아닌 정수)
tcp.flags.ack	ACK 플래그(불리언)
tcp.flags.fin	FIN 플래그(불리언)
tcp.flags.syn	SYN 플래그(불리언)
tcp.hdr_len	헤더 길이(8비트 음이 아닌 정수)
tcp.len	TCP 세그먼트 길이(32비트 음이 아닌 정수)
tcp.window_size_value	윈도우 크기(16비트)
tcp.options.mss_val	MSS 값(16비트 음이 아닌 정수)
tcp.analysis.ack_rtt	세그먼트에 대한 ACK까지의 RTT
tcp.analysis.out_of_order	순서가 어긋난 세그먼트
tcp.analysis.retransmission	재전송 세그먼트
tcp.analysis.fast_retransmission	빠른 재전송
tcp.analysis.duplicate_ack	중복된 ACK
tcp.analysis.duplicate_ack_num	중복된 ACK 수(32비트 음이 아닌 정수)

http 관련 필터

필터	설명
http.request	HTTP 요청(불리언)
http.request.line	HTTP 요청 라인(문자열)
http.request.method	HTTP 요청 Method(문자열)
http.request.uri	HTTP 요청 URI(문자열)
http.request.uri.path	HTTP 요청 URI 경로(문자열)

http.request.uri.query	HTTP 요청 URI 쿼리(문자열)
http.request.uri.query.parameter	HTTP 요청 URI 쿼리 파라미터(문자열)
http.request.version	HTTP 요청 버전(문자열)
http.response	HTTP 응답(불리언)
http.response.code	HTTP 응답 코드(16비트 음이 아닌 정수)
http.response.phrase	HTTP 응답 코드 설명(문자열)
http.response.line	HTTP 응답 라인(문자열)
http.response.version	HTTP 응답 버전(문자열)
http.accept	Accept 헤더(문자열)
http.accept_encoding	Accept Encoding 헤더(문자열)
http.accept_language	Accept-Language 헤더(문자열)
http.cache_control	Cache-Control 헤더(문자열)
http.connection	Connection 헤더(문자열)
http.content_encoding	Content-Encoding 헤더(문자열)
http.content_length	Content length 헤더(음이 아닌 64비트 정수)
http.content_type	Content-Type 헤더(문자열)
http.date	Date 헤더(문자열)
http.host	Host 헤더(문자열)
http.location	Location 헤더(문자열)
http.last_modified	Last-Modified 헤더(문자열)
http.server	Server 헤더(문자열)
http.set_cookie	Set-Cookie 헤더(문자열)
http.cookie	Cookie 헤더(문자열)
http.user_agent	User-Agent 헤더(문자열)
http.referer	Referer 헤더(문자열)
http.authorization	Authorization 헤더(문자열)
http.www_authenticate	WWW-Authenticate 헤더(문자열)

이 외에도 와이어샤크에서 제공하는 필터는 이번 장에서 모두 다루기 어려울 만큼 다양합니다. 더 많은 필터를 학습하고 싶은 독자들은 다음 [URL]에서 [wireshark-filters] 항목을 참고해 보세요.

URL https://github.com/kangtegong/self-learning-cs2

이러한 필터들은 일반적으로 연산자와 함께 사용됩니다. 와이어샤크에서 연산자는 여러 필터를 조합하여 사용하거나 특정 조건을 만족하는 필터를 확인하는 데 사용됩니다. 자주 사용되는 대표적인 연산자의 종류를 다음 표로 정리했습니다. 만약 프로그래밍 언어를 학습한 경험이 있다면 그 의미를 어렵지 않게 이해할 수 있을 것입니다.

연산자

연산자		설명
==	eq	조건을 만족하는 패킷을 선택
!=	ne	조건을 만족하지 않는 패킷을 선택
&&	and	조건을 모두 만족하는 패킷을 선택
||	or	조건을 하나 이상 만족하는 패킷을 선택
!	not	조건에 부합하지 않는 패킷을 선택
〉	gt	지정한 값을 초과하는 패킷을 선택
〈	lt	지정한 값보다 작은 패킷을 선택
〉=	ge	지정한 값보다 크거나 같은 패킷을 선택
〈=	le	지정한 값보다 작거나 같은 패킷을 선택

note 연산자의 우선순위 또한 일반적인 프로그래밍 언어의 연산자와 유사합니다.

예를 들어 보겠습니다. "ip.src == 192.166.219.100" 또는 "ip.src eq 192.166.219.100"은 송신지 IP 주소(ip.src)가 192.166.219.100과 같은 패킷들만 걸러내는 필터입니다. 이와 유사하게 "tcp.port != 80" 또는 "tcp.port ne 80"은 TCP 포트 번호(tcp.port)가 80과 같지 않은 패킷들만 걸러내는 필터입니다.

No.	Time	Source	Destination	Protocol	Length
200…	73.208184	192.168.219.100	192.168.219.102	TCP	
200…	73.209072	192.168.219.100	192.168.219.102	TCP	
200…	73.209072	192.168.219.100	192.168.219.102	TCP	
200…	73.209072	192.168.219.100	192.168.219.102	TCP	
200…	73.209072	192.168.219.100	192.168.219.102	TCP	
200…	73.209072	192.168.219.100	192.168.219.102	TCP	
200…	73.209072	192.168.219.100	192.168.219.102	TCP	
200…	73.209072	192.168.219.100	192.168.219.102	TCP	

ip.src == 192.168.219.100

또 다른 예를 들어 보겠습니다. "tcp.seq <= 1000" 또는 "tcp.seq le 1000"은 TCP 순서 번호 (tcp.seq)가 1000 이하인 패킷들만 걸러내는 필터입니다. 마찬가지로 "udp.port > 1023" 또는 "udp.port gt 1023"은 UDP 포트 번호(udp.port)가 1023을 초과하는 패킷들만 걸러내는 필터입니다.

그렇다면 "tcp || udp"는 무엇일까요? 이는 "tcp or udp"와 같은 필터로, tcp 또는 udp 패킷들만 걸러내는 필터입니다. 마지막으로 "ip.src == 192.168.219.102 && tcp.dstport == 80"이라는 필터도 확인해 봅시다. 이는 "ip.src eq 192.168.219.102 and tcp.dstport eq 80"과 같은 필터입니다. 다음 그림을 참조해 보세요.

$$\underbrace{\texttt{ip.src == 192.168.219.102}}_{①} \ \underbrace{\texttt{\&\&}}_{③} \ \underbrace{\texttt{tcp.dstport == 80}}_{②}$$

이 필터는 다음 조건을 만족하는 패킷들만 걸러냅니다. ① IP의 송신지 주소(ip.src)가 192.168.219.102와 같고, ② TCP의 수신지 포트 번호(tcp.dstport)가 80과 같으며, ③ 이 둘을 동시에 만족하는 패킷들만 걸러냅니다. 이 필터를 사용하면 192.168.219.102가 80번 포트 번호를 향해 전송한 패킷만 조회할 수 있겠지요?

참고로 여러 연산을 괄호로 묶어서 표기할 수도 있습니다. 예를 들어 앞쪽의 화면에서 나오는 필터는 다음 그림처럼 괄호로 묶어서 표기할 수 있습니다. 괄호는 (일반적인 프로그래밍 언어에서의 괄호 연산자처럼) 우선순위가 높으므로 먼저 연산되기를 원하는 연산자는 괄호로 묶어서 표현하면 됩니다.

$$\underbrace{\texttt{(ip.src == 192.168.219.100)}}_{①} \ \underbrace{\texttt{\&\&}}_{③} \ \underbrace{\texttt{(tcp.dstport == 80)}}_{②}$$

와이어샤크의 필터 종류는 매우 다양하므로 처음부터 모든 필터를 암기할 필요는 없습니다. 대부분의 와이어샤크 필터는 프로토콜의 역할과 필드만 잘 기억해 두면 언제든지 빠르게 익힐 수 있으니 지금으로서는 앞서 설명한 대표적인 필터들 정도만 알고 있어도 무방합니다.

캡처 파일 저장과 열기

이제 캡처한 파일을 패킷 캡처 파일로 저장해 봅시다.

01 패킷 캡처 파일은 일반적으로 pcap 확장자 또는 pcapng 확장자로 저장됩니다. 이러한 파일로 캡처 내역을 저장하면 언제든지 캡처된 패킷들을 다시 열어서 조회할 수 있습니다. 다음 화면처럼 [File] - [Save] 메뉴를 클릭해 보세요.

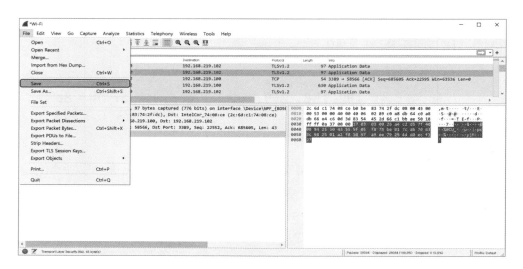

02 [Save Capture File As] 창이 나타나면 [저장 위치], [파일 이름]을 설정한 뒤 [저장] 버튼을 클릭합니다. 이렇게 저장된 패킷 캡처 파일은 와이어샤크로 다시 열어 볼 수 있습니다.

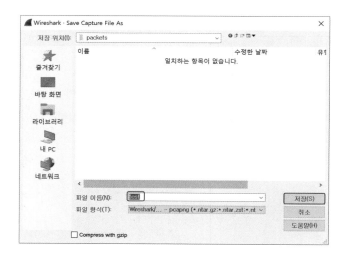

이 책에서 배운 내용을 와이어샤크로 복습할 수 있도록 필자가 몇 개의 패킷 캡처 파일을 준비했습니다. 와이어샤크, 대학 강의 자료 등에서 자유롭게 사용할 수 있도록 배포된 패킷 캡처 파일들을 변형한 파일입니다. 다음 [URL] 링크에서 [packets]에 들어가 보면 표에 나열된 패킷 캡처 파일들을 확인할 수 있습니다.

URL https://github.com/kangtegong/self-learning-cs2

파일 이름	설명
ipv4-fragmentation.pcapng	IPv4의 단편화를 담고 있는 패킷 캡처 파일
ipv6-fragmentation.pcapng	IPv6의 단편화를 담고 있는 패킷 캡처 파일
3-way-handshake.pcapng	TCP의 연결 수립 과정을 담고 있는 패킷 캡처 파일
connection-close.pcapng	TCP의 연결 종료 과정을 담고 있는 패킷 캡처 파일
tcp-retransmission.pcapng	TCP의 재전송을 담고 있는 패킷 캡처 파일
http-request-response.pcapng	HTTP 요청 및 응답 과정을 담고 있는 패킷 캡처 파일

표의 패킷 파일을 바탕으로 와이어샤크를 복습해 봅시다!

03 패킷 캡처 파일을 다운로드한 뒤, 와이어샤크로 돌아와 봅시다. [File] − [Open] 메뉴를 클릭하고 다운로드한 패킷 캡처 파일을 선택한 뒤 [열기] 버튼을 클릭해 보세요.

04 파일을 열면 다음 화면처럼 패킷의 내용을 확인할 수 있습니다.

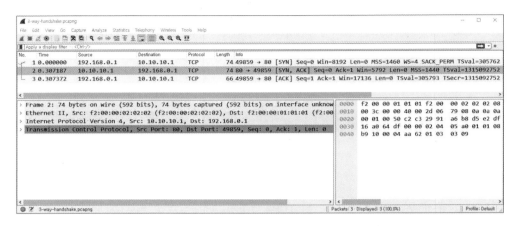

다음 절에서는 사전에 준비된 이 패킷 캡처 파일들의 일부를 활용해 프로토콜의 실제 모습과 동작을 관찰해 보겠습니다.

마무리

▶ 2가지 키워드로 정리하는 핵심 포인트

- **와이어샤크**는 대중적인 패킷 캡처 프로그램입니다.

- 와이어샤크를 통해 **패킷**을 **캡처**하고, 필터를 이용해 캡처한 패킷을 필터링할 수 있습니다.

▶ 확인 문제

1. 와이어샤크에 대한 설명으로 괄호 안에 올바른 말을 적어 보세요.

> 와이어샤크는 (   ) 프로그램입니다.

2. 와이어샤크 필터에 대한 설명으로 옳지 않은 것을 골라 보세요.

① ip.addr은 송신지 혹은 수신지 IP 주소를 의미합니다.
② tcp.dstport는 수신지 포트 번호를 의미합니다.
③ http.referer는 Referer 헤더를 의미합니다.
④ eth.dst는 송신지 IP 주소를 의미합니다.

06-2 와이어샤크를 통한 프로토콜 분석

핵심 키워드

IP ICMP UDP TCP HTTP

이번 절에서는 미리 준비한 패킷 캡처 파일들을 토대로 앞서 학습한 내용들을 복습해 보겠습니다.

시작하기 전에

앞서 와이어샤크의 설치 및 사용법을 배웠습니다. 이제 실제로 와이어샤크를 사용해 **패킷 캡처 파일**을 **분석**해 볼 예정입니다. 분석할 파일은 총 6가지로, 다음 그림에 나오는 파일들입니다. 참고로 필자가 준비한 패킷 속 IP 주소, MAC 주소 등은 임의로 생성한 것이므로 패킷 캡처 파일 내의 정보는 학습 자료로만 참고하기를 바랍니다.

```
ipv4-fragmentation.pcapng
ipv6-fragmentation.pcapng
3-way-handshake.pcapng
connection-close.pcapng
tcp-retransmission.pcapng
http_request_response.pcapng
```

이 파일들로 실습해 봅시다!

URL https://github.com/kangtegong/self-learning-cs2

IP 분석

와이어샤크를 사용해 IP 분석을 수행해 보겠습니다. 총 6개의 파일 중에서 먼저 IPv4 단편화와 ICMP에 대해 학습합니다.

IPv4 단편화 + ICMP

가장 먼저 "ipv4-fragmentation" 파일을 열어 봅시다. 이 파일은 IPv4의 단편화 과정과 ICMP 패킷을 보여 주는 패킷 캡처 파일입니다. 1번부터 7번까지는 호스트 10.0.0.1이 10.0.0.2에게 패킷을 전송하는 과정이고, 8번부터 14번까지는 10.0.0.2가 10.0.0.1에게 패킷을 전송하는 과정입니다.

No.	Time	Source	Destination	Protocol	Length
1	0.000000	10.0.0.1	10.0.0.2	IPv4	1514
2	0.000000	10.0.0.1	10.0.0.2	IPv4	1514
3	0.000000	10.0.0.1	10.0.0.2	IPv4	1514
4	0.000000	10.0.0.1	10.0.0.2	IPv4	1514
5	0.000000	10.0.0.1	10.0.0.2	IPv4	1514
6	0.000000	10.0.0.1	10.0.0.2	IPv4	1514
7	0.000000	10.0.0.1	10.0.0.2	ICMP	134
8	0.070025	10.0.0.2	10.0.0.1	IPv4	1514
9	0.070025	10.0.0.2	10.0.0.1	IPv4	1514
10	0.070025	10.0.0.2	10.0.0.1	IPv4	1514
11	0.070025	10.0.0.2	10.0.0.1	IPv4	1514
12	0.070025	10.0.0.2	10.0.0.1	IPv4	1514
13	0.070025	10.0.0.2	10.0.0.1	IPv4	1514
14	0.070025	10.0.0.2	10.0.0.1	ICMP	134

각 패킷의 [Internet Protocol Version 4] 항목을 확인해 보겠습니다. 예를 들어 1번 패킷을 볼까요? 3장에서 IP의 주된 두 가지 역할은 IP 단편화와 IP 주소 지정이라고 했습니다. 이 패킷을 보면 송신지 IP 주소Source Address, 수신지 IP 주소Destination Address 필드를 통해 주소 지정이 이루어지고 있음을 확인할 수 있습니다.

```
Internet Protocol Version 4, Src: 10.0.0.1, Dst: 10.0.0.2
   0100 .... = Version: 4
   .... 0101 = Header Length: 20 bytes (5)
 > Differentiated Services Field: 0x00 (DSCP: CS0, ECN: Not-ECT)
   Total Length: 1500
   Identification: 0x2c2e (11310)
 > 001. .... = Flags: 0x1, More fragments
   ...0 0000 0000 0000 = Fragment Offset: 0
   Time to Live: 255
   Protocol: ICMP (1)
   Header Checksum: 0x55f0 [validation disabled]
   [Header checksum status: Unverified]
   Source Address: 10.0.0.1
   Destination Address: 10.0.0.2
```

단편화에 관여하는 필드는 식별자Identification, 플래그Flags, 단편화 오프셋Offset이라고 설명했습니다. 식별자에 해당하는 Identification 값을 살펴보겠습니다. 식별자는 같은 패킷에서부터 단편화되었음을 나타내기 위해 IPv4 패킷에 부여되는 고유한 값입니다.

1번부터 7번 패킷까지의 식별자 값은 0x2c2e(11310)로 동일하며, 8번부터 14번 패킷의 식별자 값도 직접 확인해 보면 0x2aad(10925)로 동일하다는 것을 알 수 있습니다. 이는 1번부터 7번 패킷까지의 패킷들과 8번부터 14번까지의 패킷들이 본래 하나의 데이터 덩어리가 단편화된 것임을 나타냅니다.

이번에는 플래그Flags를 살펴보겠습니다. 1번 패킷부터 6번 패킷까지, 8번 패킷부터 13번 패킷까지의 플래그를 보면 more fragment(MF) 플래그가 설정되어 있는 것을 확인할 수 있습니다. 이는 다음에 더 단편화된 패킷이 있음을 나타냅니다.

```
∨  001. .... = Flags: 0x1, More fragments
     0... .... = Reserved bit: Not set
     .0.. .... = Don't fragment: Not set
     ..1. .... = More fragments: Set
   ...0 0000 0000 0000 = Fragment Offset: 0
```

반면 7번 패킷과 14번 패킷은 MF 플래그가 활성화되어 있지 않지요. 이는 더 이상의 단편화된 패킷이 없음을 의미합니다.

```
∨  000. .... = Flags: 0x0
     0... .... = Reserved bit: Not set
     .0.. .... = Don't fragment: Not set
     ..0. .... = More fragments: Not set
   ...0 0100 0101 0110 = Fragment Offset: 8880
```

마지막으로 각 패킷의 단편화 오프셋Offset도 살펴보겠습니다. 단편화 오프셋은 단편화된 패킷이 초기 데이터로부터 얼마나 떨어져 있는지를 나타낸다고 했습니다. 예를 들어 1번부터 6번까지의 패킷의 [offset] 항목은 각각 0, 1480, 2960, 4440, 5920, 7400으로, 이를 통해 각 패킷의 데이터는 1480바이트씩 떨어져 있음을 알 수 있습니다.

참고로, 단편화 오프셋 값과 하단의 [Length] 열의 의미를 혼동하는 독자가 있을 수 있습니다. [Length] 열은 이더넷 프레임 헤더 14바이트와 IP 헤더 20바이트를 포함한 패킷의 전체 크기를 바이트 단위로 표현한 것입니다. 반면 단편화 오프셋인 1480은 단편화된 데이터만 고려한 크기를 나타낸다는 점에서 다릅니다.

No.	Time	Source	Destination	Protocol	Length
1	0.000000	10.0.0.1	10.0.0.2	IPv4	1514
2	0.000000	10.0.0.1	10.0.0.2	IPv4	1514
3	0.000000	10.0.0.1	10.0.0.2	IPv4	1514
4	0.000000	10.0.0.1	10.0.0.2	IPv4	1514
5	0.000000	10.0.0.1	10.0.0.2	IPv4	1514
6	0.000000	10.0.0.1	10.0.0.2	IPv4	1514
7	0.000000	10.0.0.1	10.0.0.2	ICMP	134
8	0.070025	10.0.0.2	10.0.0.1	IPv4	1514
9	0.070025	10.0.0.2	10.0.0.1	IPv4	1514
10	0.070025	10.0.0.2	10.0.0.1	IPv4	1514
11	0.070025	10.0.0.2	10.0.0.1	IPv4	1514
12	0.070025	10.0.0.2	10.0.0.1	IPv4	1514
13	0.070025	10.0.0.2	10.0.0.1	IPv4	1514
14	0.070025	10.0.0.2	10.0.0.1	ICMP	134

ICMP 패킷이 포함된 7번 패킷과 14번 패킷도 간략하게 살펴봅시다. 7번 패킷과 14번 패킷의 [Internet Control Message Protocol] 항목을 확인해 보세요. 앞서 4장에서 ICMP를 학습했습니다. ICMP는 패킷의 전송 과정에 대한 피드백 메시지를 얻고자 사용하는 프로토콜이고, 피드백 메시지의 종류는 ICMP 패킷의 타입 필드와 코드 필드의 조합으로 정의된다고 했습니다. 그럼 7번 패킷과 14번 패킷의 타입과 코드를 확인해 볼까요?

7번 패킷의 타입(Type)은 8이고, 코드(Code)는 0입니다. 205쪽을 확인해 보세요. 타입 8, 코드 0에 해당하는 ICMP 메시지는 에코 요청 메시지라는 점을 알 수 있습니다.

```
∨ Internet Control Message Protocol
    Type: 8 (Echo (ping) request)
    Code: 0
    Checksum: 0xf7fc [correct]
    [Checksum Status: Good]
    Identifier (BE): 3 (0x0003)
    Identifier (LE): 768 (0x0300)
    Sequence Number (BE): 0 (0x0000)
    Sequence Number (LE): 0 (0x0000)
    [Response frame: 14]
```

14번 패킷의 타입은 0이고, 코드는 0입니다. 이에 부합하는 ICMP 메시지는 에코 응답 메시지입니다. 다시 말해, 14번 패킷은 7번 패킷의 에코 요청에 대한 에코 응답입니다.

```
∨ Internet Control Message Protocol
    Type: 0 (Echo (ping) reply)
    Code: 0
    Checksum: 0xfffc [correct]
    [Checksum Status: Good]
    Identifier (BE): 3 (0x0003)
    Identifier (LE): 768 (0x0300)
    Sequence Number (BE): 0 (0x0000)
    Sequence Number (LE): 0 (0x0000)
    [Request frame: 7]
```

IPv6 단편화 + UDP

이번에는 "ipv6-fragmentation" 파일을 열어 보세요. 이 파일은 ipv6의 단편화와 UDP 데이터그램을 보여 주는 파일입니다. 1번과 2번 패킷은 20f4:c750:2f42:53df::11:0이 26f7:f750:2ffb:53df::1001에게 보내는 과정을 나타내며, 3번부터 6번 패킷까지는 26f7:f750:2ffb:53df::1001이 20f4:c750:2f42:53df::11:0에게 패킷을 전송하는 과정을 나타냅니다.

No.	Time	Source	Destination	Protocol	Length
1	0.000000	20f4:c750:2f42:53df::11:0	26f7:f750:2ffb:53df::1001	UDP	180
2	0.237205	20f4:c750:2f42:53df::11:0	26f7:f750:2ffb:53df::1001	UDP	93
3	0.256991	26f7:f750:2ffb:53df::1001	20f4:c750:2f42:53df::11:0	IPv6	1510
4	0.256997	26f7:f750:2ffb:53df::1001	20f4:c750:2f42:53df::11:0	IPv6	1510
5	0.256998	26f7:f750:2ffb:53df::1001	20f4:c750:2f42:53df::11:0	IPv6	1510
6	0.257001	26f7:f750:2ffb:53df::1001	20f4:c750:2f42:53df::11:0	UDP	1105

✚ 여기서 잠깐 **IPv6 주소 줄여쓰기**

IPv6 주소는 128비트 크기의 주소 체계로, 하나의 IPv6 주소를 표현하기 위해서는 원칙적으로 32개의 16진수가 필요합니다. 다음 그림과 같이 네 개의 16진수가 콜론(:)으로 구분되어 8개의 그룹으로 나뉘게 되지요.

20f4:c750:2f42:53df:0000:0000:0011:0000

26f7:f750:2ffb:53df:0000:0000:0000:1001

하지만 와이어샤크 속 IPv6 주소를 보면 32개의 16진수가 사용되지 않았죠. 이는 IPv6 주소의 16진수 일부가 생략된 것입니다. ① 콜론으로 구분된 그룹 앞부분에 0이 연속해서 등장할 경우, 연속된 0은 하나의 0으로 단축할 수 있고(①번 표기), ② 여러 필드에 걸쳐 0이 연속해서 등장할 경우 "::"과 같이 필드에 명시되는 0을 생략할 수 있습니다(②번 표기).

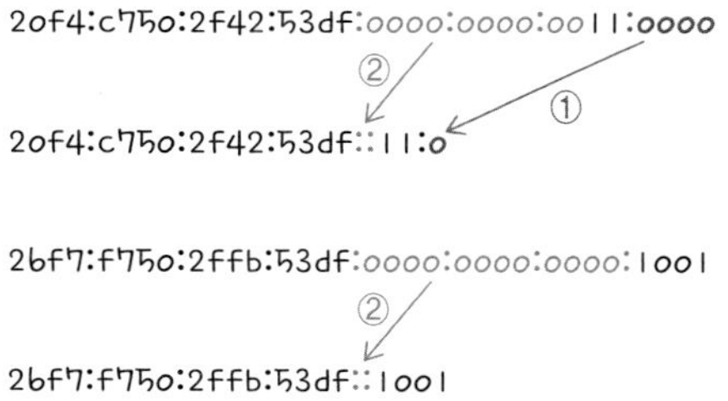

20f4:c750:2f42:53df:0000:0000:0011:0000
②   ①
20f4:c750:2f42:53df::11:0

26f7:f750:2ffb:53df:0000:0000:0000:1001
②
26f7:f750:2ffb:53df::1001

요컨대 위 예시 속 20f4:c750:2f42:53df::11:0과 26f7:f750:2ffb:53df::1001은 사실 20f4:c750:2f42:53df:0000:0000:0011:0000과 26f7:f750:2ffb:53df:0000:0000:0000:1001의 축약된 표현입니다.

각 패킷의 [Internet Protocol Version 6] 항목을 보세요. 3장에서 학습한 대로 128비트 크기의 송신지 IPv6 주소Source Address, 수신지 IPv6 주소Destination Address를 확인할 수 있을 것입니다.

단편화가 이루어지는 부분은 3번 패킷부터 5번 패킷입니다. 우선 1번과 2번 패킷을 봅시다. 이 패킷들은 단편화되지 않았으므로 단편화 확장 헤더가 없습니다. 이 경우 Next Header 필드는 캡슐화한 프로토콜인 UDP를 가리키고 있습니다.

```
∨ Internet Protocol Version 6, Src: 20f4:c750:2f42:53df::11:0, Dst: 26f7:f750:2ffb:53df::1001
    0110 .... = Version: 6
  > .... 0000 0000 .... .... .... .... .... = Traffic Class: 0x00 (DSCP: CS0, ECN: Not-ECT)
    .... 0000 0000 0000 0000 0000 = Flow Label: 0x00000
    Payload Length: 39
    Next Header: UDP (17)
    Hop Limit: 64
    Source Address: 20f4:c750:2f42:53df::11:0
    Destination Address: 26f7:f750:2ffb:53df::1001
> User Datagram Protocol, Src Port: 58677, Dst Port: 58677
```

이번에는 3번 패킷부터 6번 패킷까지 살펴봅시다. 이들은 단편화되어 전송된 패킷이므로 단편화 확장 헤더가 포함되어 있습니다. 이를 나타내는 것이 [Fragment Header for IPv6]입니다. 단편화되지 않은 1번과 2번 패킷은 이 확장 헤더가 없지요.

```
∨ Internet Protocol Version 6, Src: 26f7:f750:2ffb:53df::1001, Dst: 20f4:c750:2f42:53df::11:0
    0110 .... = Version: 6
  > .... 0000 0000 .... .... .... .... .... = Traffic Class: 0x00 (DSCP: CS0, ECN: Not-ECT)
    .... 0010 0001 0010 1000 1001 = Flow Label: 0x21289
    Payload Length: 1456
    Next Header: Fragment Header for IPv6 (44)
    Hop Limit: 64
    Source Address: 26f7:f750:2ffb:53df::1001
    Destination Address: 20f4:c750:2f42:53df::11:0
  ∨ Fragment Header for IPv6
      Next header: UDP (17)
      Reserved octet: 0x00
      0000 0000 0000 0... = Offset: 0 (0 bytes)
      .... .... .... .00. = Reserved bits: 0
      .... .... .... ...1 = More Fragments: Yes
      Identification: 0xf88eb466
    [Reassembled IPv6 in frame: 6]
```

단편화 확장 헤더를 살펴보면 캡슐화된 UDP를 가리키는 다음 헤더Next header, 같은 값을 공유하는 식별자Identification, 얼마나 떨어진 데이터를 담고 있는지를 나타내는 오프셋Offset 값이 명시되어 있는 것을 볼 수 있습니다.

이어서 UDP 데이터그램의 내용을 살펴볼까요? 1번과 2번 패킷의 [User Datagram Protocol] 항목을 확인해 봅시다. 4장에서 배운 대로 송신지 포트Source Port와 수신지 포트Destination Port, 그리고 UDP 데이터그램의 바이트 단위 길이Length 등이 명시되어 있음을 알 수 있습니다.

```
✓ User Datagram Protocol, Src Port: 58677, Dst Port: 58677
      Source Port: 58677
      Destination Port: 58677
      Length: 126
    Checksum: 0xeb4d [unverified]
    [Checksum Status: Unverified]
    [Stream index: 0]
  > [Timestamps]
    UDP payload (118 bytes)
```

TCP 분석

다음으로 와이어샤크를 사용해 TCP 분석을 수행해 보겠습니다. TCP 연결 수립부터 연결 종료, 재전송 과정까지 차례대로 분석합니다.

TCP 연결 수립

이번에는 "3-way-handshake" 파일을 열어 보세요. TCP의 연결 수립 과정을 살펴봅시다. TCP는 연결형 통신을 수행하는 프로토콜이고, 연결 수립 과정은 쓰리 웨이 핸드셰이크를 통해 이루어진다고 했습니다. 파일의 내용은 그 과정을 나타내고 있습니다.

첫 번째 패킷은 192.168.0.1이 10.10.10.1에게 연결 요청을 보내는 패킷입니다. 두 번째 패킷은 10.10.10.1이 192.168.0.1에게 확인 응답을 보내는 패킷이며, 마지막으로 세 번째 패킷은 다시 192.168.0.1이 10.10.10.1에게 확인 응답을 보내는 패킷입니다.

No.	Time	Source	Destination	Protocol
1	0.000000	192.168.0.1	10.10.10.1	TCP
2	0.307187	10.10.10.1	192.168.0.1	TCP
3	0.307372	192.168.0.1	10.10.10.1	TCP

이 상황을 그림으로 표현하면 다음 쪽의 그림과 같습니다. 4장에서도 보았던 그림이지요?

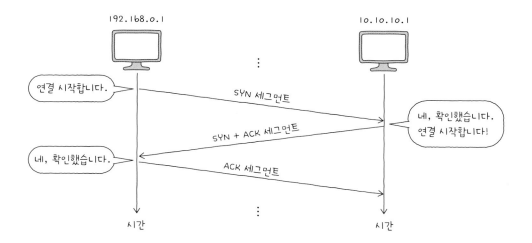

첫 번째 패킷의 [Transmission Control Protocol] 항목을 열어 보겠습니다.

```
▼ Transmission Control Protocol, Src Port: 49859, Dst Port: 80, Seq: 0, Len: 0
    Source Port: 49859
    Destination Port: 80
    [Stream index: 0]
    [Conversation completeness: Incomplete, ESTABLISHED (7)]
    [TCP Segment Len: 0]
    Sequence Number: 0    (relative sequence number)
    Sequence Number (raw): 3588415412
    [Next Sequence Number: 1    (relative sequence number)]
    Acknowledgment Number: 0
    Acknowledgment number (raw): 0
    1010 .... = Header Length: 40 bytes (10)
  > Flags: 0x002 (SYN)
    Window: 8192
    [Calculated window size: 8192]
    Checksum: 0x303f [unverified]
    [Checksum Status: Unverified]
    Urgent Pointer: 0
  > Options: (20 bytes), Maximum segment size, No-Operation (NOP), Window scale, SACK permitted, Timestamps
  > [Timestamps]
```

가장 먼저 보이는 것은 송신지 포트 번호Source Port와 수신지 포트 번호Destination Port입니다. 첫 번째 패킷의 송신지 포트 번호는 49859이고, 수신지 포트 번호는 80입니다.

송신지 포트 번호 49859는 동적 포트 번호 범위에 속합니다. 4장에서 언급했듯이 웹 브라우저처럼 클라이언트로 동작하는 프로그램은 동적 포트 번호 중에서 임의의 포트 번호가 할당되는 경우가 많습니다. 반면 포트 번호 80은 잘 알려진 포트 번호 범위인 웰 노운 포트에 속합니다. 이 포트 번호는 주로 HTTP에 사용된다고 설명했습니다. 따라서 첫 번째 패킷은 송신 호스트인 192.168.0.1의 클라이언트 프로세스가 임의의 동적 포트 번호 49859를 할당받아 HTTP 서버로 동작하는 10.10.10.1에게 연결 요청을 보낸 것으로 추정할 수 있습니다.

또한 순서 번호Sequence Number도 볼 수 있습니다. 와이어샤크에서 보기 편하도록 상대적인 순서 번호 relative sequence number를 매기긴 했지만, 실제 순서 번호raw는 3588415412입니다. 플래그Flags값도 볼까요? 쓰리 웨이 핸드셰이크를 시작하는 세그먼트의 SYN 비트는 1로 설정되어 있어야 한다고 배웠습니다. 실제로 SYN 플래그를 보면 1로 설정된 것을 확인할 수 있습니다.

> note 참고로 화면에서 하단의 옵션(Options) 부분을 보면, 4장에서 학습한 MSS 크기와 SACK(Selective ACK) 허용 여부도 확인할 수 있습니다.

이번에는 두 번째 패킷의 [Transmission Control Protocol] 항목을 봅시다.

```
Transmission Control Protocol, Src Port: 80, Dst Port: 49859, Seq: 0, Ack: 1, Len: 0
   Source Port: 80
   Destination Port: 49859
   [Stream index: 0]
   [Conversation completeness: Incomplete, ESTABLISHED (7)]
   [TCP Segment Len: 0]
   Sequence Number: 0    (relative sequence number)
   Sequence Number (raw): 697411256
   [Next Sequence Number: 1    (relative sequence number)]
   Acknowledgment Number: 1    (relative ack number)
   Acknowledgment number (raw): 3588415413
   1010 .... = Header Length: 40 bytes (10)
 > Flags: 0x012 (SYN, ACK)
   Window: 5792
   [Calculated window size: 5792]
   Checksum: 0x64df [unverified]
   [Checksum Status: Unverified]
   Urgent Pointer: 0
 > Options: (20 bytes), Maximum segment size, No-Operation (NOP), No-Operation (NOP), Timestamps, No-Operation (NOP),
 > [Timestamps]
 > [SEQ/ACK analysis]
```

첫 번째 패킷과 비교해 보았을 때, 첫 번째 포트의 송신지 포트 번호와 수신지 포트 번호가 두 번째 패킷에서는 바뀌어 있지요. 두 번째 패킷은 호스트 10.10.10.1의 80번 포트에서 동작하는 프로세스가 호스트 192.168.0.1의 49859번 포트에서 동작하는 프로세스에게 응답하기 위한 세그먼트이기 때문입니다. 패킷의 순서 번호를 살펴보면 연결 요청을 받은 호스트 10.10.10.1도 자신의 순서 번호인 697411256을 알리는 것을 볼 수 있습니다.

이어서 하단을 보면 첫 번째 패킷에 대한 '확인 응답 번호Acknowledgment Number'가 있습니다. 첫 번째 패킷이 자신의 순서 번호를 3588415412로 알렸으니, 다음으로 받기를 기대하는 순서 번호를 확인 응답 번호로 삼아 3588415413을 전송하는 것을 볼 수 있습니다. 쓰리 웨이 핸드셰이크 과정의 두 번째 세그먼트는 SYN 비트와 ACK 비트가 1로 설정된 세그먼트라고 했죠? 하단 플래그Flags를 보면 실제로도 그렇다는 것을 확인할 수 있습니다.

```
∨ Transmission Control Protocol, Src Port: 49859, Dst Port: 80, Seq: 1, Ack: 1, Len: 0
    Source Port: 49859
    Destination Port: 80
    [Stream index: 0]
    [Conversation completeness: Incomplete, ESTABLISHED (7)]
    [TCP Segment Len: 0]
    Sequence Number: 1    (relative sequence number)
    Sequence Number (raw): 3588415413
    [Next Sequence Number: 1    (relative sequence number)]
    Acknowledgment Number: 1    (relative ack number)
    Acknowledgment number (raw): 697411257
    1000 .... = Header Length: 32 bytes (8)
  > Flags: 0x010 (ACK)
    Window: 4284
    [Calculated window size: 17136]
    [Window size scaling factor: 4]
    Checksum: 0x965d [unverified]
    [Checksum Status: Unverified]
    Urgent Pointer: 0
  > Options: (12 bytes), No-Operation (NOP), No-Operation (NOP), Timestamps
  > [Timestamps]
```

쓰리 웨이 핸드셰이크의 마지막 단계는 두 번째 패킷에 대한 ACK 세그먼트를 전송하는 것입니다. 두 번째 패킷의 순서 번호는 697411256이었습니다. 따라서 확인 응답 번호로 697411257을 전송하고, 두 번째 패킷의 확인 응답 번호에 해당하는 순서 번호인 3588415413을 전송하는 것을 확인할 수 있습니다. 이러한 과정을 통해 연결이 수립되는 것입니다.

TCP 연결 종료

그렇다면 이번에는 연결 종료 과정도 살펴봅시다. "connection-close" 파일을 열어 보겠습니다.

No.	Time	Source	Destination	Protocol
1	0.000000	10.10.10.1	192.168.0.1	TCP
2	0.000000	192.168.0.1	10.10.10.1	TCP
3	12.157481	192.168.0.1	10.10.10.1	TCP
4	12.487957	10.10.10.1	192.168.0.1	TCP

TCP의 연결 수립 과정을 이해했다면 연결 종료 과정도 어렵지 않게 이해할 수 있습니다. TCP의 연결 종료 과정은 통신을 주고받는 호스트가 서로 FIN과 ACK를 주고받으며 이루어진다고 했지요. 패킷 속 상황을 그림으로 표현하면 다음 쪽의 그림과 같습니다.

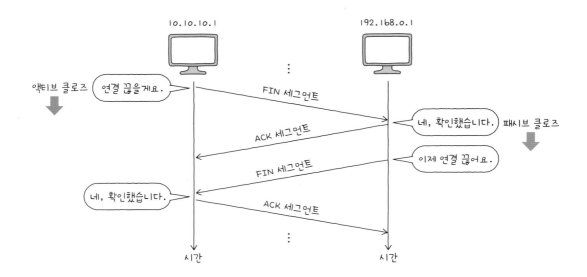

첫 번째 패킷에서는 10.10.10.1이 192.168.0.1로 FIN 비트가 설정된 세그먼트를 전송합니다. 이는 연결 종료 요청과 같습니다. 액티브 클로즈의 과정이지요.

```
Sequence Number: 1     (relative sequence number)
Sequence Number (raw): 290236744
[Next Sequence Number: 2     (relative sequence number)]
Acknowledgment Number: 1     (relative ack number)
Acknowledgment number (raw): 951058419
0101 .... = Header Length: 20 bytes (5)
∨ Flags: 0x011 (FIN, ACK)
  000. .... .... = Reserved: Not set
  ...0 .... .... = Accurate ECN: Not set
  .... 0... .... = Congestion Window Reduced: Not set
  .... .0.. .... = ECN-Echo: Not set
  .... ..0. .... = Urgent: Not set
  .... ...1 .... = Acknowledgment: Set
  .... .... 0... = Push: Not set
  .... .... .0.. = Reset: Not set
  .... .... ..0. = Syn: Not set
> .... .... ...1 = Fin: Set
```

두 번째 패킷에서는 192.168.0.1이 첫 번째 패킷에 대한 응답으로 ACK 비트가 설정된 세그먼트를 전송합니다.

```
Sequence Number: 1      (relative sequence number)
Sequence Number (raw): 951058419
[Next Sequence Number: 1      (relative sequence number)]
Acknowledgment Number: 2      (relative ack number)
Acknowledgment number (raw): 290236745
0101 .... = Header Length: 20 bytes (5)
⌄ Flags: 0x010 (ACK)
   000. .... .... = Reserved: Not set
   ...0 .... .... = Accurate ECN: Not set
   .... 0... .... = Congestion Window Reduced: Not set
   .... .0.. .... = ECN-Echo: Not set
   .... ..0. .... = Urgent: Not set
   .... ...1 .... = Acknowledgment: Set
   .... .... 0... = Push: Not set
   .... .... .0.. = Reset: Not set
   .... .... ..0. = Syn: Not set
   .... .... ...0 = Fin: Not set
```

어느 정도의 시간이 흐른 뒤 192.168.0.1은 FIN 비트가 설정된 세 번째 세그먼트를 보냅니다.

```
Sequence Number: 1      (relative sequence number)
Sequence Number (raw): 951058419
[Next Sequence Number: 2      (relative sequence number)]
Acknowledgment Number: 2      (relative ack number)
Acknowledgment number (raw): 290236745
0101 .... = Header Length: 20 bytes (5)
⌄ Flags: 0x011 (FIN, ACK)
   000. .... .... = Reserved: Not set
   ...0 .... .... = Accurate ECN: Not set
   .... 0... .... = Congestion Window Reduced: Not set
   .... .0.. .... = ECN-Echo: Not set
   .... ..0. .... = Urgent: Not set
   .... ...1 .... = Acknowledgment: Set
   .... .... 0... = Push: Not set
   .... .... .0.. = Reset: Not set
   .... .... ..0. = Syn: Not set
 › .... .... ...1 = Fin: Set
```

마지막으로 10.10.10.1이 192.168.0.1에게 ACK 비트가 설정된 세그먼트를 보내면 연결 종료 과정이 완료됩니다. 192.168.0.1의 경우 네 번째 패킷을 받으면 즉시 연결이 종료되고, 10.10.10.1의 경우 네 번째 패킷을 전송한 후에 일정 시간을 대기한 뒤 연결이 종료될 것입니다.

```
 Sequence Number: 2    (relative sequence number)
 Sequence Number (raw): 290236745
 [Next Sequence Number: 2    (relative sequence number)]
 Acknowledgment Number: 2    (relative ack number)
 Acknowledgment number (raw): 951058420
 0101 .... = Header Length: 20 bytes (5)
⌄ Flags: 0x010 (ACK)
   000. .... .... = Reserved: Not set
   ...0 .... .... = Accurate ECN: Not set
   .... 0... .... = Congestion Window Reduced: Not set
   .... .0.. .... = ECN-Echo: Not set
   .... ..0. .... = Urgent: Not set
   .... ...1 .... = Acknowledgment: Set
   .... .... 0... = Push: Not set
   .... .... .0.. = Reset: Not set
   .... .... ..0. = Syn: Not set
   .... .... ...0 = Fin: Not set
```

TCP 재전송

TCP는 신뢰성을 제공하고자 재전송 기반의 오류 제어를 수행한다고 했습니다. 이번에 살펴볼 파일은 이러한 재전송 기반의 오류 제어를 보여 주는 파일입니다. "tcp-retransmission" 파일을 열어보겠습니다.

No.	Time	Source	Destination	Protoc	Length	Info
1	0.000000	10.10.10.1	192.168.0.1	TCP	1514	80 → 54436 [ACK] Seq=1 Ack=1 Win=7836 Len=1460
2	0.000135	192.168.0.1	10.10.10.1	TCP	54	54436 → 80 [ACK] Seq=1 Ack=1461 Win=4380 Len=0
3	0.098884	10.10.10.1	192.168.0.1	TCP	1514	[TCP Previous segment not captured] 80 → 54436 [ACK] Seq=14601 Ack=1 Win=7836 Len=1460
4	0.098960	192.168.0.1	10.10.10.1	TCP	66	[TCP Dup ACK 2#1] 54436 → 80 [ACK] Seq=1 Ack=1461 Win=4380 Len=0 SLE=14601 SRE=16061
5	0.099796	10.10.10.1	192.168.0.1	TCP	1514	80 → 54436 [ACK] Seq=16061 Ack=1 Win=7836 Len=1460
6	0.099823	192.168.0.1	10.10.10.1	TCP	66	[TCP Dup ACK 2#2] 54436 → 80 [ACK] Seq=1 Ack=1461 Win=4380 Len=0 SLE=14601 SRE=17521
7	0.100853	10.10.10.1	192.168.0.1	TCP	1514	80 → 54436 [ACK] Seq=17521 Ack=1 Win=7836 Len=1460
8	0.100894	192.168.0.1	10.10.10.1	TCP	66	[TCP Dup ACK 2#3] 54436 → 80 [ACK] Seq=1 Ack=1461 Win=4380 Len=0 SLE=14601 SRE=18981
9	0.104744	10.10.10.1	192.168.0.1	TCP	1514	[TCP Fast Retransmission] 80 → 54436 [ACK] Seq=1461 Ack=1 Win=7836 Len=1460
10	0.104859	192.168.0.1	10.10.10.1	TCP	66	54436 → 80 [ACK] Seq=1 Ack=2921 Win=4380 Len=0 SLE=14601 SRE=18981

해당 화면은 TCP의 연결 수립 이후 TCP의 송수신 과정 중 일부를 보여 줍니다. 이 과정은 다소 복잡할 수 있으므로 그림과 함께 이해해 보기를 바랍니다.

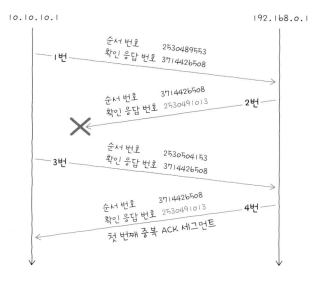

먼저 1번 패킷부터 살펴봅시다. 순서 번호는 2530489553이고, 확인 응답 번호는 3714426508입니다.

이어서 2번 패킷을 살펴봅시다. 1번 패킷에 대한 응답으로 순서 번호가 3714426508인 패킷을 보내고, 확인 응답 번호는 2530491013을 보냅니다. 여기서, '2번 패킷이 유실되어 정상적으로 송신되지 않았다'라고 가정해 봅시다.

다음으로 3번 패킷을 살펴봅시다. 순서 번호는 2530504153이고, 확인 응답 번호는 3714426508입니다. 앞의 가정에 따라 2번이 유실되었으므로 10.10.10.1은 2번 패킷의 순서 번호(3714426508)를 받지 못했습니다. 따라서 3번 패킷의 확인 응답 번호는 1번과 동일합니다.

2번 패킷의 확인 응답 번호는 2530491013(위의 그림 속 붉은색 표기)이었습니다. 이는 순서 번호가 2530491013인 패킷을 보내달라는 의미죠. 하지만 2번 패킷이 유실되었기 때문에 192.168.0.1 입장에서는 아직 순서 번호 2530491013을 받지 못했습니다. 그렇다면 10.10.10.1에게 확인 응답 번호가 2530491013인 ACK 세그먼트를 다시 보내야겠죠. 즉, 중복된 ACK 세그먼트를 보내야 하는 상황입니다. 4번 패킷을 살펴봅시다. 확인 응답 번호는 2530491013입니다. 중복된 ACK 세그먼트를 보낸 것입니다.

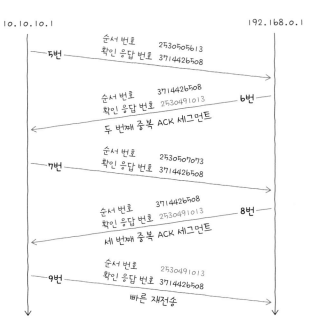

5번 패킷을 살펴봅시다. 순서 번호는 2530505613이고, 확인 응답 번호는 3714426508입니다. 이 패킷은 4번 패킷에서 192.168.0.1이 보내달라고 했던 순서 번호 2530491013이 아니지요. 따라서 192.168.0.1은 한 번 더 중복된 ACK 세그먼트를 보냅니다. 이어서 6번 패킷을 살펴봅시다. 순서 번호는 3714426508이고, 확인 응답 번호는 다시 2530491013입니다.

7번 패킷을 살펴봅시다. 순서 번호는 2530507073이고, 확인 응답 번호는 3714426508입니다. 여전히 이 순서 번호는 192.168.0.1이 기대한 패킷이 아닙니다.

8번 패킷을 살펴봅시다. 순서 번호는 3714426508이고, 확인 응답 번호는 2530491013입니다. 이는 세 번째로 중복된 ACK 세그먼트입니다.

04-3에서 '세 번의 중복된 ACK 세그먼트를 수신하면 빠른 재전송과 더불어 빠른 회복 알고리즘이 수행됩니다'라고 언급한 적이 있습니다. 10.10.10.1 입장에서는 세 번의 중복 ACK 세그먼트가 발생했으므로 빠른 재전송을 수행해야겠죠? 빠른 재전송을 수행하는 패킷이 9번 패킷입니다. 순서 번호는 2530491013입니다. 드디어 192.168.0.1은 원했던 패킷을 전송받았습니다.

참고로, "tcp.analysis.retransmission" 필터를 사용하면 재전송된 패킷을 필터링할 수 있고, 또 "tcp.analysis.fast_retransmission" 필터를 사용하면 다음 화면처럼 빠른 재전송에 해당하는 패킷을 필터링할 수 있습니다.

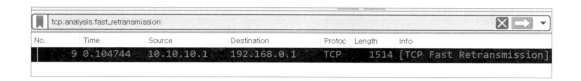

또한 "tcp.analysis.duplicate_ack" 필터를 사용하면 다음 화면처럼 중복된 ACK 세그먼트를 필터링할 수 있습니다.

HTTP 분석

마지막으로 HTTP를 분석해 보겠습니다. http-request-response 파일을 열어 보세요. 참고로 HTTP의 요청과 응답 헤더의 분석은 5장에서 언급한 대로 웹 브라우저의 개발자 도구를 이용해도 쉽게 할 수 있습니다.

No.	Time	Source	Destination	Protocol
1	0.000000	192.168.0.1	10.10.10.1	HTTP
2	0.224151	10.10.10.1	192.168.0.1	HTTP
3	3.534844	192.168.0.1	10.10.10.1	HTTP
4	3.759973	10.10.10.1	192.168.0.1	TCP
5	3.759973	10.10.10.1	192.168.0.1	HTTP

1번 패킷 속 HTTP 메시지를 봅시다. 이는 웹 브라우저를 열고, http://info.cern.ch/를 입력했을 때 캡처된 패킷입니다. 즉, 요청을 보낸 호스트는 info.cern.ch이며, 요청을 보낸 경로는 /이고, 요청에 사용된 HTTP 메서드는 GET입니다.

```
v Hypertext Transfer Protocol
  v GET / HTTP/1.1\r\n
    > [Expert Info (Chat/Sequence): GET / HTTP/1.1\r\n]
      Request Method: GET
      Request URI: /
      Request Version: HTTP/1.1
    Host: info.cern.ch\r\n
    Connection: keep-alive\r\n
    Upgrade-Insecure-Requests: 1\r\n
    User-Agent: Mozilla/5.0 (Windows NT 10.0; Win64; x64) AppleWebKit/537.36 (KHTML, like Gecko) Chrome/121.0.0.0 Safari/537.36 Edg/121.0.0.0\r\n
    Accept: text/html,application/xhtml+xml,application/xml;q=0.9,image/avif,image/webp,image/apng,*/*;q=0.8,application/signed-exchange;v=b3;q=0.7\r\n
    Accept-Encoding: gzip, deflate\r\n
    Accept-Language: ko,en;q=0.9,en-US;q=0.8\r\n
    \r\n
    [Full request URI: http://info.cern.ch/]
    [HTTP request 1/1]
    [Response in frame: 2]
```

➕ 여기서 잠깐   \r과 \n의 의미는 무엇인가요?

그림을 살펴보면 한 줄의 끝마다 \r과 \n이라는 표기가 있습니다. 여기서 \r은 캐리지 리턴(Carriage Return)으로, 커서를 현재 행의 앞으로 이동하라는 의미입니다. \n은 라인 피드(Line Feed)으로, 다음 행으로 커서를 이동하라는 의미입니다. 따라서 \r과 \n을 같이 사용하면 커서의 위치가 행의 앞으로 이동한 뒤 다음 행으로 이동하게 되며, 행바꿈(줄바꿈)을 표현합니다.

초기 커서 위치

Hello World!

\r \n 이후 커서 위치

이 요청에 대한 HTTP 응답을 담고 있는 2번 패킷을 확인해 봅시다.

```
v Hypertext Transfer Protocol
  v HTTP/1.1 200 OK\r\n
    > [Expert Info (Chat/Sequence): HTTP/1.1 200 OK\r\n]
      Response Version: HTTP/1.1
      Status Code: 200
      [Status Code Description: OK]
      Response Phrase: OK
    Date: Wed, 07 Feb 2024 16:16:53 GMT\r\n
    Server: Apache\r\n
    Last-Modified: Wed, 05 Feb 2014 16:00:31 GMT\r\n
    ETag: "286-4f1aadb3105c0"\r\n
    Accept-Ranges: bytes\r\n
  > Content-Length: 646\r\n
    Connection: close\r\n
    Content-Type: text/html\r\n
    \r\n
    [HTTP response 1/1]
    [Time since request: 0.224151000 seconds]
    [Request in frame: 1]
    [Request URI: http://info.cern.ch/]
    File Data: 646 bytes
> Line-based text data: text/html (13 lines)
```

응답 코드(Status Code)가 200입니다. 요청이 성공적으로 처리되었음을 의미합니다. 또 Content–Type 헤더를 통해 응답되는 본문이 HTML 문서라는 점을 알 수 있습니다. 해당 HTML

문서는 다음과 같습니다.

```
Line-based text data: text/html (13 lines)
  <html><head></head><body><header>\n
  <title>http://info.cern.ch</title>\n
  </header>\n
  \n
  <h1>http://info.cern.ch - home of the first website</h1>\n
  <p>From here you can:</p>\n
  <ul>\n
  <li><a href="http://info.cern.ch/hypertext/WWW/TheProject.html">Browse the first website</a></li>\n
  <li><a href="http://line-mode.cern.ch/www/hypertext/WWW/TheProject.html">Browse the first website using the line-mode browser simulator</a></li>\n
  <li><a href="http://home.web.cern.ch/topics/birth-web">Learn about the birth of the web</a></li>\n
  <li><a href="http://home.web.cern.ch/about">Learn about CERN, the physics laboratory where the web was born</a></li>\n
  </ul>\n
  </body></html>\n
```

위 HTML 문서는 다음과 같은 웹 페이지를 나타냅니다. 즉, 클라이언트가 브라우저를 통해 실제로 수신하는 자원은 다음과 같은 HTML 문서입니다.

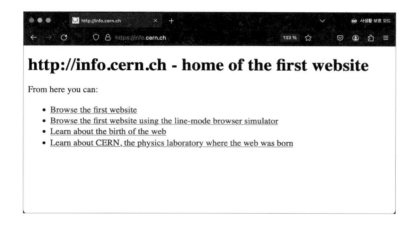

3번 패킷도 확인해 봅시다. 3번 패킷은 위의 화면에서 Browse the first website라는 링크를 클릭했을 때 캡처되는 패킷입니다. 요청을 보낸 호스트는 info.cern.ch이고, 요청을 보낸 경로는 /hypertext/WWW/TheProject.html이며, 요청에 사용된 HTTP 메서드는 GET입니다. 또 Referer 헤더를 통해 이전에 요청을 보낸 자원이 http://info.cern.ch임을 확인할 수도 있습니다.

```
Hypertext Transfer Protocol
  GET /hypertext/WWW/TheProject.html HTTP/1.1\r\n
    [Expert Info (Chat/Sequence): GET /hypertext/WWW/TheProject.html HTTP/1.1\r\n]
    Request Method: GET
    Request URI: /hypertext/WWW/TheProject.html
    Request Version: HTTP/1.1
  Host: info.cern.ch\r\n
  Connection: keep-alive\r\n
  Upgrade-Insecure-Requests: 1\r\n
  User-Agent: Mozilla/5.0 (Windows NT 10.0; Win64; x64) AppleWebKit/537.36 (KHTML, like Gecko) Chrome/121.0.0.0 Safari/537.36 Edg/121.0.0.0\r\n
  Accept: text/html,application/xhtml+xml,application/xml;q=0.9,image/avif,image/webp,image/apng,*/*;q=0.8,application/signed-exchange;v=b3;q=0.7\r\n
  Referer: http://info.cern.ch/\r\n
  Accept-Encoding: gzip, deflate\r\n
  Accept-Language: ko,en;q=0.9,en-US;q=0.8\r\n
```

note 이외에도 캡처된 거의 모든 HTTP 헤더를 5장에서 다루었으니, 스스로 하나씩 의미를 파악해 보기를 바랍니다.

3번 패킷에 대한 HTTP 응답은 5번 패킷입니다. 2번 패킷과 마찬가지로 HTML 문서를 응답받았습니다. 응답받은 HTML 문서는 다음과 같은 웹 페이지를 나타냅니다. 참고로 이는 세계 최초 웹 사이트의 모습입니다.

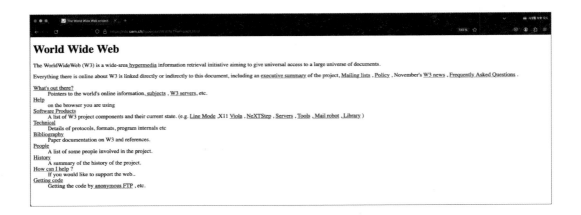

이렇게 와이어샤크를 사용하여 IPv4, IPv6, ICMP, UDP, TCP, HTTP 프로토콜 패킷을 직접 관찰하면서 지금까지 배운 내용을 복습해 보았습니다.

마무리

▶ 5가지 키워드로 정리하는 핵심 포인트

• 와이어샤크를 사용해서 **IP, ICMP, UDP, TCP, HTTP** 프로토콜의 패킷을 분석해 보았습니다.

▶ 확인 문제

1. 다음은 호스트 A와 B 간의 쓰리 웨이 핸드셰이크 과정에서 호스트 A가 호스트 B에게 전송한 첫 번째 SYN 세그먼트의 일부입니다. 쓰리 웨이 핸드셰이크상에서 호스트 B가 호스트 A에게 전송할 다음 세그먼트의 Acknowledgment number(raw)는 무엇일까요?

```
∨ Transmission Control Protocol, Src Port: 49859, Dst Port: 80, Seq: 0, Len: 0
      Source Port: 49859
      Destination Port: 80
      [Stream index: 0]
      [Conversation completeness: Incomplete, ESTABLISHED (7)]
      [TCP Segment Len: 0]
      Sequence Number: 0     (relative sequence number)
      Sequence Number (raw): 3588415412
      [Next Sequence Number: 1     (relative sequence number)]
      Acknowledgment Number: 0
      Acknowledgment number (raw): 0
      1010 .... = Header Length: 40 bytes (10)
   >  Flags: 0x002 (SYN)
      Window: 8192
      [Calculated window size: 8192]
      Checksum: 0x303f [unverified]
      [Checksum Status: Unverified]
      Urgent Pointer: 0
   >  Options: (20 bytes), Maximum segment size, No-Operation (NOP), Window scale, SACK permitted, Timestamps
   >  [Timestamps]
```

2. 와이어샤크 필터에 tcp.analysis.retransmission을 입력할 경우 조회되는 패킷으로 옳은 것을 골라 보세요.

① UDP 데이터그램

② 재전송된 TCP 세그먼트

③ HTTP 메시지

④ 중복된 TCP ACK 세그먼트

07

어느덧 마지막 장입니다. 이번 장에서는 네트워크의 심화 주제인 안정성과 안전성을 위한 기술과 무선 네트워크를 학습해 보겠습니다. 이 주제들은 현실 세계의 네트워크 기술을 제대로 이해하려면 반드시 알아야 할 내용입니다. 지금까지의 내용을 잘 이해하고 따라온 독자라면 이어서 읽어도 좋지만, 복습이 필요한 독자라면 앞부분을 다시 읽으며 확실히 복습하고 오는 것도 좋습니다.

네트워크 심화

학습목표

- 고가용성을 위한 다중화와 로드 밸런싱을 학습합니다.
- 암호화 인증서의 개념을 이해하고, 이를 기반으로 SSL/TLS 프로토콜을 학습합니다.
- 무선 네트워크의 802.11 표준과 와이파이 관련 개념을 학습합니다.

07-1 안정성을 위한 기술

핵심 키워드

가용성   이중화   다중화   로드 밸런싱

이번 절에서는 예기치 못한 중단 없이 안정적으로 서비스를 운영할 수 있도록 하는 기술을 학습해 보겠습니다.

시작하기 전에

여러분이 웹 서비스를 개발했다고 가정해 봅시다. 여러분의 목적은 최대한 많은 사용자를 모으는 것이었고, 오랫동안 노력해서 많은 사람을 끌어모았습니다. 목적을 이루어 행복한 것도 잠시, 갑자기 이런 고민이 듭니다.

'사용자가 폭증하면 서버가 불안정해지고 부하가 가중된다고 들었는데, 이대로 괜찮은 걸까?'

곰곰이 생각해 보니 사용자가 폭증하면 소위 '서버가 뻗는다'라는 이야기를 들어 본 적이 있는 것 같습니다. 하지만 그렇다고 해서 사용자를 덜 받는 것은 적절한 해결 방안이 아니겠죠. 이번 절의 주제는 안정성입니다. 먼저 안정성을 수치로 표현하는 가용성이라는 용어의 개념을 학습하고, 안정성을 높이기 위한 방법으로 물리적 장비나 프로그램 등을 여러 개 두는 기술인 **이중화**와 **다중화**, 그리고 트래픽을 고르게 분산하는 기술인 **로드 밸런싱**에 대해 알아보겠습니다.

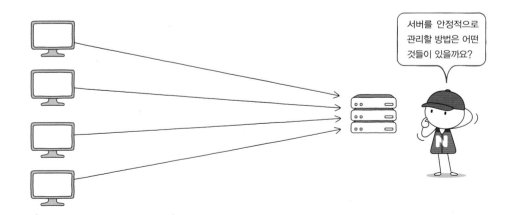

서버를 안정적으로 관리할 방법은 어떤 것들이 있을까요?

가용성

'네트워크가 안정적이다', '서버가 불안정하다'와 같은 표현은 흔히 사용되는 표현입니다. 여기서 '안정성'이라는 용어는 무엇을 의미할까요? 어떤 느낌으로 사용되는지는 알아도, 막상 '안정성'이라는 용어를 명확히 정의하는 데는 어려움을 겪는 경우가 많습니다.

안정성은 '특정 기능을 언제든 균일한 성능으로 수행할 수 있는 특성'으로 정의할 수 있습니다. 예를 들어 '안정적인 웹 서버'는 언제든지 응답 메시지를 제공할 수 있는 서버를 의미하며, '안정적인 라우터'는 언제든지 라우팅 기능을 제공할 수 있는 라우터를 의미합니다.

그렇다면 안정성은 어떻게 수치화할 수 있을까요? 안정성의 정도를 나타내는 용어로 **가용성**availability, **고가용성**High Availability이라는 용어가 있습니다. 가용성이란 '컴퓨터 시스템이 특정 기능을 실제로 수행할 수 있는 시간의 비율'을 의미합니다. 여기서 컴퓨터 시스템은 서버가 될 수도 있고, 네트워크가 될 수도 있으며, 프로그램이 될 수도 있지요. 다시 말해 가용성은 전체 사용 시간 중에서 정상적인 사용 시간을 의미합니다. 이를 수식으로 나타내면 다음과 같습니다. 정상적인 사용 시간을 업타임uptime, 정상적인 사용이 불가능한 시간을 다운타임downtime으로 정의했습니다.

$$가용성 = \frac{업타임}{업타임 + 다운타임}$$

해당 수식의 결괏값이 크다는 것은 전체 사용 시간 중에서 대부분을 사용 가능하다는 말과도 같습니다. 이를 '가용성이 높다'라고 표현하며, 가용성이 높은 성질을 고가용성이라고 합니다. 고가용성은 영어로 'High Availability'이고, 앞 글자를 따서 HA라고도 줄여서 부릅니다. 고가용성을 유지하는 것은 모든 웹 서비스 업체들의 대단히 중요한 목표입니다.

그렇다면 이런 질문이 하나 생깁니다. 이 수식을 백분율로 표기했을 때 안정적인 수준은 몇 퍼센트일까요? 일반적으로 '안정적'이라고 평가받는 시스템은 99.999% 이상을 목표로 합니다. 99.999%라는 수치는 '9가 다섯 개'라는 의미에서 '파이브 나인스'라고도 하지요. 이 수치를 달성하면 시스템이 정상적으로 운영되지 않는 다운타임이 대략 1년에 5.26분, 1개월로 하면 26.3초가 됩니다. 다음은 퍼센트별 다운타임을 수치로 정리한 표입니다.

가용성(%)	1년간 다운타임	한 달간 다운타임	한 주간 다운타임
90%(원 나인)	36.53일	73.05시간	16.8시간
99%(투 나인스)	3.65일	7.31시간	1.68시간
99.5%	1.83일	3.65시간	50.4분
99.9%(쓰리 나인스)	8.77시간	43.83분	10.08분
99.95%	4.38시간	21.92분	5.04분
99.99%(포 나인스)	52.56분	4.38분	1.01분
99.999%(파이브 나인스)	5.26분	26.3초	6.05초
99.9999%(식스 나인스)	31.56초	2.63초	0.604초
99.99999%(세븐 나인스)	3.16초	0.262초	0.0604초

가용성이란 정상적인 사용이 가능한 시간의 비율입니다. 안정적인 시스템은 가용성이 높습니다.

가용성을 높이려면 다운타임을 낮추어야 합니다. 그렇다면 다운타임은 어떻게 낮출 수 있을까요? 서비스가 다운되는 원인은 다양합니다. 과도한 트래픽으로 인해 서비스가 다운될 수 있고, 예기치 못한 소프트웨어상의 오류, 하드웨어 장애가 원인일 수도 있으며, 때로는 보안 공격이나 자연재해로 인해 서비스가 다운될 수도 있습니다. 따라서 다운타임의 발생 원인을 모두 찾아 원천적으로 차단하기는 현실적으로 어렵습니다.

핵심은 문제가 발생하지 않도록 하는 것이 아니라, 문제가 발생하더라도 계속 기능할 수 있도록 설계하는 것입니다. 문제가 발생하더라도 기능할 수 있는 능력을 **결함 감내**fault tolerance라 부릅니다. 요컨대 다운타임을 낮추고 가용성을 높이기 위해서는 결함을 감내할 수 있도록 서비스나 인프라를 설계하는 것이 중요합니다.

이중화

이중화란 말 그대로 '무언가를 이중으로 두는 기술'입니다. 이는 결함을 감내하여 가용성을 높이기 위한 가장 기본적이고 대표적인 방법으로, 쉽게 말해서 '예비(백업)를 마련하는 방법'입니다. 그렇다면 무엇을 이중으로 준비할 수 있을까요?

이중화할 수 있는 대상은 다양합니다. 표현의 편의를 위해 '시스템을 이중화한다' 또는 '장비를 이중화한다'라고 표현하겠지만, 서버 컴퓨터, 네트워크 인터페이스(NIC), 스위치와 같은 물리적 장비뿐만 아니라, 데이터베이스, 웹 서버 프로그램 등도 이중화할 수 있는 대상입니다. 그리고 이중화할 수 있는 대상들은 대부분 '문제가 발생할 경우 시스템 전체가 중단될 수 있는 대상'이라는 공통점이 있습니다.

방금 필자가 '문제가 발생할 경우 시스템 전체가 중단될 수 있는 대상'이라는 표현을 썼지요? 이를 가리키는 용어가 있습니다. 바로 **단일 장애점**^{SPoF; Single Point Of Failure}입니다(이하 SPOF). 예를 들어 다음 그림에서 SPOF는 라우터입니다. 라우터가 고장나면 서버로부터 제공받는 서비스 전체가 동작하지 않으니까요. 짐작할 수 있다시피, SPOF는 최대한 없애는 것이 좋습니다. 즉, 가용성을 높이기 위해서는 SPOF를 이중화하는 것이 좋습니다.

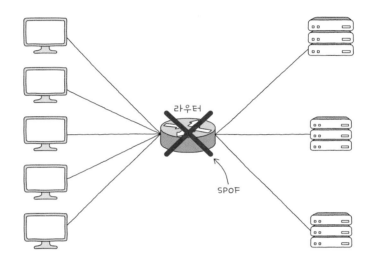

이중화 구성에는 크게 두 가지 방식이 있습니다. **액티브/스탠바이**^{active-standby}와 **액티브/액티브**^{active-active}입니다. 액티브는 가동 상태를 의미하며, 스탠바이는 액티브의 백업으로서 대기하는 상태를 의미합니다. 따라서 액티브/스탠바이는 한 시스템은 가동하고, 다른 시스템은 백업 용도로 대기 상태(스탠바이)로 두는 이중화 구성 방식이고, 액티브/액티브는 두 시스템 모두를 가동 상태로 두는 구성 방식을 의미합니다.

액티브/스탠바이로 구성하면 액티브 상태인 시스템에 문제가 발생할 경우 스탠바이 시스템이 자동으로 액티브 시스템을 대신하여 동작합니다. 이는 안전한 구성 방식이지만, 하나의 장비를 사용할 때에 비해 성능상의 큰 변화를 기대하기는 어렵습니다. 두 장비가 동시에 가동되지 않고 한 번에 하나만 가동되기 때문입니다.

> **note** 액티브 시스템에 문제가 생겼을 경우 예비된 스탠바이 시스템으로 자동 전환되는 기능을 페일오버(failover)라고 합니다.

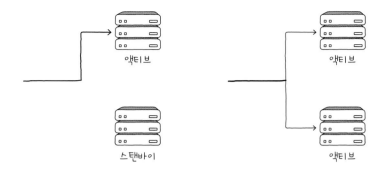

액티브/액티브는 두 시스템 모두를 가동 상태로 두는 이중화 구성 방식이라고 했죠. 이렇게 구성하면 부하를 분산시킬 수 있고, 두 시스템이 함께 가동되므로 성능상의 이점도 있습니다. 다만 한 시스템에 문제가 발생하면 순간적으로 다른 시스템에 부하가 급증할 수 있으며, 이로 인해 추가적인 문제가 발생할 수 있습니다.

이중화 기술은 더욱 확장될 수 있습니다. 이중화를 '무언가를 이중으로 두는 기술'이라고 설명했지요? 더욱 일반적인 개념으로 '무언가를 여러 개 두는 기술'도 있는데, 이를 **다중화**라고 합니다. 다음 그림처럼 세 개 이상으로 장비를 구성하면, 즉 다중화하면 당연히 이중화된 구성에 비해 더욱 안정적인 운영이 가능합니다.

> 오늘날 많은 사용자가 이용하는 거의 모든 서비스는 하나 이상의 시스템이 다중화되어 구성됩니다.

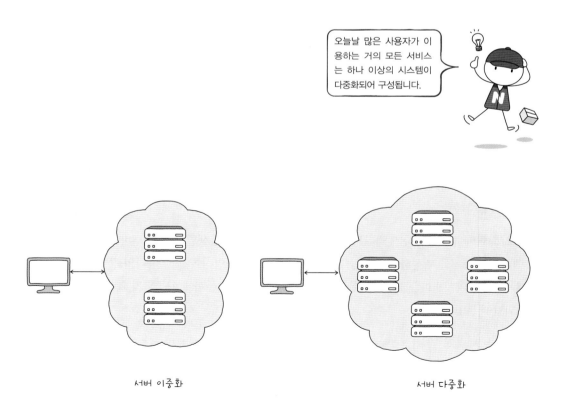

서버 이중화   서버 다중화

이중화/다중화의 사례로 **티밍**teaming과 **본딩**bonding이 있습니다. 전자는 주로 윈도우, 후자는 주로 리눅스에서 사용되는 용어입니다. 이 두 기술은 여러 개의 네트워크 인터페이스(NIC)를 이중화/다중화하여 마치 더 뛰어나고 안정적인 성능을 보유한 하나의 인터페이스처럼 보이게 하는 기술입니다. 다음 화면은 1Gbps 속도를 지원하는 인터페이스 세 개를 티밍하는 모습을 나타낸 화면입니다. 티밍 시에 액티브/액티브로 구성할지, 액티브/스탠바이로 구성할지 선택할 수 있습니다. 모든 인터페이스를 액티브 상태로 구성할 경우, 마치 하나의 3Gbps 인터페이스를 사용하는 것과 같은 효과를 얻을 수 있습니다.

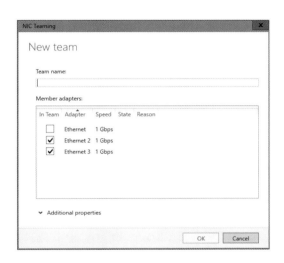

로드 밸런싱

고가용성을 요구하는 호스트는 클라이언트보다는 일반적으로 서버입니다. 그러니 서버의 입장에서 가용성을 이야기해 봅시다. 서버를 다중화했더라도 아직 해결해야 할 문제가 남아 있습니다. 바로 트래픽 분배입니다. 트래픽은 서버의 가용성에 큰 영향을 끼치는 요소입니다. **트래픽**traffic의 사전적 정의는 '주어진 시점에 네트워크를 경유한 데이터의 양'입니다만, 일반적으로 트래픽 측정은 노드에서 이루어지므로 일반적으로 표현하면 '주어진 시점에 특정 노드를 경유한 패킷의 양'을 트래픽이라고 볼 수 있습니다.

서버에 과도한 트래픽이 몰리면 온갖 문제가 발생할 수 있습니다. 높은 부하로 인해 CPU는 발열이 심해지고, 메모리 공간은 수많은 트래픽 내용을 저장하기에 부족해질 수 있습니다. 제한된 대역폭과 병목 현상으로 인해 응답이 느려지거나 일부 요청에 대한 응답이 누락될 수도 있으며, 프로그램의 일관성이 손상될 수도 있죠. 요컨대 과도한 트래픽은 서버의 가용성을 떨어뜨립니다. 이는 서버를 다중화해도 마찬가지입니다. 특정 서버에만 트래픽이 몰릴 경우 가용성이 떨어질 수 있습니다. 따라서 서버를 다중화했더라도 트래픽을 고르게 분산해야 가용성이 높아집니다.

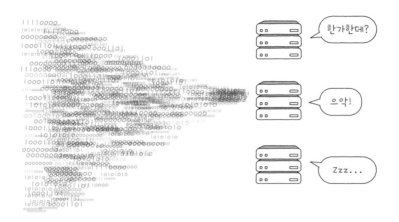

트래픽의 고른 분배를 위해 사용되는 기술이 **로드 밸런싱**load balancing입니다. 로드 밸런싱은 부하를 의미하는 단어인 로드load와 균형 유지를 나타내는 단어인 밸런싱balancing이 합쳐진 단어입니다. 로드 밸런싱은 **로드 밸런서**load balancer에 의해 수행됩니다. 로드 밸런서는 'L4 스위치', 'L7 스위치'라 불리는 네트워크 장비로도 수행할 수 있지만, 로드 밸런싱 기능을 제공하는 소프트웨어를 설치하면 일반 호스트도 로드 밸런서로 사용할 수 있습니다. 대표적인 소프트웨어로 HAProxy, Envoy 등이 있습니다. 대표적인 웹 서버 소프트웨어인 Nginx에도 로드 밸런싱 기능이 내포되어 있죠.

로드 밸런서는 일반적으로 다음 그림처럼 이중화나 다중화된 서버와 클라이언트 사이에 위치합니다. 클라이언트들은 로드 밸런서에 요청을 보내고, 로드 밸런서는 해당 요청을 각 서버에 균등하게 분배합니다.

note L4 스위치는 주로 IP 주소와 포트 번호와 같은 전송 계층까지의 정보를 바탕으로 로드 밸런싱을 수행합니다. 반면 L7 스위치는 URI, HTTP 메시지 일부, 쿠키 등 응용 계층의 정보까지 활용하여 로드 밸런싱을 수행할 수 있습니다.

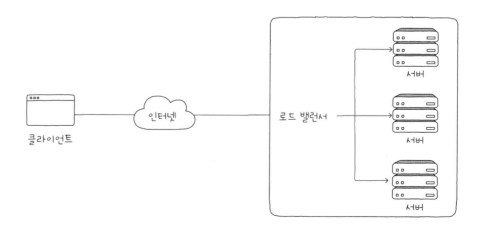

➕ 여기서 잠깐　　**서버의 상태를 검사하는 헬스 체크**

다중화된 서버 환경에서 어떤 서버에 문제가 생긴다면 다른 서버들이 이를 빠르게 감지할 수 있어야 합니다. 그래서 다중화된 서버 환경에서는 현재 문제가 있는 서버는 없는지, 현재 요청에 대해 올바른 응답을 할 수 있는 상태인지를 주기적으로 검사하는 경우가 많습니다. 이러한 검사를 헬스 체크(health check)라고 합니다. 서버들의 건강 상태를 주기적으로 모니터링하고 체크하는 것이지요. 헬스 체크는 다음 그림과 같이 주로 로드 밸런서에 의해 이루어지는 경우가 많으며, HTTP, ICMP 등 다양한 프로토콜을 활용할 수 있습니다.

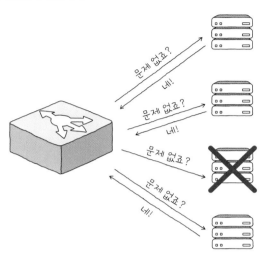

참고로, 로드 밸런서가 주도하는 헬스 체크 이외에도 서버 간에 하트비트(heartbeat)라는 메시지를 주기적으로 주고받는 방법도 있습니다. 서버끼리 주기적으로 하트비트 메시지를 주고받다가, 신호가 끊겼을 때 문제 발생을 감지하는 방법입니다.

로드 밸런서가 요청을 전달할 수 있는 서버가 여러 개의 있을 경우, 어떤 서버에 요청을 전달해야 할까요? 어떤 서버를 선택해야 부하가 고르게 분배될까요? 부하가 균등하게 분산되도록 부하 대상을 선택하는 방법을 '로드 밸런싱 알고리즘'이라 부릅니다.

로드 밸런싱 알고리즘의 종류는 다양하며 로드 밸런서마다 이해하는 알고리즘에는 차이가 있을 수 있습니다. 대표적인 알고리즘으로는 다음 쪽의 그림에서 보여 주는 것처럼 단순히 서버를 돌아가며 부하를 전달하는 **라운드 로빈 알고리즘**round robin algorithm이 있고, 연결이 적은 서버부터 우선적으로 부하를 전달하는 **최소 연결 알고리즘**least connection algorithm도 있습니다. 때로는 단순히 무작위로 고르기도 하고, 해시hash라는 자료 구조를 이용하기도 하며, 응답 시간이 가장 짧은 서버를 선택하기도 합니다.

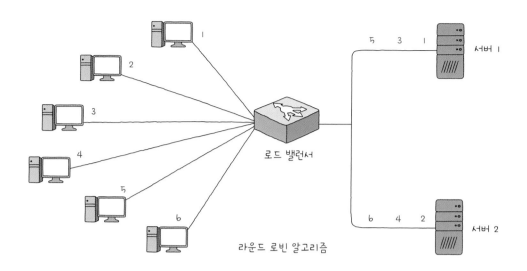

라운드 로빈 알고리즘

라운드 로빈 알고리즘이나 최소 연결 알고리즘에서는 서버마다 가중치를 부여할 수도 있습니다. 이는 알고리즘에 따라 동작하되, 가중치가 높은 서버가 더 많이 선택되어 더 많은 부하를 받도록 하는 것입니다. 이렇게 가중치가 부여된 알고리즘을 각각 **가중치 라운드 로빈 알고리즘**weighted round robin algorithm 과 **가중치 최소 연결 알고리즘**weighted least connection algorithm이라 합니다. 다음 그림은 가중치 라운드 로빈 알고리즘의 예시입니다. 서버 1에는 가중치가 5, 서버 2에는 가중치가 1로 부여되어 있습니다. 서버 1, 2에 클라이언트 1~6의 요청 부하를 분산할 경우 서버를 돌아가며 선택하되 서버 1에 다섯 배 많은 부하를 전달합니다. 서버 간 성능이 다른 경우에는 주로 이렇게 가중치가 적용된 알고리즘이 사용됩니다.

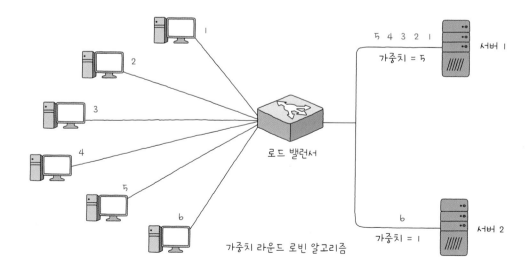

가중치 라운드 로빈 알고리즘

포워드 프록시와 리버스 프록시

처음 네트워크를 학습할 때는 단순화를 위해 클라이언트와 서버가 나란히 붙어 있는 것처럼 서술하는 경우가 많지만, 실제로는 클라이언트와 서버 사이에는 수많은 서버들이 존재할 수 있습니다. 이때 클라이언트가 최종적으로 메시지를 주고받는 대상, 즉 기존에 '서버'라고 지칭한 대상은 '자원을 생성하고 클라이언트에게 권한 있는 응답을 보낼 수 있는 HTTP 서버'를 의미하는데, 이를 **오리진 서버** origin server라고 합니다. 즉, 클라이언트와 오리진 서버 사이에는 많은 중간 서버가 있을 수 있는 셈입니다. 클라이언트와 중간 서버, 그리고 다중화된 오리진 서버는 다음 그림과 같이 표현할 수 있습니다.

note 이때, 인바운드(inbound) 메시지는 오리진 서버를 향하는 메시지를 의미하고, 아웃바운드(outbound) 메시지는 클라이언트를 향하는 메시지를 의미합니다.

대표적인 HTTP 중간 서버의 유형으로 프록시와 게이트웨이가 있습니다. 프록시는 포워드 프록시, 게이트웨이를 리버스 프록시라고도 부릅니다. 우선 프록시가 무엇인지 알아봅시다. 프록시는 게이트웨이와 다른 개념이지만 혼용되어 사용되거나 모호하게 정의되는 경우가 많습니다. 명확한 정의를 위해 인터넷 표준 문서의 정의로 알아보겠습니다.

RFC 9110

A "proxy" is a message-forwarding agent that is chosen by the client, ….

직역하면 다음과 같습니다. '**프록시**proxy는 **클라이언트가 선택한** 메시지 전달 대리자입니다'입니다. 핵심은 붉은색 글자로 표기한 부분입니다. 어떤 프록시를 언제 어떻게 사용할지는 클라이언트가 선택합니다. 따라서 일반적으로 프록시는 다음 그림과 같은 구성하에 오리진 서버보다 클라이언트와 더 가까이 위치해 있습니다. 프록시는 주로 캐시 저장, 클라이언트 암호화 및 접근 제한 등의 기능을 제공합니다.

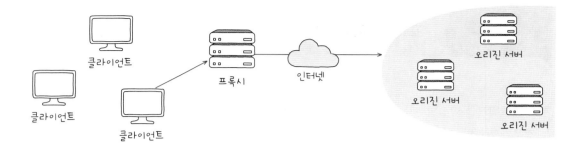

게이트웨이는 일반적으로 '네트워크 간의 통신을 가능케 하는 입구 역할을 하는 하드웨어 혹은 소프트웨어'를 의미합니다. 하지만 'HTTP 중간 서버'라는 맥락에서 게이트웨이는 다음과 같이 정의됩니다.

> A "gateway" (a.k.a. "reverse proxy") is an intermediary that acts as an origin server for the outbound connection but translates received requests and forwards them inbound to another server or servers.

조금 길죠? 직역하면 다음과 같습니다. **'게이트웨이**gateway(리버스 프록시라고도 함)는 아웃바운드 연결에 대해 **오리진 서버 역할**을 하지만, 수신된 요청을 변환하여 다른 인바운드 서버(들)로 전달하는 중개자 역할을 합니다'입니다.

이번에도 붉은색 글자에 집중해 보세요. 게이트웨이는 네트워크 외부에서 보면 오리진 서버와 같이 보입니다. 하지만 게이트웨이에 요청을 보내면 오리진 서버에게 요청을 전달하게 됩니다. 따라서 일반적으로 게이트웨이는 다음 그림과 같은 구성 하에 오리진 서버(들)에 더 가까이 위치합니다. 게이트웨이도 캐시를 저장할 수 있고, 로드 밸런서로 동작할 수 있습니다.

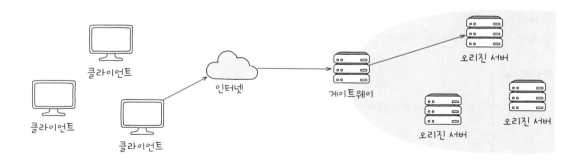

다중화된 오리진 서버들의 네트워크를 '오리진 서버들이 사는 대저택'에 비유한다면, 프록시는 클라이언트들을 대신해 대저택에 심부름을 가는 심부름꾼, 게이트웨이는 대저택을 지키는 경비에 빗댈 수 있습니다.

▶ 4가지 키워드로 정리하는 핵심 포인트

- **가용성**이란 정상적인 사용이 가능한 시간의 비율입니다. 안정적인 시스템은 가용성이 높습니다.

- **이중화/다중화**를 통해 SPOF를 없애 가용성을 높일 수 있습니다.

- **로드 밸런싱**은 로드 밸런서를 통해 부하를 분산하는 방법입니다.

▶ 확인 문제

1. 가용성에 대한 설명으로 옳지 않은 것을 골라 보세요.

① 가용성은 정상적인 사용이 가능한 시간의 비율입니다.
② 문제가 발생할 수 있는 모든 원인을 원천 차단하는 것이 좋습니다.
③ 서버가 받아들이는 트래픽의 양은 가용성에 영향을 끼칩니다.
④ 가용한 시간은 많을수록 좋습니다.

2. 이중화와 로드 밸런싱에 대한 설명으로 옳지 않은 것을 골라 보세요.

① 대표적인 이중화 구성 방식으로 액티브/액티브, 액티브/스탠바이 구성이 있습니다.
② 이중화를 통해 SPOF를 없앨 수 있습니다.
③ 가용성이 떨어지는 방식입니다.
④ 로드 밸런서는 라운드 로빈 알고리즘, 최소 연결 알고리즘과 같은 로드 밸런싱 알고리즘을 실행합니다.

안전성을 위한 기술

대칭 키 암호화 방식　공개 키 암호화 방식　공개 키 인증서　디지털 서명　SSL

TLS　HTTPS　TLS 핸드셰이크

이번 절에서는 안전한 통신을 위해 사용 가능한 네트워크 기술들을 학습해 보겠습니다.

시작하기 전에

멀리 떨어진 컴퓨터와 통신할 때 평문으로 메시지를 주고받아도 괜찮을까요? 민감한 정보를 주고받을 때는 그래서는 안 됩니다. 제3자가 여러분이 주고받는 메시지를 훔쳐보거나 메시지를 가로채 변조할 수 있기 때문입니다. 그래서 암호화가 필요합니다.

암호화encryption는 원문 데이터를 알아볼 수 없는 형태로 변경하는 것을 의미합니다. 반대로 **복호화**decryption란 암호화된 데이터를 원문 데이터로 되돌리는 과정을 말합니다. 암호화와 복호화는 비단 안전한 데이터 송수신뿐만 아니라 인증서 기반의 검증도 가능하게 합니다.

변조

내 계좌번호는 1234야! | 내 계좌번호는 4321이야!

암호와 인증서

먼저 암호화와 복호화의 원리를 이해해 봅시다. 암호화와 복호화의 핵심은 키입니다. 여러분이 소중히 보호해야 하는 물건을 자물쇠로 잠가 놓는 것처럼, 컴퓨터 세상에서도 소중히 보호해야 할 데이터를 키로 암호화할 수 있습니다.

대칭 키 암호화 방식과 공개 키 암호화 방식

키^{key}는 자물쇠의 영문 표현이지만, 컴퓨터 보안에서 사용되는 키는 언뜻 보면 무작위해 보이는 문자열처럼 생겼습니다. 키와 원문 데이터에 수학적 연산 과정을 거치면 암호문이 생성됩니다. 이 수학적 연산 과정을 '암호화 알고리즘'이라 부릅니다. 그리고 암호문을 수신자 측에서 복호화하면 원문 메시지를 얻을 수 있습니다. 당연하게도 복호화하지 않은 암호문은 제3자가 몰래 본다 해도 그 의미를 알 수 없지요.

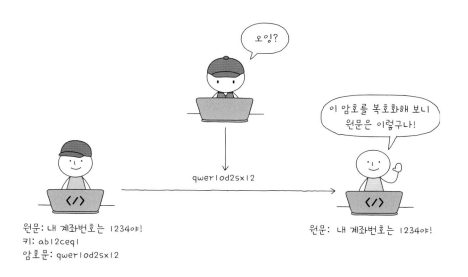

주고받는 데이터를 암호화하고 복호화하는 방법에는 대칭 키 암호화와 비대칭 키 암호화라는 두 가지 방식이 있습니다. 비대칭 키 암호화는 공개 키 암호화라고도 부릅니다.

먼저 **대칭 키 암호화**^{symmetric key cryptography} 방식을 살펴보겠습니다. 대칭 키 암호화 방식에서는 암호화와 복호화에 동일한 키를 사용합니다. 다시 말해 메시지를 암호화할 때 사용하는 키와 복호화할 때 사용하는 키가 동일합니다. 다음 쪽의 그림은 A와 B가 대칭 키 암호로 메시지를 주고받는 과정을 나타낸 그림입니다. 데칼코마니처럼 두 호스트가 메시지를 같은 키로 암호화 및 복호화를 수행하고 있죠? 그래서 대칭 키라는 이름이 붙은 것입니다.

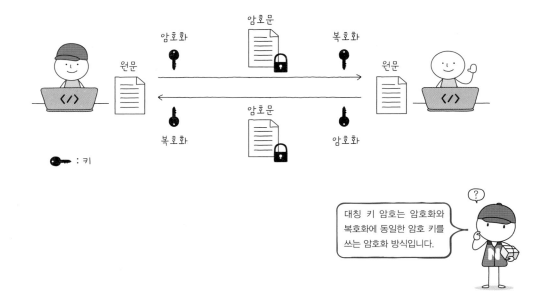

: 키

하지만 대칭 키 암호화 방식에는 한 가지 문제가 있습니다. 바로 상대방에게 안전하게 키를 전달하기가 어렵다는 점입니다. 대칭 키 암호화 방식은 암호화와 복호화에 동일한 키를 사용하므로 키가 유출되면 큰 문제가 발생합니다. 지금까지의 암호화 통신이 모두 무용지물이 될 수도 있죠. 그렇기에 상대방에게 키를 안전하게 전달하는 방법이 필요합니다.

그런데 생각해 보면 애초에 암호화를 사용하는 목적 자체가 '제3자의 도청과 변조를 피해 상대방에게 안전하게 정보를 전달하는 것'입니다. 만약 상대방에게 키를 안전하게 전달할 수 있는 방법이 있다면 그 방법으로 메시지를 주고받으면 됐지, 굳이 암호화를 할 필요가 없을 것입니다.

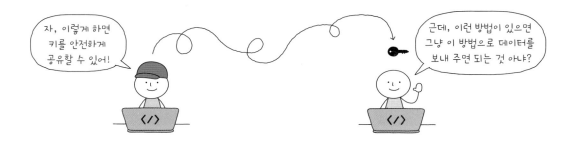

그래서 등장한 것이 **공개 키 암호화**public key cryptography 방식입니다. **비대칭 키 암호화**asymmetric key cryptography라고도 부릅니다. 암호화와 복호화에 단일한 키를 사용했던 대칭 키 암호와는 달리, 공개 키 암호 방식에서는 암호화를 위한 키와 복호화를 위한 키가 다릅니다. 한 키로 암호화했다면 다른 키로 복호화할 수 있지요. 이 한 쌍의 키를 각각 **공개 키**ᵖᵘᵇˡⁱᶜ ᵏᵉʸ와 **개인 키**ᵖʳⁱᵛᵃᵗᵉ ᵏᵉʸ라 부릅니다. 그래서 비대칭 키 암호화라는 이름이 붙었습니다. 참고로, 한 키로 암호화하고 다른 키로 복호화가 가능하다 해도 한 키로는 다른 키를 유추할 수 없습니다. 다시 말해 공개 키만으로는 개인 키를 유추할 수 없고, 반대로 개인 키만으로 공개 키를 유추할 수도 없지요.

공개 키로 암호화하고 개인 키로 복호화할 수 있다면, 공개 키는 이름처럼 누구에게나 공개해도 무방할 것입니다. 암호화만을 위해 사용되었기 때문에, 공개 키를 안다고 해서 원문 메시지를 유추할 수 있는 것은 아니니까요. 반면에 개인 키만큼은 절대로 유출되지 않도록 보안을 유지해야겠죠.

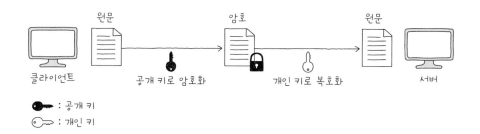

예를 들어 A가 B에게 '안녕, 나는 A야'라는 문자열을 안전하게 전송하고자 한다면 다음과 같은 과정을 거칩니다. 일단 A가 B의 공개 키를 요청하고 B는 A에게 공개 키를 전달합니다. 앞서 설명했듯이 공개 키는 누구에게나 공개해도 무방하므로 그냥 전송해도 됩니다.

A는 전달받은 B의 공개 키로 메시지를 암호화한 뒤 그 암호문을 B에게 전송합니다. 암호문이기에 제3자가 메시지를 보아도 이를 이해할 수 없습니다. 반면 B는 개인 키가 있으므로 암호를 복호화해서 '안녕, 나는 A야'라는 문자열을 확인할 수 있습니다.

반대로 B가 A에게 메시지를 안전하게 보내고 싶을 때도 동일한 과정을 거칩니다. A는 자신의 공개 키를 B에게 전달하고, B는 A의 공개 키로 메시지를 암호화한 뒤 A에게 전송합니다. A는 개인 키로 암호를 복호화해서 B가 보낸 메시지를 확인합니다.

대칭 키 암호화 방식과 공개 키 암호화 방식은 각각 장단점이 있습니다. 대칭 키 암호화는 키를 안전하게 전송하기 어렵지만, 적은 부하 덕분에 암호화 및 복호화를 빠르게 수행할 수 있습니다. 반면 공개 키 암호화는 암호화 및 복호화에 시간과 부하가 상대적으로 많이 들지만, 키를 안전하게 공유할 수 있습니다.

이러한 장단점을 고려해 대칭 키 암호화 방식과 공개 키 암호화 방식을 함께 사용하는 경우가 많습니다. 예를 들어 대칭 키를 상대에게 안전하게 전달하기 위해 공개 키로 대칭 키를 암호화하고, 개인 키로 암호화된 대칭 키를 복호화할 수 있습니다. 이렇게 하면 대칭 키를 안전하게 공유함과 동시에 공유한 대칭 키를 이용해 빠르게 암호화/복호화를 수행할 수도 있겠죠. 참고로 이러한 방식으로 활용되는 대칭 키를 **세션 키**[session key]라고 부릅니다.

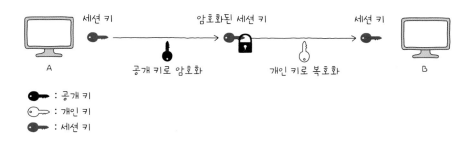

인증서와 디지털 서명

그렇다면 이제 인증서와 디지털 서명의 원리에 대해 알아봅시다. **인증서**[certificate]는 네트워크뿐만 아니라 일상 생활에서도 자주 사용되는 용어입니다. 말 그대로 무엇인가를 증명하기 위한 문서를 의미하지요.

네트워크(인터넷)에서 사용되는 '인증서'라는 용어는 일반적으로 공개 키 인증서를 일컫습니다. **공개 키 인증서**^{public key certificate}란 공개 키와 공개 키의 유효성을 입증하기 위한 전자 문서입니다. 예를 들어 여러분의 컴퓨터와 웹 서버가 공개 키 암호화 방식으로 통신한다고 가정해 봅시다. 여러분의 컴퓨

터는 웹 서버로부터 공개 키를 전달받게 됩니다. 이때 여러분이 전달받은 공개 키가 정말 신뢰할 수 있는 것인지, 전송 도중에 조작되지는 않았는지 확신할 수 있을까요? 단순히 공개 키 하나만 전달받는다면 확신할 수 없습니다. 그래서 웹 서버는 공개 키뿐만 아니라 누가 생성했는지, 조작되지는 않았는지, 유효 기간은 언제까지인지 등의 내용을 포함한 인증서를 전송합니다. 옆의 그림은 인증서의 예시입니다. 어떤 정보들이 포함되어 있는지 간략하게 살펴보세요. 외울 필요는 없지만, 공개 키가 포함되어 있다는 점은 기억해 두세요.

이러한 인증서는 **인증 기관**^{CA: Certification Authority}이라는 제3의 기관에서 발급합니다. 인증 기관은 인증서의 발급, 검증, 저장과 같은 역할을 수행할 수 있는 공인 기관입니다. 일반적으로는 CA라고 줄여서 부릅니다. 전 세계적으로 다양한 CA들이 존재하며, 대표적으로 IdenTrust, DigiCert, GlobalSign 등이 있습니다.

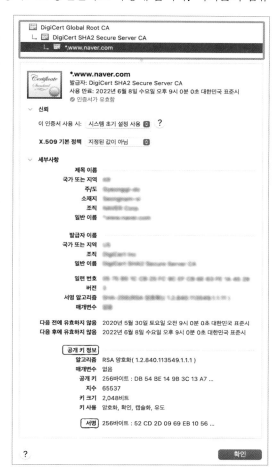

공개 키 인증서는 공개 키와 공개 키의 유효성을 입증하기 위한 전자 문서입니다. CA라는 인증서 발급 기관을 통해 인증서를 검증할 수 있습니다.

CA가 발급한 인증서에는 '이 공개 키 인증서는 진짜야. 내가 보증할게'라는 내용을 담은 **서명 값**^{signature}이 있습니다. 클라이언트는 이 서명 값을 바탕으로 인증서를 검증할 수 있습니다.

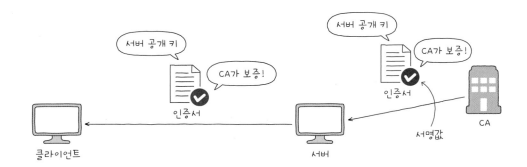

서명 값은 ① 인증서 내용에 대한 해시 값을 ② CA의 개인 키로 암호화하는 방식으로 만들어집니다. CA는 이렇게 얻어낸 정보를 서명 값으로 삼아 클라이언트에게 인증서와 함께 전송합니다.

note 참고로 ①의 결과인 '인증서 내용에 대한 해시 값'을 지문(fingerprint)이라 합니다.

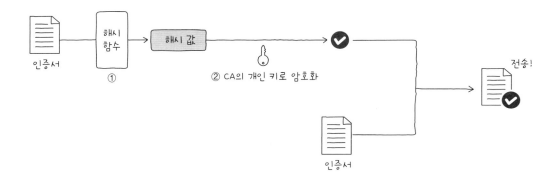

➕ 여기서 잠깐 ┃ 해시 값이란?

앞의 ①번에서 해시 값이라는 새로운 용어가 등장했죠? 해시 값은 해시 함수를 적용시킨 결괏값을 의미합니다. 그리고 해시 함수란 '임의의 길이의 데이터를 고정된 길이의 데이터로 변환해 주는 함수'를 의미합니다. 이 함수를 적용시키면 일정한 길이의 데이터가 생성되는 것이지요. 대표적인 해시 함수로 MD5, SHA-1, SHA-2(SHA-256, SHA-384, SHA-512) 등이 있습니다.

해시 함수는 입력 데이터가 조금만 달라져도 완전히 다른 결과가 나온다는 특징이 있습니다. 예를 들어 'he'라는 단어에 대해 특정 해시 함수를 적용시킨 해시 값은 30F088EA6673877C2E2C1EDBE7513FF90EDA9A6F입니다. 그런데 여기서 단 한 글자만 바꾼 'hi'의 해시 값은 C22B5F9178342609428D6F51B2C5AF4C0BDE6A42입니다. 완전히 다른 값이 되어버렸죠. 해시 함수와 그에 따른 해시 값은 입력값의 변화에 매우 민감하므로 주로 데이터 변조 여부를 검사하는 데 사용됩니다.

어떤 데이터를 송신할 때 '보내고자 하는 데이터'와 더불어 '그 데이터에 대해 특정 해시 함수를 적용시킨 해시 값'을 같이 전송한다고 가정해 보세요. 수신자가 전달받은 데이터에 대한 해시 값을 직접 계산한 뒤, 계산 결과를 전달받은 해시 값과 비교했을 때 같은 값이 도출된다면 데이터 전송 도중 변조되거나 소실되지 않았다고 판단할 수 있습니다.

여러분이 다음 그림처럼 웹 브라우저를 통해 서버로부터 서명 값이 붙은 인증서를 전달받았다고 가정해 보겠습니다. 인증서 검증을 위해 가장 먼저 할 일은 서명 값과 인증서를 분리하는 것입니다(그림 속 ①). 서명 값이 뭐였죠? '인증서 내용에 대한 해시 값'을 CA의 **개인 키**로 암호화한 것입니다. CA의 공개 키는 공개되어 있기에, 서명 값은 CA의 공개 키로 복호화할 수 있습니다. 서명 값을 CA의 공개 키로 복호화하면 '인증서 내용에 대한 해시 값'을 얻을 수 있겠죠?(그림 속 ②) 다음으로 인증서 데이터에 대한 해시 값을 직접 구한 뒤(그림 속 ③), 이를 복호화한 값과 비교합니다(그림 속 ④).

만일 값이 일치한다면 전달받은 인증서는 확실히 CA의 개인 키로 만들어졌다고 보장할 수 있습니다. CA의 공개 키로 복호화가 가능하다는 뜻이니까요. 따라서 인증서에 포함된 공개 키를 안심하고 사용할 수 있습니다. 개인 키로 암호화된 메시지를 공개 키로 복호화함으로써 신원을 증명하는 이러한 절차를 **디지털 서명**digital signature이라 부릅니다.

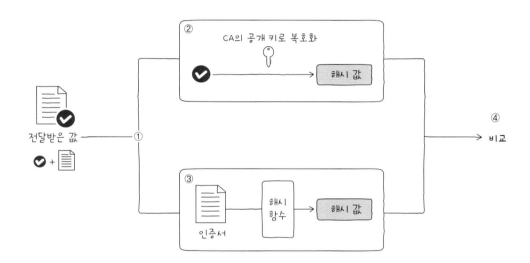

HTTPS: SSL과 TLS

지금까지 대칭 키 암호화와 공개 키 암호화 방식, 그리고 공개 키 인증서를 학습했습니다. 이를 기반으로 동작하는 프로토콜로 SSL Secure Sockets Layer과 TLS Transport Layer Security가 있습니다. SSL과 TLS는 인증과 암호화를 수행하는 프로토콜이며, TLS는 SSL을 계승한 프로토콜입니다. 초기 SSL 2.0과 SSL 3.0을 거쳐 TLS 1.0, TLS 1.1, TLS 1.2, TLS 1.3이 순차적으로 출시되었지요(SSL 1.0은 출시되지 않았습니다). 따라서 SSL과 TLS의 작동 과정은 사용되는 암호 알고리즘과 버전에 따라 세부적인 차이가 있을 수 있으나 큰 틀에서 보면 유사합니다.

SSL/TLS를 사용하는 대표적인 프로토콜은 **HTTPS** HTTP over TLS입니다. HTTPS는 HTTP 메시지의

안전한 송수신을 위해 개발된 프로토콜입니다. 웹 브라우저를 사용하여 웹 서핑을 하다 보면 다음 그림에 있는 것처럼 도메인 네임 좌측의 자물쇠 모양 아이콘을 쉽게 볼 수 있습니다. 이는 해당 사이트가 HTTPS를 사용한다는 의미로, 해당 웹 사이트와 여러분의 브라우저 간에 SSL/TLS 기반 암호화 통신이 이루어진다는 점을 시사합니다.

오늘날 주로 사용되는 TLS 1.3을 기반으로 HTTPS가 어떻게 동작하는지 간략하게 알아봅시다. HTTPS 메시지는 크게 다음과 같은 단계를 거쳐 송수신됩니다.

❶ TCP 쓰리 웨이 핸드셰이크

❷ TLS 핸드셰이크

❸ 암호화된 메시지 송수신

첫 번째 단계는 4장에서 학습했습니다. TCP 연결을 수립하기 위해 두 호스트가 각각 SYN, SYN+ACK, ACK 플래그가 설정된 TCP 세그먼트를 주고받는 것이 쓰리 웨이 핸드셰이크입니다.

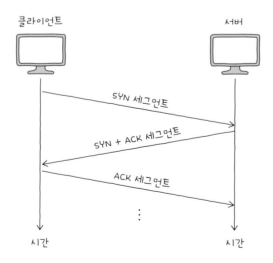

두 번째 단계는 TLS 핸드셰이크입니다. 다음 그림은 TLS 1.3 핸드셰이크 과정의 주요 메시지를 나타냅니다. 클라이언트가 처음으로 서버에게 요청을 보내고 인증서를 응답받는 상황을 가정했습니다. 조금 복잡하죠? 그러나 너무 걱정하지는 마세요. TLS는 암호학에 대한 기반 지식을 요하기 때문에 처음부터 모든 메시지와 의미를 빠짐없이 외울 필요는 없습니다. TLS 핸드셰이크의 핵심은 두 가지입니다. 하나는 암호화 통신을 위한 키를 교환한다는 점이고, 또 하나는 인증서 송수신과 검증이 이루어진다는 점입니다. 굵은 글자로 표기한 메시지를 위주로 봅시다.

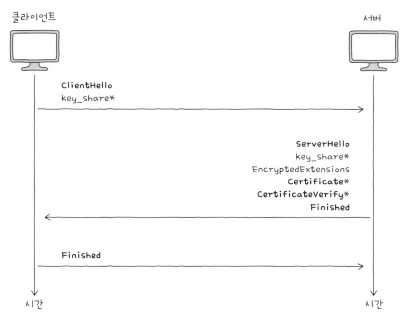

가장 먼저 클라이언트는 ClientHello 메시지를 보냅니다. 이 메시지는 암호화된 통신을 위해 서로 맞춰 봐야 할 정보들을 제시하는 메시지입니다. 지원되는 TLS 버전, 사용 가능한 암호화 방식과 해시 함수, 키를 만들기 위해 사용할 클라이언트의 난수 등이 포함되어 있습니다. 이때, '사용 가능한 암호화 방식과 해시 함수'를 담은 정보를 **암호 스위트**^{cipher suite}라고 합니다. 다음 쪽의 그림과 같이 생긴 정보입니다.

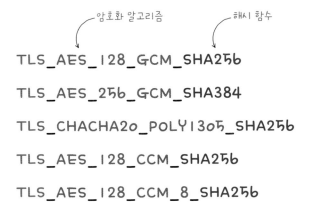

서버는 ClientHello 메시지에 대한 응답으로 ServerHello 메시지를 전송합니다. ClientHello 메시지가 암호화 이전에 맞춰 봐야 할 정보들을 제시하는 메시지라면, ServerHello 메시지는 제시된 정보들을 선택하는 메시지입니다. 따라서 이 메시지에는 선택된 TLS 버전, 암호 스위트 등의 정보, 키를 만들기 위해 사용할 서버의 난수 등이 포함되어 있습니다. ClientHello 메시지와 ServerHello 메시지를 주고받으면 암호화된 통신을 위해 사전 협의해야 할 정보들이 결정됩니다. 이렇게 결정된 정보를 토대로 서버와 클라이언트는 암호화에 사용할 키를 만들어낼 수 있습니다. 이것이 TLS 핸드셰이크에서의 키 교환입니다. 이 단계 이후부터 클라이언트와 서버는 키로 암호화된 암호문을 주고받을 수 있게 됩니다.

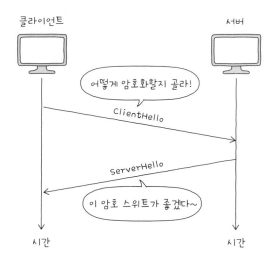

또 서버는 Certificate 메시지와 CertificateVerify 메시지를 전송합니다. 이는 각각 인증서와 검증을 위한 디지털 서명을 의미합니다. 클라이언트는 이 메시지를 토대로 서버의 공개 키를 검증하게 됩니다. 이어서 서버와 클라이언트는 TLS 핸드셰이크의 마지막을 의미하는 Finished 메시지를 주고받습니다.

이제 TLS 핸드셰이크를 통해 얻어낸 키를 기반으로 암호화된 데이터를 주고받으면 됩니다. 참고로 TLS 1.3에서는 Finished 메시지와 함께 암호화된 메시지(Application Data)를 전송할 수 있습니다. 다음 그림과 같이 말이지요.

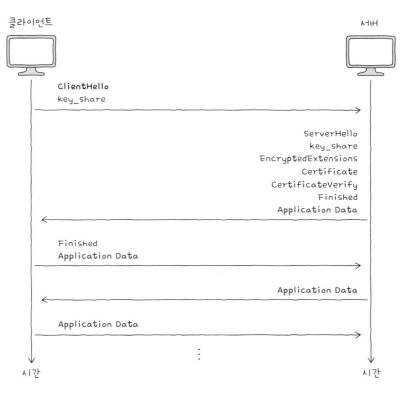

TLS 핸드셰이크를 통해 암호화에 사용할 키와 인증서를 주고받을 수 있습니다.

마무리

▶ 8가지 키워드로 정리하는 핵심 포인트

- **대칭 키 암호화 방식**은 암호화와 복호화 시 같은 암호 키를 쓰는 암호화 방식입니다.

- **공개 키 암호화 방식**은 암호화와 복호화 시 서로 다른 키를 쓰는 암호화 방식입니다. 한 키로 암호화했다면 다른 키로 복호화할 수 있습니다.

- **공개 키 인증서**는 공개 키와 공개 키의 유효성을 입증하기 위한 전자 문서입니다. CA라는 인증서 발급 기관을 통해 인증서를 검증할 수 있습니다.

- 개인 키로 암호화된 메시지를 공개 키로 복호화함으로써 신원을 증명하는 절차를 **디지털 서명**이라 부릅니다.

- **SSL**과 **TLS**는 인증과 암호화를 가능하게 하는 프로토콜입니다. 이 중에서 TLS는 SSL을 계승한 프로토콜이며, 오늘날 SSL/TLS를 사용하는 가장 대표적인 프로토콜은 **HTTPS**가 있습니다.

- **TLS 핸드셰이크**를 통해 암호화에 사용할 키와 인증서를 주고받을 수 있습니다.

▶ 확인 문제

1. 다음 글의 빈칸에 알맞은 단어를 적어 보세요.

> 공개 키 암호화 방식에서 평문을 (   )로 암호화했다면 개인 키로 복호화할 수 있다.

2. 다음 그림은 두 호스트가 TLS 1.3 핸드셰이크를 수행하는 과정을 나타낸 그림 일부입니다. 괄호 안에 들어갈 TLS 관련 메시지로 알맞은 말을 골라 보세요.

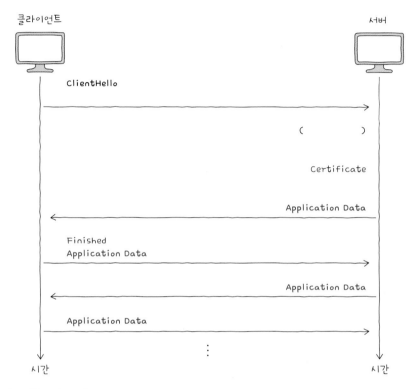

① Application Data
② ARP Request
③ ServerHello
④ Finished

07-3 무선 네트워크

핵심 키워드

전파 주파수 대역 802.11 와이파이 채널 AP 서비스 셋 SSID
비컨 프레임

이번 절에서는 무선 네트워크를 구성하는 연결 매체와 네트워크 장비, 표준에 대해 학습해 보겠습니다.

시작하기 전에

필자는 현재 이번 절 원고를 카페에서 집필하고 있습니다. 주변을 둘러보면 많은 사람이 노트북이나 스마트폰으로 인터넷을 사용하고 있지만, 카페의 공유기나 라우터에 직접 유선으로 연결된 기기는 없습니다. 모든 사람이 무선 네트워크를 이용하고 있다는 증거겠지요.

이처럼 많은 독자분이 유선 연결 네트워크보다는 무선 연결 네트워크에 더 익숙할 것입니다. 유선 네트워크와 관련된 연결 매체와 표준, 네트워크 장비가 있듯이 무선 네트워크에도 **전파**라는 연결 매체, **802.11**이라는 표준, 그에 기반한 **Wi-Fi**라는 기술, **AP**라는 장비가 있습니다.

전파와 주파수

무선 네트워크를 이해하기 위해서는 먼저 무선 통신의 기반이 되는 **전파**^{radio wave}를 간략하게나마 이해해야 합니다. 전파는 약 3kHz부터 3THz 사이의 진동수를 갖는 전자기파입니다. 쉽게 말하면 '눈에 보이지 않는 전자기파의 일종' 정도로 정의할 수 있습니다.

TV, 라디오, 무전기, 노트북, 스마트폰처럼 수많은 무선 통신 기기가 전파를 이용하여 통신합니다. 이러한 기기들이 주고받는 정보들은 눈에 보이지 않는 전파의 형태를 띠고 있고, 지금 이 순간에도 우리 주변 공간에 흐르고 있다고 볼 수 있습니다. 무선 통신 기기가 사용하는 전파는 대부분 인위적으로 생성되고 관측되지만, 사실 전파는 자연적으로도 생성되고 관측됩니다. 번개에서도 전파가 생성되고, 태양에서도 전파가 발생하며, 우주에서도 전파가 존재합니다.

많은 기기가 전파를 통해 통신한다면, 서로 다른 전파 신호가 같은 공간에 혼재할 수도 있겠지요? 이런 상황을 위해 서로 다른 전파 신호를 구분할 수 있는 방법이 필요합니다. 그래서 통신에서 사용되는 전파에는 '주파수 대역'이 미리 정해져 있습니다.

어떤 주파수 대역을 어떤 용도로 사용할지는 나라마다 다릅니다. 2020년을 기준으로 대한민국에서는 주파수 대역을 다음 쪽의 사진과 같이 분배해 두었습니다. 암기할 필요는 없습니다. 방송용 주파수, 위성 통신용 주파수, 항공/해양 통신을 위한 주파수 등으로 나누어져 있는 것을 알 수 있습니다.

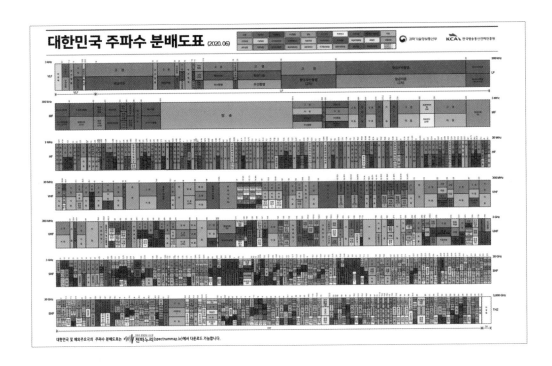

전파를 통해 무선으로 정보를 전송할 수 있으며 전파 통신을 위한 주파수 대역이 정해져 있습니다.

전파는 자연적으로도 발생할 수 있다고 했죠. 번개, 태양의 활동 등으로 인해 발생한 전파의 주파수가 우연히 할당된 주파수 대역과 겹친다면 통신 중 잡음이 발생할 수 있습니다. 번개가 심하게 치는 날에 라디오를 들을 때 '지직' 소리와 함께 음질이 떨어지는 일이 빈번하게 발생하는 것은 이러한 이유 때문입니다.

93.7MHz 라디오, 시작 (지지직) 니다!

와이파이와 802.11

이제 무선 통신 네트워크에서 사용되는 주파수를 알아보겠습니다. 2장에서 '오늘날 LAN 환경에서의 유선 통신은 IEEE 802.3으로 표준화되어 있다'라고 했던 것을 기억하나요? IEEE 802.3의 다양한 표준들은 802.3u 혹은 802.3ab처럼 숫자 802.3 뒤에 버전을 나타내는 알파벳으로 표현한다고 했죠. 이와 유사하게 오늘날 LAN 환경에서의 무선 통신은 IEEE 802.11로 표준화되어 있고, 802.11b, 802.11g처럼 숫자 802.11 뒤의 알파벳으로 다양한 규격을 표현합니다.

그리고 IEEE 802.11 표준은 대부분 **2.4GHz**, **5GHz** 대역을 사용합니다. 무선 네트워크를 사용하기 위해 와이파이를 선택할 때 2.4G(2.4GHz), 5G(5GHz)라는 글귀가 자주 보이는 것은 이러한 이유 때문입니다.

IEEE 802.3 버전에 따라 지원되는 네트워크 장비의 종류와 속도 등이 달라질 수 있는 것처럼, 무선 통신 규격인 IEEE 802.11 버전에 따라 사용되는 주파수뿐만 아니라 전송 속도, 대역폭, 전송 가능한 거리, 변조 방식 등 많은 것이 달라집니다. 다음 표를 참고해 보세요. 다음 표는 IEEE 802.11 규격에 따른 주파수 대역과 최대 전송 속도입니다.

표준 규격	주파수 대역	전송 속도
IEEE 802.11a	5GHz	54Mbps
IEEE 802.11g	2.4GHz	54Mbps
IEEE 802.11n	2.4/5GHz	450Mbps
IEEE 802.11ac	5GHz	6.9Gbps
IEEE 802.11ax	2.4/5/6GHz	9.6Gbps
IEEE 802.11be	2.4/5/6GHz	46.1Gbps

note 변조(modulation)란 정보를 원하는 형태의 신호로 변환하는 것을 의미합니다. 반대로 복조(demodulation)는 변조된 신호를 원래의 정보로 다시 변환하는 것을 의미합니다.

무선 통신 기술을 설명할 때 와이파이를 빼놓을 수는 없겠지요. 다들 **와이파이**Wi-Fi라는 용어를 들어 보았을 것입니다. 오늘날 '와이파이'라는 용어는 'IEEE 802.11 표준을 따르는 무선 LAN 기술'을 가리키는 말로도 많이 사용되지만, 본래는 **와이파이 얼라이언스**Wi-Fi Alliance라는 비영리단체의 트레이드 마크(브랜드) 이름입니다. 와이파이는 다음 표의 내용처럼 '와이파이 4', '와이파이 5' 등으로 구분할 수 있는 세대가 있고, 각 세대는 각기 다른 IEEE 802.11 표준 규격을 준수합니다.

세대 이름	표준 규격
Wi-Fi 7	IEEE 802.11be
Wi-Fi 6	IEEE 802.11ax
Wi-Fi 5	IEEE 802.11ac
Wi-Fi 4	IEEE 802.11n

이러한 이유로 와이파이는 일종의 인증 마크 역할을 합니다. 특정 제품에 특정 와이파이 인증 마크가 붙어 있을 경우, 해당 제품이 특정 IEEE 802.11 규격을 지켰음을 알 수 있고, 다른 제품과의 호환성도 알 수 있기 때문입니다. 그래서 무선 LAN 제품을 개발한 회사에서는 다음과 같이 인증 시험을 거쳐 Wi-Fi 인증과 인증 로고 사용 권한을 얻게 됩니다.

Wi-Fi CERTIFIED™ 인증시험

본 서비스는 IEEE 802.11 무선랜 제품에 대하여 Wi-Fi Alliance의 시험 절차에 따라 시험 수행 후, 인증 기준을 만족하는 경우 Wi-Fi CERTIFIED™ 인증서 발급 및 로고 사용 권한을 부여합니다. Wi-Fi CERTIFIED™ 인증시험은 Wi-Fi Alliance의 회원사만 신청 가능합니다. 회원사 관련 문의는 페이지 하단 문의처로 문의하여 주시기 바랍니다.

윈도우 노트북을 사용하는 독자들은 현재 사용 중인 무선 네트워크의 속성을 자세히 확인해 보세요. 다음 화면처럼 와이파이 버전과 802.11 표준을 확인할 수 있습니다.

> IEEE 802.11은 무선 LAN 의 표준 규격이고, 와이파이 는 특정 IEEE 802.11 규격 을 준수하는 기술입니다.

✚ 여기서 잠깐   2.4GHz 와이파이 vs 5GHz, 와이파이, 무엇이 더 좋은가요?

앞서 오늘날 대부분의 IEEE 802.11 표준은 2.4GHz, 5GHz 대역을 사용한다고 했습니다. 그렇다면 2.4GHz 대역 와이파이와 5GHz 대역 와이파이 중에서 무엇이 더 좋을까요? 언뜻 보면 5GHz가 무조건적으로 좋아 보일 수 있지만, 사실 답은 '상황에 따라 다르다'입니다.

5GHz 와이파이는 2.4GHz 와이파이에 비해 일반적으로 송수신 속도가 빠르지만, 2.4GHz 와이파이에 비해 장애물의 영향을 크게 받는다는 단점이 있습니다. 반대로 2.4GHz 와이파이는 5GHz 와이파이에 비해 일반적인 송수신 속도는 느리지만 장애물의 영향을 덜 받습니다.

왜 그럴까요? 주파수에 따른 '회절성' 때문입니다. 회절성이란 파동이 장애물이나 좁은 틈을 통과할 때, 파동이 그 뒤편까지 전파되는 현상을 의미합니다. 2.4GHz 와이파이처럼 상대적으로 낮은 주파수는 회절성이 좋지만, 5GHz 와이파이처럼 주파수가 상대적으로 높으면 회절성이 저하됩니다. 다음 그림과 같이 말이지요. 이는 비단 전파뿐만 아니라 소리, 빛과 같은 다른 파동에서도 마찬가지랍니다.

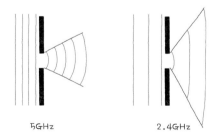

따라서 와이파이 공유기와 여러분의 기기 사이에 벽과 장애물이 많으면 5GHz 와이파이 신호는 금방 약해지는 것을 확인할 수 있습니다. 411쪽의 와이파이 목록들만 봐도 유독 5GHz 와이파이 신호의 약화가 두드러지게 나타납니다. 반면 2.4GHz 와이파이는 비교적 일정한 성능으로 이용할 수 있습니다. 결론적으로 장애물이 많다면 2.4GHz 와이파이를 이용하는 것이 좋고, 장애물이 적은 상황에서 속도가 필요하다면 5GHz 와이파이가 좋습니다.

같은 주파수 대역(2.4GHz 혹은 5GHz)을 사용하는 네트워크라 할지라도 별개의 무선 네트워크들이 존재할 수 있습니다. 예를 들어 2.4GHz 대역에서 통신하는 여러 독립적인 무선 네트워크들이 있을 수 있고, 5GHz 대역에도 여러 독립적인 무선 네트워크들이 존재할 수 있습니다. 이러한 경우, 같은 대역을 사용할지라도 별개의 무선 네트워크는 서로의 신호에 간섭하지 말아야겠죠?

그래서 2.4GHz, 5GHz 주파수 대역은 **채널**channel이라 불리는 하위 주파수 대역으로 또 한 번 세분화되고, 해당 채널 대역에서 통신이 이루어집니다. 통신 주파수 대역을 채널로 간주하는 것이지요. 채널에는 번호가 할당되어 있습니다. 다음 그림은 각각 2.4GHz, 5GHz 대역의 일부 채널들을 표현한 그림입니다. 각 포물선은 주파수 대역에 따른 채널을 나타내며, 포물선 상단에 표시된 번호는 채널 번호입니다. 동일한 2.4GHz 혹은 5GHz 대역의 네트워크를 이용할지라도 세부적인 주파수는 채널에 따라 달라진다는 점을 알 수 있습니다.

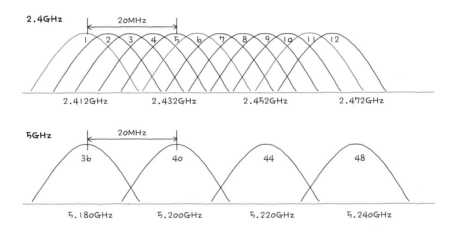

채널은 일반적으로 자동으로 설정되지만, 수동으로 설정할 수도 있습니다. 그러나 같은 공간에서 같은 대역의 서로 다른 네트워크를 구성하거나 이용할 때는 가급적 간섭을 일으키지 않는 채널을 이용하는 것이 좋습니다. 예를 들어 위의 그림에서는 1, 6, 11번 채널은 주파수가 서로 중첩되지 않습니다. 간섭이 많은 채널이 설정된 경우 이는 성능 저하의 주 원인이 될 수 있습니다. 예를 들어 같은 공간에서 위의 그림의 1, 2, 3번 채널을 이용하면 신호가 중첩될 여지가 많아 간섭이 자주 발생하고, 원활한 통신이 어려워질 수 있습니다.

> 무선 통신에서 채널은 무선 네트워크에서 사용될 특정 주파수 대역을 의미하며, 각 채널은 번호로 구분됩니다.

AP와 서비스 셋

이제 무선 네트워크 관련 네트워크 장비를 알아보겠습니다. 무선 네트워크를 생성하기 위해서는 '무선 액세스 포인트(이하 AP)'라는 네트워크 장비가 필요합니다. **AP**Access Point는 무선 통신 기기들을 연결하여 무선 네트워크를 구성하는 장치입니다. 가정에 무선 공유기가 있다면, 그것이 AP 역할을 수행하는 장치라 볼 수 있지요. 일반적으로 AP에는 유선 연결 매체를 연결할 수 있는 지점이 함께 제공되어 유선 네트워크와 무선 네트워크의 연결을 담당하는 역할도 수행할 수 있습니다.

무선 LAN의 기기들은 AP를 경유해 인터넷에 접속하거나 서로 메시지를 주고받을 수 있습니다. 달리 말해 AP는 무선 LAN에서 통신을 중개하는 역할을 수행합니다. 이렇게 AP를 경유하여 통신이 이루어지는 무선 네트워크 통신 방식을 **인프라스트럭처 모드**infrastructure mode라 합니다. 오늘날 많은 무선 LAN이 AP가 중개하는 인프라스트럭처 모드로 동작합니다.

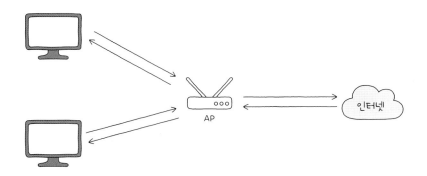

note AP의 간섭 없이 호스트 간에 일대일로 통신하는 무선 통신 모드도 있습니다. 이를 '애드 혹 모드(Ad Hoc mode)'라 합니다.

그림을 보면 AP를 중심으로 연결된 여러 장치가 무선 네트워크를 형성한다는 것을 알 수 있죠. 이처럼 무선 네트워크를 이루는 AP와 여러 장치들의 집합을 **서비스 셋**Service Set이라 부릅니다. 같은 서비스 셋에 속한 장치들은 같은 무선 네트워크에 속한다고 볼 수 있습니다.

이때, 각기 다른 서비스 셋을 구분할 수 있는 수단이 필요합니다. 그래서 서비스 셋을 식별하기 위해 **서비스 셋 식별자**^{SSID: Service Set Identifier}, 줄여서 SSID를 사용합니다. SSID는 무선 네트워크를 구분짓는 수단이자 무선 네트워크를 지칭하는 고유한 이름입니다.

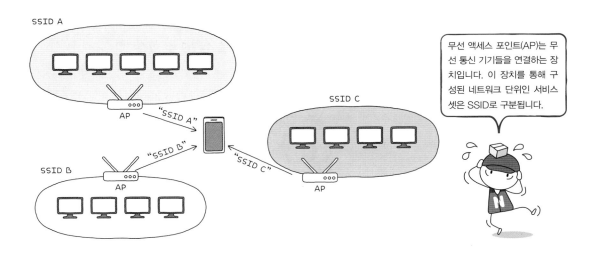

➕ 여기서 잠깐 **BSS와 ESS는 무엇인가요?**

참고로, 인프라스트럭처 모드로 구성된 무선 LAN은 하나의 AP만으로 구성될 수도 있고, 여러 AP로도 구성될 수도 있습니다. 하나의 AP로 구성된 무선 LAN을 BSS(Basic Service Set), 여러 AP로 구성된 무선 LAN을 ESS(Extended Service Set)라 합니다. 이 책에서 언급하는 '서비스 셋', '무선 LAN', '무선 네트워크'라는 용어는 기본적으로 BSS를 기준으로 서술합니다.

사실 여러분은 SSID라는 용어를 직접적으로 사용하지 않았더라도 이미 일상에서 다양한 SSID들을 접하고 있습니다. 일반적으로 특정 무선 네트워크에 접속하려면 무엇을 먼저 확인하나요? 와이파이 이름(들)을 확인하지요. 와이파이의 이름이 바로 SSID입니다. 여러분이 현재 사용 중인 무선 네트워크의 속성을 확인해 보세요. SSID에 와이파이 이름이 명시된 것을 확인할 수 있습니다.

AP는 외부에 자신의 존재를 지속해서 알려야 합니다. AP가 자신의 존재를 알리지 않는다면 호스트는 연결 가능한 무선 네트워크가 존재한다는 사실조차 알 수 없을테니까요. 따라서 AP는 불특정 다수 모두에게 자신을 알리는 브로드캐스트 메시지를 주기적으로 전송합니다. 이 브로드캐스트 메시지를 **비컨 프레임**^{beacon frame}이라 합니다. 비컨 프레임 안에는 SSID와 AP의 MAC 주소 등이 포함되어 있습니다. 여러분의 장치에 와이파이를 연결하고자 할 때 연결 가능한 와이파이 목록이 뜨는 것은 여러분의 장치가 AP로부터 비컨 프레임을 받았기 때문입니다.

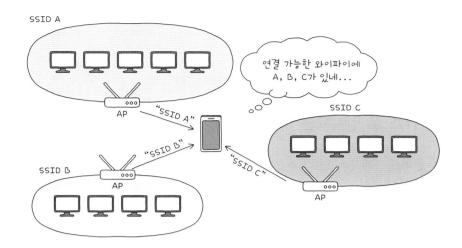

비컨 프레임은 AP가 자신의
존재를 알리기 위한 브로드
캐스트 메시지입니다.

마무리

▶ 9가지 키워드로 정리하는 핵심 포인트

- 정보는 **전파**를 통해 무선으로 전달될 수 있고, 전파 통신을 위한 **주파수 대역**은 정해져 있습니다.

- IEEE **802.11**은 무선 LAN의 표준 규격이고, **와이파이**는 특정 IEEE 802.11 규격을 준수하는 기술입니다.

- 무선 통신에서 **채널**이란 무선 네트워크에서 사용될 특정 주파수 대역을 나타내며, 채널 번호로 구분됩니다.

- 무선 액세스 포인트(**AP**)는 무선 통신 기기들을 연결하는 장치입니다. 이를 통해 구성된 네트워크 단위인 **서비스 셋**은 **SSID**로 구분할 수 있습니다.

- **비컨 프레임**은 AP가 자신의 존재를 알리기 위해 브로드캐스트하는 메시지입니다.

▶ 확인 문제

1. 무선 네트워크와 관련한 설명으로 옳지 않은 것을 골라 보세요.

① 전파를 통해 무선으로 보이지 않는 정보가 전달될 수 있습니다.

② 무선 LAN 네트워크의 표준으로 IEEE 802.11이 있습니다.

③ 주파수는 무선 통신에 영향이 거의 없기에 다른 네트워크 주파수와 겹쳐도 문제가 없습니다.

④ SSID는 무선 네트워크를 식별합니다. 흔히 와이파이 이름으로도 사용됩니다.

2. 무선 통신에서 채널과 관련한 설명으로 옳지 않은 것을 골라 보세요.

① 채널은 번호로 구분됩니다.

② 두 채널이 사용하는 주파수 대역이 겹칠 경우 간섭이 발생할 수 있습니다.

③ 자동으로 할당되기도 하고 수동으로 할당할 수도 있습니다.

④ 호스트는 채널을 이용할 수 없습니다.

3. 다음 글의 빈칸에 알맞은 단어를 적어 보세요.

> (   )은 AP가 자신의 존재를 알리기 위해 전송하는 브로드캐스트 메시지입니다.

4. 빈칸에 알맞은 말을 골라 보세요.

> 와이파이는 (IEEE 802.3 / IEEE 802.11) 규격을 준수한 무선 네트워크 기술입니다.

01-1 컴퓨터 네트워크를 알아야 하는 이유

1. 컴퓨터 네트워크

컴퓨터 네트워크란 여러 장치가 연결되어 정보를 주고받을 수 있는 통신망입니다.

2. ①

컴퓨터 네트워크에 대한 이해는 프로그램을 만드는 과정과 유지 보수하는 과정 모두에 도움을 줄 수 있습니다.

01-2 네트워크 거시적으로 살펴보기

1. ①

네트워크는 호스트, 네트워크 장비, 통신 매체, 메시지로 구성되며, 그래프 형태를 띱니다.

2. LAN, WAN

LAN은 비교적 근거리를 연결하는 한정된 공간에서의 네트워크를, WAN은 이보다 넓은 범위의 네트워크를 의미합니다.

01-3 네트워크 미시적으로 살펴보기

1. ④

프로토콜은 노드 간의 합의된 규칙이기에 양쪽 통신 장치 모두 해당 프로토콜을 이해해야 정보를 주고받을 수 있습니다.

2. ②

TCP/IP 모델은 통신 과정을 4개의 계층으로 표현합니다.

02-1 이더넷

1. ①, ②

이더넷은 물리 계층과 데이터 링크 계층을 구현하는 기술입니다.

2. ㉠ 프리앰블

    ㉡ 송신지 MAC 주소

    ㉢ FCS

이더넷 프레임은 프리앰블, 수신지(목적지) MAC 주소, 송신지(발신지) MAC 주소, 타입/길이, 데이터, FCS로 구성됩니다.

02-2 NIC와 케이블

1. ①

NIC는 호스트와 통신 매체 사이의 인터페이스입니다. MAC 주소가 부여되는 장치라고도 했죠.

2. ④

트위스티드 페어 케이블은 전기적인 신호를 주고받습니다.

02-3 허브

1. ②

허브로는 VLAN을 구성할 수 없습니다. VLAN을 구성할 수 있는 장비는 스위치입니다.

2. 반이중 모드

반이중 모드 통신은 데이터를 한 번에 한 방향으로만 전송할 수 있는 통신 방식입니다.

3. ③

허브에 연결된 모든 호스트가 하나의 콜리전 도메인에 속하는 것은 바람직하지 않습니다. 콜리전 도메인은 가급적 호스트별로 나누는 것이 좋습니다.

4. ① CS

② MA

③ CD

충돌 검출

캐리어 감지

다중 접근

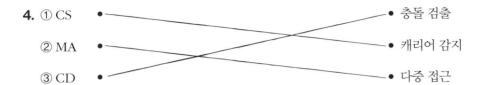

CSMA/CD는 Carrier Sense Multiple Access with Collision Detection의 약자입니다. Carrier Sense, Multiple Access, Collision Detection을 직역하면 캐리어 감지, 다중 접근, 충돌 검출입니다.

02-4 스위치

1. ②

스위치는 데이터 링크 계층에 속한 장비입니다.

2. ②

VLAN이 나뉘는 만큼 브로드캐스트 도메인도 나누어집니다. 따라서 VLAN과 브로드캐스트 도메인은 무관하지 않습니다.

03-1 LAN을 넘어서는 네트워크 계층

1. ②, ③

IP는 IP 주소 지정과 IP 단편화를 수행하는 프로토콜입니다.

2. IPv4, IPv4, IPv6

IPv4 주소는 32비트로 이루어져 있고, 이론적으로는 약 43억 개의 주소를 할당할 수 있습니다. 주소 수가 부족한 만큼, IPv4 주소 고갈을 방지하기 위해 등장한 128비트 주소 체계가 IPv6 주소입니다.

03-2 IP 주소

1. A, B, C

클래스의 정의와 150쪽을 참고해 보세요. 각 네트워크 주소의 시작 비트와 네트워크 주소/호스트 주소의 옥텟을 보면 정답을 알 수 있습니다.

2. NAT

NAT는 IP 주소를 변환하는 기술입니다. 주로 사설 IP 주소와 공인 IP 주소 간의 변환을 위해 사용됩니다. 가정용 공유기는 대부분 NAT 기능을 내포하고 있다고도 했죠.

03-3 라우팅

1. ④

프리앰블은 라우팅 테이블이 아닌 이더넷 프레임에 포함되어 있는 정보입니다.

2. IGP, EGP, RIP, OSPF

라우팅 프로토콜은 AS 내부에서 수행되는 IGP와 AS 외부에서 수행되는 EGP로 나뉩니다. RIP는 대표적인 거리 벡터 라우팅 프로토콜이고, OSPF는 대표적인 링크 상태 라우팅 프로토콜입니다.

04-1 전송 계층 개요: IP의 한계와 포트

1. 비신뢰성, 비연결형

IP는 신뢰할 수 없는 비연결형 전송을 수행합니다. 전송 계층은 이를 보완하는 프로토콜(TCP)을 제공합니다.

2. 잘 알려진 포트(well-known port), 등록된 포트(registered port), 동적 포트(dynamic port)

포트 번호는 유형에 따라 잘 알려진 포트, 등록된 포트, 동적 포트로 나뉩니다.

3. ②, ③

포트 기반의 NAT인 NAPT는 NAT 테이블에 변환될 IP 주소 쌍과 더불어 포트 번호도 함께 기록합니다.

04-2 TCP와 UDP

1. ③

체크섬은 데이터그램의 훼손 여부만 알려 줍니다. 데이터그램이 제대로 송신되었는지를 나타내는 신뢰성과는 무관합니다.

2. ACK

TCP는 SYN 세그먼트, SYN+ACK 세그먼트, ACK 세그먼트를 주고받는 쓰리 웨이 핸드셰이크를 통해 연결을 수립합니다.

04-3 TCP의 오류 · 흐름 · 혼잡 제어

1. Stop-and-Wait ARQ

Stop-and-Wait ARQ는 확인 응답이 오기 전까지는 추가적인 세그먼트를 전송하지 않는 재전송 방식입니다.

2. ④

오늘날 TCP는 흐름 제어를 위해 슬라이딩 윈도우를 활용합니다. 송신지는 수신 윈도우 크기를 토대로 전송 가능한 최대 데이터양을 인지하고, 해당 양을 넘지 않는 선에서 전송합니다.

05-1 DNS와 자원

1. ④

루트 도메인은 점(.)으로 표현됩니다. com은 루트 도메인이 아닌 최상위 도메인(TLD)입니다.

2. ②

ⓛ은 authority가 아닌 path입니다.

05-2 HTTP

1. ④

GET 요청 메서드는 조회를 위한 메서드입니다. 그리고 메시지 본문을 포함하지 않는 것이 바람직합니다.

2. ①

300번대 상태 코드는 리다이렉션 관련 상태 코드입니다.

05-3 HTTP 헤더와 HTTP 기반 기술

1. ②

클라이언트의 브라우저 및 버전을 알 수 있는 헤더는 User-Agent입니다.

2. ③

캐시는 불필요한 대역폭 낭비와 응답 지연을 방지하기 위해 정보의 사본을 임시로 저장하는 기술입니다.

06-1 와이어샤크 설치 및 사용법

1. 패킷 캡처

와이어샤크는 대중적인 패킷 캡처 프로그램으로, 와이어샤크를 통해 패킷을 조회하고 분석할 수 있습니다.

2. ④

eth.dst는 이더넷 프레임상의 수신지 주소를 의미합니다.

06-2 와이어샤크를 통한 프로토콜 분석

1. 3588415413

문제에 첨부된 순서번호(Sequence Number raw)는 3588415412입니다. 다음으로 받기를
희망하는 다음 Acknowledgment number(raw)는 그에 1을 더한 3588415413입니다.

2. ②

tcp.analysis.retransmission은 재전송된 패킷을 조회하는 필터입니다.

07-1 안정성을 위한 기술

1. ②

문제가 발생할 수 있는 모든 원인을 원천 차단하는 것은 현실적으로 어렵습니다. 문제가 발생해
도 문제없이 동작할 수 있는 환경을 조성하는 것이 중요합니다.

2. ③

이중화와 로드 밸런싱은 가용성을 높일 수 있는 대표적인 방식입니다.

07-2 안전성을 위한 기술

1. 공개 키

공개 키 암호화 방식에서는 두 개의 키(공개 키, 개인 키)로 암호화 및 복호화를 할 수 있고, 한
키로 암호화했다면 다른 키로 복호화할 수 있습니다.

2. ③

ClientHello에 대한 응답으로 ServerHello를 응답합니다. ClientHello 메시지가 암호화 이
전에 맞춰 봐야 할 정보들을 제시하는 메시지라면, ServerHello 메시지는 제시된 정보들을 선
택하는 메시지입니다.

07-3 무선 네트워크

1. ③

주파수 대역이 겹치면 무선 통신에 영향을 끼칠 수 있습니다. 가급적 겹치지 않는 주파수 대역으로 통신하는 것이 좋습니다.

2. ④

네트워크 장비뿐 아니라 호스트도 채널을 이용할 수 있습니다.

3. 비컨 프레임

비컨 프레임은 AP가 자신의 존재를 알리기 위해 전송하는 브로드캐스트 메시지입니다.

4. IEEE 802.11

와이파이는 IEEE 802.11 규격을 준수한 기술입니다. IEEE 802.3은 유선 통신인 이더넷입니다.

혼자 공부하며 함께 만드는

혼공 용어 노트

목차

목차

01장 ☑ 컴퓨터 네트워크 시작하기

☐ **컴퓨터 네트워크**   computer network   [01장 028쪽]

여러 장치가 서로 연결되어 정보를 주고받는 통신망.

☐ **인터넷**   internet   [01장 029쪽]

여러 네트워크가 연결된 네트워크.

☐ **네트워크 구조**   network structure   [01장 037쪽]

(호스트) 네트워크 장비, 통신 매체, 메시지로 구성된 그래프 형태를 띠고 있다.

주요 역할 - 요청을 보내는 호스트인
클라이언트, 응답하는 호스트인 서버

네트워크 장비

호스트

통신 매체(유선 매체)

메시지

통신 매체(무선 매체)

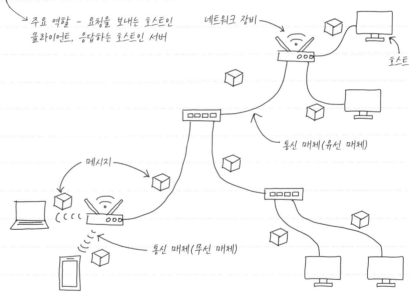

☐ **LAN**   Local Area Network   [01장 041쪽]

가까운 지역을 연결한 근거리 통신망.

가정, 기업, 학교처럼 한정된 공간에서의 네트워크.

| □ **WAN** | Wide Area Network | [01장 042쪽] |

Wide Area Network [01장 042쪽]

먼 지역을 연결한 광역 통신망(인터넷은 WAN으로 분류).

□ **회선 교환**
네트워크

circuit switching network [01장 044쪽]

메시지를 주고받기 전, 회선 설정을 통한 연결을 확립한 뒤 송수신하는 네트워크.

□ **패킷 교환**
네트워크

packet switching network [01장 046쪽]

→헤더, 페이로드, 때로는 트레일러로 구성

메시지를 (패킷) 단위로 쪼개어 송수신하는 네트워크.

오늘날 인터넷 환경은 대부분 패킷 교환 방식을 이용한다.

□ **프로토콜**

protocol   프로토콜마다 목적과 특징이 다르기에 헤더도 달라짐 [01장 051쪽]

통신하기 위해 지켜야 하는 노드 간의 합의된 통신 규칙.

□ **네트워크**
참조 모델

network reference model [01장 055쪽]

네트워크의 전송 단계를 계층적으로 표현한 모델.

대표적으로 OSI 모델과 TCP/IP 모델이 있다.

OSI 모델	TCP/IP 모델
응용 계층	
표현 계층	응용 계층
세션 계층	
전송 계층	전송 계층
네트워크 계층	인터넷 계층
데이터 링크 계층	네트워크 액세스 계층
물리 계층	

OSI 모델   TCP/IP 모델

| □ 캡슐화 | encapsulation | [01장 064쪽] |

데이터 전송 과정에서 헤더(및 트레일러)를 추가해 나가는 과정.

| □ 역캡슐화 | decapsulation | [01장 066쪽] |

캡슐화 과정에서 붙인 헤더(및 트레일러)를 제거하는 과정.

| □ PDU | Protocol Data Unit | [01장 067쪽] |

네트워크 참조 모델의 각 계층에서 송수신되는 메시지 단위.

그것이 알고싶다   OSI 모델에서의 PDU

OSI 계층	PDU
응용 계층	
표현 계층	데이터(data)
세션 계층	
전송 계층	세그먼트(segment), 데이터그램(datagram)
네트워크 계층	패킷(packet)
데이터 링크 계층	프레임(frame)
물리 계층	비트(bit)

02장   물리 계층과 데이터 링크 계층

| □ 이더넷 | Ethernet 참고 용어 IEEE 802.3 | [02장 076쪽] |

연결 매체의 규격, 송수신되는 프레임의 형태 등을 정의한 네트워크 기술.
↳ 이더넷 표준 규격 = IEEE 802.3

이더넷 통신 매체의 경우 '전송 속도BASE-추가 특성' 형식으로 표기.

□ 이더넷 프레임

Ethernet frame

[02장 081쪽]

이더넷에서 송수신되는 프레임 형태.

이더넷 프레임 구성

프리앰블	수신지 MAC 주소	송신지 MAC 주소	타입/길이	데이터	FCS

□ MAC 주소

MAC address

[02장 082쪽]

네트워크 인터페이스마다 부여되는 물리적 주소.

6바이트(48비트) 16진수 열두 자리로 구성.

예: AB:CD:EF:AB:CD:EF

□ NIC

Network Interface Controller

[02장 088쪽]

호스트와 통신 매체 사이의 인터페이스 역할을 담당하는 네트워크 장비.

예: MAC 주소 부여

□ 트위스티드 페어 케이블

twisted pair cable

[02장 091쪽]

전기적 신호를 주고받는 유선 연결 매체.

실드에 따라 구분 가능.

브레이드 실드(S), 포일 실드(F), 무실드(U) 가능
실드 유형에 따라 XX/YTP 형태로 표기

카테고리에 따라 구분 가능.

그것이 알고싶다 트위스티드 페어 케이블의 주요 카테고리

특징	Cat5	Cat5e	Cat6	Cat6a	Cat7	Cat8
지원 대역폭	100MHz	100MHz	250MHz	500MHz	600MHz	2GHz
주요 대응 규격	100BASE-TX	1000BASE-T	1000BASE-TX	10GBASE-T	10GBASE-T	40GBASE-T
전송 속도	100Mbps	1Gbps	1Gbps	10Gbps	10Gbps	40Gbps

□ 광섬유 케이블

fiber optic cable

[02장 095쪽]

광신호를 주고받는 유선 연결 매체.

싱글 모드 광섬유 케이블과 멀티 모드 광섬유 케이블이 존재한다.

| □ 허브 | hub [참고 용어] [콜리전 도메인] ↘ 충돌이 발생할 수 있는 영역 | [02장 104쪽] |

물리 계층의 네트워크 장비.
(주소 개념이 없음)

반이중 모드로 통신하며, 전달받은 신호를 다른 모든 포트로 내보내기만 한다.

하나의 허브에 연결된 호스트들이 동시에 신호를 송신하면 충돌이 발생하고, 연결된 모든 호스트는 같은 콜리전 도메인에 속한다.

| □ 반이중 모드 통신 | half duplex mode communication | [02장 105쪽] |

데이터를 한 번에 한 방향으로만 전송할 수 있는 통신 방식.

| □ 전이중 모드 통신 | full duplex mode communication | [02장 105쪽] |

데이터를 동시에 양방향으로 전송할 수 있는 통신 방식.

| □ CSMA/CD | Carrier Sense Multiple Access with Collision Detection | [02장 107쪽] |

반이중 이더넷의 충돌 방지 프로토콜.

충돌 발생 시 임의의 시간 동안 대기 후 재전송.

| □ 스위치 | switch ↗ 주소 개념이 있음(MAC 주소) | [02장 113쪽] |

데이터 링크 계층의 네트워크 장비.

전이중 모드로 통신하며, MAC 주소 테이블을 바탕으로 MAC 주소를 학습한다.

| □ VLAN | Virtual LAN | [02장 118쪽] |

가상의 LAN.

스위치 한 대로 가상의 LAN을 만드는 방식.

포트 기반 VLAN과 **MAC 기반 VLAN**이 있다.

연결된 포트가 호스트가 속할 VLAN을 결정

송수신하는 프레임 속 주소가 호스트가 속할 VLAN을 결정

03장 ✓ 네트워크 계층

□ 인터넷
　프로토콜

IP; Internet Protocol [03장 131쪽]

주소 지정과 단편화를 수행하는 네트워크 계층의 프로토콜.

IP 버전에는 IPv4와 IPv6이 있다.

```
     IPv4 주소          |        IPv6 주소
  192.168.1.1         |   2001:0230:abcd:ffff:0000:0000:ffff:1111
```

□ MTU

Maximum Transmission Unit [03장 132쪽]

한 번에 전송 가능한 IP 패킷의 최대 크기.

일반적으로 1500바이트이며, MTU 크기 이하로 나누어진 패킷은 수신지에 도착하면 다시 재조합된다.

□ ARP

Address Resolution Protocol [03장 139쪽]

IP 주소를 MAC 주소에 대응하기 위해 사용되는 프로토콜.

(ARP의 동작 순서)

① ARP 요청 (브로드캐스트 메시지)
② ARP 응답
③ ARP 테이블 갱신

□ 클래스풀
　주소 체계

classful addressing [03장 150쪽]

클래스별로 네트워크 크기를 구분하는 IP 주소 체계.

A 클래스, B 클래스, C 클래스로 네트워크와 호스트 주소를 구분할 수 있다.

	네트워크 주소	호스트 주소		
A 클래스	0			

	네트워크 주소	호스트 주소	
B 클래스	10		

	네트워크 주소	호스트 주소
C 클래스	110	

□ **클래스리스**   **classless addressing**   [03장 153쪽]

주소 체계

클래스에 구애받지 않고 네트워크를 조금 더 정교하게 나눌 수 있는 IP 주소 체계.

(서브넷 마스크)로 네트워크와 호스트 주소를 구분한다.

> IP 주소상에서 네트워크 주소는 1, 호스트 주소는 0으로 표기한 비트열

□ **공인 IP 주소**   **public IP address**   [03장 157쪽]

전 세계에서 고유한 IP 주소.

일반적으로 인터넷을 이용할 때 사용하는 주소로 ISP나 공인 IP 주소 할당 기관을

통해 할당받을 수 있다.

□ **사설 IP 주소**   **private IP address**   [03장 158쪽]

사설 네트워크에서 사용하는 IP 주소.

(사설 IP 주소)로 사용할 수 있는 IP 주소 대역이 정해져 있다.

> - 10.0.0.0/8 (10.0.0.0 — 10.255.255.255)
> - 172.16.0.0/12 (172.16.0.0 — 172.31.255.255)
> - 192.168.0.0/16 (192.168.0.0 — 192.168.255.255)

| □ 정적 IP 주소 | **static IP address** 참고 용어 정적 할당 | [03장 160쪽] |

호스트에 직접 부여한 고정된 IP 주소.

일반적으로 IP 주소, 서브넷 마스크, 게이트웨이(라우터) 주소, DNS 주소를 입력해서 부여한다.

| □ 동적 IP 주소 | **dynamic IP address** 참고 용어 동적 할당 | [03장 162쪽] |

호스트에 자동으로 부여된 IP 주소.

DHCP를 통해 IP 주소를 임대받을 수 있고, 임대받은 IP 주소에는 임대 기간이 존재한다.

동적 IP 주소 할당을 위해 사용되는 프로토콜

| □ 라우터 | **router** | [03장 171쪽] |

네트워크 계층의 대표 장비.

패킷이 이동할 최적의 경로를 설정하고, 그 경로로 패킷을 내보낸다.

이를 위해 라우팅 테이블 활용

| □ 라우팅 테이블 | **routing table** | [03장 173쪽] |

특정 수신지까지 도달하기 위한 정보를 명시한 표와 같은 정보.

일반적으로 수신지 IP 주소와 서브넷 마스크, 다음 홉, 네트워크 인터페이스, 메트릭이 명시된다.

| □ 라우팅 프로토콜 | **routing protocol** | [03장 181쪽] |

패킷이 이동할 최적의 경로를 찾기 위한 프로토콜.

대표적인 EGP = AS 간의 통신에서 사용되는 BGP

AS 내에서 수행되느냐, 외부에서 수행이 가능하느냐에 따라 IGP, EGP로 나누어진다.

대표적인 IGP = 거리 벡터를 활용하는 RIP, 링크 상태를 활용하는 OSPF

04장 전송 계층

□ **신뢰할 수**
없는
프로토콜

unreliable protocol 참고 용어 최선형 전달 [04장 191쪽]

패킷이 수신지까지 제대로 전송되었다는 확인을 하지 않는 프로토콜.

대표적인 예시로 IP가 있다. 이를 보완하는 프로토콜이 전송 계층의 TCP다.

□ **비연결형**
프로토콜

connectionless protocol [04장 191쪽]

송수신 과정에서 사전 연결 수립 작업을 거치지 않는 전송 특성.

대표적인 예시로 IP가 있다. 이를 보완하는 프로토콜이 전송 계층의 TCP다.

□ **포트**

port [04장 194쪽]

응용 계층의 애플리케이션 프로세스를 식별하는 정보. → *클라이언트가 주로 활용하는 포트*
포트 번호의 범위에 따라 잘 알려진 포트, 등록된 포트, 동적 포트로 나누어진다.
→ *서버가 주로 활용하는 포트*

그것이 알고싶다 **포트 번호 범위**

포트 종류	포트 번호 범위
잘 알려진 포트(well known port)	0~1023
등록된 포트(registered port)	1024~49151
동적 포트(dynamic port)	49152~65535

□ **NAT**

Network Address Translation [04장 199쪽]

IP 주소를 변환하는 기술.

포트 기반의 NAT를 NAPT라 하며, NAPT는 IP 주소와 더불어 포트 번호도 함께
변환하는 NAT다.

□ **포트 포워딩** | port forwarding | [04장 202쪽]

네트워크 내 호스트에 IP 주소와 포트 번호를 미리 할당하고, 해당 IP 주소:포트 번호에 패킷을 전달하는 기능.

□ **ICMP** | Internet Control Message Protocol | [04장 204쪽]

IP의 신뢰할 수 없는 전송 특성과 비연결형 전송 특성을 보완하기 위해 전송 과정의 피드백 메시지를 제공하는 프로토콜.

□ **TCP 순서 번호** | TCP sequence number | [04장 211쪽]

송수신되는 세그먼트의 올바른 순서를 보장하기 위해 세그먼트 데이터의 첫 바이트에 부여되는 번호.

□ **TCP 확인 응답 번호** | TCP acknowledgment number | [04장 213쪽]

TCP 순서 번호에 대한 응답으로, 다음으로 수신하기를 기대하는 순서 번호.

□ **TCP 연결 수립** | TCP connection establishment | [04장 213쪽]

쓰리 웨이 핸드셰이크를 통한 연결 수립.

SYN, SYN+ACK, ACK 세그먼트를 주고받으며 연결을 수립한다.

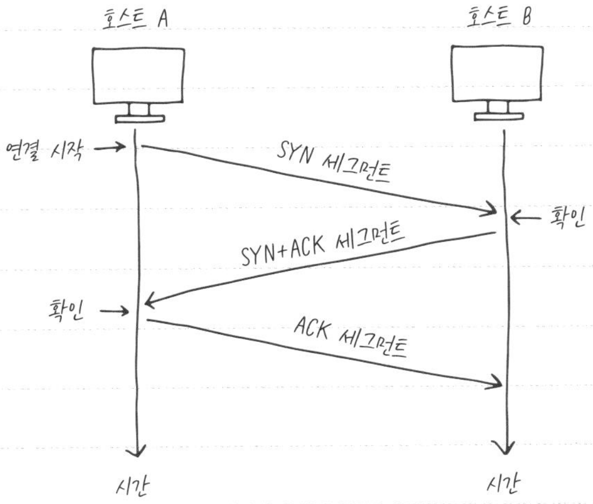

호스트 A   호스트 B

연결 시작 →   SYN 세그먼트   ← 확인

SYN+ACK 세그먼트

확인 →   ACK 세그먼트

시간   시간

□ TCP

TCP connection termination

[04장 215쪽]

연결 종료

송수신 호스트가 각자 한 번씩 FIN과 ACK를 주고받으며 종료가 이루어진다.

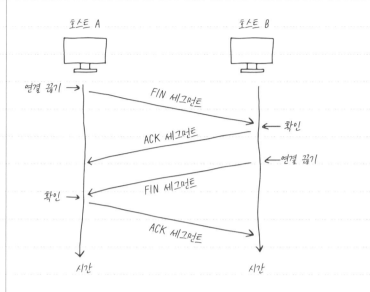

□ **TCP 상태**

TCP State

[04장 216쪽]

현재 어떤 통신 과정에 있는지 나타내는 정보.

그것이 알고싶다 **TCP 상태 분류**

상태 분류	주요 상태
연결 수립 이전	CLOSED, LISTEN
연결 수립 과정	SYN–SENT, SYN–RECEIVED, ESTABLISHED
연결 종료 과정	FIN–WAIT–1, CLOSE–WAIT, FIN–WAIT–2, LAST–ACK, TIME–WAIT, CLOSING

□ **재전송 기반**

retransmission based error control

[04장 227쪽]

오류 제어

중복된 ACK 세그먼트를 수신했을 때 오류 감지.

타임아웃이 발생했을 때 오류 감지.

누적 확인 응답 선택적 확인 응답을 통해 오류가 발생한 세그먼트 재전송을 요구한다.

Go-Back-N ARQ *Selective Repeat ARQ*

□ 흐름 제어	flow control	[04장 235쪽]

수신자의 처리 속도를 고려하며 전송하는 방식.

슬라이딩 윈도우가 사용된다.

□ 혼잡 제어	congestion control	[04장 239쪽]

네트워크의 혼잡도를 판단하고 혼잡한 정도에 따라 전송량을 조절하는 방식.

(다양한 혼잡 제어 알고리즘)이 사용된다.

> 느린 시작, 혼잡 회피, 빠른 회복 등의 알고리즘

□ 명시적	ECN; Explicit Congestion Notification	[04장 245쪽]
혼잡 알림		

네트워크 중간 장치(주로 라우터)의 도움을 받아 혼잡 제어를 수행하는 방식.

05장 ✓ 응용 계층

□ 도메인 네임	domain name	[05장 253쪽]

IP 주소와 대응되는 문자열 형태의 호스트 특정 정보.

도메인 네임의 구조.

3단계 도메인　　　2단계 도메인　　　최상위 도메인　　　루트 도메인
↓　　　　　　　↓　　　　　　↓　　　　　↓
www.example.com.

> FQDN

□ 네임 서버	name server	[05장 253쪽]

도메인 네임을 관리하는 서버.

(계층적으로)구성되어 있다.

> 예: 루트 네임 서버, TLD 네임 서버...

| □ 도메인 네임 | DNS; Domain Name System | [05장 256쪽] |

□ 도메인 네임 시스템

DNS; Domain Name System [05장 256쪽]

계층적이고 분산된 도메인 네임 대한 관리 체계.

도메인 네임을 관리하는 프로토콜을 지칭하기도 한다.

□ 자원

resource [05장 262쪽]

네트워크상의 메시지를 통해 송수신하고자 하는 최종 대상.

□ URI

Uniform Resource Identifier [05장 262쪽]

자원을 식별할 수 있는 정보.

- URL: 위치를 기반으로 자원 식별
- URN: 이름을 기반으로 자원 식별

`foo://www.example.com:8042/over/there?name=ferret#nose`

scheme   authority   path   query   fragment

□ HTTP

HyperText Transfer Protocol [05장 273쪽]

응용 계층에서 정보를 주고받기 위한 프로토콜.

HTTP의 특징

① 요청-응답 기반의 프로토콜
② 미디어 독립적 프로토콜
③ 상태를 유지하지 않는 프로토콜
④ 지속 연결 기능을 제공하는 프로토콜

□ HTTP 메서드

HTTP method [05장 284쪽]

클라이언트가 서버의 자원에 대해 수행할 작업의 종류.

그것이 알고싶다   주요 HTTP 메서드 종류

HTTP 메서드	설명
GET	자원을 습득하기 위한 메서드
HEAD	GET과 동일하나, 헤더만을 응답받는 메서드
POST	서버로 하여금 특정 작업을 처리하게끔 하는 메서드
PUT	자원을 대체하기 위한 메서드
PATCH	자원에 대한 부분적 수정을 위한 메서드
DELETE	자원을 삭제하기 위한 메서드

| □ HTTP | **HTTP status code** | [05장 292쪽] |

상태 코드

요청 메시지에 대한 결과를 나타내는 세 자리 정수.

백의 자릿수로 상태 코드의 유형을 알 수 있다.

> **그것이 알고싶다** **주요 HTTP 상태 코드 유형**
>
> | 상태 코드 | 설명 |
> | --- | --- |
> | 100번대(100~199) | 정보성 상태 코드 |
> | 200번대(200~299) | 성공 상태 코드 |
> | 300번대(300~399) | 리다이렉션 상태 코드 |
> | 400번대(400~499) | 클라이언트 에러 상태 코드 |
> | 500번대(500~599) | 서버 에러 상태 코드 |

□ **HTTP 헤더**   **HTTP header**   [05장 309쪽]

HTTP 메시지에 대한 부가 정보.

일반적으로 한 HTTP 메시지에 다양한 헤더가 포함된다.

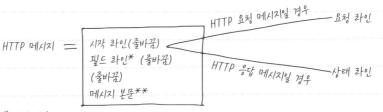

HTTP 메시지 =
시작 라인(줄바꿈)
필드 라인* (줄바꿈)
(줄바꿈)
메시지 본문**

HTTP 요청 메시지일 경우 ── 요청 라인
HTTP 응답 메시지일 경우 ── 상태 라인

* 0개 이상
** 선택적

□ **캐시**   **cache**   [05장 317쪽]

대역폭 낭비, 응답 지연을 방지하기 위해 사본을 임시 저장하는 기술.

웹 브라우저, 중간 서버에 저장된다.

캐시에 유효 기간을 설정할 수 있으며, 날짜(Last-Modified) 혹은 엔티티 태그 (Etag)를 기반으로 캐시 신선도를 재검사할 수 있다.

| □ 쿠키 | cookie | [05장 323쪽] |

□ **쿠키**　　　cookie　　　　　　　　　　　　　　　　　　　　　　　[05장 323쪽]

클라이언트의 상태를 알 수 있는 이름, 값, 속성으로 이루어진 정보.

서버에 의해 생성되고, 클라이언트가 저장한다.

□ **콘텐츠 협상**　　content negotiation　　　　　　　　　　　　　　[05장 329쪽]

같은 URI에 대해 가장 적합한 자원의 (표현)을 제공해 주는 메커니즘.

↳ *송수신 가능한 자원의 형태*

06장 ✓ 실습으로 복습하는 네트워크

□ **와이어샤크**　　WireShark　　　　　　　　　　　　　　　　　　[06장 334쪽]

대중적인 패킷 캡처 프로그램.

캡처된 패킷에 대해 다양한 필터링을 할 수 있다.

□ **패킷 캡처**　　packet capture program　　　　　　　　　　　　[06장 334쪽]
　프로그램

네트워크에 송수신되는 패킷을 모니터링하고 분석할 수 있는 프로그램.

07장 ✓ 네트워크 심화

□ **가용성**   availability   참고 용어   고가용성   [07장 383쪽]

컴퓨터 시스템이 특정 기능을 실제로 수행할 수 있는 시간의 비율.

전체 사용 시간 중 정상적인 사용 시간.

□ **결함 감내**   fault tolerance   [07장 384쪽]

문제가 발생하더라도 기능할 수 있는 능력.

□ **이중화**   [07장 384쪽]

대표적인 이중화 구성 방식으로 액티브/액티브, 액티브/스탠바이가 있다.

나아가 장비 혹은 프로그램을 여러 개 두는 구성 방식은 다중화라 한다.

□ **로드 밸런싱**   load balancing   [07장 388쪽]

로드 밸런서를 이용해 트래픽을 고르게 분배하는 방식.

□ **암호화**   encryption   [07장 394쪽]

원문 데이터를 이해할 수 없는 암호문으로 변형하는 것.

암호화에 사용되는 정보를 키라고 부른다.

□ **복호화**   decryption   [07장 394쪽]

암호문을 다시 원문 데이터로 변형하는 것.

□ **대칭 키 암호화**   symmetric key cryptography   [07장 395쪽]

암호화와 복호화 시 같은 키를 사용하는 암호화 방식.

□ 공개 키 암호화	public key cryptography	[07장 396쪽]
	암호화와 복호화 시 서로 다른 키를 사용하는 암호화 방식.	
	흔히 한 키를 공개 키, 다른 키를 개인 키라 부른다.	
	한 키로 암호화했다면 다른 키로 복호화할 수 있다.	

□ **공개 키 인증서** **public key certificate** [07장 399쪽]

공개 키, 공개 키의 유효성을 입증하기 위한 전자 문서.

공개 키 인증서를 발급하고 검증하는 기관을 CA라고 부른다.

□ **디지털 서명** **digital signature** [07장 401쪽]

개인 키로 암호화된 메시지를 공개 키로 복호화함으로써 신원을 증명하는 절차.

□ **TLS** **Transport Layer Security** [07장 401쪽]

인증과 암호화를 수행하는 프로토콜.

TLS는 SSL을 계승한 프로토콜이며, HTTPS는 TLS를 기반으로 인증 및 암호화를 수행하는 대표적인 프로토콜이다.

TLS 핸드셰이크를 통해 암호화에 사용할 키, 인증서를 주고받을 수 있다.

□ **전파** **radio wave** [07장 409쪽]

무선으로 정보를 주고받는 수단.

전파 통신을 위한 주파수 대역은 정해져 있다.

□ **IEEE 802.11** **Institute of Electrical and Electronics Engineers 802.11** [07장 411쪽]

무선 LAN을 위한 표준 규격.

□ **와이파이** **Wi-Fi** [07장 412쪽]

특정 IEEE 802.11 규격을 준수하는 무선 LAN 기술.

□ 채널

channel [07장 414쪽]

무선 네트워크에서 사용될 특정 주파수 대역.

채널 번호로 구분할 수 있으며 선택된 채널은 겹치는 주파수 대역을 사용하지 않는

것이 좋다.

□ AP

Access Point [07장 415쪽]

무선 통신 기기들을 연결하여 무선 네트워크를 구성하는 장치.

SSID는 AP를 중심으로 구성된 무선 네트워크를 식별하는 정보를 의미한다.

와이파이 이름인 경우가 많음

MEMO